학교상담 전문가가 알려주는

# 학교상담 이론과 실제

**사례연구와 상담실습을 중심으로**

박재연 박경례 배은주 구미진 김영주 송주연 공저

신정

# 머리말

우리나라에 학교상담이 도입되고, 위(Wee)프로젝트가 구축되면서 단위학교의 위(Wee)클래스에서 상담이 시작된 지는 10년이 넘었다. 그동안 학교상담은 질적 및 양적으로 가파른 성장을 하였고, 학생들에게 필요한 심리 · 정서 · 행동 분야에서의 다양한 상담 서비스가 제공되고 있다. 위(Wee)클래스는 학생들이 학교 현장에서 경험하는 집단 따돌림, 신체 및 언어적 폭력 문제, 자살 · 자해 행동, 성 관련 문제, 학업 문제, 가족, 진로, 이성 문제 등으로 상담이 상시 이루어지는 곳이다. 그러나 위(Wee)클래스에는 아직까지 표준화된 매뉴얼이 제공되지 않은 실정이다. 대학과 대학원에서 상담과 관련된 내용을 학습할 수 있지만, 위(Wee)클래스라는 학교 내 상담실에서 처리하는 업무, 학생내담자 및 학부모상담관련 사례에 대한 내용을 특별히 배우는 과정은 매우 미흡하다. 그렇기 때문에 학교상담자로 일하게 되었을 때, 처음에는 하는 일이 어려워서라기보다는 어떤 일을 어떻게 해야 할지 모르는 막막함이 더 크다.

집필진들은 위(Wee)클래스에서 학생상담 업무를 시작하면서 무엇을 해야 할지, 어떻게 해야 할지 막막할 때, 자상한 멘토처럼 학교상담에 대해 알려 주는 책이 있었으면 좋겠다는 생각으로 이 책을 집필하게 되었다. 그래서 이 책을 통해 처음 학교 상담실에 왔을 때부터 숙련된 상담자로 성장할 때까지, 학교상담 업무의 내용과 방법, 흐름 등을 익히는 데 도움을 주고자 하는 마음에서 집필하였다.

집필진들은 학교상담 현장의 경험자들이다. 학교현장에서 아동 · 청소년내담자들을 만나면서 각자가 경험한 내용뿐만 아니라 전공 공부를 통해 습득한 이론적 지식, 다양한 임상 경험을 체계화하여 책 내용에 싣고자 하였다. 그러면서 더 많은 현장의 목소리를 듣기 위해 초 · 중 · 고등학교의 전문상담교사 및 전문상담사들을 대상으로 학교급별 주호소문제 유형과 평균상담회기, 상담개입 방법 등을 조사하고 그들의 목소리도 포함하여 내용을 구성하였다.

책의 내용에는 학교현장에서 1년 동안 이루어지는 업무의 흐름과 학기별로 진행되는 개인상담, 집단상담, 특별프로그램, 행정절차 등을 자세히 소개하였다. 그리고 학교현장에서 많이 활용하는 상담이론과 심리검사, 상담유형, 내담학생들의 특성과 개입방법, 상담사례도 수록하여 이해를 돕고자 하였다. 이 책은 학교현장에서 상담교사로서 준비하는 예비전문상담교사와 대학에서 청소년상담관련 공부를 하는 학생들에게 학교상담을 이해하는 지침서가 될 수 있고, 학교상담에 관심이 있는 일반인들도 편안하게 이해하도록 구체적이고, 사례중심으로 내용을 구성하였다.

학교상담자들의 실제 상담 측면과 업무에 도움이 될 수 있도록 초점을 맞춘 이 책이 학교상담 현장에서 실제적인 도움이 되길 기대한다.

2024년 9월

저자들 씀

# 차례

## Part 01 학교상담의 이해와 이론

### Chapter 01 | 학교상담의 이해



### Chapter 02 | 학교상담의 주요 이론

# Part 02 학교상담의 유형과 활동

## Chapter 03 | 학교상담의 특성과 개입



## Chapter 04 | 학교상담의 접근방식별 유형

## Chapter 05 | 심리검사

## Chapter 06 | 학교상담 프로그램과 다양한 활동



## Chapter 07 | 학교상담과 현장실습



# Part 03 학교상담의 영역과 사례

## Chapter 08 | 학업 및 진로상담

## Chapter 11 | 정신건강 및 중독상담

Part

# 01

# 학교상담의 이해와 이론

CHAPTER 01

# 학교상담의 이해

## 1. 학교상담

### 1) 학교상담의 개념과 의의

학교상담은 학생의 학교생활과 관련된 문제들에 대한 예방과 해결을 도모하는 전문적인 활동이다. 학교장면에서 학생들의 건강한 성장과 발달을 촉진하고, 학생들의 주어진 여건과 특성, 그리고 발달단계에 적합한 다양한 상담활동을 한다. 학교상담은 학생과 학부모와의 접근이 쉽고, 학교 내에서 즉각적인 개입과 평가가 가능하며, 상담의 성과에 대한 지속적인 관찰이 가능하다. 또한 학교 내의 다양한 자원과 자료의 활용 및 학생에 대한 정보가 풍부하며 수업시간을 이용한 상담활동이 가능함으로써 모든 학생들에게 예방교육을 실시할 수 있는 이점이 있다(황준성 외, 2010).

슈미트(Schmidt, 1996)는 학교상담이란 학생들에게 교육의 목적을 달성할 수 있게 평등한 기회를 제공하여 적절한 진로를 선택하게 함으로써 민주시민으로 성장 발전하도록 학생, 학부모, 교사에게 광범위한 서비스를 제공하는 것이라고 하였다. 강진령과 연문희(2002)는 학교상담은 학생 및 학부모들의 자기이해를 통한 인지, 정서, 행동 및 태도의 변화를 유도함으로써 건강한 성장을 도모하는 심리적 과정이라고 보았으며, 특히 발달적 상담으로서 예방과 조기발견의 중요성을 강조하였다. 김계현 외(2009)는 학교상담은 학생의 학교생활 적응과 학업문제, 교우관계문제, 비행, 가정문제 등 학생과 관련된 여러 종류의 문제에 관여하며, 문제가 심각해지기 전에 미리 문제를 발견하여 조치를 취하는 것을 의미한다고 하였다. 조영희(2007)는 학교상담은 심리적 문제를 가진 학생들뿐만 아니라 대다수의 학생을 조력하는 광범위한 전문적인 활동이며 학생상담과 생활지도, 부모교육, 교사자문, 학교관리자 자문 등의 활동을 통해 학생의 발달을 돕고, 자기가 속한 학교 수준에 맞는 학교상담 프로그램을 구안하여 다양한 영역에서 서비스를 실천하는 것이라고 설명하였다.

보더스와 드루리(Borders & Drury, 1992)는 학교상담의 핵심원리로 다음 네 가지를 제시하였다. 첫째, 학생들에게 학업발달과 진로발달, 인성 · 정서적 측면을 고려한 독립적인 교육프로그램을 제공한다. 둘째, 학생뿐 아니라 교사, 학교행정가 등의 모든 학교 구성원들을 고려한 통합적인 성격을 가져야 한다. 셋째, 인간 발달 이론에 근거한 학생들의 발달단계를 반영하여야 한다. 넷째, 전체 학생들에게 공평하게 제공되는 서비스를 해야 한다.

## 2) 학교상담의 특징

학교상담은 학교장면이라는 공간적 특수성을 가지고 있으며 일반상담보다 예방적, 발달적, 종합적인 성격이 더 강조되고 있다. 이러한 차이는 학교상담자에게 요구되는 역할과 기대를 다르게 하며 이에 따른 학교상담자에게 요구되는 전문성 역량도 다를 수 있다. 학교상담과 일반상담의 차이를 살펴보면 다음과 같다. 첫째, 학교라는 교육이 이루어지는 공간적 특수성이다. 둘째, 학교상담은 교육과 상담에 대해 전문적으로 훈련을 받은 전문상담자가 수행하는 전문적인 활동이다. 셋째, 학교상담은 모든 학생을 대상으로 하며 학생발달을 돕기 위해 부모와 교사, 행정가, 지역사회까지도 상담서비스의 범위에 포함된다. 넷째, 학생들이 학교생활에 적응하도록 돕는 학습, 진로지도, 자기이해를 통한 인간적인 성장까지 포함한다. 다섯째, 전체적인 교육과정에서 이루어지는 교육활동으로 종합적인 접근이 필요한 활동이다. 여섯째, 모든 학생들의 잠재력 발휘를 돕는 교육적 모형에 기초하고 있다(손현동, 2007). 일곱째, 학교라는 교육체계적인 특성으로 인해 학생상담과 관련하여 연계, 협력, 자문, 조정, 행정 등의 업무가 포함된 특징을 가지고 있다(이지원, 2020).

### 3) 학교상담의 필요성

학교상담은 학교라는 체제 안에서 학생과 관련된 다양한 사람들과의 협력을 통해 보다 효과적으로 학생을 도울 수 있는 활동이며, 학생 조력의 효율성을 극대화하기 위해서는 체계적이고, 협력적이며, 발달지향적인 방식이 요구된다(Schmidt, 2008). 보더스와 드루리(Borders & Drury, 1992)는 학교상담은 학생뿐만 아니라 교사, 학교행정가 등 학교의 모든 구성원을 고려한 통합적인 성격을 지녀야 한다고 보았고, 유형근(2002)도 학교상담이 학교 체제 안에서 이루어지는 활동이기 때문에 학생과 관련된 교직원들과 협력적인 팀을 이루어 접근하는 것이 필요하다고 강조하여 학교상담에서의 협력적 요소를 강조하였다. 그러므로 학교상담은 소수의 문제 학생 중심적 접근이나 개인 중심의 상담활동에 한정하기보다는 학교체제를 구성하고 있는 주체들의 요구와 필요를 체계적으로 반영하는 중요한 학교체제로서의 상담 활동이 진행될 필요성이 있다(송수현, 2014). 학교상담은 초기에는 주로 문제 학생들의 문제행동 교정과 해결에 초점을 두고 이루어져 왔다. 그러나 최근에는 문제해결뿐만 아니라 문제예방을 포함하는 상담활동으로 확장되고, 인성, 진로, 잠재능력의 개발과 발달 등으로 확대되고 있다. 즉, 학교상담은 학생 개인의 자아실현을 돕는 일뿐만 아니라 개인적, 사회적 성숙을 돕는 활동이며, 교육의 목적을 달성할 수 있는 평등한 기회 제공과 적절한 진로를 선택하게 함으로써 민주시민으로 성장하도록 서비스를 제공하는 활동이다. 또한 학생들의 바람직한 발달을 촉진하기 위해 학부모와 교사, 지역사회 유관기관과의 협력과 연계를 구축할 수 있다. 이런 의미로 볼 때 학교상담의 범위는 학생, 학부모, 교사, 지역사회를 아우르는 폭넓은 것이며, 전통적인 상담과 달리 예방적, 종합적, 체계적인 성격이 강하다고 할 수 있다(이성진 외, 2013).

아동 · 청소년기는 한 개인의 정체성과 가치관이 형성되는 중요한 시기이며, 이때 심리적 · 신체적인 갈등과 고민에 어떻게 대처하는가에 따라 교육적 성취가 달라진다. 아동 · 청소년기 때의 가족적, 교육적, 개인적 위기 등을 예방하고 해결하기 위한 학교현장에서의 전문상담의 필요성과 중요성이 점차 증대되고 이들의 활동을 체계적으로 지원하기 위한 다양한 연구와 시도들이 이루어지고 있다(황준성 외, 2010). 학교폭력의 저연령화 및 심각성의 증가, 가족문제, 또래관계, 성, 게임중독, 진로 고민, 우울 및 자해 · 자살사고 증가 등 학생들의 정신적, 심리적 위기 요인들이 증가하고 있고, 이를 해결하기 위한 학교상담자의 역할은 점차 확대되고 있다.

### 4) 학교상담의 목표

상담의 목표는 인간으로 하여금 자신의 잠재력을 최대한 발휘하도록 돕는 것이며, 일상생활에서 건강하고 행복한 삶을 누릴 수 있도록 돕는 것이다. 학교상담의 기본적인 목표는 학생의 변화를 이끌고 학생 개개인의 성장과 발달을 촉진하고 자기실현 과정을 조력하는 것이라고 할 수 있다(김계현 외, 2005). 연문희, 강진령(2002)은 학교상담의 목표를 상담교사가 학생 개개인의 성장과 발달을 촉진시켜 자아실현을 조력하는 것이라고 하였고, 이장호(1995)는 학교상담의 목표를 자기이해, 건전한 자아개념의 발달, 학습과정의 촉진, 대인관계 발달, 정서적 문제 해소 등을 도와주는 것이라고 하였다. 즉, 학교상담의 목표는 학생 개개인의 성장과 발달을 촉진하고 인지 · 정서 · 행동 영역을 고려하여 스스로 자신의 문제를 이해하고 해결할 수 있는 능력을 기르는 것이라고 할 수 있다.

## 2. 학교상담의 발달

### 1) 우리나라의 학교상담

1950년대 미국 교육사절단에 의해 기존의 훈육과 다른 생활지도와 상담이라는 새로운 영역이 소개되었다. 그후 1957년 서울시교육위원회에서 '중학교, 고등학교에 카운슬러 제도를 둔다'는 교육정책요강을 발표하고 교도교사를 배치하면서 생활지도와 상담이 공식적으로 시작되었다. 1972년 「교육법시행령」 개정으로 학교업무에서 교도부의 전문성이 법률적으로 인정받게 되었고, 학교 교육활동에서 상담이 전문적인 활동 영역임을 확인하고 공식적으로 인정하는 근거가 마련되었다. 1990년에는 15개 시 · 도 교육청의 교육연구원 내에 교육상담부와 진로상담부가 신설되고, 각종 상담에 필요한 연구와 프로그램을 제작, 보급하여 학생상담자원봉사자를 양성하고 배치하면서 단위학교의 상담실을 지원하게 되었다. 1997년 「초 · 중등교육법」 제정으로 교도교사에서 전문상담교사로 명칭이 변경되었고, 전문상담교사 자격기준은 초 · 중등 정교사(2급) 이상의 자격증을 가지고, 3년 이상의 교육경력이 있는 자로서 교육부장관이 지정한 교육대학원이나 대학원에서 전문상담교사양성과정을 이수한 자라고 규정하였다. 그리고 1999년부터 교육인적자원부장관이 지정하는 교육대학원이나 대학원에 전문상담교사 양성과정이 설치되어 초 · 중등학교 및 특수학교에 상담교사를 배치하는 학교상담교사 양성체계가 마련되었다(황준성 외, 2010).

2004년 「초 · 중등교육법」 개정을 통해 순회상담교사제도를 도입하였고,

2005년부터 180개 지역교육청에 상담교사를 우선적으로 배치하였다. 그후 2007년에는 단위학교에도 전문상담교사가 배치되기 시작하였고, 2009년부터 위(Wee)프로젝트가 본격적으로 실시되면서 지역교육청과 단위학교에 전문상담 교사와 전문상담사가 배치되기 시작하였다(성현모 외, 2017). 2022년 기준 전국 단위학교의 8,619곳에 위클래스가 구축되어 전문상담교사 및 전문상담사들이 근무하고 있다(위(wee)프로젝트, 2023).



## 2) 다른 나라의 학교상담

### (1) 미국의 학교상담

미국의 학교상담은 1907년 디트로이트 고등학교에서 생활지도를 교육과정의 일환으로 도입한 것이 시초이며, 1946년 직업교육법의 제정으로 학교상담 예산이 증가되면서 학생들에게 체계적인 상담과 생활지도 서비스를 제공할 수 있는 기반이 마련되었다. 1957년의 스푸트닉 쇼크로 인해 국가방위교육법(National Defense Education Act)이 제정되고, 이 법의 제정으로 재정적 지원이 늘어나면서 중·고등학교의 학교상담사들이 급속도로 증가하였다(이상민 외, 2017). 1958년부터 10여년간 미국의 학교상담자 수는 3배 증가하는 급속한 성장세를 보였고, 1983년에 출판된 '위기에 처한 국가(A Nation at Risk: National Commission of Excellence of Education)' 보고서로 인하여 촉발된 교육개혁의 움직임은 학교상담자 및 학교상담 프로그램의 책무성을 강화되는 데에 지대한 영향을 끼쳤다. 또한, 2001년 NCLB(No Child Left Behind Act) 교육개혁법과 교육개혁의 결과로 학교상담자들의 책무성은 점점 더 강화되었다. 1980년대부터는 다양한 학교상담모형이 개발되었으며, 1997년 미국학교상담자협회(ASCA: American School Counselor Association)는 그동안 개발된 다양한 학교상담 프로그램을 통합하고 체계화하여 국가모형의 개발을 시작하였고, 2003년에 이르러 ASCA는 가장 종합적인 모형으로 평가받는 ASCA 학교상담의 모형을 공식적으로 발표하였다(성현모 외, 2017; ASCA, 2003). ASCA 모형은 학교상담에 있어서 학교상담자가 수행해야 할 역할에 대한 기본틀을 제시해 주었다. 학교상담자의 기본적인 역할은 기초(Foundation), 운영(Management), 전달(Delivery), 책임(Accountability)의 네 가지로 제시되며, 학교상담이 효과를 거두기 위해서는 영역면에서 종합적이고, 내용면에서는 학생의 문제 예방과 잠재력 발달에 초점을 두며, 학교 교육에 통합적이어야 함을 강조하였다(이지원, 2020; 최상근, 2011).

미국에서는 학교상담 및 생활지도 전담인력이 다양한 형태로 활동하고 있는데 대표적으로 캘리포니아 주의 운영사례를 보면 학교상담사, 학교심리상담사, 학교사회복지사, 아동복지 및 출결관리사, 전문학습상담가, 언어발달전문가, 학교간호사, 학습보조교사, 학교경찰, 소년보호감찰원 등이 활동하고 있다. 이 중에서 학교상담사(school counselors)는 학습과 진로, 개인 및 사회적 문제와 관련하여 학생 개인 또는 집단으로 상담을 한다. 학교심리상담사(school psychologists)는 학생들이 가정과 학교에서 올바른 행동을 할 수 있도록 상담해주며, 장애학생이나 영재학생들 그리고 이런 학생들의 가족들이 학생을 돌보는데 어려움이 없도록 상담해준다. 전문학습상담가(resource specialist)는 개별교육프로그램 및 정규교육수업을 배정받은 학생들에게 서비스를 제공해주며, 학생들의 발달과정을 보면서 부모와 연계된 상담을 하는 역할을 한다. 이들 학교상담 전담인력들은 관련 전문인은 물론 담임교사 및 교과담당 교사들과 협력하고 주변 학교와 교육행정, 연구기관, 지역사회 등과 유기적인 협조체계를 구축하여 학교상담 및 생활지도를 수행하고 있다(황준성 외, 2010).

### (2) 영국의 학교상담

영국은 1963년 발표한 'Half Our Future' 보고서를 통해 학업성취가 낮은 학생들을 위한 방안으로 각 학교 내에 상담사를 임명할 것을 제안하였고, 이에 따라 1965년에 학교상담자를 육성하기 위한 최초의 교육과정이 대학교에 설치되었다(Ministry of Education, 1963). 영국의 학교상담은 칼 로저스의 인간중심적 접근방법을 중심으로 1980년대까지 지속적인 증가를 하였으나 1980년대에 들어서면서 국가 차원의 교육과정과 학업성취도 평가에 대한 관심이 높아지게 되었고, 1985년에 발표된 ECAP(European Community Action Programme)는 보고서에서 학교상담과 생활지도가 독립적인 영역으로 존재하기보다 학교 활동에 포함되는 영역이 되어야 함을 제안하였다. 1980년대 중반부터 나타난 이러한 기조의 영향으로 학교상담자의 역할은 주로 교사들이 담당하였고, 개입의 범위가 학업적인 어려움을 겪는 학생 지원이나 또는 생활지도를 하는 부분에 국한되었다. 이후 1990년대 후반부터 2000년대에 이르러 영국의 학교 상담은 당시의 심리과학의 인간중심적 흐름과 함께 학교 내의 치료적 통합전략(Therapeutic integration)이 대두되면서 영국의 각 지역에서 개별적으로 학교상담이 활성화되기 시작하였다. 영국은 네 개의 국가가 함께 공존하는 특성으로 인하여 학교상담이 통일된 체계로 이루어지지 못하고 있으며, 이에 따라 학교상담에 대한 정확한 자료가 정리되어 있지 않은 상황이다. 핸리 외(Hanley et al., 2013)의 보고에 따르면 잉글랜드지역의 경우는 약 61~85% 정도의 중등학교가 학교상담에 대한 접근성을 확보하고 있고, 스코틀랜드 지역의 경우는 약 64~80% 정도의 중등학교가 학교상담을 제공하고 있는 것으로 나타났다. 2013년을 기준으로 학교상담 사례를 보면 영국 전역에 매년 70,000~90,000건의 상담사례가 발생하고 있음이 추산되고 있다(성현모 외, 2017; Cooper, 2013).

### (3) 일본의 학교상담

일본은 1950년에서 1960년대에 일부 사립학교에서 칼 로저스의 인간중심상담의 영향으로 심리상담 서비스가 제공되었고 공교육의 영역으로 확대된 것은 1990년대 중반으로 볼 수 있다. 1995년 문부과학성이 공립학교에 상담자를 배치하는 예비사업을 시작하면서 일본의 학교체제 내에 학교상담이 자리 잡게 되었고, 이 예비사업은 2000년까지 진행되면서 일본 임상심리사 자격위원회의 자격을 취득한 상담자들을 배치하도록 하였다. 당시에 상담 관련 교육을 추가로 이수하여 학교상담자의 역할을 병행하는 교사들이 이미 학교 현장에 존재하였으므로 새로이 배치된 임상심리사들은 학교임상심리사라는 이름으로 활동하게 되었다. 2001년에 예비사업이 종료된 후에도 학교상담자를 고용하는 프로젝트는 2008년까지 진행되었다. 상담 전문인력 고용에 대하여 문부과학성의 중앙정책과 일본의 광역 및 기초단체의 교육위원회에서 적극적으로 지역의 특성에 맞는 학교상담 적용을 위한 계획을 실행하였기에 2001년부터 2008년 사이에 일본 학교상담은 괄목할 만한 성장을 이룬 시기로 평가받고 있다(Ito, 2014). 2008년부터 문부과학성은 학교사회복지사에 대한 예비사업을 진행하고 있고, 현재 일본의 학교현장에는 학교임상심리사, 상담교사, 특수교육교사, 학교사회복지사 등 여러 학생생활 지원인력들이 혼재되어 활동하고 있다(성현모 외, 2017; Yagi, 2008).

### (4) 이스라엘의 학교상담

이스라엘의 학교상담은 미국의 영향을 많이 받았는데 학교상담이 도입되던 시기부터 미국학교상담협회(ASCA)의 학교상담 접근법에 기초하여 학교상담자의 역할이 확립되었다. 1960년대 초 학교상담자가 공립학교에 임용되기 시작하였는데(Karayanni, 1996), 초기의 학교상담자들은 학생들의 진로 관련 교육과 장애학생들의 학습을 돕는 역할, 그리고 심리정서적 고위험군인 학생들을 보살피는 역할을 담당하였다. 1960년대 말에 이스라엘 교육부는 초등학교와 고등학교 사이에 중학교를 추가하는 개혁 과정에서 중학교 학생들의 사회 및 학업적 적응을 위해 학교상담자의 필요성이 강조되었고, 그 이후로 이스라엘의 모든 사범대학에서 학교상담자를 양성하는 대학원 과정이 설립되었다. 그리고 심리상담 특별부서를 새롭게 만들어 학교상담자와 관련된 여러 가지 사안들을 관리하기 시작하였다. 1980년대에 학교상담자의 역할을 재정의해야 한다는 움직임이 나타나기 시작하였다. 당시의 학교상담자들은 주로 소수의 문제학생들을 대상으로 하여 치료적 접근법을 취하였기 때문에 제한된 학생들에게만 상담의 효과가 전달될 수밖에 없었다. 이로 인해 학교상담자들이 학교 전체적인 측면에서 학생들의 문제 개선에는 힘을 쏟지 않는다는 비판이 제기되기도 하였다. 그후 2009년에는 미국 ASCA의 학교상담 모델을 기반으로 하여 학교상담자의 직무 표준을 발표함으로써 학교상담자의 목표와 기능을 체계적이고 구체화하는 노력을 진행하고 있다. 1960년대에 처음 학교상담이 공교육체제에 자리 잡은 이후로 이스라엘의 학교상담은 꾸준한 성장과 발전을 보이고 있다.

이스라엘 교육부는 모든 학교 교육현장에는 학교상담자를 고용할 것을 권장하고 있다(성현모 외, 2017; Israelashvili, 2013).

## 3. 위(Wee)프로젝트

위(Wee)프로젝트는 학교상담의 일환으로서 2008년 시작한 '학교안전관리통합시스템'의 명칭이다. 위(Wee)프로젝트가 실시되면서 학교상담이 교육부의 주요 정책으로 채택되었고, 이를 위한 전담기관으로 한국교육개발원 내에 위(Wee)프로젝트 특임센터가 설립되었다. 그리고 각 지역 교육지원청과 각급학교에 위(Wee)센터와 위(Wee)클래스가 설치되면서 학교상담이 일정한 규정과 체계에 따라 실시되는 조직적 활동으로 변화되었다. 학교단위에 설치된 위(Wee)클래스와 교육지원청단위의 위(Wee)센터, 그리고 광역교육청단위의 위(Wee)스쿨 등으로 이루어진 3단계 체제와 이를 총괄하는 위(Wee)프로젝트 특임센터가 구축되면서 학교상담의 물리적 인프라와 다양한 운영매뉴얼의 제작과 보급, 위(Wee)프로젝트 관계자 연수 및 협력회의 등을 통해 학교상담의 내용적 인프라가 형성되었다. 또한 위(Wee)프로젝트는 학교상담인력 증가에 기여하였다(김인규, 2013). 위(Wee)프로젝트는 학교와 교육청, 지역사회가 연계하여 학생들의 건강한 학교생활을 지원하는 다중의 통합적 지원서비스 체계이다. 현재 위(Wee)프로젝트에는 단위학교의 위(Wee)클래스, 교육지원청의 위(Wee)센터, 시 · 도 교육청은 위(Wee)스쿨, 그 외에 가정형 위(Wee)센터, 병원형 위(Wee)센터, 학교폭력 피해학생 전담지원기관, 학교폭력 가해학생 특별교육이수기관, 117신고센터 등이 있다. 위(Wee)프로젝트는 위기학생뿐만 아니라 모든 학생들의 학교적응 및 건강한 성장을 지원하는 것으로, 위(Wee)의 뜻은 나(I)와 너(You) 속에 우리(We)를 발견하고, 학생들에게 감성과 사랑이 녹아있는 위(Wee) 공간에서 자신의 잠재력을 찾게 하는 의미를 가지고 있다(한국교육개발원, 2021).

## 1) 위(Wee)프로젝트 추진체계

### (1) 위(Wee)클래스

단위학교에 설치된 위(Wee)클래스는 학교부적응 학생(학교폭력, 학업중단 위기, 대인관계, 게임중독, 비행 등)과 일반 학생들을 대상으로 활동을 하며 학생들의 건강한 학교생활 적응을 돕는다. 위(Wee)클래스에는 전문상담교사 또는 전문상담사가 상주하여 학생들을 상담하고 있으며, 위(Wee)클래스가 없는 학교는 위(Wee)센터 순회상담을 통해 학생상담이 이루어지고 있다.

위(Wee)클래스는 1차 안전망으로 학교 내의 위기학생 발굴 및 문제 해결을 위한 1차적 개입을 하게 되며 필요할 경우 2차 안전망인 위(Wee)센터 및 지역 유관기관과 연계하여 학생들을 돕는다. 학생들의 호소문제와 유형에 따라 개인상담, 집단상담, 교육 등 다양한 서비스를 제공한다.

위(Wee)클래스의 업무영역을 살펴보면 학생상담, 자문 및 교육, 연수, 학교 외 연계지원, 행정업무 등으로 이루어져 있다.

#### ① 학생상담

학생들의 다양한 심리 · 정서 · 행동의 어려움을 해결하기 위한 상담은 개인상담과 집단상담, 비대면상담으로 이루어진다. 상담신청은 위(Wee)클래스에 비치된 신청서를 이용하거나 담임교사 혹은 학부모의 신청으로 가능하며, 수업시간, 아침자습시간, 방과후, 점심시간 등을 이용하여 상담이 이루어진다. 또한 학생이 직접 위(Wee)클래스를 방문하여 신청하는 경우와 학교에서 학교폭력이나 기타 등의 이유로 의뢰되어 신청하는 경우도 많다. 학생들의 상담내용에 따라 심리검사도 병행하여 이루어진다.

개인상담은 상담자와 내담학생이 일대일로 만나 대면상담으로 이루어지며, 주호소문제 유형으로는 또래관계, 이성, 학업, 진로, 성격, 가족관계, 정신건강 등이 있다.

집단상담은 주제별 집단상담과 매체별 집단상담으로 구분할 수 있다. 주제별 집단상담에는 학습, 대인관계, 진로, 정서, 학교적응 등을 위한 프로그램 활동과 매체별 집단상담에는 미술, 심리극, 놀이, 공예, 보드게임 등의 프로그램 활동이 있다.

비대면상담은 위(Wee)클래스 게시판을 이용하거나 전화, 카톡이나 문자 등을 활용하여 학생들의 심리정서상태를 지원하는 상담이다.

② 교육 및 연수

위(Wee)클래스에서 실시하는 교육에는 또래상담동아리 학생들을 위한 솔리언 또래상담 교육 기초 및 심화과정교육이 있다. 또래상담동아리는 또래들이 친구들을 상담으로 도와주면서 건강한 학교생활을 하도록 돕는 동아리이다. 한국청소년상담복지개발원에서 제작한 솔리언 또래상담 기초교육을 12시간 이상 받은 학생들이 또래상담동아리로 활동할 수 있다. 그리고 학교폭력과 학생선도위원회의 회의 결과 등에 따라 특별 교육을 실시하며 이는 관련 학생과 학부모 모두를 대상으로 한다. 위(Wee)클래스 연수에는 학생상담관련 보호자와 교사들을 대상으로 이루어지고 있다.

③ 자문

학교상담자는 학생들의 정서 · 행동과 관련하여 교사와 학부모들에게 자문을 한다. 자문을 통해 아동 · 청소년의 심리발달단계 및 특성에 대한 교육과 상담이 이루어진다. 자문은 학생들의 문제행동을 이해하고 학생에게 필요한 도움을 주는 등 건강한 학교생활을 위한 교사, 학부모, 학교상담자 간의 협동적인 활동이다.

④ 연계

학생들의 다양한 심리정서문제 해결을 위하여 위(Wee)센터, 가정형 위(Wee)센터, 병원형 위(Wee)센터, 위(Wee)스쿨 등 위(Wee)프로젝트 기관들에게 연계하거나 청소년상담복지센터, 아동보호전문기관, 해바라기센터, 스마트쉼센터 등의 지역사회 기관들과 연계하고 지원하는 활동을 한다. 그리고 매년 실시하는 학생정서행동특성검사 결과 관심군 학생 및 자살위험 학생들을 심층기관에 의뢰하고, 관심군학생과 일반학생 중 정신건강과 관련하여 병의원의 치료가 필요한 학생에게는 지원연계 활동을 한다. 위(Wee)클래스와 관련된 업무영역은 〈표 1-1〉과 같다.

**표 1-1 위(Wee)클래스 업무영역**

| 영역 | 직무 | 세부업무 |
|---|---|---|
| 상담 | 개인상담 | • 학교 적응력 향상을 위한 상담<br>• 심리 정서적 안정을 위한 상담 |
| | 집단상담 | • 자존감 향상 및 사회성 증진<br>• 학생 욕구에 따른 집단 상담 주제 |
| | 심리검사 | • 성격 및 대인 관계 영역<br>• 학업 및 자기 관리 영역<br>• 심리 및 정서 관련 영역 |
| | 상담지원 | • 학교 폭력 피 · 가해학생 상담지원<br>• 학생정서 · 행동특성검사 후속 상담지원<br>• 학업중단숙려제 상담지원 |
| | 자문 | • 보호자, 교사 등을 대상으로 자문 |
| 교육 | 교육 및 연수 | • 학생 및 학부모 교육(예: 특별교육)<br>• 또래상담 동아리 교육<br>• 상담관련 보호자 및 교사 연수 |
| | 상담행사 | • 학생 성장과 학교문화 개선을 위한 상담행사 기획 및 운영 |
| 연계 | 연계 협력 | • 학생, 보호자, 교직원 협력<br>• 교육지원청 위(Wee)센터, 가정형 위(Wee)센터, 병원형 위(Wee)센터 연계 및 활용 |
| 행정 | 상담환경 조성 | • 위(Wee)클래스 시설관리<br>• 위(Wee)클래스 비품 구입 및 관리<br>• 상담 · 심리검사 자료 구입 및 관리 |
| | 연간 계획수립 | • 학생, 보호자, 교직원 상담관련 요구조사<br>• 위(Wee)클래스 운영 연간계획 수립 |
| | 홍보 | • 연중 위(Wee)클래스 운영 홍보<br>• 각종 프로그램 소개 |
| | 사례관리 및 평가 | • 상담기록 및 관리<br>• 상담활동 결과보고 및 평가<br>• 위(Wee)클래스 운영과 관리에 필요한 행정 |

출처: 한국교육개발원(2020). 위(Wee)클래스 운영 가이드북.

⑤ 위(Wee)클래스 구축 현황

위(Wee)클래스는 2022년 8,619개소가 단위학교에 구축되어 있다. [그림 1-1]은 구축 현황이다.

| 2008년 | 2009년 | 2010년 | 2011년 | 2012년 | 2013년 | 2014년 | 2015년 | 2016년 | 2017년 | 2018년 | 2019년 | 2020년 | 2021년 | 2022년 |
|---|---|---|---|---|---|---|---|---|---|---|---|---|---|---|
| 530 | 1,530 | 2,530 | 3,170 | 4,658 | 4,904 | 5,633 | 6,161 | 6,382 | 6,625 | 6,965 | 7,230 | 7,631 | 8,059 | **8,619** |

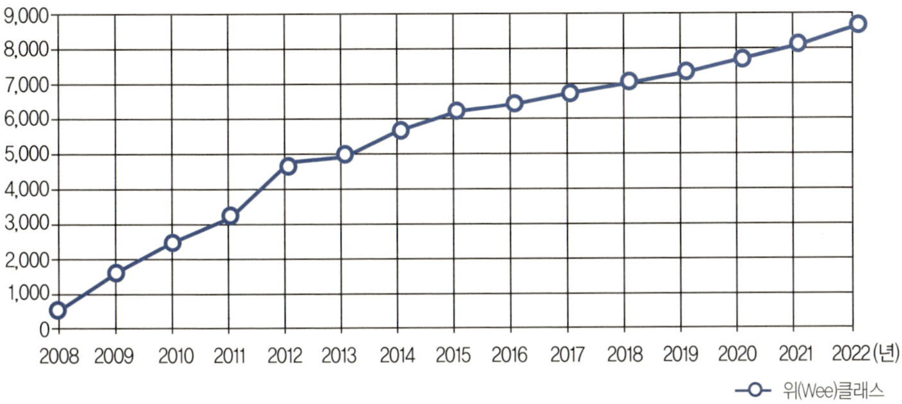


**그림 1-1 ▸▸▸ 위(Wee)클래스 구축 현황**

출처: 한국교육개발원(2023). 위(Wee)프로젝트.

### (2) 위(Wee)센터

위(Wee)센터는 교육지원청에 설치된 기관으로 단위학교에 위(Wee)클래스가 없는 학교 학생, 위(Wee)클래스에서 상담 받기 어려운 학생, 위(Wee)클래스에서 연계한 학생들을 대상으로 한다. 위(Wee)센터에는 전문상담교사, 임상심리사, 전문상담사, 사회복지사가 한 팀을 이루어 심리평가–상담–치유를 위한 one–stop지원서비스를 제공한다. 그리고 지역사회 전문상담기관, 의료기관, 청소년기관 등 외부 전문기관과 긴밀한 연계망을 구축하여 학생상담 지원서비스를 제공한다. 학생들과 관련된 상담으로는 가족, 비행, 학업 및 학교부적응, 진로, 성, 대인관계, 성격, 정신건강, 생활습관 및 태도 등 학생들과 학부모를 위한 맞춤형 상담과 치유서비스를 제공하고 있다.

① 위(Wee)센터 프로그램

- 학교폭력피해 학생 · 부모 심리치유 지원: 개인상담 및 심리검사, 주말체험 활동, 찾아가는 학교폭력예방교육, 적응력향상 프로그램, 또래상담교육, 가족힐링캠프, 맞춤형 체험활동
- 학교부적응, 위기학생 심리지원: 개인상담 및 심리검사, 학업중단예방 프로그램, 찾아가는 맞춤형 집단상담, 찾아가는 생명존중교육, 학교응급심리 지원, 학생정서행동특성검사심층평가, 상담인력미배치교 순회상담
- 상담활동지원 프로그램: 정신과 자문의 마음도움, 위(Wee)클래스 상담인력 연수, 상담사례 슈퍼비전, 위(Wee)센터 프로그램 홍보 연수, 상담주간 운영 및 홍보 아웃리치, 지역사회 유관기관 연계활동

② 위(Wee)센터 이용방법

학교와 교사, 학교상담자가 학부모의 동의를 받은 후 상담과 심리검사를 의뢰하거나 학부모와 학생이 직접 상담신청을 하면 이용할 수 있다.

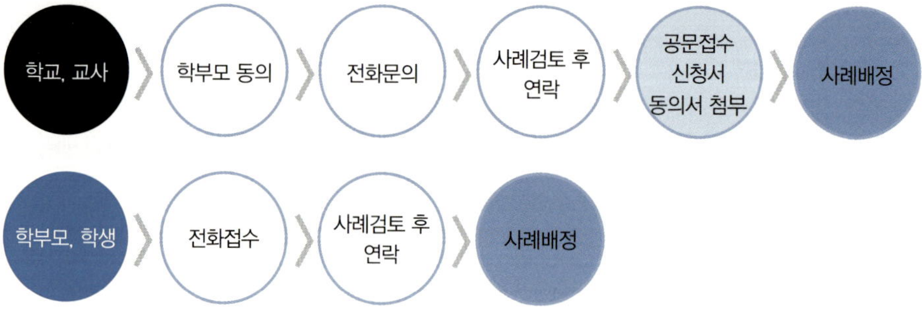


그림 1-2 ▶▶▶ 상담 이용 절차

출처: 울산광역시 교육청(2021). 힐링위(Wee)센터.

③ 위(Wee)센터 구축 현황

2022년 전국의 위(Wee)센터는 지역교육청에 206개소가 구축되어 학교 위(Wee)클래스와 연계하여 학생들의 심리정서 등의 서비스를 제공하고 있다. 자세한 구축 현황은 [그림 1-3]에 제시되어 있다.

| 구분 | 2008년 | 2009년 | 2010년 | 2011년 | 2012년 | 2013년 | 2014년 | 2015년 | 2016년 | 2017년 | 2018년 | 2019년 | 2020년 | 2021년 | 2022년 |
|---|---|---|---|---|---|---|---|---|---|---|---|---|---|---|---|
| 일반형 | 31 | 80 | 108 | 123 | 135 | 146 | 179 | 187 | 187 | 195 | 191 | 190 | 206 | 206 | **206** |
| 가정형 | – | – | 1 | 2 | 4 | 4 | 4 | 6 | 12 | 15 | 17 | 17 | 17 | 19 | **19*** |
| 병원형 | – | – | 1 | 1 | 1 | 5 | 5 | 5 | 5 | 5 | 5 | 9 | 10 | 13 | **13** |
| 총계 | 31 | 80 | 110 | 126 | 140 | 155 | 188 | 198 | 204 | 215 | 213 | 216 | 231 | 238 | **238*** |

* 2018년~2021년까지 3개의 기관으로 구분하여 표기하였던 충남 가정형 위(Wee)센터(차오름센터)의 통합으로 인하여 2022년부터는 한 개 기관으로 표기함(2018년~2021년도 수치 보장).

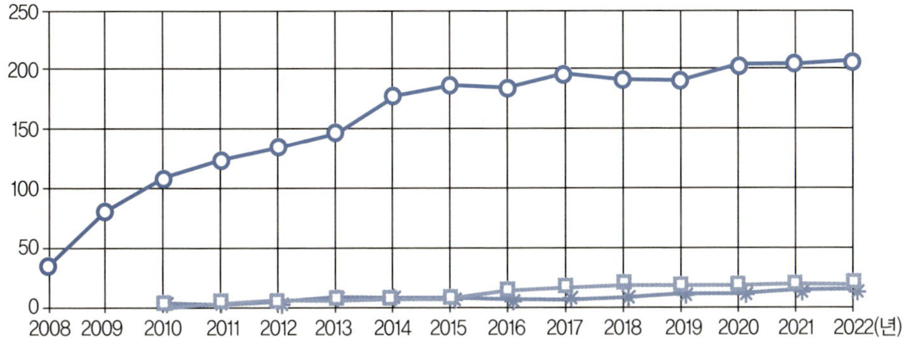


**그림 1-3 ▶▶▶ 위(Wee)센터 구축 현황**

출처: 한국교육개발원(2023). 위(Wee)프로젝트 연구지원센터.

### (3) 가정형 위(Wee)센터

학교적, 개인 · 사회적, 가정적 위기학생들을 대상으로 보호 · 상담 · 교육을 통해 적응 환경을 개선하여 가정 및 학교 복귀를 지원하는 중 · 장기 위탁기관이다. 위탁기간은 3개월이며 필요할 경우 연장이 가능하다. 2022년 기준 전국에 모두 19곳이 구축되어 서비스를 제공하고 있다

① 대상

- 학교적 위기학생: 장기결석, 등교거부, 학교폭력 가 · 피해
- 개인 · 사회적 위기학생: 정서행동 문제, 은둔형, 범죄, 가출 등 기숙형 보호가 필요한 학생
- 가정적 위기학생: 가정폭력, 학대 · 방임, 빈곤, 가정해체 등

② 지원내용

- 보호: 생활지도(의식주, 개인위생, 청소), 야간생활지도, 의료관리(약물복용,

통원치료)

- 상담: 입소상담, 보호자 · 담임 · 상담교사 상담, 가정방문, 추수상담, 가정 · 학교적응 상담
- 심리검사: 종합심리검사, 심층평가
- 교육: 위탁교육과정에 의한 공통교과(재적학교 등교 또는 방송통신 원격수업), 대안교과(감성, 진로, 자치, 생활기술 과목), 창의적 체험활동(동아리, 봉사), 학부모교육
- 사후관리: 홈커밍데이, 가족캠프, 가정복귀 연습, 복교 준비, 퇴소상담, 사후모임 등 적응 훈련

### (4) 병원형 위(Wee)센터

심리적 · 정서적 어려움을 겪고 있는 위기학생들에게 상담 · 교육 · 치료와 의료자문을 하고 필요한 경우 전문의의 병원 치료까지 지원하는 위탁 치료형 대안교육 기관이다. 2022년 기준 전국의 13개소에서 서비스를 제공하고 있다. 정신건강의학과 전문의, 정신건강 사회복지사, 대안교과 교사, 매체치료사, 청소년상담사, 간호사 등이 상주하며 서비스를 제공하고 있다.

#### ① 대상

심리적 · 정서적 어려움으로 학교 적응이 힘들고 정신적 치료가 필요한 학생

#### ② 지원내용

- 상담: 주호소 문제에 따른 전문의 상담, 개인상담, 양육자상담
- 기초 건강검진, 심리검사
- 담임: 연계기관 실무자 회의
- 교육: 학교 복귀를 위한 교과학습 진행
- 심리치료 프로그램: 음악치료, 미술치료, 놀이치료
- 체험활동: 다양한 직업체험활동, 공예, 놀이 야외활동, 재난대비 체험형 안전교육활동

### (5) 위(Wee)스쿨

위(Wee)스쿨은 학업중단 위기 청소년들을 위한 공립형 기숙학교로 상담을 비롯하여 인성 · 직업교육 및 사회적응 프로그램 등을 제공하는 대안교육기관 겸 중 · 장기 위탁기관이다.

위(Wee)스쿨은 2022년 기준 전국의 16곳에 구축되어 있다.

① 대상: 중 · 장기 위탁 교육, 상담, 치유가 필요한 고위기 학생 대상

② 지원내용: 2011년 이후 입학생은 2015 개정 교육 과정(교육부 고시 제2015-74호(2015. 9. 23.), 제2017-108호(2017. 1. 6.)에 따라 추후 교시되는 각 시 · 도 교육청의 '고등(중)학교 교육 과정 편성 운영에 따름

③ 위탁기간: 협의 기간에 따른 단기 대안교육, 1개월 이상 3개월 미만 중기 위탁형, 3개월 이상의 장기 위탁형이 있으며 최소 1주에서 최장 2년까지 위탁 가능

| 2008년 | 2009년 | 2010년 | 2011년 | 2012년 | 2013년 | 2014년 | 2015년 | 2016년 | 2017년 | 2018년 | 2019년 | 2020년 | 2021년 | 2022년 |
|---|---|---|---|---|---|---|---|---|---|---|---|---|---|---|
| - | - | 3 | 3 | 4 | 6 | 9 | 11 | 11 | 13 | 13 | 14 | 15 | 15 | **16** |

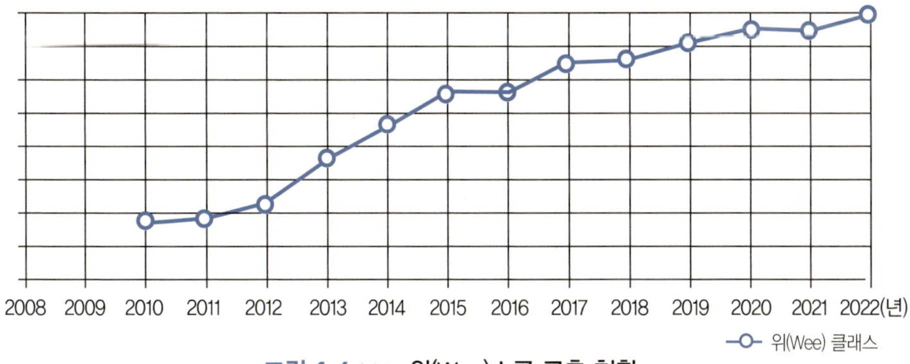


**그림 1-4 ▶▶▶ 위(Wee)스쿨 구축 현황**

출처: 한국교육개발원(2021). 위(Wee)프로젝트.

CHAPTER 02

# 학교상담의 주요 이론

## 1. 정신분석상담

### 1) 정신분석상담의 기본 원리

정신분석상담은 지그문트 프로이트(Sigmunt Freud)에 의해 창시된 것으로 개인이 의식할 수 없는 무의식에 존재하는 욕망과 충동, 억압, 상처 등이 인간행동에 영향을 준다는 심리역동적 관점에 기초를 둔 이론이다(정순례 외, 2017). 프로이트(Freud)에 의하면 무의식은 과거의 여러 가지 경험들로 형성되며, 보이지 않는 무의식의 힘과 본능적인 욕망을 충족시키려는 욕구에 의해 현재의 행동이 동기화되고 운명이 결정된다고 하였다(박재연 외, 2022). 프로이트(Freud)는 인간의 행동과 사고, 감정에는 나름의 의미와 목적이 있고, 이들은 심리내적 원인에 의해 결정된다는 심리결정론을 주장하였다. 즉, 우리가 실수로 보이는 행동에도 의미가 있으며 이는 반드시 무의식의 어떤 원인에 의해 발생한다고 가정하였다. 그리고 인간은 자신에 대해 극히 일부만을 의식하며 이러한 의식은 무의식의 지배를 받기 때문에 개인이 경험하는 심리적인 문제는 무의식에 의한 작용의 결과로 보았다(강진령, 2013).

프로이트(Freud)의 정신분석 이론은 심리학과 상담분야를 넘어서 철학, 사회사상 및 각종 다양한 학문에 지대한 영향을 미쳤다. 이후 프로이트(Freud)의 정신분석학은 자아심리학, 대상관계이론, 자기심리학 등으로 변화 발전하였고, 프로이트(Freud)의 영향을 받았으나 그의 핵심사상을 비판하면서 분석심리학, 개인심리학, 신프로이트 학파 등이 생성되어 발전하게 되었다(오윤선, 김미숙, 2019).

### 2) 정신분석상담의 주요 개념

정신분석상담의 주요 개념에는 정신세계구조, 성격형성구조, 심리성적 발달단계, 불안, 방어기제 등이 있다.

#### (1) 정신세계구조

프로이트(Freud)는 인간의 정신구조를 바다의 빙산에 비유하여 의식, 전의식, 무의식으로 구분하여 설명하였다. 바다의 수면 위에 보이는 빙산의 일부분은 의식 수준이며, 수면의 바로 아랫부분은 전의식, 수면 아래 깊고 더 넓은 영역의 빙산은 무의식으로 비유하였다. 의식은 우리가 현재 생각하고, 느끼고, 기억할 수 있는 부분이다. 전의식은 억압되어 있지만 조금만 주의를 기울이거나 단서가 제공되면 쉽게 인식되는 영역들이다. 무의식은 우리가 의식하지 못하는 마음 깊은 곳에 숨겨져 있는 정신세계이며, 본능과 억압된 생각과 감정들이 존재하는 곳이다(정순례 외, 2017). 무의식의 내용과 과정분석은 정신분석상담의 핵심이며 개인의 사고와 행동, 감정을 이해하는 가장 중요한 정신세계이다(강진령, 2013). 정신분석상담에서는 무의식을 의식화하는 과정을 통해 내담자의 부적응적인 심리상태를 변화시키고자 한다.

### (2) 성격형성구조

프로이트(Freud)는 인간의 성격이 원초아, 자아, 초자아의 상호작용으로 형성된다고 보았다.

#### ① 원초아(id)

원초아는 생물학적 욕구들로 구성되어 있으며, '쾌락의 원리'에 지배되어 본능적인 충동이나 욕구를 현실적 상황 등을 고려하지 않고 얻고자하며 고통을 주는 욕구지연은 회피하고자 한다. 또한 즉각적으로 욕구를 충족하여 즐거움과 만족을 얻고자하는 원시적 사고인 '일차적 사고과정'의 지배를 받는다. 심리적 에너지의 근원인 삶의 본능과 죽음의 본능을 가지고 있으며 무의식의 가장 깊은 곳에 위치하고 있다(박재연 외, 2022).

#### ② 자아(ego)

자아는 '현실의 원리'에 따라 현실적이고 논리적인 사고를 통해 욕구충족을 하고자 하며, 원초아와 초자아를 중재 · 조정한다. 성숙한 자아는 원초아와 초자아의 요구를 적절하고 균형있게 충족시키기 위하여 합리적인 목표를 수립하고 실행하며, 현실적 상황을 고려하는 '이차적 사고과정'을 한다. 현실적인 자아와 쾌락을 추구하는 원초아 간의 갈등이 발생하여 심리적 긴장상태가 되면 일시적으로 자아는 방어기제를 무의식적으로 사용하여 자신을 보호하고자 한다(정순례 외, 2017).

#### ③ 초자아(superego)

초자아는 부모의 가치관과 사회적 및 도덕적 기준을 내면화한 개인의 도덕적 규범이다. 초자아는 '이상 자아'인 심리기제를 통해 자아가 본능의 충동을 억제하도록 하며 부모나 사회적인 기준을 따르는 보상행위를 통해 완벽성을 추구하는 기능을 한다. 원초아가 본능적인 욕구를 충족시키려고 할 때 초자아는 이상과 양심에 근거하여 원초아를 비난하고 감시한다. 초자아가 너무 강하면 개인은 엄격한 도덕적 기준에 갇히게 되고 개인을 위축시켜 아무런 행동을 할 수 없게 만들 수도 있다(강진령, 2013).



### (3) 심리성적 발달단계

프로이트(Freud)는 인간에게 내재된 무의식의 본능 중에서 인간 행동에 가장 중요한 원동력이며 에너지인 성적 욕구와 공격적 충동을 강조하였다. 그는 아동이 출생 이후 부모와의 관계 속에서 이러한 성적인 본능과 공격적인 본능을 어떻게 다루어졌는가가 아동의 성격발달과 행동에 중대한 영향을 미친다고 보았다. 아동들은 그들의 본능적인 욕구들을 현실에 맞게 조정하면서 충족시키는 과정을 통해 성격이 형성되는데, 아동의 욕구가 현실에 맞게 조정되지 못하거나 욕구 충족의 좌절을 경험하게 되면 심리적 장애를 겪게 된다(정순례 외, 2017). 아동의 성격발달은 성적욕구가 집중되는 신체부위에 따라 5단계의 발달과정으로 설명되며, 아동의 연령이 증가함에 따라 성적 욕구가 옮겨간다. 이때 다음 단계로 정상적인 발달과정이 이루어지지 못하는 경우 고착 현상이 나타나는데, 고착이란 더 높은 수준의 심리성적 발달단계로 진행되지 못하고 특정 발달단계에 머무는 현상을 말한다(박재연 외, 2022).

#### ① 구강기

구강기는 출생 후 1년 6개월까지의 기간을 말하며, 성적욕구가 구강 주위에 집중되어 빨기, 깨물기, 씹기, 흡입하기 등의 활동으로 성적 쾌감을 느낀다. 이 단계의 유아들은 자신을 돌보아주는 어머니와 타인에게 전적으로 의존하는 시기로, 특히 출생 직후부터 상당기간 지속되는 어머니에 대한 의존관계는 이후의 인격형성과 인간관계의 기틀을 제공해 준다. 이 시기에 적절한 만족감을 얻게 되면 자신이나 타인, 환경에 대해 신뢰감을 획득하게 되지만 그렇지 못하면 구강기 욕구 충족에 집착하는 구강기 고착이 나타난다. 구강기에 고착된 성격의 특징은 의존적, 자기중심적이며 매사에 요구가 많고 빈정거리거나 냉소적이며 논쟁적인 모습을 보인다. 구강기 고착의 생활 습관 특징은 애주, 폭주, 흡연, 과식, 음주 등이 있다(이무석, 2008).

② 항문기

항문기는 생후 1년 6개월에 시작해서 3세까지 해당되는 시기이며, 리비도가 항문에 집중되고 배설물의 보유 · 배출 과정에서 긴장 해소를 통해 쾌감을 느낀다. 이 시기에 유아는 배변 훈련을 통해 대장운동을 지연시키거나 항문 괄약근을 통제하면서 배설물 보유와 방출에 의한 만족감을 극대화한다. 이때 부모의 배변 훈련 형태와 태도에 따라 자기조절, 독립심, 자율성, 자존심, 수치심, 혐오감 등을 경험하게 된다. 유아가 적절한 시간과 장소에서 배설을 하고 부모로부터 칭찬과 보상이 주어지면, 자신에 대한 가치를 확신하고 생산성과 창의성에 관련된 특성의 기초를 가지게 된다. 반면 배설을 한 이후 억압적이거나 처벌이 주어졌을 때는 좌절을 경험하게 된다. 부모의 항문기 배변훈련 방법, 청결에 대한 태도, 통제 정도, 배설에 대한 태도 등은 항문기 성격형성에 영향을 미친다(강진령, 2013). 유아가 대소변을 참고 보유하면서 만족을 느끼는 경우, 항문 보유적인 성격 특성이 발달되어 고집이 세고 인색한 경향을 보인다. 반면 유아가 좌절에 대한 보상과 만족을 얻기 위해 적절하지 않은 시간과 장소에서 배설하는 등의 반응으로 반항적인 배설을 자주하게 되면 항문 공격적 성격 특성이 발달하게 된다. 항문기에 고착된 사람은 정돈, 절약, 질서, 규칙 등에 강박적인 행동을 보이거나 불결하고 사치스러우며 도전적이고 반항적인 행동을 보일 수 있다(박재연 외, 2022).

③ 남근기

남근기는 3, 4세에서 5, 6세까지의 기간이 해당되며 리비도가 성기에 집중하는 시기이다. 아동은 이 시기때 성기를 만지면서 쾌감을 알아가고 부모의 성 역할이나 출생, 남녀의 신체에 대해 관심을 갖게 된다. 또한 아동은 이성의 부모에게 애정을 느끼고 동성의 부모에게는 질투와 경쟁적인 증오심을 느낀다. 즉, 남자아이는 이성의 부모인 어머니를 사랑의 대상으로 생각하고 환상과 행동으로 어머니에 대해 성적 소망을 나타내며, 아버지를 경쟁상대로 생각하고 위협적인 존재로 인식하는 오이디푸스 콤플렉스가 나타난다. 이러한 자신의 욕망을 아버지가 알게 되면 자신보다 크고 힘이 센 아버지로부터 자신의 성기가 잘려

질 수 있을 거라는 거세불안을 가지게 되며, 이때 아이는 아버지와의 동일시를 통해 거세 불안을 극복하고 아버지의 사회적 도덕이나 규범을 따름으로써 초자아를 형성하게 된다. 이 시기에 여자아이는 남근이 없음에 대한 열등감을 가지는 남근선망이 나타나기도 한다. 그리고 성기를 가진 아버지를 독차지하기 위해 어머니를 경쟁상대로 생각하게 되는 일렉트라 콤플렉스를 경험하게 된다. 여자아이는 어머니와의 동일시를 통해 일렉트라 콤플렉스를 극복하고 초자아를 형성하게 된다. 프로이트(Freud)는 오이디푸스 콤플렉스는 인간이면 누구나 성장 과정중에 경험하는 인류의 보편적인 현상이며, 신경증의 핵심이라고 하였다. 남근기 시기의 갈등과 어려움을 어떻게 극복하느냐에 따라 성적 정체성, 대인관계, 자아정체성 등에 대한 기본적 태도들이 결정된다(이무석, 2008).

④ 잠복기

잠복기는 6, 7세에서 12세까지이며 이 시기에 아동들은 성적인 흥미와 활동이 사라지고 성적 관심이 없어진다. 아동들은 동성인 부모를 동일시하며 남성다움과 여성다움이 분명해지고 사회적 관습과 태도를 배우게 된다. 이때는 리비도가 억압되거나 승화되어 심리적으로 평온한 시기라고 할 수 있다. 이 시기의 아동들은 가족외의 사람들과 교류하면서 인간관계가 다양해지고 학교생활, 친구관계, 사회규칙들을 배우며 운동이나 다양한 활동을 통해 강력한 에너지를 발산하게 된다. 잠복기는 사춘기의 성적인 변화가 나타나면서 끝나게 된다(박재연 외, 2022).

⑤ 성기기

성기기는 12세 이후 사춘기가 시작되면서 성기에 리비도가 활성화되고, 집중되면서 이성에 대한 관심과 인식이 증가되는 시기이다. 이 시기에는 생식기관이 성숙하고 내분비기관의 호르몬 분비로 인해 2차 성징이 나타나 신체적인 변화와 심리적인 변화를 강하게 경험한다. 성호르몬의 분비로 인해 여자아이는 유방과 골반이 발달하고, 남자아이는 수염이 나고 근육이 발달하며 몽정이 시작된다. 이 시기에는 부모와의 관계에서 친구들과의 관계로 관심이 옮겨가고,

이성교제가 시작되어 이성에 대한 관심과 인식이 증가되고, 이성 간의 관계를 추구하며 입맞춤, 성행위 등을 통한 상호 간의 만족을 추구하는 등 성적 주체성이 형성된다. 또한 남성과 여성으로서의 성역할을 배우고 부모나 어른들로부터 정서적 독립을 쟁취하고자 한다. 이때는 이성의 부모와 갈등이 심해지며 이성의 부모가 아닌 다른 이성을 찾아 교제를 하게 되면서 이성교제의 기틀이 만들어진다(이무석, 2008).

### (4) 불안

불안은 개인에게 내 · 외적으로 위험을 알려줌으로써 자아가 반격하거나 피할 수 있도록 해주는 대처기능이다. 불안은 초자아나 원초아가 자아에게 위험을 알리는 신호이며, 이러한 신호가 감지되면 자아는 위험 상황에 대처하기 위한 수단을 강구하게 된다. 따라서 불안은 인간의 내 · 외적으로 발생하는 위험을 알려주기 위해 고통을 줌으로써 적절한 방법으로 제거할 수 있도록 한다. 그러나 위험을 해소하지 않을 경우 불안 자체가 위험요소로 작용한다. 불안에는 현실 불안, 신경증적 불안, 도덕적 불안이 있다(강진령, 2013).

#### ① 현실 불안

현실 불안은 실제로 외부에 위험이 있음을 지각하고 자아가 이를 감지하고 처리하도록 할 때 발생하며 객관적 불안이라고도 한다. 불안의 원인이 외부에 있고 공포와 비슷한 특징을 가진다. 어두운 골목에 덩치가 큰 사람이 따라오거나 무서운 동물, 화재, 시험 성적표 등에 느끼는 두려움이 그 예이다. 현실 불안은 위험으로부터 개인을 보호하고 생존을 돕는 역할을 한다.

#### ② 신경증적 불안

신경증적인 불안은 강한 원초아에 자아가 압도되는 상태이다. 즉, 삶의 본능과 죽음의 본능이 지배하여 본능적 충동이 의식에 떠오르게 되면 자아가 이를 통제할 수 없을 것이라는 긴장과 두려움을 가지게 된다. 긴장과 두려움으로 심리적 압박감이 증폭되면 이성을 잃게 되어 충동적인 일을 저지르게 된다. 이러한 충동적인 행위가 불안보다 덜 고통스럽기 때문이다. 신경증적 불안이 심할 경우에는 노이로제라고 불리는 신경증이나 정신증으로 발전되기도 한다. 외출 시 가스 불을 껐는지 반복적으로 확인하는 행위, 비행기가 추락할 것 같아 비행기를 타지 않는 사람들이 그 예이다.

③ 도덕적 불안

도덕적 불안은 강한 초자아에 자아가 압도당하는 상태로, 자아가 초자아에게 처벌당하는 것을 두려워하여 발생되는 불안이다. 도덕적 불안은 신경증적 불안과 매우 밀접한 관계가 있다. 원초아가 부도덕한 생각이나 행동을 하려고 하거나 사소한 잘못에 엄격한 처벌이 가해지면 죄책감을 느낀다. 죄책감이 심한 사람은 자신의 죄를 속죄하기 위해 고의로 처벌받을 일을 저지르기도 한다. 불안이 위험을 알려주는데도 이를 해소하지 못하면 불안은 더욱 심화되어 사람을 압도하게 되고 신경쇠약을 초래하기도 한다. 신경증적인 불안과 도덕적 불안은 모두 자아에게 위험하다는 신호이면서 그 스스로가 위험이 되는 것이기도 하다(이무석, 2008).

### (5) 자아방어기제

방어기제는 사회적, 도덕적으로 용납하기 어려운 성적 충동과 공격적인 욕구, 갈등, 좌절 등에 대해 자아가 무의식적으로 대처하는 심리적 기제이다. 자아는 원초아의 본능적인 욕구와 초자아의 이상과 양심을 추구하는 도덕적인 욕구가 충돌하게 되면 이를 중재하여 갈등을 감소시키는 역할을 한다. 자아가 건강하면 이러한 갈등 처리에 있어서 초자아와 원초아 사이를 중재하여 서로 양보하게 함으로써 욕구를 충족시키고 마음을 평정하게 된다. 반대로 자아의 힘이 원초아와 초자아보다 약하게 되면 원초아와 초자아를 중재하기 어렵다. 이때 심각한 갈등과 긴장이 고조되고 불안이 발생하면 자아는 자신을 보호하기 위해 방어기제를 사용한다. 따라서 방어기제는 갈등을 처리하기 위한 자아의 노력이다. 자아의 방어기제는 병리적인 상태뿐만 아니라 정상적인 상태에서도 작용된다. 이렇게 정상적인 상태에도 작동되므로 방어기제의 사용 수준에 따라 성격적 특성이 나타난다고 볼 수 있다(정순례 외, 2017).

① 억압

억압은 가장 많이 사용되는 방어기제로 의식에서 용납하기 힘든 생각, 욕구, 충동 등의 감정들을 무의식 속에 눌러 넣는 것이다. 이는 잠재적으로 스트레스를 유발하는 사회적, 도덕적으로 수용되지 못하는 죄의식, 불안, 욕망 등을 생각나지 못하게 하거나 기억하지 못하도록 하는 것이다. 억압된 내용은 자신도 모르게 무의식적으로 표현되며 이는 편견이나 선입견으로 작용되기도 한다. 이렇게 억압은 무의식적이고 비자발적으로 작용하며, 자발적이고 의식적으로 스트레스를 유발하는 생각이나 감정들을 억누르는 억제와는 다르다(박재연 외, 2022).

② 투사

투사는 자신이 용납하기 어려운 충동, 동기, 감정 등을 자신의 것으로 인정하지 못하고 타인이나 환경의 탓으로 돌려 자아를 보호하려는 방어기제이다. 가장 미성숙한 심리적 기제로 자신의 열등감을 은폐하고 비현실적인 기준을 가지는 완고한 성향을 지닌 사람에게 많이 나타난다. 이성에게 관심이 있으면서 오히려 상대가 자신에게 관심이 있는 것처럼 여기거나, 타인을 증오하는 마음을 가지고 있으면서 그 감정을 타인에게 떠넘겨서 타인이 자신을 미워하고 해치려 한다고 말하는 것 등이 있다(강진령, 2013).

③ 반동형성

반동형성이란 무의식에서 일어나는 충동이나 소원, 갈등 등에 반대되는 행동과 태도를 보이는 것이다. 예를 들면 마음속으로는 상대를 증오하지만 겉으로는 헌신적인 사랑을 베푸는 경우 등을 들 수 있다.

④ 전치

자아를 위협하는 대상에 관한 감정이나 충동을 덜 위협적이거나 덜 위험한 대상에게 옮겨 표현하면서 대리 만족을 얻는 것이다. 예를 들면 남편에게 화가 난 아내가 화풀이를 자녀에게 하는 것 등을 들 수 있다.

⑤ 합리화

의식에서 용납할 수 없는 충동과 행동을 도덕적, 합리적으로 설명함으로써 자신의 행동을 정당화하여 자존감과 죄책감으로부터 벗어나고 타인의 비판에서 스스로 보호하고자 하는 것이다. 이솝우화의 '여우와 신포도'를 그 예로 들 수 있다.

⑥ 퇴행

현실에서 심한 좌절감을 느끼거나 스트레스를 받으면 초기아동기 시기로 되돌아가서 부적절하고 미성숙한 행동을 하게 된다. 예를 들면 동생이 태어나서 부모의 사랑과 관심이 동생에게 옮겨가는 상황에서 아이가 대소변을 못 가리거나 자기도 우유병을 달라고 떼를 쓰는 경우이다.

⑦ 지성화

불편한 감정과 충동을 무의식적으로 통제하고, 고통스러운 상황을 객관화, 추상화시킴으로써 불편한 감정을 무시하는 것이다.

⑧ 부인

의식화하기 어려운 현실이나 생각, 욕구, 충동을 무의식적으로 거부하는 것이다. 심각한 질병을 통보받고도 병을 인정하지 않고 병원에 가지 않거나, 자녀가 죽었는데 그 사실을 인정하지 않고 자녀의 방을 매일 정돈하는 것 등을 예로 들 수 있다.

⑨ 동일시

자신에게 중요한 사람의 행동이나 태도를 모방하면서 자기 것으로 만들려고 하는 것이다. 동일시는 자아와 초자아의 형성에 영향을 미치고, 성격발달에 영향을 주는 중요한 방어기제이다. 위인전을 읽고 그 인물의 태도를 따라 하려고 하는 것, 좋아하는 연예인의 행동을 모방하는 것, 부모의 행동을 보고 부모의 역할을 흉내 내는 것 등이 그 예이다.

⑩ 승화

승화는 본능적인 욕구나 충동적 에너지를 사회적으로 용납이 되는 형태로 전환시켜 표현함으로써 만족을 얻고자하는 방어기제이다. 공격 충동을 스포츠로 전환하는 것, 성적 욕구를 예술 활동으로 대체하는 것 등이 그 예이다.

⑪ 격리

사실과 감정을 의식에서 떼어내는 방어기제로 고통스러운 사실은 기억하지만 그때 경험한 감정은 억압하는 것을 말한다(이무석, 2008).

### 3) 정신분석상담의 목표

정신분석상담의 목표는 내담자의 성격을 재구성하여 현실적응을 돕는 것이다. 정신분석상담의 목표는 첫째, 내담자의 무의식을 의식화하여 자아의 정신기능을 강화시키고, 본능에 이끌리지 않고 현실에 기반을 둔 행동을 하도록 돕는다. 둘째, 무의식을 의식화시키는 과정을 통하여 내담자의 해결되지 않은 발달부분을 훈습하도록 돕는다. 상담자는 훈습을 통해 내담자의 통찰을 촉진하고 생산적인 삶을 영위하도록 돕는다. 셋째, 상담자는 내담자가 사회적 요구에 기능적으로 잘 대처하며 살아갈 수 있도록 현실적으로 지각하고 이성적, 합리적인 적응을 하도록 돕는다. 넷째, 상담자는 내담자가 비이성적, 본능적 충동에 지배되지 않도록 현실원리인 자아의 힘을 강화하여 심리적 증상과 갈등을 해소하도록 돕는다(강진령, 2013).

## 4) 정신분석상담의 과정



### (1) 초기 단계

내담자의 개인적 성장 및 발달사를 탐색하면서 내담자의 문제를 파악하는 단계이다. 수집된 정보를 근거로 내담자가 정신분석적 치료에 적합한지, 그리고 어떻게 치료를 할 것인지를 결정한다. 카우치에 누운 내담자가 자유연상으로 떠오르는 것을 편안하게 말하도록 하고 상담자는 그 내용을 분석한다.

### (2) 전이 발달

상담이 진행되면서 내담자가 과거의 중요한 인물에게 느꼈던 감정을 상담자에게 투사하는 전이가 나타나게 된다. 이때 상담자는 내담자의 전이분석을 통해 내담자의 갈등의 본질에 대한 통찰을 돕는다.

### (3) 훈습

전이분석으로 감정이 해결되고 통찰이 된다고 해서 내담자의 문제가 쉽게 해결되지는 않는다. 상담자와 내담자의 꾸준한 상담을 통해 전이분석이 지속적으로 이루어지고 내담자의 통찰이 계속적으로 반복, 정교화, 확대되는 과정이 훈습이다. 내담자는 자신의 방어와 동기가 무엇인지, 이러한 반복 과정을 통해 의식하게 된다. 상담자는 훈습 단계에서 내담자가 얻은 통찰을 현실 생활에 적용할 수 있도록 지지해 줌으로써 치료를 강화시킨다.

### (4) 전이 해결

내담자는 전이 분석을 통해 현실과 환상, 과거와 현재를 구분하게 된다. 내담자는 자신의 무의식적 환상에 반응하는 대신에 자신의 충동과 불안이 갖는 비현실적인 특성을 확인하면서 성숙하고 현실적인 적응을 하게 된다.

#### (5) 종결 단계

종결 단계는 내담자의 전이가 해결되면 시작되는 것으로 상담자에 대한 내담자의 무의식적 애착을 해결하는 것이다. 이때 종결에 대하여 의존성이 높은 내담자는 퇴행을 하거나 거부하는 저항이 나타날 수 있다. 이 단계에서 상담자는 상담이 끝난 후 일어날 일에 대한 내담자의 환상을 분석해 주어야 한다(오윤선, 김미숙, 2019).

### 5) 정신분석상담의 주요 기법

#### (1) 자유연상

자유연상이란 특정한 대상, 자극, 상황과 관련해서 마음속에 순간적으로 떠오르는 생각과 감정, 기억을 포장하거나 판단하지 말고 모두 말하게 하는 것이다. 자유연상은 정신분석상담에서 가장 핵심이 되는 기법이다. 자유연상을 하는 동안 내담자는 과거의 여러 가지 경험들을 기억해 내거나 억압된 감정들을 표현한다. 이때 상담자는 내담자의 과거 경험이나 억압된 감정 속에 있는 내면의 흐름을 살펴서 숨어 있는 자료들을 찾아 해석하고 통찰할 수 있도록 도와주어야 한다.

#### (2) 꿈 분석

꿈의 분석은 내담자의 무의식 세계에 접근하는 또 다른 방법이다. 프로이트(Freud)는 꿈을 내담자의 무의식으로 들어가는 '왕도'라고 하였다. 프로이트(Freud)에 의하면 수면 중에는 내담자의 방어기제가 약화되어 억압된 욕망이나 갈등이 의식으로 표면화된다고 하였다. 꿈은 현재몽과 잠재몽의 형태로 나타나는데, 현재몽은 현재 꿈에 나타나는 명시적인 내용이며, 잠재몽은 명시적인 내용 뒤에 숨어 있는 무의식적인 욕구나 고통을 말한다. 따라서 현재몽이 상징하고 있는 잠재몽의 의미를 분석함으로써 무의식적 욕망과 갈등을 찾을 수 있다(이무석, 2008).

### (3) 전이

전이는 내담자가 과거에 중요한 타인에게서 경험했던 생각이나 감정을 무의식적으로 상담자에게 반응하는 것이다. 전이는 정신분석상담의 핵심적인 요소이다. 상담자는 내담자가 보이는 행동이나 태도를 주의깊게 살피고 관찰하여 그 의미를 이해하고 분석하여야 한다. 정신분석상담에서 상담자는 내담자의 전이를 유도하고, 전이로 인해 나타나는 내담자의 감정, 욕망, 신념 등을 내담자가 이해할 수 있도록 해석할 수 있어야 한다. 전이 기법은 자신의 현재 행동이 과거의 억압된 무의식에 의해 영향을 받고 있다는 것을 통찰하고 문제를 해결하도록 돕기 때문에 정신분석상담에서 매우 중요한 기법이다(박재연 외, 2022).

### (4) 저항

저항이란 내담자가 억압된 충동과 감정을 자각하게 되면 불안이 발생하고, 이러한 참기 힘든 불안으로부터 자아를 방어하기 위하여 나타나는 무의식적인 역동성이다. 무의식에 저장된 끔찍한 기억들을 인식하는 것은 고통스러운 일이며 이러한 고통을 회피하기 위해 내담자는 비협조적이 되고 이는 저항의 형태로 나타난다. 저항은 내담자가 상담의 진행을 방해하면서 현재 상태를 유지하려는 무의식적인 행동이나 태도, 생각 등을 말하며, 저항은 상담자의 치료노력을 방해하는 내담자의 방어라고도 할 수 있다. 내담자가 상담 도중 침묵하거나 반복적으로 상담 시간에 늦게 나타나고, 피상적인 말을 장황하게 늘어놓거나 갑자기 상담을 취소하는 등의 모습이 나타나면 저항을 의심할 수 있다(Corey, 2017). 상담자는 저항분석을 통해 내담자가 저항에 직면하여 무의식적 갈등을 해결하도록 돕는다(강진령, 2013).

### (5) 해석

해석은 내담자에게 꿈, 자유연상, 저항, 전이 등이 의미하는 것을 이해하도록 설명하는 것이다. 해석을 통해 내담자는 자신의 무의식에 억압된 욕구와 충동, 갈등, 소망, 분노 등을 의식하게 된다. 이때 유의할 점은 내담자가 자신의 무의식적 충동이나 갈등, 상처 등에 대해 수용할 준비가 되어졌을 때 해석을 진행해야 한다. 왜냐하면 내담자가 준비되지 않은 상태에서 해석이 이루어질 경우 거부하거나, 상담자의 해석을 부정함으로써 무의식에 대한 통찰이 불가능해질 수 있기 때문이다. 해석은 무의식적 갈등보다는 저항에 대한 해석을 먼저 한 후, 해석하려는 내용이 내담자가 수용할 수준이 되었다고 판단될 때 이뤄지도록 해야 한다. 그리고 해석은 표면적인 것에서부터 시작하여 내면적인 부분으로 진행하여야 한다(Fine, 1982).

### 6) 학교상담에서의 적용

학교상담에서 상담자는 정신분석상담에서 주장하는 정신세계구조, 성격형성구조, 심리성적발달단계, 불안, 방어기제 등을 충분히 이해하고 활용할 수 있을 때 아동·청소년내담자들의 문제행동에 대한 심층이해가 가능하고 그들에게 효과적인 상담적 전략을 세울 수 있다. 정신분석상담은 이성적이고 합리적인 교육과 성장을 강조하는 학교현장에서 부적응과 문제행동을 나타내는 청소년들의 태도 이면에 숨겨진 억압된 감정과 무의식적 충동이나 욕구를 탐색하도록 돕는다. 그리고 정신분석상담을 통해 내담자의 무의식적 욕구 및 충동을 의식화시킴으로써 내담학생들의 건강한 자아 성장과 현실인식을 도울 수 있다.

## 2. 인지행동상담

인지행동상담이란 내담자의 문제를 인지에 초점을 맞추어 인지를 교정함으로 문제를 해결하고자 하는 상담이론이다. 인지행동상담 접근은 인지모델을 근거로 하며 주요 학자로 앨리스(Ellis)와 벡(Beck)을 들 수 있다. 두 이론의 공통점은 인간의 문제가 인지과정에서 왜곡되어 장애가 발생하는 것으로 보고 인지와 행동의 교정으로 문제를 해결하고자 하는 것이다. 행동주의에서 시작된 인지행동치료는 행동과 감정을 일어난 사건에 대한 자신이 갖게 되는 신념의 결과라고 보는 REBT(Ellis, 1962), 역기능적인 인지도식, 즉 역기능적인 신념이 문제를 만든다고 가정하는 벡(Beck)의 인지치료로 발전했다(Beck, 1997). 최근 인지행동치료는 이러한 전통적인 방식에서 벗어나 제3의 동향인 변증법적 행동치료(DBT), 수용전념치료(ACT) 등의 치료방법이 등장하게 된다.



## 1) 인지행동상담의 기본 원리

### (1) 인지행동상담의 기본 원리

인지행동상담은 이론가에 따라 조금의 차이는 있으나 많은 인지행동치료 학자들이 수용하는 공통점은 다음과 같다(강진령, 2009; 노안영, 2005; 원호택 외, 2000).

첫째, 인지가 정서와 행동을 중재함으로 내담자들의 역기능적인 사고와 믿음을 식별하여 기능적으로 반응하게 가르쳐 환경에 적응하게 한다. 인지행동상담은 교육직임으로 내담사가 스스로 변할 수 있도록 교육하는 것이 중요하며 다양한 기법을 사용한다.

둘째, 인지행동상담은 변화 가능하며 비교적 단기적이고 구조화된 상담으로 짧은 기간에 변화할 수 있다.

셋째, 인지행동상담은 건강한 치료적 동맹이 필요하고 내담자와 상담자 간의 상호협의와 내담자의 적극적인 참여를 강조한다.

### (2) 인지행동상담의 인간관

인간의 감정과 행동은 모두 인지에서 비롯된다는 입장을 취한다. 즉, 인간은 부적응적 사고를 함으로 부적응적 행동을 한다고 본다. 부적응적인 행동의 변화는 잘못된 인지의 변화가 우선되어야 한다. 그렇게 함으로 부적응적 행동이나 감정이 저절로 변화되어 인간의 긍정적인 변화가 될 수 있다는 것이다(Beck, 1997).

## 2) 인지행동상담의 주요 개념

### (1) 벡(Beck)의 인지이론

#### ① 인지적 왜곡

벡의 인지치료는 내담자가 갖고 있는 심리적 문제가 잘못된 사고, 부절적한 사고나 잘못된 정보에 의한 추론 등으로 인해 현실을 구별하지 못하는 과정에서 온다고 가정했다. 이러한 가정을 인지적 왜곡으로 정의 내리고 있다(Beck et al., 1997).

- 임의적 추론: 지지할만한 증거 없이 성급하게 결론을 내는 것이다. 즉, 어떤 사건 전체를 보지 못하고 자신의 가치관이나 세계관에 의해 중요한 부분을 임의적으로 보고 그것을 확대해서 전체를 부분적으로 인식하는 사고이다. 이때 대부분의 상황을 파국 혹은 극단적인 시나리오로 생각한다.
- 선택적 추상화: 상황이나 사건의 주된 내용이나 정보를 무시하고 세부적인 사항만으로 결론을 내리는 것이다. 맥락이 간과되고 일부 정보에만 주의를 기울여 전체의 의미를 해석한다.
- 과잉일반화: 한두 번의 사건에 근거하여 일반적인 결론을 내리고 그 결론을 전혀 다른 상황과 사실에 대입해서 적용하는 것이다.
- 확대와 축소: 어떠한 상황이나 사실에 대한 의미와 중요성을 실재보다 더 크게 또는 더 작게 지각하는 것이다. 확대는 개인의 불완전성을 실제보다 과장하는 것이라면 축소는 개인의 좋은 점이나 두드러지는 성취를 오히려 최소화시키는 것이다.
- 이분법적 사고: 사건의 의미를 이분법적인 범주인 둘 중 하나로 해석하는 것이다. 둘 중 하나로만 생각하고 중립지대를 인정하지 않는다.

#### ② 자동적 사고

벡의 인지이론에 따르면 사람들이 경험하는 대부분의 심리적 문제는 스트레스 상황에서 자동적으로 떠오르는 부정적인 생각들로 인해 발생한다. 이 자동적 사고는 여러 가지 환경적 자극과 심리적 문제 사이에 인지적 요소가 개입되어 작용하는 것이다. 심리적 문제가 있는 사람들의 자동적 사고는 대부분 왜곡되어 있거나 극단적이거나 부정확한 경우가 많다.

③ 역기능적 인지도식

사람들은 세상을 살아가는 과정 속에서 틀을 형성하게 되는데 이것이 삶의 인지도식이다. 사람마다 살아온 과정이 다름으로 당연히 인지도식은 다르게 형성된다. 각자의 인지도식은 살아온 삶의 응축된 생각의 덩어리라 할 수 있다. 이 과정에서 부정적 내용의 자동적 사고를 활성화시키는 것이 역기능적 인지도식이다. 이러한 사람들은 일상의 스트레스 상황에서 자신도 모르게 부정적 인지도식을 활성화하여 심리적 문제를 일으키게 된다. 인지행동상담 목표는 내담자가 좀 더 효과적으로 기능할 수 있도록 사고의 왜곡이나 편견 등을 제거하고 바람직한 대안행동을 찾도록 돕는 것이다. 또한 부적절한 정서와 행동을 적응적 행동으로 변화하는 것을 목표로 한다. 인지행동치료의 궁극적 목표는 인지적 오류를 제거하는 것이다(강진령, 2009; 노안영, 2005).

### (2) 앨리스(Ellis)의 합리적 정서행동이론(REBT)

① 비합리적 신념

앨리스에 따르면 인간은 합리성과 비합리성의 양면적인 본성을 가지고 있다. 인간에게는 합리적인 기능과 함께 비합리적이고 역기능적으로 생각하는 선천적 경향성을 지니고 있다. 인간의 심리적 장애는 비합리적 신념과 비논리적인 사고방식에서 기인된다.

비합리적 신념은 자신, 타인 그리고 세상에 대한 비현실적인 요구와 기대를 의미한다. 비현실적인 신념은 "반듯이 ~해야 한다" 하는 완벽하고 절대적인 당위성의 요구 형태를 띠고 있다. 비합리적 신념은 자신, 타인 그리고 세상에 대한 세 가지 범주에 속해 있다.

앨리스(Ellis, 1987)는 비합리적 신념의 예를 다음과 같이 제시하였다.

- 내가 알고 있는 모든 사람으로부터 반드시 인정받고 사랑과 이해를 받아야 가치 있는 인간이다.
- 인간은 유능해야 자신의 본모습을 가치 있다고 여기게 된다.
- 세상의 사악하고 악랄한 사람은 철저하게 처벌받고 비난을 받아야 한다.
- 원하던 일이 잘 안되면 정말 끔찍하고 슬픈 일이다.
- 두려워하는 일이나 위험한 일은 언제든 일어날 수 있음으로 이는 걱정의 원천이 된다.
- 어떤 문제든 늘 정확해야 하며 완벽하게 해결해야 한다. 그렇지 않으면 결과는 비극적일 것이다.
- 지난날의 경험은 현재의 행동을 결정짓고 과거의 일에서 자신의 현재 모습을 벗어날 수 없다.
- 인간은 타인과 공존하고 자신이 의지하고 힘이 될 수 있는 사람이 반드시 있어야 한다.
- 불행이 일어나는 것은 외부 환경임으로 이를 극복할 힘이 없다.
- 타인이 혼란스럽고 문제에 처해 있을 때 자신도 곤란할 수밖에 없다.
- 현재의 고통스럽고 힘든 일은 책임을 지는 것보다 피하는 것이 더 쉽다.

② ABCDE모델

인간은 인지적인 존재로 외부 자극을 해석하고 평가하여 반응을 결정한다. REBT는 인간의 정서 · 행동에 앞서 인지의 역할을 강조한다. 앨리스가 말하는 A는 생활에서 일어나는 촉발사건을 의미하며 선행사건(Activating event) 또는 역경(adversity)을 뜻한다. B(Belief system)는 이러한 사건을 해석하는 신념체제를 뜻한다. 이 신념은 합리적일 수도 비합리적일 수도 있다. C(Consequence)는 촉발사건에 대한 반응으로 개인의 정서와 행동적 결과를 의미한다(권석만, 2012).

ABCDEF의 치료과정에 따른 인간의 부적응 문제를 살펴보면 다음과 같다.

(A) 선행사건(Activating event): 첫단계로 부정적인 감정을 유발하는 선행되는 촉발사건(A)을 구체적으로 확인한다.

(B) 신념체제(Belief system): 촉발사건에 대한 신념(B)을 찾아내도록 하여 명료화하고 평가한다.

(C) 결과(Consequence): C는 비합리적인 신념에 의한 부정적인 감정과 행동을 구체적으로 파악한다. 대부분 내담자가 호소하는 문제는 부정적인 감정에서 시작하고 이때 감정을 촉발하는 사건(A)을 찾아내어 매개되는 신념(B)을 구체적으로 파악한다.

(D) 논박(Dispute): REBT의 핵심은 논박이다. 논박을 통해 내담자의 신념을 평가하여 비합리적인 신념을 합리적 신념으로 변하게 하는 과정에서 내담자의 적응적 삶을 돕는다. 이때 다양한 대화과정을 통해 합리적인 신념의 타당성을 알아가게 된다.

(E) 효과(Effect): 상담자는 논박을 통해 좀더 합리적인 신념을 발견하도록 돕고 내담자가 자신의 삶을 적응적으로 변화하게 하는 새로운 신념체계를 형성하도록 돕는다.

### (3) 인지행동상담의 최근 동향

① 수용-진념 치료(ACT)

수용-전념 치료는 인지행동치료의 발달과정에서 나타난 제3흐름 또는 제3동향이라고 할 수 있다. 전통적인 인지행동치료에서 제3동향을 보여주는 치료법들은 정서나 인지의 직접적인 변화보다는 개인의 사적 경험의 수용이라는 맥락의 변화를 만들어 간다는 공통점을 갖고 있다. 수용-전념 치료 외에도 변증법적 행동치료와 마음챙김에 기초한 인지치료 등이 있다(정종진, 2015).

수용-전념 치료는 전통적인 인지행동치료와 달리, 수용과 현재의 경험을 판단하지 않고, 그대로 알아차리는 마음챙김 전략을 강조하고 있으며 심리적 유연성을 증가시켜 기능을 개선하는 것을 목표로 한다. 수용-전념치료는 사고의 내용과 빈도를 변화시키기보다는 부정적인 경험을 최대한 수용하도록 돕고 가치 맥락과 마음챙김 훈련을 이용하여 활력 있는 삶으로 움직여 가는 데 초점을 두고 있다(신재숙, 이봉건, 2018).

수용–전념 치료를 포함한 심리치료적 접근은 결국 모두 인간의 고통에 대한 경험적 학문이라고 이야기할 수 있다. 현대인들은 누구나 알게 모르게 마음의 병을 앓고 있거나 짐을 안고 살아가고 있다. 그것이 자신 내면의 문제인지, 자신을 둘러싸고 있는 환경의 문제인지도 모른 채 그저 하루하루를 버티며 산다. 그렇기 때문에 지금을 살아가는 현대인들에게는 현재 자신의 내적인 환경에서 나타나는 생각과 감정을 '수용' 행동으로 다루고, 개인이 가고자 하는 삶의 방향을 알아채고 '전념' 행동을 할 수 있게 도와주어야 한다(이선영, 2017). 주로 내적으로 불편을 경험하는 사람들이 수용하도록 도울 수 있는 수용–전념치료의 일반적인 치료 목표는 심리적 유연성을 기르는 것으로 수용(Acceptance), 인지적 탈융합(Cognitive defusion), 맥락으로서의 자기(Self ascontest), 가치(values)명료화, 현재에 머무르기(Being present), 전념 행동(Committed action)의 6가지 핵심 치료과정을 거친다(이선영, 2010).

② 변증법적 행동치료(DBT)

DBT(Dialectical Behavior Therapy, 변증법적 치료)는 정서조절에 주안점을 두는 인지행동치료(CBT) 기법으로, 일반적인 CBT 기법에 수용전념치료의 요소가 가미되어 탄생되었다.

DBT에서 심리서비스를 받는 내담자들을 4단계로 분류한다. 1단계는 심각한 행동적 역기능으로, 정신질환으로 인해 고통받는 내담자이다. 2단계는 조용한 절박함이라 불리는데, 현재 심각한 문제를 보이지는 않지만 과거에 심리적 외상을 경험하고 아직 치유되지 않은 내담자들이다. 3단계는 삶의 문제로 고통받는 내담자들인데, 증상이 많이 경미하기 때문에 주로 상담 장면에서 찾아볼 수 있다. 4단계는 인간의 불완전함에 고민하는 내담자로, 지극히 적응적이지만 본인의 영적 고민으로 인해 더 나은 삶의 모습을 갈망하는 내담자들이다. DBT는 이론상 이 모두에게 적용될 수 있지만, 실제는 심각한 역기능적 행동의 문제를 가진 환자들에게 주로 적용된다.

DBT는 기술훈련을 통해 내담자가 효과적인 행동을 더 많이 하도록 하여 내담자 개인의 능력을 강화한다. 이러한 변화는 치료 회기 이외의 일상에서도 지속되어야 하며 내담자가 목표를 달성하게 하기 위해 내담자의 환경을 개선하는 일도 상담자가 할일 중 하나이다. 또한 상담을 원활하게 진행하기 위해 변화에 대한 내담자의 동기를 증진하고 상담 참여도를 높이는 추가적인 작업이 수행된다. 이러한 작업을 통해 내담자의 정서, 행동, 사고, 대인관계 패턴을 바꾸려고 노력한다.



### 3) 인지행동상담의 목표

벡의 인지상담의 목표는 내담자가 효과적으로 기능하고 적응하기 위해 잘못된 정보를 수정하는 것이다. 먼저 자신의 왜곡된 인지를 인식하고 수정할 수 있게 돕는다. 역기능적인 내담자의 신념을 좀 더 현실적이고 유연한 신념으로 증진하게 하기 위해 행동 및 인지적 기법을 사용한다. 내담자 스스로 현실적인 문제의 효과적인 해결자가 될 수 있게 한다. 자신의 내면적 사고와 신념을 알아차리고 성찰 할 능력을 길러 유연하고 현실적인 삶을 살 수 있게 한다.

앨리스의 합리정서적 상담의 목표는 내담자 스스로 갖고 있는 자기패배적인 정서적 고통과 행동을 줄여 자신의 잠재 능력을 효율적으로 발휘하게 돕는다. 즉, 내담자가 합리적인 인지 · 정서 · 행동을 할 수 있게 돕는 것이다. 내담자가 자신의 삶을 고통스럽게 하는 비합리적인 신념에서 벗어나 인생의 철학적인 삶의 방식을 통해 자신이 원하는 효율적인 삶을 영위할 수 있게 한다.

### 4) 인지행동상담의 과정

인지행동상담 과정은 내담자의 문제에 따라 다양하다. 상담 과정의 핵심은 내담자의 머릿속에서 스쳐지나가는 자동적 사고에 주의를 기울이고 자신의 생각을 들여다보는 과정을 통해 융통성 있는 사고로 변화하도록 격려하는 것이다. 이러한 과정을 통해 내담자가 긍정적인 경험을 할 수 있도록 과제를 부여하는 방법을 병행하여 사용한다.

인지행동상담은 여러 가지 기법을 공존하여 사용한다. 그러나 이러한 다양한 기법에도 나름의 공통적 특징을 갖고 있다(원호택 외, 2000).

첫째, 인지행동상담은 과학적 연구에 의한 치료기법을 개발하여 사용한다.

둘째, 인지행동상담은 내담자의 문제를 심리장애라는 질병으로 보는 것이 아니라 대부분의 문제가 일상 속에서 만들어진 역기능적인 문제행동과 사고방식으로 보고 인지행동의 원리를 통해 변화 가능할 수 있다고 본다.

셋째, 인지행동상담의 접근은 문제행동별로 인지행동을 변화하려는 모형으로 특정문제에 따른 각각의 이론적 모형을 수립하여 그에 따른 상담방법을 적용한다.

넷째, 인지행동상담은 단기상담을 지향하고 제한된 회기 안에서 상담을 진행한다.

다섯째, 인지행동상담의 필수적 상담절차로 인지평가와 행동평가가 이루어져야 한다. 인지행동평가에서 행동적 면접, 자기관찰 및 보고, 역할연기 등의 방식으로 내담자의 문제와 유발요인을 파악하여 문제지속 요인 및 자원과 지지요인, 내담자의 강점과 약점 등을 파악하여 상담한다.

여섯째, 인지행동상담은 전통적인 상담방식과는 달리 상담자가 교육자 및 코치의 역할을 한다. 상담자와 내담자는 이해적 관계를 바탕으로 협동적 관계 형성을 강조하여 함께 문제를 해결하는 역할을 한다.

### (1) 벡의 인지상담 과정

인지상담의 초기 단계는 면접회기를 포함한 3~4회기 이내에 내담자가 호소하는 문제외 현재 고통을 구체적으로 탐색하고 명료화한다. 이때 인지상담의 기본적인 개념 및 원리를 설명한다. 또한 내담자의 상담에 대한 기대와 구조화된 치료목표를 세운다.

중기 단계는 내담자가 호소하는 문제나 증상과 관련된 자동적 사고에 초점을 맞추어 최근 불쾌한 경험과 함께 일어난 자동적 사고를 탐색한다. 이때 자동적 사고를 탐색하는 숙제를 부여하기도 한다. 내담자가 스스로 찾아낸 부정적 사고에 대한 타당성을 검토하여 대안적인 사고로 대처하는 핵심적인 작업을 한다. 다음은 내담자의 역기능적인 신념에 초점을 맞추어 문제를 유발하는 근본적인 인지적 요인을 제거하고 좀 더 유연하고 현실적인 대안적 신념을 발견하게 한다.

인지상담의 마지막 종결 단계는 내담자와 전체 회기를 점검하고 내담자가 현실에서 문제가 재발하지 않도록 예방하는 작업을 한다. 내담자가 상담을 통해 습득한 인지적인 방법을 지속적으로 생활에 적응할 수 있게 한다.

### (2) 합리적 정서행동상담 과정

REBT의 초기 단계는 내담자가 호소하는 정서 · 행동적인 문제를 탐색하고 구체적으로 열거한다. ABC모델을 근거하여 문제를 유발하는 사건과 신념을 탐색한 다음 문제별로 잠정적인 가설을 설정한다. 이때 상담자의 중요한 과제는 치료적 동맹을 형성하는 것이다.

중기 단계는 상담계획에 따라 개별적 문제를 해결한다. 먼저 지난주 과제 확인으로 성공적인 달성 여부에 따라 보상과 벌칙을 부여한다. 현재 문세와 관련된 비합리적인 신념을 찾아내어 논박한다. 이때 인지적인 부분과 더불어 정서적이고 체험적인 행동적 기법을 적절하게 사용하여 비합리적인 신념을 합리적인 신념으로 변화하기 위해 노력한다. 상담의 중기에도 적절한 과제를 부여한다.

종결 단계는 내담자가 자신의 비합리적인 신념을 얼마나 잘 논박하는지 점검하여 격려한다. 내담자 스스로 자신의 비합리적 신념을 잘 논박할 수 있는 기술을 습득할 수 있게 한다. 내담자가 ABCEDE 과정을 잘 습득하여 자신의 삶에 적용할 수 있도록 지속적인 격려가 필요하다.

상담 과정을 구체적으로 살펴보면 다음과 같다.

① 부적절한 정서적 · 행동적 결과를 탐색(C)한다.

② 상담목표를 설정한다. 이때 결과적 목표는 부적절한 정서와 부적응적인 행동을 적절한 정서와 적응적 행동으로 변화시키는 데 있다.

③ 정서적 · 행동적 결과와 관계된 반응을 일으키는 선행사건이 무엇인지 탐

색한다(A).

④ 정서적 · 행동적 결과와 사고간의 관계를 교육한다(B-C).

⑤ 정서적 · 행동적 결과를 일으키는 근본적 원인과 사고를 탐색한 후 과정적 목표를 설정한다. 과정적 목표는 비합리적 신념을 합리적 신념으로 변화시켜 합리적인 생각이 행동양식에 영향을 미치도록 하는 것이다.

⑥ 탐색된 사고 체계를 논박을 통해 바꾸어 준다(D).

⑦ 생각이 바뀜에 따라 나타나는 정서적 · 행동적 효과를 알게 한다(E).

⑧ 내담자의 적극적인 참여를 통한 상담목표를 달성한다.

⑨ 종결시점이 적절할 때 종결한다.

### (3) 논박의 기법

#### ① 인지적 기법

내담자의 생각 중 비합리적 생각과 그에 근거한 내담자의 언어를 찾아 이를 합리적 생각과 언어로 바꾸는 과정에서 비합리적 생각을 변화시키는 것이다. 가장 많이 사용하는 기법은 질문기법이다. 질문을 할 때 주로 내담자가 지닌 비합리적 생각의 비현실성, 비논리성, 비실용성에 초점을 맞추어 '왜'라는 질문을 주로 사용한다.

#### ② 정서적 기법

부적절한 정서를 적절한 정서로 바꾸거나 상황에 맞지 않는 감정을 적절한 감정으로 환기시키는 방법이다. 이때 사용하는 유머는 내담자의 불안을 감소시키며 비합리적 생각의 비논리적이고 모순적 특징을 볼 수 있도록 돕는다. 정서적 기법을 사용할 때 상담자는 내담자의 어떤 말이나 행동을 무조건적으로 수용할 수 있어야 한다. 대표적으로 심상법이 있다.

③ 행동적 기법

행동기법을 활용하나 행동치료의 행동기법과는 기본가정이 다르다. 행동의 변화뿐만 아니라 생각, 정서까지도 변화시키는 것을 더 강조한다. 주로 사용하는 행동기법은 역할연기, 합리적 역할바꾸기, 홍수법, 수치심 공격하기, 숙제 활동, 기술훈련 등이 있다.

## 5) 인지행동상담의 주요 기법

### (1) 체계적 둔감법

체계적 둔감법은 이완된 상태에서 불안을 유발하는 장면을 상상하도록 함으로 불안반응을 둔감화시키는 것이다. 즉, 불안 때문에 근육이 긴장된다면 반대로 근육을 이완함으로 불안을 감소시키는 것이다. 진행 과정은 첫째, 내담자의 불안을 다루는 이완반응을 가르쳐 경험하게 하여 충분히 훈련시키는 단계이다. 둘째, 불안을 일으키는 자극을 분석하여 불안위계목록을 작성한다. 이때 불안의 정도를 점수화하여 작성한다. 셋째, 둔감화로 이완상태에서 낮은 수준의 불안을 경험하게 함으로 점점 강한 불안에 노출시켜 불안을 둔감하게 한다. 체계적 둔감법은 불안뿐만 아니라 분노, 불면증, 공황장애등에 효과가 있다. 장점은 특별한 도구 없이 상담할 수 있음으로 경제적이다. 내담자 스스로 불안에 대처할 수 있는 자신의 독자적인 적응전략을 만들 수 있다. 유의점은 상담사가 많은 훈련을 쌓아야 하고 내담자는 어느 정도의 지적능력을 가지고 있어야 한다.

### (2) 모델링

모델의 적응적 행동을 관찰하여 모방함으로 적응행동을 학습할 수 있다. 또래나 가족에서 모델을 찾을 수도 있지만 상담자가 모델의 역할을 직접 수행할 수 있다. 모델링의 장점은 경제적이고 시행착오가 적어 시간을 절약할 수 있다. 유의점은 또래 중에서 적절한 모델을 찾기 힘든 경우가 있고 문제행동이 학생들의 배경 환경에서 형성된 경우 효과가 크지 않을 수 있다. 성공적인 모델링을 위해서 모델에게 주의집중 하는 것과 관찰행동을 기억해 내는 것을 따로 가르쳐야 할 필요가 있다.

#### (3) 토큰경제 (token economy)

다른 강화자극과 연합되어 행동을 강화할 수 있는 힘을 가지는 상표를 사용한다. 일정 수준의 성취를 했을 때 주는 토큰이나 도서상품권을 사용하여 행동을 촉진한다. 상담 과정이나 수업의 흐름에 방해되지 않게 강화자극을 분배할 수 있고 쉽게 수시로 제공할 수 있는 장점이 있다.

#### (4) 자기주장훈련

과도한 불안 없이 적절하게 자신의 감정과 생각을 자유롭게 표현할 수 있는 능력을 증진시키는 훈련이다. 내담자로 하여금 불안 이외의 감정을 표현하도록 하여 불안을 제지하기 위한 기법이다. 대인관계에서 분노나 적개심을 잘 표현하지 못하는 사람, 거절하지 못하는 사람 등 자신의 감정이나 생각을 표현하지 못하는 내담자에게 유용하다.

#### (5) 소크라테스식 대화

내담자의 인지적 변화를 촉진하기 위한 질문을 통한 대화법이다. 내담자 스스로 자신의 사고 및 행동하는 패턴을 이해하고 해석할 수 있도록 질문한다(이한나, 2020). 질문을 통해 내담자가 답을 찾을 수 있게 도와야 한다. 이때 지시하기보다 적절한 질문을 통해 내담자 스스로 자신의 경험과 내면적 사고를 탐색할 수 있게 한다.

### 6) 학교상담에서의 적용

인지행동상담은 학교의 아동 · 청소년 내담자들에게 매우 유용하게 활용되는 상담이론이다. 아동 · 청소년기는 가정으로부터 시작되는 인지적인 왜곡이나 비합리적인 신념으로 친구관계에서 심리적인 문제와 갈등을 경험하게 된다. 아동기의 인지는 발달하는 과정에 있고 논리적으로 생각하는 것이 미숙함으로 철학적이고 개념적인 인지상담보다는 자기를 표현하고, 나 전달법 등의 자기이해와 긍정적인 자아개념을 형성할 수 있도록 돕는다. 중 · 고등학교 시기는 추상적 사고와 논리적 추론이 가능한 시기임으로 인지행동상담이 더 효과적이다. 이 시기는 학교 교육 등으로 습득된 인지능력을 사회적으로 적용함으로써 오는 미숙함이 여러 가지 심리 · 정서 · 행동의 문제를 야기한다. 이로 인해 다양한 인적적 오류가 발생하게 되는데 이를 극복하기 위해 심상법이나 역할극 등을 통한 대인관계기술훈련 등이 필요하다. 또한 청소년기에 오는 불안이나 우울감 등의 문재해결을 위해 이완훈련, 홍수요법, 체계적 둔감법 등을 활용할 수 있다.

## 3. 인간중심상담

인간중심상담이론은 로저스(Rogers)에 의해 성립된 상담이론이며 인간의 잠재력에 대한 신뢰를 바탕으로 하고 있다. 이 잠재력은 자기 이해에 대한 잠재력을 뜻하며 심리적 환경이 잘 조성되면 실현될 수 있다. 따라서 로저스(Rogers)의 이론에서 자아는 매우 중요한 개념이다. 로저스(Rogers)가 창립한 인간중심상담이론의 인간관과 더불어 주요 개념, 상담목표 등을 살펴보고 학교 현장에서 인간중심상담이론을 어떻게 적용하고 있는지 살펴보고자 한다.

### 1) 인간중심상담의 기본 원리

로저스(Carl Ransom Rogers, 1902~1987)는 인본주의 심리학의 대표적인 학자이다.

로저스(Rogers)는 교육, 상담, 심리치료, 집단상담, 사회사업, 대인관계, 평화 등 다양한 분야에서 학문적 권위를 가지고 있었으며, 심리치료에서 인본주의 운동을 시작하고 발전시킨 공로를 세계적으로 인정받고 있다(Corey, 2017). 로저스(Rogers)가 주장한 근본적인 생각, 즉 성장과 변화의 도구로써 내담자-상담자 관계의 핵심적인 역할은 다른 여러 이론적 접근들에 받아들여졌다. 로저스(Rogers)의 인간중심상담이론의 기본 전제는 사람에 대한 믿음이다. 인간은 상담자의 지시적인 개입이 없어도 스스로 자신을 이해하고 자신의 문제를 해결할 수 있는 무한한 잠재력을 가지고 있는 존재로 보았을 뿐만 아니라, 매우 긍정적인 시각으로 인간을 바라보았다. 이러한 특성으로 인간중심상담이론 초기에는 정신분석의 지시적 접근과 대비하여 비지시적 접근으로 불렸다.

로저스(Rogers)는 상담자나 치료자 중심이론과 다른 개념으로 본인의 이론을 '내담자 중심이론'으로 부르다가 그의 인생 후반기에 보다 확고한 철학적 신념과 인간에 대한 믿음으로 본인의 상담 접근방법을 1974년 인간중심상담이론으로 수정하였다. 로저스(Rogers)는 자신의 문제를 해결하고자 도움을 받으려고 온 사람을 환자나 내담자로 불러서 상담자나 치료자와 차이를 두는 것이 아니라 상담 관계에 있어서 상담자와 내담자가 '인간 대 인간'으로 대등한 관계임을 강조했다. 이는 로저스(Rogers)가 인간은 자기 주도적인 성장을 이룰 수 있는 잠재력을 가진 존재이며, 상담 관계에서 주관적 경험을 통해 끊임없이 스스로 가치를 형성하고 성숙해 가는 존재로 대하는 태도와 인간관이 강조된 것이라 할 수 있다.

### 2) 인간중심상담의 주요 개념

인간중심상담은 성격의 중요한 구성개념을 유기체와 자아로 정의하였다. 유기체는 개인의 사상과 행동 그리고 신체적 존재 모두를 포함하는 전체로서의 한 개인을 말한다. 이러한 유기체가 경험하는 주관적 세계를 '현상적 장'이라고 하고, 이를 개인의 실제 세계로 본다. 자아는 이러한 현상적 장에서 분화하여 발달한 것으로 자신에게 속한 것 혹은 자기의 일부와 자신이 지각하는 다른 모든 대상들 사이를 구별할 수 있게 된다는 것을 말한다(김계현 외, 2020).



### (1) 유기체

유기체는 좁은 의미로는 생물을 의미한다. 생물학적 개체는 분할되면 통일체로 될 수 없으며, 존립할 수 없는 것을 말한다. 하지만 로저스(Rogers)는 인간을 생물학적인 유기체로 본 것이 아니라 현상학적 입장에서 인간을 유기체로 보았다. 심리학에서 현상학은 인간의 자각과 지각에 대한 연구를 의미하는데 현상학자에게 중요한 것은 대상이나 사건 그 자체가 아니라 한 개인이 대상이나 사건을 어떻게 지각하며 이해하는가이다. 현상적 장은 경험의 전체를 의미한다. 따라서 로저스(Rogers)는 인간뿐만 아니라 인간이 경험하는 것을 하나의 유기체로 보았다. 이는 로저스(Rogers)가 "경험은 나에게 최고의 권위다."라고 말한 것에서 알 수 있다. 다시 말해 로저스(Rogers)는 유기체의 경험을 중시하였다.

### (2) 자아(self)

로저스(Rogers)가 창립한 인간중심상담이론에서 성격의 중요한 구성 개념 중 하나는 자아(self)이다. 여기서 자아란 정신분석학에서 말하는 자아(ego)와는 다른 개념이다. 로저스(Rogers)가 말하는 자아(self)는 개인의 내부에 있는 것이 아니다. 그가 말하는 자아는 어떤 것도 하지 않는다. 즉, 개인은 행동을 통제하는 어떤 자아를 가지고 있는 것이 아니라는 것이다. 자아는 그저 자신이 지각하고 있는 자기 자신을 말한다. 로저스(Rogers)는 자신이 지각하는 자아와 타인이 자신을 보는 자아가 일치하는 것이 중요하다고 말한다. 이 둘이 일치하지 않으면 사람은 부적응을 겪게 되고 불안, 방어, 왜곡된 사고를 하게 된다고 말한다.

로저스(Rogers)는 또한 실제적 자아와 이상적 자아 간의 관계를 강조하고 있는데, 실제적 자아는 현재 상태의 있는 그대로의 나 자신인 자아를 말하며, 이상적 자아는 자신이 그렇게 되었으면 하고 바라는 자아를 일컫는다. 로저스(Rogers)는 이상적 자아와 실제적 자아가 일치하는 것이 정신적으로 건강한 것으로 보았다. 부적응이라는 것은 되고자 하는 것(이상)과 현재 상태와의 차이에서 온다. 실제적 자아와 이상적 자아 간에 차이가 클수록 적응에 문제가 생길 가능성은 높다. 차이가 클수록 개인은 불안감을 느끼게 되는데 이로 인해 적응을 잘하지 못하게 된다. 이에 개인은 방어기제를 사용함으로써 부적응적인 상황에서 벗어나고자 한다. 예를 들어, 고등학생인 A는 자신이 의사가 될 수 있을 것이라 생각하지만, 낮은 성적으로 의과대학에서 합격할 수 없는 상황에 있다. A가 자신을 보는 것(실제적 자아) 또는 자신이 보고 싶은 것(이상적 자아)과 그의 낮은 성적이라는 자신의 현실 간의 차이는 개인의 불안을 유발하고 이것이 상담을 받아야겠다는 동기를 제공하기도 한다.

#### (3) 실현화 경향성

인간은 생득적으로 스스로를 유지하거나 발달시켜 잠재적으로 가지고 있는 역량을 키우려 하는 경향성을 지니고 있는데, 이를 실현화 경향성(actualization tendency)이라고 한다(Rogers, 1998). 실현화 경향성은 유기체를 생존하게 할 뿐 아니라 적응하고, 발달하고 성장하도록 유지하는 데 기여하는 것이다(노안영, 2005). 로저스(Rogers)는 인간을 포함한 사실상 모든 생명체가 이러한 실현화 경향성을 타고난다고 확신했다. 또한 실현화 경향성 중 자아를 유지하고 발전시키며, 잠재력을 발휘하려는 경향성을 자아실현 경향성(self-actualization tendency)이라 일컬었다.

### 3) 인간중심상담의 목표

인간중심상담이론에서의 상담목표는 내담자로 하여금 충분히 기능하는 인간으로 성장하도록 돕는 것이다. 로저스(Rogers)는 상담목표가 단순하게 문제만을 해결하는 것으로 보지 않았다.

코레이(Corey, 2017)는 상담의 목표란 내담자가 더 높은 수준의 독립과 통합을 이루어서 그들이 당면한 문제에 더 잘 대처해 가도록 하는 것이라고 하였다.

이 목표를 달성하기 위해서는 먼저 내담자가 사회화과정에서 그동안 발달시켜 온 가면을 벗어야 한다. 실제로 내담자들은 자신이 삶에서 가면을 사용하며 살아왔기 때문에 온전한 자신과 만나지 못했다는 것을 상담을 통해 깨닫게 된다. 이를 위해 상담자는 안전한 분위기를 제공해 주어 내담자가 자신을 탐색하게 만든다. 이렇게 하면 자신의 성장을 방해하는 요인이 무엇인지 인지하게 되고, 과거에 부인하고 왜곡했던 자신을 온전히 경험하고 진정한 삶의 방식이 있다는 것을 발견하게 된다. 상담자는 내담자를 위해 목표를 골라주거나 제시하지 않는다. 인간중심상담이론의 핵심은 촉진적인 상담자와 상담 관계를 맺은 내담자는 자신의 목표를 정하고 명료화하는 능력을 가지고 있다는 것이다. 결과적으로는 내담자가 어떻게 자신의 목표를 이루어가고 자신만의 대답을 찾을 것인가는 상담자가 정하는 것이 아니라 내담자가 상담을 통해 자기를 개방하면서 자신을 신뢰하며 변화할 수 있도록 도와준다는 것이다. 다시 말하면, 상담자는 특수 문제의 해결이나 특수한 행동변화를 상담의 목적으로 설정하기보다는 오히려 한 개인을 전체적이고 계속적인 성장의 방향으로 향하게 하는 데 그 목적이 있다고 말할 수 있다(김계현 외, 2020).

### 4) 인간중심상담의 과정

상담 과정에서는 내담자의 책임과 주체성이 강조되고 있으며, 내담자가 주체적으로 자신의 문제해결에 대해 충분한 통찰을 얻도록 하는 내용이 포함된다. 인간중심상담이론 접근에서는 상담 과정을 구체적인 단계로 나누기가 쉽지 않다. 또한 로저스(Rogers)는 관계의 질에 근거하여 '치료적 성격 변화의 필요충분조건'의 가설을 세웠다. "만약 내가 누군가와의 관계에서 특정 유형의 관계를 제공한다면 그(녀)는 그 관계를 성장과 변화를 위해 사용할 능력이 자신 안에 있다는 것을 발견할 것이며, 개인적 발달이 일어날 것이다."라고 로저스(Rogers)는 말했다. 더 나아가 "중요한 긍정적 변화는 관계 밖에서는 일어나지 않는다."고 말하며 가설을 제시했다. 로저스(Rogers)의 가설은 수년간 자신의 전문적 경험에 의해 만들어졌으며 지금까지 기본적으로 변화하지 않고 유지되고 있다(Corey, 2017). 로저스(Rogers)가 제안했던 여섯 가지 상담의 필요충분조건은 다음과 같다.

1. 두 사람은 심리적 접촉 상태에 있다.
2. 내담자라고 불리는 첫째 사람은 불일치 상태에 있고, 취약하거나 불안을 경험하고 있다.
3. 상담자라고 불리는 둘째 사람은 관계에서 일치(진실 또는 진솔)하고 내담자는 이것을 인식한다.
4. 상담자는 내담자에 대하여 무조건적, 긍정적 존중을 경험한다.
5. 상담자는 내담자의 내적 참조 체계에 대하여 공감적 이해를 경험하고 이 경험을 내담자와 의사소통하기 위해 노력한다.
6. 상담자의 공감적 이해와 무조건적 긍정적 존중이 내담자에게 어느 정도 전달된다.

### 5) 인간중심상담의 주요 기법

로저스(Rogers)는 "상담에서 어떤 궁금증이나, 어떠한 의도나 목표, 개인적인 해석이나 배경, 경험, 선입관, 신념, 종교, 철학, 혹은 상담자가 주장하는 심리학적 이론이나 진단, 심리검사, 치료기법 등도 결코 상담의 중심이 되어서는 안 된다"(Rogers, 1980)고 하였다. 인간중심상담에서는 상담자가 내담자와 함께 있으면서 내담자의 인식과 감정의 세계에 깊이 들어가는 것만으로도 변화의 과정을 충분히 촉진시킬 수 있다. 즉, 내담자의 진전에 핵심적인 것은 상담자의 함께함이다. 이는 내담자가 표현한 걱정에 대해서뿐만 아니라 내담자에게 완전히 집중하며 몰입해 있는 상태다(Cain, 2010). 상담관계의 필요충분조건 중에서 일치성, 무조건적 긍정적 존중, 공감적 이해는 상담자가 가져야 할 중요한 태도로서 기법으로 배우는 것이 아니라 상담자 자신의 노력과 태도 변화로서 이루어지는 것이며, 이러한 태도를 갖추기 위해 상담자의 변화가 선행되어야 한다(노안영, 2005). 즉, 상담자를 상담 도구 그 자체로 보는 기법이라 해도 될 것이다. 그에 따라 상담자에게 많은 수련을 요한다.

### (1) 일치성(congruence) 또는 진솔성(genuineness)

로저스(Rogers)는 글로리아라는 내담자와의 상담시연에 앞서 본인이 내담자와의 관계에서 진실할 수 있는가 스스로 질문을 던지며 "상담관계 속에서 내담자에게 몰입하고 투명성(transparency)을 유지하고 싶다."고 말했다. 그는 자신의 지식을 비밀로 하거나 상담 과정을 신비화하려고 하지 않았다. 내담자가 상담자를 통해 모든 길을 알아내기를 바라며, 숨겨진 것이 없다는 것을 알기를 원했다. 여기에서 알 수 있듯, 일치성은 상담 관계에서 상담자가 순간순간 내담자에게 심리적으로 경험하는 자신의 감정이나 태도를 대화를 통해 상담자 인식 속에 존재하고 표출되는 것을 의미한다. 즉, 상담자가 진실하다는 의미이며, 상담자가 상담시간 동안 진실하고 통합되어 있으며 참되다는 것을 말한다(Corey, 2017).

일치성은 진솔성, 개방성이라고도 같은 뜻으로 불린다. 상담자의 일치성은 상담관계 필요충분조건 중에서도 가장 기본이 되는 태도이다.

### (2) 무조건적 긍정적 존중(unconditional positive regard)과 수용

무조건적 긍정적 존중은 내담자의 인지, 정서, 행동에 대하여 상담자 본인의 가치관을 가지고 어떠한 판단이나 평가도 내리지 않고, 내담자를 조건 없이 있는 그대로 수용하는 것을 말한다. 로저스(Rogers)에 따르면, 무조건적 존중이란 내담자의 모든 것에 대한 무조건적인 수용, 그리고 가치 있는 존재로서의 존중을 의미한다. 내담자가 괴로움, 적개심, 부적절한 감정, 방어적 태도를 나타낼 때에도 긍정적이고 성숙한 감정을 표현할 때와 똑같이 수용하는 것을 포함한다. 이를 위해 상담자는 비평가적이고 비판단적이어야 한다(권석만, 2020).

### (3) 공감적 이해(empathic understanding)

공감은 동감이나 내담자를 동정하는 것이 아니다. 또한 내담자에게 죄책감을 가지는 것 또한 아니다. 공감적 이해란 내담자가 주관적으로 경험하는 사적 세계를 정확하면서도 민감하게 이해하는 것이다. 공감적 이해의 동의어는 공감,

정확한 공감, 공감적 태도, 공감적 자세다. 그리고 상담자는 내담자의 감정을 마치 자기 것처럼 느끼되 자신을 잃지 않아야 한다. 이를 통해 상담자는 내담자의 의식 가장자리에 있는 의미를 표현하는 것도 파악해 낼 수 있다. 내담자가 상담자의 공감을 경험하는지를 알아내는 가장 좋은 방법은 내담자로부터 피드백을 받는 것이다(Norcross, 2010).

### 6) 학교상담에서의 적용

인간중심상담은 단순히 내담자의 문제를 해결하는 것이 아니라 상담자와의 관계를 통해 자신의 성장을 방해하는 부분을 통찰하고 자신에게 처한 문제를 자신만의 해결 방법을 스스로 찾을 수 있도록 한다. 내담자와 상담자의 관계를 평등하게 보는 인간중심상담 접근법은 내담자의 이야기에 경청하며 상담자의 진솔성을 보여주고, 무조건적 긍정적 존중하는 태도와 공감적 이해를 바탕으로 상담하기 때문에 상담에 있어서 특별한 상담 기법이 있다기보다 많은 상담자들이나 다른 이론을 따르는 학자들 역시도 인간중심상담의 가치를 기본 바탕으로 두고 상담을 실시하는 경우가 많은 편이다.

## 4. 게슈탈트상담

### 1) 게슈탈트상담의 기본 원리

게슈탈트는 독일어 Gestslt에서 온 것으로 형태, 모양, 유형, 조직화된 전체를 의미한다. 이는 개체가 자신의 유기체적 욕구나 감정들을 조직화하여 하나의 의미 있는 형태로 지각하려고 하는 것을 의미한다.

게슈탈트는 1940년대 프리츠 펄스(Fritz Perls)에 의해 창안된 상담 방법으로 인간의 경험을 높이 평가하는 현상학적 방법을 사용하여 현실에 대한 내담자와 상담자의 경험을 강조하였다. 인간은 신체, 정서, 사고, 감각, 지각 등 다양한 측면으로 이루어져 있으며, 환경과 상호작용하며 자아를 형성한다. 인간은 환경에서만 살 수 있으며 내외적 자극을 인식하고 행동을 선택할 수 있음과 더불어 감각, 사고, 정서, 지각을 인식할 능력을 가진다. 이 능력을 활용하여 효과적으로 삶을 살아가며, 순간마다 생성되는 문제를 해결하고 통합함으로써 전체적인 자아를 형성한다.

게슈탈트상담에서는 인간에 대한 존재로 다음과 같이 다섯 가지를 주장하였다.

첫째, 인간의 행동은 주변 상황과 연관하여 의미 있게 이해되어야 한다. 종종 우리는 다른 사람의 부분적인 행동을 관찰하고 너무 빨리 판단하거나 오해하며 비판하기 쉬운데 이는 그 사람의 행동을 전체적인 맥락이나 상황에서 파악하지 않았기 때문이다.

둘째, 인간의 행동은 구성하는 요소의 합보다 큰 전체이다. "전체는 부분의 합보다 크다"라는 게슈탈트의 기본명제를 반영한 내용이다. 신체, 정서, 지각, 사고 등은 전체적인 인간을 떠나서 이해될 수 없다. 개인의 여러 가지 다양한 면을 전체로 통일하기 위한 노력이다.

셋째, 인간은 완성을 추구하려는 경향이 있는 존재이다. 우리가 끊임없이 게슈탈트의 완성을 통해 삶을 살아가고 있는 것으로 가정한다. 미완성된 일이 중요할수록 게슈탈트를 완성시키기 위해 반복적으로 나타나 집중을 방해하게 된다.

넷째, 인간은 현재의 자신의 욕구에 따라 게슈탈트를 완성한다. 과거와 미래를 경험할 수 없기 때문에 현재의 욕구와 상황을 중심으로 행동하여 게슈탈트를 형성한다.

다섯째, 인간은 전경과 배경의 원리로 세상을 경험한다. 인간의 행동은 환경과 상황을 의미 있게 이해하며 전경과 배경의 원리에 따라 세상을 경험한다. 인간은 자신이 필요로 하는 것을 결정하고, 자신의 환경을 적절히 다루는 능력을 가져야 한다.

## 2) 게슈탈트상담의 주요 개념

### (1) 게슈탈트

게슈탈트란 형태, 전체, 모습이라는 의미를 가진 독일어이며, '1+1=2'와 같이 단순한 합을 의미하는 것이 아닌 전체의 통합을 의미한다. 각각의 부분들이 합쳐져 하나의 전체(통합)로 형성된다. 환경과의 상호작용에서 욕구를 잘 충족시켜 원활하게 기능하게 된다면 이는 심리적으로 건강하다고 할 것이다. 그렇지 못한 개체는 자신의 욕구를 알아차리지 못해서 자신이 무엇을 하고 싶어 하는지 잘 모르기 때문에 목표가 분명하지 않고 모든 일에 의사결정을 하는 것이 어렵고 혼란스러워한다(천성문 외, 2015). 게슈탈트는 상황과 환경이 상호작용하는 과정에서 형성되며 상황과 환경을 분리해서는 존재하지 못한다.

### (2) 전경과 배경

전경은 어느 한 순간에 관심의 초점이 되는 부분을 나타내며, 배경은 관심 밖으로 물러나는 부분이다. 건강한 개체는 매 순간 자신에게 가장 중요한 한 가지 욕구에 초점을 맞추어 게슈탈트를 명확하게 형성하여 전경으로 인식하며, 나머지는 배경으로 처리하게 된다.

### (3) 미해결 과제

전경과 배경의 교체가 원활하게 이루어지지 않아 게슈탈트 형성에 어려움을 경험하는 경우이다. 게슈탈트 형성은 하였으나 해소되지 않아 배경으로 물러나지도 전경으로 떠올리지 못하고 중간층에 남아있는 상황을 말한다. 해소되지 못한 게슈탈트는 완경되지 못하고 좌절, 공포, 불안, 죄책감 등의 감정으로 중간층에 남아 있게 된다. 미해결 과제에 의해 형성된 이런 부정적인 감정들은 지금-여기에서 자신과 타인의 삶에서 일어나는 여러 가지 문제들을 효과적으로 다루고 살아가는 것에 어려움을 줄 수 있다.

#### (4) 지금-여기

게슈탈트 상담에서는 지금-여기(현재)에 대해 이해하고 현재를 충분히 경험하는 방법을 강조하며, 과거에 얽매이거나 다가올 미래에 대한 불안과 걱정에 빠지지 않고 지금-현재의 경험에 집중한다.

#### (5) 인식과 책임능력

인식은 알아차림과 깨달음으로 자신과 타인의 욕구나 감정을 알아차리는 것이다. 성숙한 인간은 자신의 기대와 진정한 자신이 되는 것에 대해 관심이 있고 자신과 세상에 대한 인식은 자신의 감각과 직관을 통해 하나로 통합하여 수용한다. 이는 분리될 수 없으며 자신의 책임이다.

### 3) 게슈탈트상담의 목표

게슈탈트 치료의 목표는 서로 독립적인 것보다는 상호 보완적인 관계를 가지고 있다.

첫째, 개인의 체험 영역을 확장하도록 한다. 내담자는 자신을 억압하고 있는 감정과 욕구에 직면하는 것에 두려움이 있기 때문에 자아방어를 사용한다. 때문에 많은 에너지를 소모함으로써 자유롭고 창의적으로 생활하지 못한다. 따라서 내담자의 방어를 해체하고 억압했던 자신의 부분을 다시 접촉하도록 하여 내담자의 체험영역, 즉 '자신의 경계'를 확장시켜 주는 것이 필요하다.

둘째, 인격이 통합되도록 한다. 상담에서는 분리되고 소외된 인격의 부분을 다시 접촉하여 체험하게 함으로써 통합되도록 해준다. 특히 억압된 자신의 에너지를 외부에 투사한 것을 다시 자각하고 통합하는 것이 중요하다.

셋째, 독립적인 사람이 되도록 한다. 게슈탈트상담에서는 자신의 내적 힘을 스스로 알아차리고 자립하는 것을 강조한다. 좌절을 겪으면 내담자는 타인에게 의존하지도 자신을 신뢰하지도 못하게 되어 두려움을 느낀다. 그러나 내담자가 진지하게 이것에 직면하면 더 이상 주위 환경에 휘둘리지 않고 독립적이고 자신감 있는 삶을 살 수 있다는 것을 깨닫게 된다.

넷째, 책임감이 있도록 한다. 자신의 삶을 환경과의 유기적 관계 속에서 자율적, 능동적으로 선택하고, 그에 대한 결과를 자신의 것으로 인정할 수 있는 능력을 말한다. 내담자가 타인에게 의존하는 모습을 버리고 자립함으로써 자신의 행동에 대해 스스로 선택하고 책임질 수 있도록 도와주는 것이다.

다섯째, 증상의 제거보다 성장하도록 한다. 개체는 스스로 이상적 상태로 변화하고 성장해 나갈 수 있다. 내담자의 성장욕구를 진지하게 받아들일 뿐 아니라 내담자의 인격 성장을 처음부터 중요한 목표로 본다.

여섯째, 실존적 삶을 살도록 한다. 자기 자신이 된다는 것을 의미하며, 다른 사람이 아닌 자기 자신의 삶을 사는 것이 실존적 삶이다. 내담자가 스스로 자신을 되찾도록 격려하고 도와준다.

### 4) 게슈탈트상담의 과정

게슈탈트상담의 과정은 크게 두 단계로 구분할 수 있다.

첫번째 단계는 상담자와 내담자의 진솔한 접촉을 통한 관계 형성과 내담자가 현재의 상황을 어떻게 경험하고 있는지 자각하도록 촉진하는 과정이다.

두번째 단계는 내담자의 삶을 불편하게 하는 심리적 문제를 실험과 기법을 통해 경험함으로 통합과 균형을 이룰 수 있도록 한다(Yontef, 1995: 227–282).

내담자가 순간순간 경험하는 것을 알아차리기 위하여 상담자는 여러 가지 기법과 활동 등을 계획하며 개입한다. 이 과정에서 모험과 직면을 강조하고 정서적 경험을 중시한다. 그리고 '있는 그대로'의 행동을 장려하기 때문에 상담자는 말로만 하는 것이 아니라 본인이 체험한 것을 표현하는 시범을 보인다(이형득, 1992).

상담 과정에서 내담자가 성숙해 가는 통합은 다음 세 단계를 거친다(김민희, 2007).

첫째, 내담자가 새로운 관점을 발견하게 된다. 즉 자신을 현실적으로 이해하게되고 종전의 상황과 중요 타인에 대하여 새로운 관점에서 보게 된다.

둘째, 내담자 자신에게 모든 선택권이 있다는 것을 알게 된다. 내담자는 상담실이라는 지지적인 환경에서 새로운 행동을 연습하고 나서 더 넓은 세상으로 나아간다. 새로운 선택은 어색한 경우가 많지만 지지 속에서 어려운 상황에 대처하는 기술을 획득한다. 여기서의 과제는 지지체계를 지원하여 대안적 행동에 대한 경험과 실습을 격려하여 성공적인 경험을 할 수 있도록 한다.

셋째, 새로운 경험을 통해 동화한다. 이것은 환경에 영향을 주는 방법을 학습하게 된다. 내담자는 일상생활 속에서 부딪히는 놀라운 사건에 대처하는 능력이 있다고 느낀다. 이제 환경을 수동적으로 받아들이는 것이 아니라 능동적으로 다룰 수 있게 된다.

상담자가 지켜야 할 규칙은 '지금-여기'에 초점을 맞추고, 말로 설명하거나 분석하는 대신 직접 경험을 촉진하고, 내담자에 의한 자기 발견을 강조하며, 내담자의 각성에 초점을 두고, 욕구조절을 기술적으로 사용하며, 책임과 선택을 강조한다(Levitsky & Perls, 1970).

## 5) 게슈탈트상담의 주요 기법

### (1) 자각

게슈탈트집단상담에서 중요한 것 중 하나가 지금-여기에서 느끼는 자각이다. 지금-여기에서 느끼는 자신의 욕구와 감정, 신체, 환경, 언어 등에 대한 알아차림이 중요하다.

#### ① 욕구자각과 감정자각

내담자에게 자신의 욕구와 감정이 무엇인지를 분명하게 알아차리도록 하는 방법이다. 내담자는 지금 여기에서의 자신의 욕구와 감정을 알아차림으로써 자기자신 및 환경과 접촉하고 교류를 할 수 있게 되어 변화와 성장에 긍정적 영향을 준다.

② 신체자각

게슈탈트 치료자는 내담자의 정신과 신체 관계가 밀접하다고 본다. 내담자의 에너지가 많이 집중되거나 긴장되어 있는 신체 부분에 대한 알아차림을 할 수 있도록 안내하고, 자각하도록 도와 소외된 자신의 부분과 접촉하며 그것들을 통합할 수 있도록 한다.

③ 환경자각

내담자는 흔히 미해결 과제로 인해 자신에게 너무 몰입하여 주위 환경에서 일어나는 사건이나 상황을 자각하지 못해 현실과 단절되어 있는 경우가 발생한다. 이때 상담자는 내담자가 주변 사물과 환경을 더 잘 인식할 수 있도록 돕는다.

④ 언어자각

언어의 사용방식에 따라 접촉이 강화되거나, 반대로 단정될 수도 있다. 따라서 내담자의 언어 사용 습관을 면밀히 관찰하여 고쳐주는 것도 중요한 과제이다. 내담자의 언어 습관 중에서 문제가 되는 것은 책임을 회피하는 언어 습관이다.

### (2) 빈 의자 기법

게슈탈트상담에서 가장 많이 사용되는 기법으로 현재 상담 장면에 있지 않은 사람과 내담자가 상호 작용할 필요가 있을 때 주로 사용하는 기법이다. 내담자에게 상상 속에서 해당 인물이 빈 의자에 앉아 있다고 상상하고 그 인물과 대화하도록 한다. 이 기법은 직접 대화의 이점이 있다. 또한 다른 사람에 대한 내담자의 감정을 명료화시킬 수 있고, 또 역할을 바꾸어 대화해 봄으로써 상대의 시각과 감정에 공감할 수 있는 장점이 있다. 이 기법을 통해 자신 또는 타인을 비롯한 세상과 접촉하고 자신과 세상에 대한 감정을 진정으로 이해한다.

### (3) 머물러 있기

'머물러 있기'는 각성을 증대시키기 위한 기법으로 내담자가 자신의 미해결된 감정을 회피하지 않고 직면하도록 하며, 미해결 과제를 해결하도록 도와준다. 내담자가 미해결된 감정을 직면하고 그 감정에 머무르면, 이를 통해 유기체 스스로 치유할 수 있다고 이해하는 것이다.

### (4) 책임지기 기법

'책임지기'는 내담자에게 어떤 진술을 하게 한 다음 "~에 내가 책임진다."라고 말하게 함으로써 자신의 행동에 대해 책임을 지는 태도를 강화하는 것이다. 자신이 느끼거나 행동하는 모든 감정, 사고, 신체적 동작 등을 받아들이고, 타인에게 책임 지우지 않고 자신이 스스로 책임질 것을 강조한다.

### (5) 반대로 행동하기

내담자가 평소에 하는 일상적인 행동을 반대되는 행동으로 하게 함으로써 자신의 개발되지 못한 성격적인 측면들을 접촉할 수 있게 한다. 내담자는 어느 한 습관이나 생각에 집착하여 자신의 현재 행동에 대한 다른 대안을 미처 생각하지 못하는 경우가 있다. 그런데 종종 문제 해결책은 내담자가 하고자 하는 행동의 반대에 있을 수 있다. 즉 오히려 그 동안 회피해 왔던 행동이 해결책이 될 수 있다는 것이다.

### (6) 꿈작업

게슈탈트상담에서의 꿈작업은 상담자가 해석하거나 분석하지 않는다. 내담자의 꿈을 가지고 와서 그것이 마치 지금 일어난 것처럼 재창조하고 재생시키는 데 목적이 있다. 꿈에 나타난 인물이나 사물을 내담자의 욕구, 충동 또는 감정이 외부로 투사된 것으로 해석한다. 상담자는 내담자에게 꿈에 나타난 사람이나 사물의 행동이나 모습, 상태 등을 자신의 입장에서 일어나고 있는 것처럼 상상하면서 연기해 보도록 한다. 그래서 꿈을 우리 자신의 일부가 외부로 투사한 것으로 보고 현실로 가져와서 지금 일어나고 있는 것처럼 직면해 본다.

### 6) 학교상담에서의 적용

게슈탈트상담 이론은 학교에서 만나는 학생 내담자들에게 그들의 욕구를 명확하게 자각하도록 하여 자기의 문제를 알아차림하도록 돕는다. 특히 부모와의 상호작용이 중요한 아동청소년기에 부모와의 미해결된 과제를 상담 장면에서 빈의자 기법 등으로 표현하게 함으로써 억압된 분노, 불안, 좌절, 공포, 죄책감 등을 해소시킨다. 상담자는 내담자의 신체적 움직임이나 행동 변화를 자세히 살피고 그것을 내담자에게 돌려줌으로써 자기의 감정과 생각을 알아차림하도록 도와준다. 그리고 지금-여기에서 자신이 무엇을 원하고 있는지, 무엇을 필요로 하고 있는지를 자각하고 환경과의 접촉을 통해 해소함으로써 자신과 환경을 조절하고 통제할 수 있는 힘을 길러 줄 수 있다.

## 5. 현실치료상담

### 1) 현실치료상담의 기본 원리

현실치료는 1960년대 윌리엄 글래서(William Glasser)가 창안한 치료이다. 근본 원리는 인간이 가진 욕구가 모든 인간 행동의 원천이 된다는 사실이다. 모든 행동은 우리 내부에서 생성되며 사람들은 자신의 행동을 선택한다(조옥귀 외, 2020). 성인이나 아이나 자신의 내적 충동을 충족시키기 위해 주변 세상을 통제 또는 형성하려고 한다. 다시 말해 인간의 모든 행동은 바로 자신의 내적 욕구를 충족시키기 위해 일어나는 것이며, 인간은 자라면서 자신의 고유한 욕구를 발달시킨다. 유아기, 아동기, 청년기, 성인기, 노인기를 거치면서 부단히 자신의 고유한 욕구들을 형성해 나가며, 이는 연령과 문화에 따라 경험한 욕구와 유사성을 띠기도 한다. 또한 인간 행동은 외부 세계에 영향을 미치며, 자신의 환경적인 상황에 의존하기보다는 자신의 결정에 더 크게 의존함으로 자기 스스로 책임을 다 할 수 있으며, 만족스럽고 성공적인 삶을 살아갈 수 있다고 한다. 만족스럽지 않는 현실 속에서도 행동을 바꾸려고 하는 결심에서 변화를 가져오게 된다.



## 2) 현실치료상담의 주요 개념

### (1) 기본욕구

살아 있는 것은 무엇인가에 의해 움직여진다는 뜻이다. 타인의 인정과 자기만족을 얻고 싶은 충동을 내면적으로 느끼지 않을 만큼 느슨해져 있는 사람은 드물다. 인간의 존재 핵심에는 유전적 속성에 따라 지속적으로 기본욕구를 충족시켜야 한다.

#### ① 생존 및 생식의 욕구

'구뇌'라 불리우는 이 구조들은 필수적인 신체기관을 움직이고 건강하게 유지하도록 하는 중요한 과업을 맡고 있다(김인자, 1991). 혈압, 땀 흘리는 것, 소화, 호흡 등 신체구조를 움직이면서 건강을 유지하는 일을 한다. 대부분 구뇌는 단독으로 효과적으로 작동하기 어렵기 때문에 신뇌의 도움이 필요하다. 이 욕구의 원천은 숨 쉬고자 하는 욕구와 마찬가지로 우리 유전자 안에 있는 것이다. 우리는 본질적으로 생물학적인 존재이며, 살고자 하고 생식을 통한 자기 확장을 하고자 하는 속성을 의미한다.

#### ② 소속의 욕구: 사랑, 나눔, 그리고 협력의 욕구

인간은 소속에 대한 욕구를 충족시키며 이는 살아가는데 원동력이 되는 기본욕구이다. 인간은 소속에 대한 욕구로 부부의 사랑, 부모 자식 간의 사랑과 돌봄, 직장 동료 간의 동료애, 친구 간의 우정 등을 가지려고 하며 여러 환경에서 사회집단에 소속하고 싶은 욕구를 가지게 된다. 그러므로 인간은 가족, 친구, 연인 등과 함께 시간을 보내려 하고, 취미를 공유하려 하고, 서로 필요할 때 도움을 주고받으며 외로움에서 벗어나려 하면서 소속감을 경험하게 된다. 소속감이 없는 것과 공감대를 형성할 수 있는 상대가 없다는 것은 소속에 대한 욕구의 좌절이며 큰 고통을 경험하는 것이다.

③ 힘에 대한 욕구

인간은 타인으로부터 중요한 존재이고 싶어 하며, 인정받고 싶은 욕구가 있다. 유사어로 경쟁, 성취, 인정, 존중, 능력 등을 의미한다. 우리는 몇몇 부유한 사람들이 공직에 선출되기 위해 재산을 얼마나 많이 낭비하고 있는지 잘 알고 있다. 그들이 지금 상당한 권력을 갖고 있어도 그들은 좀 더 많은 권력을 추구하며 열성적이다. 많은 사람들에게 있어서 정치란 권력욕구의 극치인 것이다. 타인을 복종시키고자 하는 욕구와 이 욕구에 수반되는 존경하는 마음이 우리를 동기화시킨다. 힘과 인정을 얻기 위해 많은 시간과 돈을 소비하며, 사회적인 인정을 받기 위해 학교나 직장에서 오랜 시간 일을 하며, 재정적인 안정을 확보하기 위해 돈이 필요했다고 합리화를 할 수도 있겠지만, 인간을 움직이게 한 것은 힘이나 인정에 대한 욕구일 가능성이 크다. 힘에 대한 욕구도 다른 욕구와 마찬가지로 갈등의 원인을 경험하게 된다.

④ 자유에 대한 욕구

인간은 여기저기를 자유롭게 돌아다니며 살아가려고 하는 욕구를 가지고 있다. 유사어로는 이동, 선택, 자율성 등을 의미한다. 우리에게 자유가 상실된 것을 알게 되면 자유는 강력한 동기를 유발시키는 힘이 된다. 이러한 기본욕구들이 바람직하게 충족될 때 삶의 질은 높아진다.

자유란 각자가 원하는 삶을 살아갈지에 대해 선택하고 자신이 원하는 마음대로 표현하고 싶어 하는 욕구를 말한다. 하지만 자유세계에 살고 있는 대부분의 사람들은 정당한 정치적 자유를 누리고 있다. 그러나 자유와 사랑 둘 다를 가지고 있는 경우는 많지 않다. 힘에 대한 욕구나 소속에 대한 욕구와 같이 자유도 많은 사람들의 가슴 속에 갈등으로 남아 있다. 사람들 자신이 할 수 있는 최선의 방법은 타협하며 함께 살 수 있는 절충안을 찾아내는 것이다. 즉 개인의 선택을 통해 충족되며 지속적으로 남의 권리와 자신의 권리를 인정하고, 주고 받는 것에 대한 합리적인 이해와 선택을 책임지려는 것이 필요하다.

#### ⑤ 즐거움에 대한 욕구

즐거움의 욕구는 매우 중요하며, 이는 생득적인 욕구이다. 유사어는 흥미, 학습, 기쁨 등 새로운 것을 많이 배우고, 놀이를 즐기는 즐거움을 말한다. 즐거움은 다른 어떤 욕구 못지 않게 기본적인 욕구이다. 이 욕구를 충족시키기 위해 우리는 목숨의 위험까지도 감당하면서 자신의 생활방식을 과감하게 바꿔나간다. 즐거움에 대한 욕구도 자유에 대한 욕구만큼이나 강하다. 오랫동안 맺어온 관계일지라도 즐거움을 무시하거나 상대방이 재미가 없다고 느끼게 되면 그 관계는 끝나게 된다. 모든 사람들은 즐거움을 통해 학습하기 때문에 즐거움이 기본적인 유전적 지시라고 생각하며, 자신의 욕구를 어떻게 충족시켜야 하는지에 대해 아주 작은 정보만을 갖고 태어난다. 인간은 욕구를 충족시키는 법을 배워야 하는데 학습이 재미있다는 사실은 우리의 모든 욕구를 충족시키려면 무엇이 필요한가를 이해하는 데 중요한 자극이 되고 있다. 인간에게 놀이는 효율적으로 살아가는 데 많은 것을 배우는 방법이 된다.

### (2) 통제이론

통제이론은 우리 자신의 내적인 동기에 의해 행동이 통제된다는 전제이다. 모든 행동은 목적을 가지고 타인을 통제할 수 없다는 것을 가르친다. 인간의 기본 욕구를 충족시키려는 목적에서 비롯하여 뇌의 통제체계에 따라 움직이며 욕구충족을 위해서는 뇌의 지시를 받고 그 지시에 따라 행동한다는 이론이다. 즉 통제이론은 우리가 우리의 욕구를 만족시키려는 내적 세계인 지각이나 사진첩을 창조하여 이러한 지각에 따라 행동이 나타날 수 있다고 가정한다. 그러므로 우리의 행동은 우리의 욕구를 최선으로 만족시키도록 세계와 세계의 부분으로서 우리 자신을 통제하려는 최선의 시도다(노안영, 2005).

우리는 자신의 행동을 어떻게 느끼든지 간에 상관없이 자신을 통제할 수 있다. 통제체계로서 머리 속에 있는 어떤 사진을 충족시키기 위해서, 우리는 자신의 내면세계와 우리 주변 세상에서 어떤 일이 일어나고 있는지를 알고 있어야 하며, 그 정보에 따라 행동할 수 있어야 한다. 통제이론은 자동온도조절기의 온도가 자동으로 맞추어진 것처럼 우리의 기본욕구인 생존, 소속감, 힘, 자유, 즐거움의 욕구를 충족하기 위해 우리는 뇌의 지시에 따라 행동을 한다. 인간은 누구나 보편적인 이러한 욕구를 충족시키기 원한다. 그리고 이러한 욕구충족의 바람은 개개인에 따라 독특한 사진첩으로 발달되어 개인의 행동을 통제하게 된다(노안영, 2005).

### (3) 전행동

전행동의 구성요소는 활동하기, 생각하기, 느끼기(감정), 신체 반응이다. 글래서(Glasser)는 우리의 작동 방식과 자동차의 작동 방식을 비교하여 우리의 전행동을 설명한다. 우리는 욕구를 가지고 있고, 이는 자동차의 엔진과 비슷한 역할을 하게 된다. 우리의 원하는 것은 핸들과 같아서 우리를 원하는 방향대로 가게 한다. 전행동은 자동차의 앞바퀴에 해당하는 활동과 사고, 그리고 뒷바퀴에 해당하는 감정과 신체 반응으로 구성된다. 이 네 가지 요소가 결합하여 우리의 행동을 이루며, 이는 모든 행동에 반드시 포함되어 있다고 볼 수 있다. 우리가 전행동을 변화시키기 위해서는 먼저 활동과 사고를 변화시켜야 하며, 그러면 감정과 신체적인 반응도 변화하게 된다. 다시 말해, 적극적인 활동을 많이 하면 더 나은 사고, 기쁨을 주는 감정, 그리고 신체적인 편안함을 경험할 수 있다. 이 네 가지 구성요소는 서로 조화롭게 연결되어 우리의 기본 욕구를 충족시키려는 성향을 가지고 있다.

### (4) 선택이론의 원리

선택이론은 모든 사람이 자기 삶의 주인공이 될 수 있고, 삶을 통제할 수 있을 때 행복을 느낀다고 본다. 이 이론은 모든 행동이 외부의 영향이 아니라 내부적인 원인에 의해 발생한다는 가정에 기초한다. 즉, 우리가 어떻게 느끼고 생각하며 행동하는가는 타인이나 외부 상황에 좌우되는 것이 아니라 우리 자신이 선택한다는 것이다. 모든 행동과 생각, 좋은 것과 나쁜 것, 효율적인 것과 비효율적인 것, 즐거운 것과 고통스러운 것, 정상적인 것과 비정상적인 것들은 모두 우리의 내면세계에서 강한 욕구를 충족시키기 위해 선택하는 것으로 볼 수 있다. 이와 같이 선택이론은 각 개인이 자유로운 선택을 할 수 있다는 점을 강조하고 있다. 비판하기, 처벌하기, 변별하기, 비난하기, 불평하기, 보상하기 등 많은 사람들이 외적 통제 심리학적 방법을 사용하여 행동하지만 이런 기제들을 관계를 향상시키고 강화 및 유지시키는 행동으로 대체할 수 있는 것이 선택이론의 특징이다(박재연 외, 2022).

### 3) 현실치료상담의 목표

현실치료의 상담목표는 내담자가 자율성을 갖고 스스로의 행동에 책임을 지도록 돕는 것이다. 이를 위해 내담자가 원하는 관계를 형성할 수 있도록 도와주고, 내담자에게 선택이론을 가르치는 것이 목표이다.

- 개인의 자율성을 갖도록 한다. 내담자 자신의 성숙이나 자신이 추구하는 인간상을 실현하는 능력이다. 문제해결을 구체적으로 하고 원리나 방법은 자신이 추구하는 대로 실현할 수 있는 능력을 키워서 자기 스스로 문제를 해결하도록 한다(장성철 외, 2003).
- 자기결정을 할 수 있도록 한다. 내담자가 자율성을 갖게 되기 위해 자기 결정이 가능하고, 스스로 옳고 그름을 판단할 수 있는 능력을 키우는 것이다.
- 내담자 자신의 장 · 단기간 인생목표를 설정할 수 있도록 한다. 단기 목표는 수업에 집중하고 운동을 열심히 하는 것과 같은 짧은 기간 내에 달성할 수 있는 목표이고, 장기 목표는 졸업 후의 진로와 같이 더 오랜 기간을 필

요로 하는 목표이다.

- 내담자가 성공적 정체감을 가지도록 한다.
- 내담자가 책임감을 갖도록 한다. 자신의 욕구와 행동에 대해 모두 책임질 수 있도록 한다.
- 내담자가 주변 환경을 통제할 수 있도록 돕는다.
- 내담자 자신의 각성수준을 높인다. 내담자는 자신이 순간순간 어떻게 행동하고, 느끼고, 생각하고, 신체적 활용을 어떻게 하고 있는지를 각성해야 한다. 특히 자신의 욕구와 원함이 무엇인지 알고 있어야 한다.
- 내담자가 긍정적으로 행동하고, 감정을 경험하며, 생각하고, 신체적인 활동을 할 수 있도록 돕는다. 또한, 내담자의 욕구를 충족시키는 데 도움이 되는 행동, 감정, 사고, 신체적인 활동을 촉진시키는 것도 목표이다.

### 4) 현실치료상담의 과정

현실치료상담은 내담자의 삶에서 성공을 돕는다. 내담자가 가지고 있는 장점과 가능성에 초점을 두고 상담을 진행한다. 상담환경을 가꾸고 행동 변화를 이끄는 구체적인 과정을 나눈다.

#### (1) 상담환경 가꾸기

상담환경 가꾸기는 상담자가 내담자의 바람과 욕구를 충족할 수 있도록 인도하는 과정이다. 상담자는 내담자에게 지지적인 환경을 조성하기 위해 다음과 같은 요소들을 일관성 있게 유지해야 한다.

##### ① 내담자와 치료적 관계수립과 관계형성

상담관계 형성에서는 내담자가 자발적으로 참여할 수 있도록 친밀한 관계를 형성한다. 상담자는 내담자가 원하는 것과 통제하는 것을 찾고 내담자가 충족할 수 없는 내부 세계의 내용이 무엇인지를 알아내야 한다.

② 내담자의 바람과 욕구 탐색

상담자는 내담자가 현재하고 있는 행동에 대해 탐색하고 바람을 위해 지금은 어떤 것을 하고 있는지에 대해 질문한다. 가장 변화가 쉽게 이루어지는 것에 초점을 맞추고 변화가 어려운 우울 등의 감정 요소에는 초점을 맞추지 않는 것이 바람직하다.

③ 자기평가

상담자는 내담자의 행동과 욕구 사이의 관계를 점검한다. 내담자의 행동 변화를 이끌어내기 위해 중요한 단계는 내담자가 스스로 자기평가를 할 수 있도록 돕는 것이다. 이는 현실치료에서 가장 핵심적인 부분이다.

④ 책임질 수 있는 행동을 계획하기

상담자는 욕구를 충족할 수 있게 효과적인 행동을 계획하고 바람을 이룰 수 있는 방법을 찾아 본다. 그것을 생활 속에서 효율적으로 통제할 수 있는 방법을 생각할 수 있도록 상담자는 조언하고, 조력하고 격려하며 내담자가 자발적으로 좋지 못한 행동에 대해 인정하고 더 나은 선택을 할 수 있도록 도와주어야 한다.

⑤ 계획 이행에 대한 약속하기

상담자는 내담자 자신이 계획한 것을 잘 이행하도록 그 계획대로 행동할 것을 약속해야 하며 약속한 후에는 상담자는 내담자에게 그 계획을 끝까지 노력하면서 수행하겠다는 다짐을 받는다. 내담자의 내부세계에서의 욕구충족을 지각시킬 수 있는 대상이 되어야 하며 자신과의 약속이기 때문에 강력하다는 것을 인식하게 해야 한다.

⑥ 변명에 대한 불수용

내담자가 계획에 따라 이행하지 않고 변명을 할 경우 상담자는 이를 수용하지 않아야 한다. 상담자는 내담자의 변명이나 계획이 수행되지 않은 이유에는 관심이 없으며 그것을 언제 어떻게 이행할 수 있는지에 대해 관심이 있다는 것을 알려준다. 인간의 모든 행동이 어느 정도까지는 효과가 있음을 알고, 행동에 있어 더 나은 것을 선택하는 일에 초점을 맞춘다면 내담자는 더 이상 부적절하고 비효과적인 이유를 찾지 않을 것이다.

⑦ 처벌의 금지

상담자는 내담자를 비판하거나, 논쟁, 처벌하지 않아야 한다. 상담자는 내담자가 약속한 것을 지킬 수 있도록 행동을 촉진하며 처벌자가 아닌 조력자의 역할을 해야 한다.

⑧ 지속적인 조력자

상담자는 내담자를 포기하지 않고, 지속적으로 관심을 갖고 조력한다. 내담자는 스스로 통제할 수 있는 힘을 얻을 수 있다는 것을 확신할 때까지 오랜 시간이 걸린다. 이는 내담자가 비효과적인 방법으로 세상을 통제하는 것에 익숙해져 있기 때문이다.

### (2) 행동 변화를 이끄는 구체적인 과정

행동 변화를 위한 현실치료의 상담 과정으로 우볼딩(Wubbolding)이 제시한 'WDEP'를 활용한다. 'WDEP'는 다음과 같은 단계로 구성된다.

① 욕구, 지각의 탐색(Want)

현실치료의 상담 과정인 'WDEP'를 활용하여 내담자의 질적 세계를 탐색한다. 내담자는 주변 사람들이나 자신이 원하는 것을 알아보고, 자신의 심리적 욕구 중 어떤 것이 충족되었는지와 충족되지 않았는지를 구분한다. 또한, 상담자는 질문을 통해 내담자의 시각과 지각체계를 알아보며, 외부 세상을 어떻게 바라보는지 파악한다. 내담자가 어떤 방향으로 삶을 바꿀지에 관해서도 질문을 할 수 있다. 마지막으로, 상담자는 내담자가 사람들이 자신에게 어떤 기대를 하는지에 대한 인식을 질문하여 파악한다. 가족, 친구, 학교, 동료, 상사, 사회 등의 기대에 대한 내담자의 인식을 알아보게 된다.

② 현재 행동 탐색(Doing)

행동 탐색하기는 상담 초반에 상담자가 내담자가 현재 어떤 행동을 하고 있는지 알아내는 절차이다. 상담자는 내담자가 스스로 조절할 수 있는 활동을 찾아내도록 도움을 주며, 이를 통해 내담자는 우울, 분노, 외로움과 같은 감정 및 생리적인 반응을 변화시킬 수 있다는 것을 인식한다. 요약하자면, "당신은 지금 무엇을 하고 계신가요?"

③ 자신의 행동을 평가하기(Evaluating)

내담자의 행동을 평가할 때, 상담자는 도덕적이고 윤리적인 기준에 따라 가치 평가를 하지 않는다. 상담자는 내담자의 행동과 욕구 사이의 관계를 조사하고, 내담자의 필요성, 인식, 전반적인 행동에 대해 질문하여 내담자가 가치 판단을 내릴 수 있도록 격려할 수 있다.

상담자의 과제는 내담자가 자신의 행동 결과에 직면하고, 활동을 평가하도록 도와주는 것이다. 이와 같은 자기평가 과정이 없으면 내담자는 변화하지 않을 것이다. 이러한 과정은 내담자의 책임 능력 내에서 이루어져야 하며, 상담자는 내담자에게 대답에 대한 책임을 묻지 않도록 조심해야 한다. 요약하자면, "당신은 지금의 행동이 당신에게 도움이 되는 것으로 생각합니까?"

④ 계획하기(Planning)

일반적으로 내담자들은 이전에 계획을 세우고 실패한 경험이 있기 때문에, 새로운 계획을 수립하고 실행하는 데 큰 두려움을 가지고 있다. 이에 상담자는 내담자의 잠재력을 믿으면서 "긴 터널의 끝에는 빛이 있다"라는 믿음을 주어야 한다. 계획을 세우고 실천하는 과정을 통해 사람들은 자신의 삶을 통제할 수 있으며 계획의 목적은 성공적인 경험을 얻을 수 있도록 하는 것이다. 이러한 계획 수립 단계를 통해 상담자는 내담자로 하여금 선택과 활동에 대한 책임 능력이 자신에게 있다는 사실을 인정하도록 도움을 준다. 요약하자면, 상담자는 내담자의 가능성을 믿고 격려하며, 계획 수립과 실행의 과정을 통해 내담자가 자신의 삶을 통제할 수 있다는 사실을 인정하도록 내담자를 지원한다.

계획하기는 SAMIC3/P로 요약할 수 있다.

첫째, 단순성(Simple): 계획은 단순하고 복잡하지 않아야 한다. 너무 복잡한 계획은 수행되기 어려울 수 있다.

둘째, 실현 가능성(Attainable): 계획은 현실적으로 달성 가능해야 한다. 현실성을 고려하여 계획을 수립해야 한다.

셋째, 측정 가능성(Measurable): 계획은 측정 가능하도록 구체적이고 정확하게 설정되어야 한다. 명확한 목표와 성과 지표를 가지고 계획을 수립해야 한다.

넷째, 즉각성(Immediate): 계획은 최대한 빨리 실행되어야 한다. 미루지 말고 즉시 행동으로 옮겨야 한다.

다섯째, 통제 가능성(Controlled): 계획은 내담자에 의해 통제되어야 한다. 다른 사람에 의존하지 않고, 스스로의 결정과 행동에 의해 이행되어야 한다.

여섯째, 일관성(Consistent): 계획은 일관성을 유지해야 한다. 가장 효과적인 계획은 정규적으로 반복되는 근거를 가지고 있어야 한다.

일곱째, 헌신성(Committed): 계획은 확고한 의지와 헌신을 가지고 수행되어야 한다. 내담자는 계획을 이행하기 위해 강한 의지를 가져야 한다.

욕구를 충족하기 위해 모든 계획을 세우는 것과 이행하는 것에 대한 책임은 내담자에게 있다.

### 5) 현실치료상담의 주요 기법

현실치료의 주요 기법은 상담자와 내담자의 친밀한 관계를 바탕으로 하여, 상담자가 내담자 자신의 욕구를 바람직한 방법으로 달성하도록 도와주며 다음과 같은 상담기법을 사용한다.

### (1) 상담자 태도

상담자는 내담자와 친밀한 관계를 형성하며, 변명을 수용하지 않고, 처벌이나 비판을 하지 않으며, 내담자를 포기하지 않고 조력하는 태도를 보여야 한다.

### (2) 질문하기

질문은 내담자의 전체적인 행동을 탐색하고, 바람을 파악하며, 현재 진행 중인 행동을 이해하고, 구체적인 계획을 수립하는 데 중요한 역할을 한다. 효과적인 질문은 내담자가 자신의 행동에 집중하고, 그 행동을 평가하고 계획할 수 있도록 도움을 준다. 또한, 질문은 내담자에게 선택의 여지를 주어 자신의 삶을 변화시키는 방법을 조절할 수 있도록 돕는다.

### (3) 직면하기

상담자는 내담자의 변명을 받아들이지 않고, 결코 포기하지 않는 태도를 갖기 때문에 상담 과정에서 직면하는 것은 매우 중요한 부분이다. 상담자는 내담자의 바람 달성을 위해 행동과 불일치하는 상황에서 직면하기를 사용하여 내담자의 선택한 행동에 대한 책임을 인식하도록 도와준다.

### (4) 역설적 기법

상담자는 내담자에게 역설적인 기법을 사용하여 모순된 요구나 지시를 주어 내담자를 딜레마에 빠뜨리는 역할을 한다.

- 틀 바꾸기: 상담자는 내담자의 사고 방식을 변화시키기 위해 노력한다. 내담자가 고정된 관점이나 사고 패턴을 가지고 있다면, 상담자는 그것에 맞서 다른 시각으로 볼 수 있도록 유도한다.
- 증상처방: 상담자는 내담자에게 증상을 선택하도록 지시하거나 요구할 수 있다. 이는 내담자가 자신의 증상이나 문제에 직면하고, 그것을 선택적으로 표출하도록 유도하는 것을 의미한다.

이 기법은 내담자에게 자기 인식과 행동에 대해 책임감을 느끼게 하고, 새로운 관점과 해결 방법을 모색하도록 한다.

#### (5) 유머 사용하기

상담자는 가능한 건강한 유머를 사용하여 내담자를 웃게 할 줄 알아야 한다. 웃음은 인간의 고통을 치유하는 최상의 약이기 때문에 상담 과정에서 유머를 자주 활용하는 것이 중요하다. 이를 통해 상담자는 내담자의 기분을 더 가볍게 만들어주고 긍정적인 감정을 유발시킬 수 있다.

### 6) 학교상담에서의 적용

현실치료는 내담자의 기본 욕구를 탐색하여 그러한 욕구를 바람직한 방식으로 이룰 수 있도록 하는 상담 접근방식이다. 특히 현실치료는 학교 장면에서 학생들을 상담할 때 아주 효과적인 상담이다.

초등학생의 경우 현실치료를 적용해 집단프로그램을 활용하면 도움이 된다. 중 · 고등학교에서는 상담장면에서 정확한 문제상황 인식과 자신이 원하는 것이 무엇인지에 대해 구체화하고, 그 원하는 것에 대해 실천가능한 계획을 세워 실천할 수 있도록 상담을 진행하면 효과적이다. 학생들이 'WDEP' 상담 과정에 따라 자신의 문제상황, 원하는 것을 알고 이를 해결하기 위한 계획을 자신이 세우고 그것을 실천하는 노력을 통해 변화되는 모습을 관찰할 수 있다.

## 6. 해결중심상담

해결중심상담이론은 1978년 미국 위스콘신의 밀워키에서 드 세이저(Steve de Shazer)와 인수 버그(Insoo Kim Berg)에 의해 시작되었다. 해결중심상담은 1980

년대 포스트모더니즘과 사회구성주의의 영향으로 내담자의 주관적 현실 세계와 언어적 상호작용에 따라 실재가 달라질 수 있다는 것을 강조하고 있다. 해결중심상담의 발달에는 가족체계론, MRI의 단기치료 모델, 밀턴 에릭슨의 전략적 치료, 사회구성주의적 관점, 강점 관점 등이 영향을 미쳤다. 해결중심상담은 상담 과정에서 내담자와 상담자의 협동적 관계를 강조하고, 문제가 아닌 해결에 초점을 두면서 내담자의 강점에 관심을 가진다(정문자 외, 2017). 해결중심상담은 언어를 중요한 도구로 사용하며, 언어를 통해 내담자로 하여금 새로운 관점을 갖게 하고, 나아가 새로운 변화를 만들어 내는 것을 강조한다. 해결중심상담은 다양한 질문기법이 다양하고 이론이 간단하다는 장점으로 오늘날 많은 상담자들이 선호하는 이론적 모델이 되고 있다(전영주 외, 2020).

## 1) 해결중심상담의 기본 가정

해결중심상담에서 상담자는 내담자의 경험과 의미, 기대에 대하여 호기심을 가지며, 이 호기심은 긍정적인 결과, 작은 성공, 내담자가 가진 맥락적 자원을 중요하게 보도록 한다. 내담자는 자기 삶의 전문가이며, 상담자는 내담자의 더 중요한 부분과 덜 중요한 부분 모두를 바라보아야 한다(Weiner-Davis, 1992). 해결중심상담의 기본 가정을 살펴보면 다음과 같다(정문자 외, 2017).

### (1) 긍정적이고 문제 해결이 가능한 부분에 초점을 맞추라.

내담자의 문제에 초점을 맞추는 상담은 오히려 내담자를 움츠러들게 하고 효과적인 해결책을 모색하는 데 걸림돌이 된다. 상담자는 내담자를 문제중심적 대화에서 해결중심적 대화로 바꾸고 성취 가능하고 분명한 목표를 설정하도록 안내한다.

### (2) 모든 문제에는 예외 상황이 있다.

상담자는 내담자에게 문제가 없었거나 문제가 되지 않았던 예외 상황에 초점을 맞추려고 노력한다. 내담자의 성공 경험에 초점을 두고 문제 상황에서 예외를 찾아내고 이러한 예외 상황이 자주 일어나도록 도와줌으로써 내담자 스스로 문제 상황을 조정해 갈 수 있다는 자신감을 심어줄 수 있다.

### (3) 변화는 항상 일어나고 있다.

인생에 있어서 변화는 항상 일어나고 있으며 이는 내담자가 원하는 방향으로 긍정적인 영향을 미칠 수 있음을 염두에 두고 상담자는 돕는다. 때로는 예상하지 못한 상황이 일어나더라도 이러한 상황이 내담자에게 어떤 의미가 있고 도움이 된 것이 있는지 찾아보고 그 속에서 새로운 변화를 모색하게 한다.

### (4) 작은 변화가 큰 변화를 일으킨다.

상담자는 내담자가 느끼는 문제가 크고 복잡하다고 해결방법이 복잡한 것은 아니며 문제 해결은 작은 변화로부터 시작될 수 있음을 강조한다. 작은 문제를 해결해 본 내담자의 경험은 다른 문제를 해결해 보려는 의지를 불러일으킨다.

### (5) 내담자는 문제를 해결할 능력과 자원을 가지고 있다.

내담자는 하나의 그림을 완성하는 퍼즐 조각을 모두 갖고 있으나 그 그림을 완성하지 못하고 있는 것처럼 자신의 문제를 해결할 능력이 있고 변화를 위해 행동할 수 있음을 가정한다. 상담자는 내담자의 자원과 능력을 알아차리고 이를 활용할 수 있도록 돕는 역할을 한다.

### (6) 상호작용 속에서 의미와 체험의 변화가 일어난다.

어떤 사건에 대한 의미는 참여자와 관찰자의 지각에 따라 달라질 수 있다. 의미는 사람들과의 상호작용 속에서 진화하고 변화하며 이러한 의미의 변화는 행동의 변화를 가져올 수 있다.

#### (7) 내담자는 자기 문제의 전문가이다.

내담자는 자신이 무엇을 변화시키길 원하며 어떤 노력을 해야 하는지 가장 잘 아는 전문가이다. 그러므로 상담자는 내담자가 자신의 문제를 설명하는 방식을 주의 깊게 살피고 내담자의 경험에 대해 질문하고 내담자와 관련된 가능성을 탐색한다(Thorana & Frank, 2017).

#### (8) 내담자는 항상 협조하고 있다.

상담에서 내담자의 반응은 어떻게 해야 변화가 일어날 수 있는지를 보여주는 것이다. 상담자는 내담자가 진정으로 자신의 문제를 해결하고자 최선을 다하고 있음을 믿는다(정문자 외, 2017).

### 2) 해결중심상담의 기본 원리

해결중심상담은 내담자의 문제에 초점을 두기보다는 내담자의 성공과 강점에 초점을 맞춘다. 내담자의 자원을 충분히 활용하고 문제가 아닌 해결에 중점을 두며 내담자를 돕고자 한다(전영주 외, 2020).

#### (1) 병리적인 것보다 건강한 것에 초점을 둔다.

내담자의 문제를 다룰 때 상담자는 내담자의 결함이나 장애보다는 내담자의 경험과 강점, 자원 그리고 능력에 1차적인 초점을 둔다. 내담자에게 효과가 있는 것이 무엇인지 내담자 스스로 문제 해결을 이루는 과정을 그려보게 한다. 내담자의 긍정적인 부분에 초점을 맞추고 내담자의 과거 성공적인 경험들이 앞으로의 행동에 긍정적인 영향을 미침을 강조한다.

#### (2) 내담자의 강점, 자원뿐만 아니라 증상까지도 상담에 활용한다.

내담자가 원하는 결과를 이루기 위해서 상담자는 내담자의 가진 자원, 지식,

행동, 사회적 관계망, 믿음, 개인과 환경적 특성과 내담자의 증상까지도 활용한다. 과거의 실패를 고치기보다는 과거의 성공이나 장점을 찾아 활용하고 확대시키는 것이 내담자에게 도움이 된다.

### (3) 비규범적, 탈이론적이다.

상담자는 내담자가 경험하는 문제에 어떠한 가정을 하거나 특정 이론적 틀에서 해석하지 않는다. 내담자가 호소하는 문제와 내담자의 특성에 맞는 해결책을 발견하려고 노력한다.

### (4) 단순하고 간단한 방법을 먼저 사용한다.

내담자의 문제를 해결하기 위해 상담방법의 경제성을 추구하며 상담개입은 가장 단순하며 쉬운 것부터 시작한다.

### (5) 변화는 불가피하다.

인간의 삶에서 변화는 끊임없이 일어나며 삶에서 문제가 발생하기도 하고 일어나지 않을 때도 있다. 상담자는 자연스럽게 일어나는 변화를 확인하고 그 변화를 문제 해결책으로 활용한다.

### (6) 현재와 미래에 초점을 맞춘다.

상담자는 과거를 깊이 연구하기보다는 내담자가 현재의 상황에 적응하면서 미래의 모습을 시각화, 구체화시키도록 돕는다.

### (7) 내담자와의 협력관계를 중요시한다.

내담자가 상담자에게 협력하는 것뿐만 아니라 상담자도 내담자와 진정한 협력관계가 되도록 의식적인 노력을 해야 한다(정문자 외, 2017). 내담자와 상담자 간 유대감과 신뢰관계가 형성될 때 상담의 효과는 당연히 나타나는 것이다. 해결중심상담에서는 내담자와 상담자의 관계유형을 방문형, 고객형, 불평형으로 분류하였다.

① 방문형: 상담에 의뢰된 내담자로서 비자발적이고 상담에 관심이 없거나 문제가 다른 사람에게 있다고 보는 유형이다.

② 고객형: 자발적으로 상담실을 찾는 경우이며 문제를 해결하고자 하는 의지가 강하고 문제 해결을 위해 협조할 자세가 되어 있는 유형이다.

③ 불평형: 문제를 느끼고는 있으나 문제의 원인이 다른 사람에게 있으며, 문제해결을 위해서는 다른 사람이 변해야한다고 생각하는 유형이다(전영주 외, 2020).

### 3) 해결중심상담의 목표

해결중심상담은 내담자 중심적 접근방법으로 내담자가 진정으로 원하는 것이 무엇인지 거기에 초점을 둔다. 해결중심상담의 목표는 내담자와 상담자가 서로 협의를 통해 설정하고 목표를 위해 함께 작업하는 것이 중심이 된다. 내담자는 문제가 없는 미래의 모습은 어떤 모습일지 모르는 경우가 많다. 그러므로 목표를 세운다는 것은 무엇이 성취되어야 하는가의 의미보다는 무엇이 다를 것인가, 즉 궁극적인 목표를 진술하도록 하는 것이 중요하다(Sharry et al., 2003). 해결중심상담 목표의 특징은 다음과 같다. 첫째, 목표는 내담자에게 중요한 것이어야 한다. 둘째, 목표는 내담자가 처한 상황과 관계적 맥락 안에서 진술하도록 한다. 셋째, 바람직하지 않은 목표보다는 바람직한 목표로 진술되어야 한다. 넷째, 상담 종결보다는 상담의 시작에 초점을 둔다. 다섯째, 목표는 구체적이며 측정가능하고, 성취 가능한 것이어야 한다. 여섯째, 내담자의 실제를 고려하여 현실적인 목표를 설정한다(Thorana & Frank, 2017).

### 4) 해결중심상담의 과정

해결중심상담은 단기상담으로 상담시간은 한 회기당 50분에서 1시간 정도이다. 초기에는 40분~50분 상담자와 내담자가 함께 상담을 하고, 나머지 10분은 상담자가 일방경 뒤에서 팀원들과 의견을 나눈 후 피드백을 내담자에게 전달하는 방식으로 진행되었으나 현재는 상담자 혼자 진행하는 경우도 많다(전영주 외, 2020). 해결중심상담 과정은 다음과 같다.

#### (1) 상담 구조와 절차 소개

상담자는 내담자에게 팀이 상담에 참여하는 것과 상담실의 기능, 상담의 절차 등을 설명하고 녹음이나 비디오 녹화에 대한 허락을 받는다.

#### (2) 문제 진술

처음에는 가벼운 대화로 시작하여 내담자의 문제를 구체적이고 상세하게 질문한다. 내담자가 문제에 대해 구체적으로 말을 할수록 개입가능성과 목표는 많아지고 이는 문제 해결의 방법이 더욱 많아진다는 의미이기도 하다.

#### (3) 예외 탐색

일상에서는 문제가 일어날 때도 있고 일어나지 않을 때는 있다. 문제가 일어나지 않는 예외 상황에 초점을 두고 탐색하면 내담자가 효과적인 무언가를 하고 있음을 알게 되고, 이는 미래에 문제가 일어나지 않을 가능성을 기대할 수 있는 근거가 된다.

#### (4) 상담 목표 설정

내담자는 자신의 문제를 알고 있으나 문제가 없는 미래를 어떻게 세워야 할지 모르는 경우가 많다. 목표를 세운다는 것은 무엇이 성취되어야 하는가의 수단적 의미보다는 무엇이 다를 것인가라는 궁극적인 목표를 진술하도록 하는 것이다(sharry et al., 2003). 상담의 목표는 상담자와 내담자가 함께 정하고 작업하는 것이 중요하며, 내담자의 성장과 변화, 상담의 효과성을 측정하기 위해 상담의 목표는 구체적으로 설정한다.

### (5) 해결책 정의

문제가 과거에 일어난 것이라면 앞으로는 무엇이 다르게 변화될 것인지를 내담자와 이야기한다. '문제가 해결된다면 어떤 일이 일어날까?', '문제가 종결된다면 삶은 어떻게 변할까?'처럼 미래에 대한 대안과 해결책을 많이 나눌수록 내담자는 변화에 대한 기대가 커질 것이다.

### (6) 메시지 작성

상담 후 상담자는 내담자에게 양해를 구한 후 팀원들과 의견을 나눈다. 문제에 대한 이야기보다는 문제 상황에서 예외를 찾고, 내담자가 앞으로 무엇을 할 것인가를 상상하며 내담자에게 전달할 메시지를 작성한다.

### (7) 메시지 전달

팀과 의견을 나눈 후 상담자는 내담자에게 메시지를 전달한다. 메시지는 5분 이내로 짧게 하는 것이 좋다(정문자 외, 2017).

## 5) 해결중심상담의 주요 기법

해결중심상담에서는 내담자의 문제 해결을 위해 다양한 질문기법들이 개발되었다. 목적이 분명하게 드러나는 질문들은 치료적 변화를 위한 매체로서, 문제 해결을 위해 질문과 응답으로 이어지는 과정을 통해 상담자와 내담자는 이야기의 진실, 사실, 의미에 대하여 신뢰하게 된다. 이것은 언어와 의미의 재구성을 사용하는 접근방법이다(Berg & de Shazer, 1993). 내담자가 문제를 보는 견해에 영향을 주는 질문과 응답을 통해 내담자의 문제 인식과 의미규정이 변화하며, 질문기법을 사용하는 상담 과정에서 내담자의 견해와 관점이 바뀌고 자신의 힘과 자원을 활용하여 해결책을 스스로 모색해 가도록 돕는다(Berg & De Jong, 1996). 해결중심상담에는 내담자를 위한 효과적인 질문들이 많으나 여기서는 학교상담 현장에서 많이 사용하는 질문기법들을 중심으로 정리하였다.

### (1) 기적 질문

기적 질문은 문제 중심적이고 더 이상 희망이 없다고 생각하는 사람들에게 문제가 모두 해결된 상태를 상상하도록 하며, 해결된 뒤의 변화된 행동과 그 행동을 할 때의 사고와 감정, 변화된 상호작용 등을 상상하는 과정을 통해 자기문제를 인식하고 해결책을 발견하도록 돕는 질문이다. 기적 질문에 응답하는 과정에서 기적을 만드는 사람은 자신임을 알게 되고 작은 변화부터 구체적으로 상상해 봄으로써 문제 중심적 사고와 절망적인 감정에서 벗어나 새로운 희망을 갖게 된다(정문자 외, 2017). 기적 질문을 사용할 때 주의할 점은 기적이 어떤 변화를 가져올 것인지에 대하여 질문하여야 한다. 최종 목표뿐만 아니라 목표를 통해 무엇을 성취할 것인지, 무엇이 달라지게 될 것인지, 어떻게 하면 그런 변화가 일어날 수 있을 것인지, 다른 사람은 그런 변화에 어떤 의미를 부여할 것인지 등을 포함한 질문이어야 한다(정문자 외, 2017).

**기적 질문의 예**

"지금 기적이 일어났다고 생각해 봅시다. 친구들과의 다툼으로 학교에 가기 싫어했는데 학교에 가서 어떤 일이 일어나면 친구 관계가 회복되었다고 알 수 있을까요?"
"부모님의 어떤 행동을 보면 두 분 사이가 다시 좋아졌다고 알 수 있을까요?"

### (2) 예외 질문

내담자는 자신이 겪고 있는 문제에 집착하여 현재 상황을 부정적인 방향으로만 보고 있다. 그러나 문제가 일어나지 않았던 상황이나 덜 심각한 상황도 일어날 수 있다. 이때 상담자는 예외적인 상황을 찾아내고 내담자가 가진 자원을 활용하여 내담자가 잘하고 있거나 과거의 성공했던 행동을 강화하도록 돕는다. 즉, 문제의 예외적인 상황을 탐색하여 그런 예외가 강화될 수 있는 전략을 찾음으로써 해결책을 찾는 기법이다(김유숙, 2016). 예외 질문을 통해 내담자들은 자신의 강점과 자원을 발견하고 문제에 대해 새로운 의미를 부여하면서 자신감을 회복하고 긍정적인 자아상을 갖게 된다. 내담자는 자아존중감이 회복되는 과정에서 기능이 회복되고 문제 해결책을 구축하면서 상담의 목표를 이루게 되는 것이다(정문자 외, 2017).

**예외 질문의 예**

"부모님과 다투지 않을 때는 가정에서 무엇을 하나요?"
"자신의 강점에는 무엇이 있다고 생각하나요?"

### (3) 척도 질문

사람들의 감정이나 생각을 객관적으로 설명하는 것은 매우 힘든 일이다. 내담자들은 자신들이 문제 상황에서 경험하는 감정이나 느낌, 생각을 명확하게 설명하기를 어려워하며 애매모호하거나 추상적으로 설명한다. 척도 질문은 내담자에게 문제의 심각성 정도나 상담목표, 해결 가능성 등을 1점부터 10점까지의 숫자로 표현하게 함으로써 문제를 좀 더 명확하게 설명하도록 해준다. 척도 질문의 목적은 내담자가 문제를 현실적이고 구체적으로 생각하고 그에 따른 행동을 명료하게 제시하게 하며, 내담자의 기대와 목표, 성장과 변화의 상태를 명확하게 확인할 수 있도록 한다.

**척도 질문의 예**

"지금 고민되는 문제가 해결될 가능성은 몇 점 정도라고 생각하나요?"
"부모님과의 관계에서 느끼는 친밀감의 정도는 몇 점 정도라고 생각하나요?"

### (4) 대처 질문

내담자는 문제에 압도되어 희망을 잃어버리거나 좌절하는 상황에 놓여있는 경우가 많다. 그러나 대부분의 내담자는 실제로는 문제가 일어나지 않는 상황을 가지고 있거나 어려운 문제를 성공적으로 대처한 경험을 가지고 있다. 대처 질문의 목적은 내담자가 어려운 상황에서도 견디어 내고, 위기에서 살아남기 위해 대처해 온 방법들을 발견하도록 한다. 그리고 내담자의 자원과 강점을 발견하여 인식하게 하고 이에 대한 칭찬과 인정을 통해 해결능력을 강화하도록 돕는다(Berg & Miller, 1992).

**대처 질문의 예**

"학교에서 또래관계로 힘들었다고 했는데 어떻게 지금까지 학교생활을 할 수 있었나요?"
"죽음을 생각할 만큼 마음이 힘들었다고 했는데 이제까지 견딜 수 있었던 것은 무엇인가요?"

#### (5) 관계성 질문

내담자와 중요한 관계에 있는 사람의 생각, 의견, 가치관 등에 관하여 질문하는 것으로, 내담자가 다른 사람의 입장이 되어 자신의 행동을 바라보게 함으로써 자기의 위치와 역할을 의식하도록 하는 것이다. 관계성 질문의 목적은 상담현장에 있지 않은 사람의 생각, 의견, 가치관 등에 관한 질문을 함으로써 내담자가 자기중심적 생각에서 벗어나 다른 사람과의 관계 속에서 문제를 바라보면서 좀 더 객관적이고 현실적으로 판단하도록 돕는 것이다(정문자 외, 2017).

**관계성 질문의 예**

"부모님께 걱정을 끼쳐드린 행동을 한 것에 대해 후회한다고 했는데 만일 부모님이 이 이야기를 들으시면 어떨 것 같나요?"
"학교를 그만두고 검정고시를 준비하고 싶다고 했는데 부모님은 어떤 반응을 보일 것 같나요?"

### 6) 학교상담에서의 적용

해결중심상담은 내담자의 문제보다는 내담자의 성공과 강점에 초점을 맞추기 때문에 상담에 대한 동기가 적거나 비자발적인 아동이나 청소년들에게 보다 쉽게 접근할 수 있는 상담이론이다. 학교현장에서 아동과 청소년들을 만나는 상담자는 해결중심상담의 기본원리와 가치를 이해하면서 아동과 청소년의 발달적 특성에 맞는 상담기법을 발전시키는 노력이 필요하다.

초등학교 내담자인 아동들은 언어능력이 발달하는 과정에 있으므로 상담자의 질문을 이해하거나 자신의 생각이나 느낌을 언어로 표현하는 것을 어려워할 수 있다. 아동은 구체적 사건이나 사물에 의존해서 논리적 추론이 가능함으로 아동의 다양한 생각과 느낌을 통합하기 위해서는 비언어적인 놀이와 활동 등을 이용한 접근이 필요하다. 그림이나 인형 등 아동에게 친근한 다양한 매체들을 활용하여 욕구와 문제를 파악하고 문제해결에 접근하는 방법이 도움이 될 수 있다. 중 · 고등학교의 청소년내담자들은 어른들로부터 지시를 받거나 제한을 받는 것을 거부하며, 자신 스스로 해결하려고 하거나 또래들과의 관계를 통해 답을 찾고자 한다(정문자 외, 2017). 기성세대로부터 독립성과 자율성을 추구하는 청소년들에게 스스로 자신의 문제를 해결할 능력과 자원을 가지고 있으며, 무엇을 변화시키길 원하며 어떤 노력을 해야 하는지를 가장 잘 아는 전문가임을 강조하여 접근하면 도움이 될 것이다.

Part 02

# 학교상담의 유형과 활동

CHAPTER 03

# 학교상담의 특성과 개입

## 1. 학교상담의 학교급별 특성

학교상담은 학교급별에 따라 내담학생들의 신체와 인지 · 정서 및 사회 · 심리적인 발달단계가 조금씩 다르다. 또한 부모 및 학생들이 포함된 가족의 생활주기가 다름에 따라 학교상담자는 내담학생과 학부모에 대한 상담적 개입이 학교급별로 다름을 인식하고 여기에 따른 특성화된 상담적 개입이 필요하다. 이에 따라 학교급별 내담학생들의 주호소문제 유형과 평균 상담 회기, 상담개입 방법들에 대한 차이를 확인하기 위하여 전국의 학교상담자들을 대상으로 하여 설문조사를 실시하였다. 설문조사는 2021년 12월 15일부터 2022년 1월 6일까지 실시하였다. 모두 92명의 학교상담자가 설문조사에 응답하였다. 설문조사에는초등학교 상담자 33명, 중학교 상담자 32명, 고등학교 상담자 27명이 참여를 하였다.



학교급별 내담학생 주호소문제 유형을 보면 초등학교는 대인관계, 가족관계,

정신건강, 성격, 학교폭력 관련, 게임, 학업 및 성적 등의 순으로 나타났다. 중학교 내담학생 주호소문제 유형은 대인관계, 가족관계, 정신건강, 자해 및 자살, 학업 및 성적, 성격, 진로진학, 이성관계, 학교폭력 관련 순으로 나타났다. 고등학교는 대인관계, 가족관계, 자해 및 자살, 정신건강, 학업 및 성적, 학교폭력 관련, 성격, 비행, 진로진학 등의 순으로 주호소 문제 유형이 나타났다. 학교급별 상담개입 방법으로는 대면상담이 가장 많이 이루어지고, 중학교와 고등학교에서는 내담학생들의 정서적인 어려움을 탐색하기 위하여 심리검사를 적극적으로 활용하고 있는 것으로 나타났다. 초등학교에서는 놀이치료와 매체활용이 다른 학교급보다 많이 사용되고 있어 나이가 어릴수록 매체나 도구를 이용한 상담이 내담학생들의 정서적 이완과 자기 탐색에 용이한 것으로 나타났다.

학교급별 상담 평균 회기는 초등학교는 10회기 이상 진행되는 상담이 높은 반면, 고등학교에서는 주로 10회기 미만의 상담이 이루어지고 있었다.

설문조사 결과를 토대로 학교급별 상담의 특성을 살펴보면 다음과 같다.

## 1) 초등학교 상담의 특성

### (1) 주호소문제 유형

초등학교 상담실 내담학생들의 호소문제 유형은 대인관계가 가장 많고 가족관계, 정신건강, 성격관련, 학교폭력과 게임, 학업 및 성적, 자해 · 자살 등의 순으로 나타났다. 이 시기는 신체 표현보다는 언어 표현을 적극적으로 하는 발달 단계로 지시와 통제, 명령보다는 학생의 행동에 대해 격려하고 학생의 생각을 존중하는 것이 건강하고 건전한 정서형성에 중요한 역할을 한다. 또한 이 시기는 가정에서 벗어나 사람들과의 관계, 특히 또래친구들 내의 권력관계와 그에 대한 사건들을 경험하는 시기이다. 대인관계, 즉 사회성 발달에서 1~2학년은 유아적 특성이 남아 있어 사회적 관계가 미숙하고 학교생활 전반에 걸쳐 교사에게 의존하는 경향이 있다. 3~4학년 때는 '우리'라는 집단의식이 발달하면서 또래 친구로부터 인정을 받고자 하는 욕구가 강해지며 친구와의 교류를 통해 대인관계 접촉을 배우고, 지배욕이나 적대감을 처리하는 방법이나 타인을 통솔하고 타협하는 방법 등을 배우고 경험하게 된다. 5~6학년 때는 집단 소속감이 발달되면서부터 떼를 지어 무리로 다니는 행위 등이 나타나며, 개인적으로 좋아하거나 공통의 이익 때문에 서로 어울리는 하위집단이 자발적으로 생겨나기도 한다(박재연 외, 2022).

① 대인관계

초등학교 학생들은 가정에서 학교로 사회적 관계를 확장함으로써 학교생활이나 또래집단의 친구들과 어울리고 경쟁하는 시기이며 부모, 교사, 또래와의 관계를 통해 대인관계가 발달하는 시기이다. 학교장면에서 1~2학년들은 분리불안이나 학교규칙을 따르는 것을 힘들어 하는 내담학생이 많으며, 또래친구를 놀리거나 자신의 방식대로 행동하거나 놀이를 함으로써 또래 간 마찰이 자주 발생하며 담임교사의 개입도 많다. 담임의 지속적인 가르침에도 행동수정이 잘 되지 않을때는 상담실에 의뢰가 된다. 3~4학년은 또래들과의 갈등으로 인해 서로 뒷담화를 하며 따돌림을 시키고, 자신이 다시 당하는 행태를 반복하는 경우가 많으며, 자신의 행동보다는 상대편의 행동에 초점을 두고 친구의 잘못만 얘기하는 내담학생이 많다. 5~6학년의 경우는 친한 친구들이 친밀하게 지내다가 오해나 갈등이 생겨 그 무리에 다시 들어가지 못해 힘들어 하거나, 새로운 무리에 들어가고 싶어 찾아오는 내담학생이 많으며, 친한 친구를 교내에서 찾지 못해 인터넷 랜선을 통해 다른 교우관계를 맺는 경우도 점점 늘어나고 있는 실정이다.

② 가족관계

어린자녀를 키우는 부모들은 자녀의 문제행동을 이해하는 양육기술이 부족하며, 자녀가 호소하는 문제에 대해 적절하게 개입하거나 대처하는 부분에서 어려움을 경험한다. 저학년 부모의 경우 부모의 불안으로 인해 자녀와의 분리에 어려움이 있고, 그 불안이 자녀에게 전이되는 경우가 많으며, 부모와 학생의 욕구가 서로 달라 그 불일치에 대한 상담이 이루어지기도 한다. 그리고 내담학생들은 가족 안에서 형제 · 자매간의 갈등, 동생에 대한 스트레스를 많이 호소하고 있다.

③ 정신건강

아동기는 부모와 교사에게 인정과 격려를 받으면서 자신감이 길러지고 올바른 도덕관과 가치관이 형성되는 시기이다. 이 시기는 아동의 육체적, 개성적, 정서적 발전을 강조하는 시기로 이 시기의 주요한 정서 특징인 불안이나 스트레스로 인해 틱증상이나 산만한 문제행동 등을 보이며, ADHD 성향의 내담학생들이 많다. 불안이나 우울 등을 호소하는 경우는 개인상담을 진행하며, 약물치료가 필요하거나 전문적인 개입이 필요한 경우는 전문기관에 연계하여 약물과 함께 심리치료가 병행된다.

④ 성격관련

초등학교 시기의 아동들은 구체적 조작사고가 가능하여 보존기술이 획득되고 분류기술과 조합적 기술도 획득된다. 타인의 조망으로부터 자신의 생각과 감정을 심사숙고할 수 있게 되고, 자신에 대해 새롭게 지각하며 소속감을 발달시킨다. 저학년의 경우 자기중심적인 성향으로 타인의 입장을 이해하는 부분이 미흡하여 자신의 감정을 언어적으로 표현하기보다는 행동이 먼저 나가는 경우가 많으며, 수업시간에 방해가 되는 행동으로 상담이 의뢰된다.

고학년의 경우 자기중심적 성향으로 또래들과 부정적 관계를 형성하고, 이에 자신의 잘못에 대하여 자기반성보다는 타인에게 책임을 전가하는 내담학생들이 많다.

⑤ 기타

그 다음의 초등학교 주 호소문제 유형에는 학교폭력과 게임, 학업 및 성적, 자해 · 자살, 성관련 특별교육, 기타, 이성관계 및 진로진학 등의 순으로 나타났다. 학교폭력은 저학년의 경우 친구의 놀림과 장난으로 비롯된 행동으로 인한 학교폭력 관련상담이 많으며, 고학년의 경우는 언어적, 신체적, 매체를 이용한 학교폭력으로 상담 및 심리교육이 이루어진다.

요즘 초등학생는 중간 · 기말고사라는 시험이 없어져 학업 및 성적에 대해 호소하는 문제가 많이 줄어 들었다. 자해 · 자살과 관련된 호소문제는 교우관계 및 가정의 문제로 호소하는 경우가 있다. 가정과 학교의 지속적인 관심과 사랑, 지지가 제공된다면 초등학생의 경우는 정서적인 안정을 찾고 학교생활에 잘 적응할 수 있을 것이다.

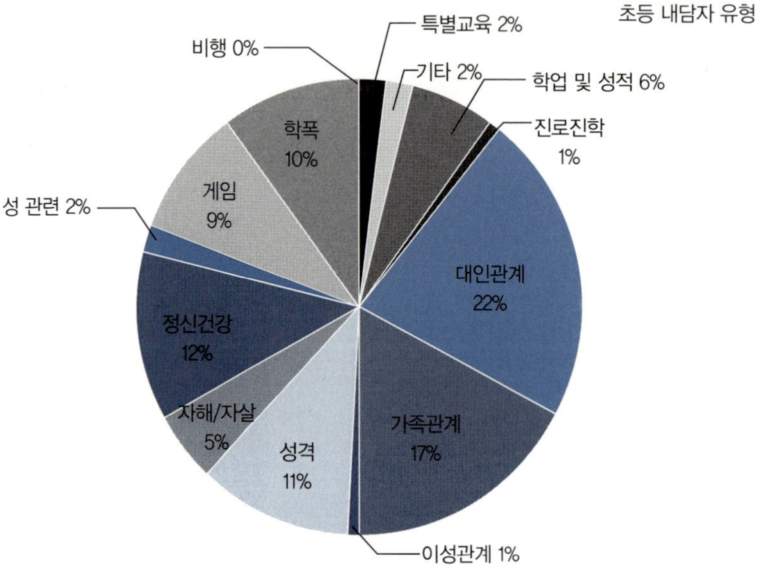


**그림 3-1 ▶▶▶ 초등학교 내담학생 주호소문제 유형**

## 2) 중학교 상담의 특성

### (1) 주호소문제 유형

중학교 내담학생들의 주호소문제는 대인관계, 가족관계, 자해 및 자살, 정신건강, 학업 및 성적, 성격관련, 학교폭력 관련, 비행, 진로진학, 특별교육, 이성관계, 게임 중독, 성 등의 순으로 나타났다.

① 대인관계

청소년 시기에는 부모로부터 벗어나 독립과 자율의 욕구를 강하게 경험한다. 청소년기는 또래집단의 영향을 강하게 받으며, 또래관계와의 친밀감과 동조성은 청소년들의 정체성과 자아존중감 형성에 큰 영향을 미친다(박재연 외, 2022). 따라서 또래들과의 갈등이나 친밀감 형성의 실패는 청소년들에게 심리적 불안감을 조성하고 건강한 학교생활을 저해한다. 그러므로 또래관계 어려움을 호소하며 내방한 학생들을 위하여 학교상담자는 격려와 지지를 통해 학생들의 심리적 불안감을 이완시키고 원만한 또래관계 기술을 가르쳐야 한다. 상담실은 교실에서 줄 수 없는 정서적 안정감을 주고, 위축되고 불안한 학생들이 상담 후 다시 일상으로 돌아가는 회복의 에너지를 충전하는 장소가 될 수 있다.

② 가족관계

내담학생들이 표면적으로 드러나는 여러 가지 문제들을 가지고 상담을 시작하지만 중학생들의 심리정서적 안정에 가장 큰 영향을 미치는 것은 부모와의 관계이다. 부모와의 불안정 애착 및 정서적 친밀감이 낮은 청소년들은 자신의 심리적 불안정을 외현화된 행동으로 나타내거나 우울이나 불안 등의 내면화로 나타나게 된다. 부모의 불안정한 결혼생활과 이혼, 재혼 등의 가정의 문제는 청소년기 학생들에게 다양한 심리적 영향을 주게 된다. 가정의 문제로 상담실을 찾은 내담학생들은 학교상담자와의 지속적인 상담으로 친밀감이 형성되면 상담자를 통해 교정적인 가족관계를 경험하게 되는 긍정적인 측면이 있다.

③ 자해 및 자살, 정신건강 문제

청소년기 중학생들은 추상적이고 논리적인 사고가 발달하고 지적능력이 향상되는 시기이기도 하지만 자기중심적이고 자의식의 과잉이 이루어지는 시기이기도 하다. 중학교 시기에 자해 및 자살관련 상담이 매우 높게 나타나고 있는 것은 내담학생들이 경험하는 가정문제와 또래관계, 학업스트레스, 진로고민 등의 어려움과 이에 따른 대처 능력 부족 등 복합적인 요인이 작용한 것으로 볼 수 있다. 매년 신학기에 실시되는 학생정서행동특성검사를 실시하여 자살 사고 및 우울 등 정서적인 어려움을 호소한 학생들을 지속적으로 상담 및 관리하고 있다.

④ 학업 및 성적, 진로 진학 문제

중학생들에게 학업에 대한 압박감과 부담을 줄이고, 자신의 꿈과 끼를 찾으며 다양한 직업의 세계를 경험하고 진로정보를 탐색하도록 하는 자유학년제가 실시되고 있다. 그러나 자녀의 학업성취에 관심이 많은 학부모들은 자유학년제가 실시되는 1학년부터 학원으로 자녀들을 보내면서 학교보다는 학원에서 학업에 대한 스트레스를 받는 학생들이 많다. 또한 중학생들에게 고등학교 수업을 선행하도록 부추기는 일각의 사설학원이나 학부모의 과도한 욕심으로 인해 중학교 시기에 여유 있게 자신의 적성과 흥미를 탐색하고 건강하게 미래를 향해 도전하는 기회를 박탈하고 있다. 이로 인해 학업 및 성적, 진로에 대한 고민을 가지고 학교 상담시설을 찾는 학생들이 점점 늘어나고 있다.

⑤ 기타

그외에 성격, 학교폭력 관련, 이성관계, 특별교육, 성 관련, 비행, 게임 중독 등의 다양한 유형의 문제를 가지고 학생들이 상담실을 내방하는 것으로 나타났다.

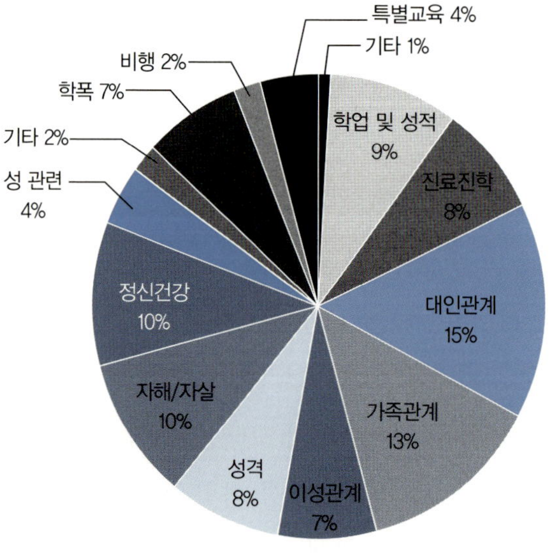


그림 3-2 ▶▶▶ 중학교 내담학생 주호소문제 유형

## 3) 고등학교 상담의 특성

### (1) 주호소문제 유형

설문을 통한 고등학교 내담학생들의 주호소문제는 대인관계, 가족관계, 자해 및 자살, 정신건강 관련, 학업 및 성적, 성격, 진로 진학, 학교폭력, 이성 관계, 특별교육, 성 관련, 비행 및 일탈, 인터넷 게임 및 스마트폰 중독, 기타 순으로 나타났다. 이는 특성화고등학교와 일반고, 자율형 사립고등학교 등 고등학교가 가지고 있는 각 특성에 따라 다른 양상을 보이기 때문에 본 설문 결과를 보편화시켜 확대 해석하기에는 어려움이 따른다. 또한 고등학교 상담은 중학교 상담 특성이 이어지는 경향이 있어 주호소문제 유형이 비슷할 수 있다. 하지만 발달 단계상의 차이와 교육과정에 따른 차이가 있다.

#### ① 대인관계

고등학교의 시기는 중학교에 이어 청소년기가 이어지는 시점이라 할 수 있다. 중학생들의 발달 특성과 이어져 고등학교에 재학하고 있는 학생들 역시 또래 집단으로부터 큰 영향을 주고 받는다. 특히 학교생활에 있어서 청소년기에는 교우관계로부터 발생하는 갈등으로 심리적인 어려움을 겪으면 대인관계 문제뿐만 아니라 학교 부적응이라는 이차적인 심리적 어려움을 겪기도 한다.

더 나아가 중학교 시기의 청소년들과는 다르게 이성에 대한 단순한 호기심을 넘어서 이성관계에 관심을 가지고 실질적으로 이성교제를 하는 학생들이 많이 있다. 이에 따라 이성관계에 관한 상담 및 선후배 간 갈등 관계에 대한 상담도 다수 이루어지고 있는 실정이다. 따라서 대인관계에 관한 상담은 교우관계에 한정되어 있는 것이 아니라 다각면에서 이루어지고 있음을 알 수 있다.

#### ② 가족관계

고등학교 상담에서 표면적으로 드러나는 각종 문제들을 상담해 보면 내담학생들의 심리 · 정서에 많은 영향을 미치고 있는 부분은 가정 내 부모자녀 간의 애착 형성 여부 및 갈등 해결 방법과 관련된 문제, 의사소통 부족과 관련한 문제들이다.

청소년기에는 발달 단계상 취약한 공감(상상적 청중 및 자기우화적 사고의 특성) 및 의사소통 부족(혼자 있으려 하고 부모로부터 독립하고자 하는 특성)으로 인한 갈등이 발생하게 되는데 이로 인한 문제는 단순 가족관계 문제로 드러나지 않고 대인관계 갈등이나 학업 부적응, 일탈 등의 다른 문제로 드러나기도 한다.

③ 자해 및 자살, 정신건강

청소년 우울 및 자살 사고, 비자살적 자해가 급증하고 있는 현시대에서 학교 내 상담이라고 하여 자해 및 자살과 정신건강과 관련된 상담을 피해 갈 수 없다. 내담학생들이 속해 있는 요즘 MZ세대들의 특징 중 하나가 자신의 생각과 의견을 표출하고 드러내는 것이 트랜드가 되고 있기 때문에 이 시대의 많은 내담학생들은 각종 SNS뿐만 아니라 많은 매체를 이용하여 자신이 가지고 있는 생각을 표현한다. SNS를 통해 유행처럼 퍼지기 때문에 모방을 하기도 하고 쉽게 접하게 되는 부정적인 부분이 있다. 하지만 이전에 비해 학교상담전문가나 교사들 대부분이 시대변화에 따른 교육이 비교적 잘 이루어지고 있어 위기학생들을 조기 발견하고 연계하여 상담이 이루어지는 편이다. 이전에 비해 학교 내에서 정신건강 관련 상담 비중이 늘어나고 있는 이유는 이 부분으로도 충분히 설명이 된다.

또한 이전에 비해 상담에 대한 인지도가 늘어나고 있어 자연재해나 사건 · 사고들로부터 발생될 트라우마를 예방하기 위해서 상담을 진행하는 경우가 많이 있다. 이에 따른 상담에 대한 인지도 역시 정신건강에 대한 상담 비중이 늘어난 이유라고 할 수 있다.

④ 학업 및 성적, 진로 진학

우리나라 학교 진학 시스템상 고등학교는 대학 진학이나 취업과 연관이 깊은 시기이기 때문에 초 · 중등보다는 학업이나 진로에 대한 상담이 많을 수 밖에 없을 것이다. 학교 위(Wee)클래스에서 이루어지는 학업 관련 상담은 단지 성적과 관련된 진학상담뿐만 아니라 시험불안을 다루는 상담이나 학습전략을 알아보는 상담도 이루어지며, 자신의 적성을 탐색하는 등의 상담이 이루어진다. 필요에 따라 교내 진로상담교사와 담임교사의 도움을 얻어 취업정보 및 대학 진학 정보를 얻기도 한다.

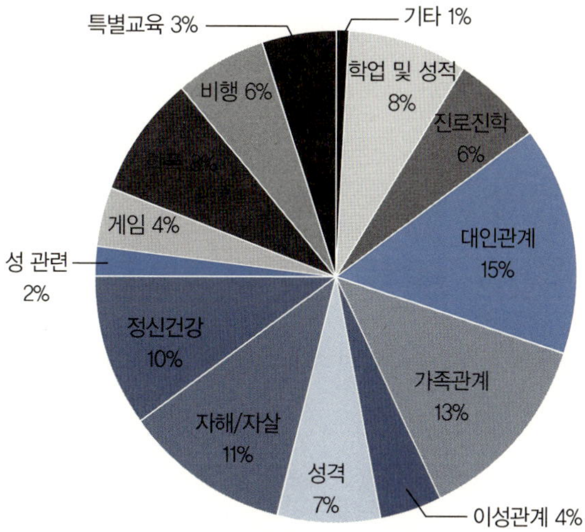


**그림 3-3 ▸▸▸ 고등학교 내담학생 주호소문제 유형**

## 2. 학교상담의 학교급별 평균 상담 회기

### 1) 초등학교 평균 상담 회기

초등학생의 경우 상담에 대한 이해도가 높지 않고, 지속적인 상담을 위해서는 상담이 즐겁게 이루어져야 지속적으로 찾아 올 수 있으므로 중 · 고등학교 상담에 비해 놀이의 시간이 많다. 평균 회기 수는 10회기 이상이 대부분이다.

특히, 저학년의 경우 40분 상담을 위해서는 놀이와 상담이 5:5 비율로 이루어지며, 아직 어리기 때문에 오랫동안 상담이 진행되는 경우가 많으며 학교의 특성상 몇 년씩 지속되는 경우도 있다. 고학년의 경우는 언어적인 상담이 가능하므로 40분 상담을 언어로 지속할 수 있다. 초등학교는 내담학생들에 대한 지속적인 관리가 용이하며, 담임교사, 학부모, 학교상담자가 다 함께 내담학생에 대해 소통함으로써 상담의 효과는 더 높아진다. 초등학생들은 상담이 종결되어도 언제든지 편안하고 쉽게 상담실을 찾아와 작은 문제라도 도움을 요청하는 경우가 많다. 교우관계 상담의 경우 직접 관련된 친구들과 단회기 집단상담을 진행할 수 있으며, 담임교사의 의뢰에 따라 교실 전체 학생들을 대상으로 집단상담을 3~8회기 진행할 수도 있다.

### 2) 중학교 평균 상담 회기

중학교 상담의 평균 회기는 단회기보다는 4회기를 초과하는 상담이 많은 것으로 나타났다. 학교라는 장소의 특수성은 내담자들을 지속적으로 살필 수 있는 장점이 있고, 내담학생들의 문제를 학년을 넘어서도 연결해서 개입할 수 있는 이점이 있다. 학교상담은 담임이나 학교장의 의뢰로 상담실을 방문하는 비자발적인 내담학생도 많지만 학생들이 스스로 자신의 문제를 가지고 방문하는 자발적 상담도 많다. 자발적 상담의 경우 상담의 회기는 자연스럽게 증가할 수밖에 없다. 이는 학생들이 자신의 문제가 비밀보장이 되고 상담자의 적극적인 경청과 공감으로 정서적 안정감과 만족도가 높아지면서 재방문으로 이어지는 것으로도 볼 수 있다.

### 3) 고등학교 평균 상담 회기

고등학교 위(Wee)클래스에서 상담을 진행하는 경우, 단회기보다는 평균 8회기 정도의 상담이 진행되는 경우가 많다. 수업시간을 이용해 자유롭게 상담을 할 수 있는 분위기가 형성되어 있는 학교일 경우는 회기가 길어질 수 있으며, 반대로 무단결석으로 상담이 더 이상 이루어지지 않을 경우 단회기 상담으로 그치는 경우도 있다.

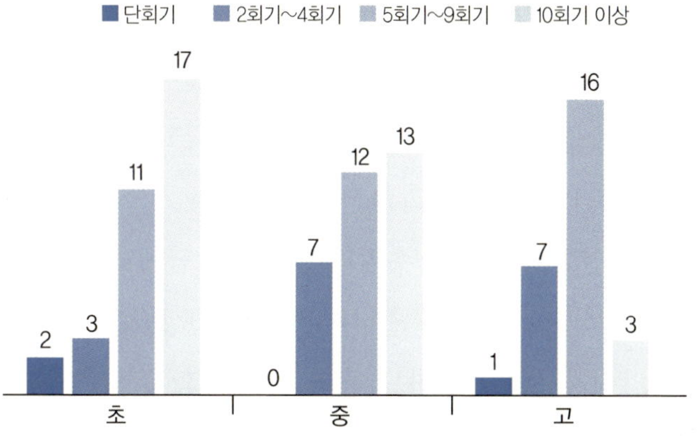


그림 3-4 ▸▸▸ 교급별 상담 평균 회기

## 3. 교급별 상담개입 방법

### 1) 초등학교 상담개입 방법

상담을 원하는 학생들과 담임교사 의뢰로 상담이 필요한 학생들은 먼저 학부모의 동의를 받아 초기면담 및 심리검사를 진행한다. 저학년의 경우 상담은 보드게임과 모래놀이 등을 활용하여 놀이식 상담을 진행하거나 미술치료를 하는 경우가 많다. 고학년의 경우도 내담학생의 수준에 따라 놀이와 병행하거나 감정카드나 바람카드, 그림상황카드를 활용해 상담을 진행한다. 초등학교의 경우 학부모 상담이 필수적인 부분이 많다. 자녀에 대해 좀 더 깊이 있게 이해할 수 있도록 심리검사를 활용하여 부모-자녀의 성격을 탐색하고 이해하도록 돕는다. 그리고 학부모의 자녀양육방식을 점검하고 내담학생에게 맞는 양육을 할 수 있도록 도우며, 학부모 상담을 통해 올바른 자녀지도가 될 수 있도록 상담 및 교육이 병행된다.

### 2) 중학교 상담개입 방법

중학교의 상담개입 방법은 대면상담이 주로 사용되고 있다. 청소년기는 논리적 추론과 추상적 개념에 대한 사고 능력이 발달하는 시기이다. 정서적 불안도를 감소시키거나 외현화된 행동의 수정과 관련한 상담에서 내담학생들의 내면의 갈등을 풀어내게 하고 자신을 통찰하게 하는 대면상담은 효과적일 수 있다. 대면상담에서는 감정카드나 상황카드 등의 매체를 활용하여 내담자들의 내면을 표현하게 하는 방법을 많이 사용한다. 또한 내담학생 이해를 위한 심리검사가 매우 활발하게 사용되고 있는데 이는 자신의 생각과 마음, 상황 등을 언어로 표현하는 것에 서툰 중학생들의 욕구와 내면의 갈등 등을 탐색하는 데 심리검사가 활용되고 있음을 알 수 있다.

### 3) 고등학교 상담개입 방법

고등학교에서는 주로 대면상담이 이루어지고 있으며 필요에 따라 내담학생의 이해를 돕기위한 심리검사를 많이 활용하는 편이다. 최근에는 코로나19의 영향으로 비대면상담방법인 화상 및 문자상담 등도 이루어지고 있으나 학교라는 장소 안에서 상담이 이루어지는 학교상담의 특성상 대면상담이 주를 이루고 있는 것을 확인할 수 있다.

또, 초등에 비해 매채활용이나 놀이치료는 현저히 적게 활용되고, 주로 언어적인 개입이 이루어지는 것을 확인할 수 있다.

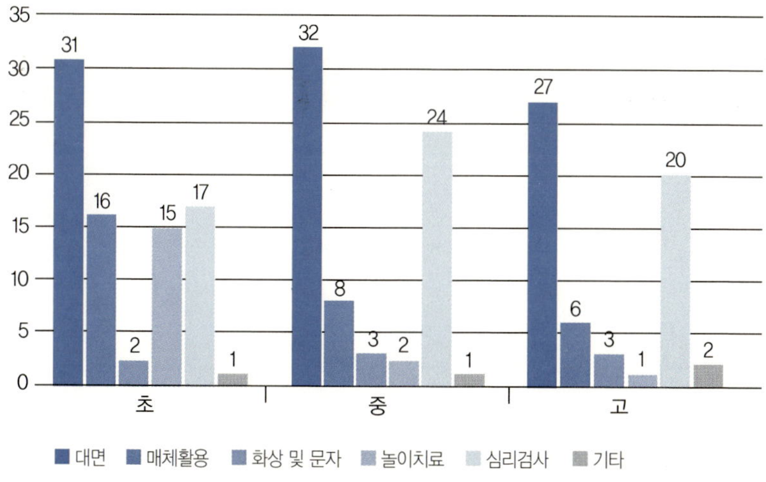


**그림 3-5 ▶▶▶ 교급별 상담 개입 방법**

CHAPTER

# 04 학교상담의 접근방식별 유형

## 1. 개인상담

학교상담은 학교상담자가 내담학생의 발달과업을 달성할 수 있는 잠재력을 개발하여 조력함으로써 내담학생의 전인적인 성장을 돕는 과정이다. 또한 학교생활에서 발생할 수 있는 다양한 문제를 예방 및 조기개입을 함으로써 내담학생의 문제해결력을 기른다. 즉, 내담학생의 발달적 문제와 환경을 이해하여 내담학생 스스로 합리적으로 결정하여 적절하게 행동할 수 있게 돕는 활동이다.

### 1) 접수면접

학교상담 과정에서 학교상담자와 내담학생의 첫 만남 과정은 접수면접에서 이루어진다. 단회기 상담이 될 경우 접수면접과 상담이 이어져 문제를 해결하기도 한다.

### (1) 상담의 촉진적 관계 형성을 위한 상담자 태도

상담은 접수면접으로 시작되고 이 과정은 매우 중요하다. 첫 면담은 이어지는 상담 과정에 많은 영향을 미친다. 내담학생이 학교상담실을 찾을 때 문제를 해결하고자 하는 기대와 함께 불안과 긴장감이 함께 존재할 수 있다. 이때 학교상담자의 역할이 중요하다. 라포형성을 통해 내담학생이 상담 과정을 신뢰할 수 있게 해야 한다. 학교상담실을 처음 찾은 내담학생의 호소문제 및 증상에 대한 탐색이 이루어지고 내담학생의 문제를 개념화하기 위해 전문적인 역할을 수행해야 한다. 학교상담자가 첫 면담부터 종결 단계까지 가져야 할 중요한 태도는 로저스(Rogers, 1942)가 강조하는 공감적 이해, 무조건적인 수용과 긍정적 존중, 일치성이다. 이 세 가지 태도를 간단히 설명하면, 공감적 이해란 내담학생이 경험으로 인해 생긴 감정, 행동을 표현할 수 밖에 없는 맥락을 이해하는 것이다. 무조건적 긍정적 존중은 내담학생을 조건없이 있는 그대로 존중하고, 내담학생의 성장 잠재력에 대해 긍정적 기대를 갖는 것이다. 마지막으로 일치성은 학교상담자는 있는 그대로의 자기 이해와 수용을 바탕으로 내담학생과의 관계에서 일치되게 표현되어야 한다. 이러한 태도는 상담의 접수면접에서부터 종결까지 전 과정에 걸쳐 일관성 있게 나타나야 한다.

### (2) 면접상담의 준비 사항

내담학생 스스로 상담을 신청할 경우 첫 만남이 바로 이루어진다. 첫 면접 시 작성하게 되는 상담신청서는 내담학생에 대한 중요한 정보를 제공한다. 학교상담의 특성상 의뢰자가 담임 또는 학부모일 경우가 많다. 이때 의뢰서나 상담신청서를 활용하여 사전에 내담학생의 문제를 어느 정도 짐작할 수 있다.

### (3) 상담신청서 작성과 활용

위(Wee)클래스에 처음 방문하면 상담신청서를 작성하게 된다. 이때 내담학생의 인적사항과 호소하는 문제 및 도움받고자 하는 문제를 양식에 맞추어 작성한다. 그외 상담신청서에 주로 들어가는 내용으로 가족관계, 친구관계, 이전 상담경험, 상담을 신청한 경위 등이 있다. 상담신청서를 통해 내담학생에 대한 정보를 알 수 있다.

내담학생이 상담신청을 하는 과정에서 보이는 행동이나 태도에서 중요한 자료를 얻을 수 있다. 내담학생이 보여주는 행동은 여러 가지 해석을 할 수 있으나 어떤 경우라도 내담학생의 다양한 측면을 고려하여야 하며 일률적이고 구체적인 추측은 피해야 한다.

## 2) 초기 단계

학교상담자와 내담학생의 첫 만남 이후 이루어지는 상담 초기 단계는 건물의 기초공사와 같다. 상담의 기틀을 잘 잡기 위해 학교상담자는 내담학생의 핵심 문제를 이해하고 변화 동기 확인 및 목표를 설정해야 한다. 이때 상담의 구조화와 상담의 촉진적 관계 형성, 즉 라포형성이 매우 중요하다.

### (1) 상담구조화

상담의 구조화란 상담 과정을 설명하는 것이다. 학교상담자가 내담학생에게 상담 과정을 안내하고 상담구조에 대한 내담학생과의 합의를 이루는 과정이다 (Patterson & Welfel, 1994). 다시 말하면 상담 접수면접 또는 상담초기에 상담의 역할, 상담 과정 안내, 비밀보장의 한계, 상담에 필요한 약속 및 얻을 수 있는 성과 등을 설명하는 오리엔테이션 과정이라 할 수 있다. 학교상담은 접수면접자와 상담자가 구분되어 있지 않음으로 상담을 시작할 때 상담구조화가 이루어진다. 상담구조화는 내담학생에게 상담에 대한 두려움이나 불안에서 안정감을 갖게 하고 변화에 대한 희망을 갖게 하는 역할을 한다.

### (2) 주호소문제 선택

내담자의 증상 또는 호소문제 중 상담 과정에서 초점을 두어야 할 문제를 주호소문제라고 할 수 있다(이명우, 2004). 개인상담 과정에서 내담학생이 보고하는 부적응적인 인지 · 정서 · 행동의 내용을 바탕으로 주호소문제를 선택할 수 있다. 이때 내담학생이 단일 문제만 호소하지 않고 여러 문제를 호소하는 경우가 있다. 여러 개의 호소문제를 두고 그중 가장 먼저 해결할 우선순위를 정할 수 있다. 이명우가 제안한 '가장 표면에 떠오르는 문제'와 '가장 중요하게 생각하는 문제', 또는 '관심이 있는 문제', '힘든 문제' 등을 고려하여 우선순위를 정하여 순차적으로 해결해 나가야 할 것이다.

### (3) 상담목표 합의

상담목표는 상담 과정 동안 이루어야 할 결과물이라고 할 수 있다. 상담의 성과 결과를 알고 성과를 체험할 수 있는 과정에서 상담목표 설정은 매우 중요하다. 상담목표는 내담학생과 학교상담자가 상담 방향성과 효과적인 상담전략을 계획할 수 있게 한다. 이때 상담목표는 실행 가능하고 구체적으로 합의해야 한다.

### (4) 심리검사 활용

심리검사는 과학적인 측정도구를 이용한 심리검사에 대한 내담자의 반응 또는 응답행동과 심리검사를 시행할 때 보이는 내담학생의 비언어적인 반응 등을 관찰하여 내담학생에 대한 정보를 얻는 방법이다(정성란 외, 2013). 상담초기에 내담학생을 좀 더 객관적이고 신속하게 이해하기 위해 심리검사를 활용할 수 있다. 심리검사는 내담학생이 자신을 이해하고 탐색하는 것을 좀 더 쉽게 해주는 기능을 하기도 한다.

심리검사는 내담학생이 일반적으로 알고 있는 자신의 문제나 능력에 대해 소속되어 있는 사회집단과의 상대적 위치를 알 수 있게 해준다. 이는 내담학생이 심리검사를 통해 자신의 능력이나 성취도 등을 구체적이고 현실적인 탐색을 가능하게 해주는 기능을 한다. 또한 심리검사는 내담학생의 행동에 대한 예측을 가능하게 함으로 변화고자 하는 목표를 좀 더 정확하게 수립할 수 있게 해줄 수 있다.

### (5) 사례개념화(내담학생의 문제 이해)

사례개념화(case conceptualization)는 '내담학생의 개별적인 특정 문제와 문제의 원인 또는 관련요인, 상담 개입방향과 방법에 관한 이론적 개념으로 설명하는 일'을 의미한다(고기홍, 2020). 또한 사례개념화는 내담자들의 심리 · 정서 · 행동의 문제 및 대인관계적 문제와 관련된 원인 및 촉발되고 유지하는 요인들을 파악하여 내담자를 종합적으로 이해하고 문제해결 방향과 전략을 계획하는 것이다(이윤주, 2008). 사례개념화는 학교상담자가 내담학생의 문제를 정확하고 효과적으로 이해하고 상담을 진행하기 위해 갖추어야 할 중요한 역량으로 학교상담자의 전문성이나 학교상담 서비스에 대한 질을 유지할 수 있는 중요한 요소이다.

학교상담에서 내담학생을 좀 더 종합적으로 이해하기 위해 여러 이론에 근거한 사례개념화가 이루어져야 할 것이다. 또한 심리검사를 바탕으로 한 사례개념화는 내담학생을 객관적으로 이해하고 평가하여 상담전략 및 계획을 수립할 때 도움이 된다.

### (6) 상담목표 설정

상담목표란 상담을 통해 얻고자 하는 구체적이고 긍정적인 결과를 말한다. 이는 상담을 통해 얻어지는 성과 또는 효과를 의미하기도 한다. 학교상담은 내담학생이 위(Wee)클래스에 방문하여 상담신청서를 작성하는 과정에서 상담을 통해 이루고자 하는 목표를 설정하게 된다. 이는 차후 상담이 진행되면서 구체화되고 수정되기도 한다.

### (7) 초기 단계의 상담기법

① 관심기울이기

관심기울이기란 학교상담자가 내담학생에게 온전히 주의집중하는 것이다. 이때 학교상담자의 자세, 시선, 얼굴 표정 등 비언어적인 행동에 의해 내담학생에게 전달된다.

〈관심기울이기를 하는 방법〉

- 내담학생 쪽을 향해 앉는다.
- 자연스러운 몸 자세를 취한다.
- 때때로 내담학생을 향해 몸을 기울인다.
- 적절하게 시선을 맞춘다.
- 긴장을 하지 않는다.

② 경청

경청은 관심을 기울이며 상대의 말을 잘 듣는 것으로 단순히 내용만 파악하는 것이 아니다. 내담학생의 몸짓이나 표정에서 섬세한 변화를 알아차리는 것이다. 말 저변에 깔려있는 감정이나 메시지를 알아차려 이해하는 것이다. 내담학생이 하는 말 중 언어적 메시지뿐만 아니라 비언어적 메시지도 경청을 한다.

〈비언어적 메시지 경청 방법〉

- 눈의 시선처리 및 눈물을 글썽거린다. 때론 눈에 힘이 들어가게 된다.
- 몸을 웅크리거나 뒤로 젖히게 된다.
- 손발의 제스처를 통해 경청한다. 주먹을 쥐던지 뒤통수를 긁적이는 행동을 할 수 있다.

③ 명료화

명료화는 내담학생의 말 중에 스스로 모호하고 혼란스럽게 느끼고 있으나 미처 자각하지 못하는 의미 및 관계를 분명히 하는 것이다. 말의 내용 속에 깔려있는 핵심욕구 및 갈등이나 느낌을 분명하게 구분하여 알아차릴 수 있게 한다.

④ 즉시성

지금 여기에서의 학교상담자와 내담학생의 관계를 탐색하는 과정에서 사용되는 기술이다. 즉시성은 다음과 같은 상황일 때 유용하게 사용된다.

- 대화의 방향이 흔들리고 나아가지 못하는 등 진전이 없을 때
- 학교상담자와 내담학생 사이에 긴장감이 느껴질 때
- 학교상담자에 대한 신뢰감을 보이지 않을 때
- 핵심주제에서 벗어난 화제를 꺼낼 때
- 역전이 현상이 일어날 때

⑤ 구체화

구체화란 학생의 메시지 중 분명하지 않고 확실하지 못한 부분, 이해가 잘 안 되는 부분, 애매모호하게 이야기하는 것 등을 정확하게 확인하는 것이다.

⑥ 질문

질문은 우리가 살면서 일상적으로 자주 사용하게 된다. 일상대화와 달리 상담에서 질문은 의도가 정확하게 전달되어야 한다. 상담에서 질문은 학교상담자가 질문의 의도를 분명하게 알고 내담학생이 잘 인식할 수 있게 하는 것이 중요하다.

### 3) 중기 단계

상담 중기에는 내담학생이 좀 더 깊은 탐색을 하고 자각이 효과적으로 일어날 수 있도록 해야 한다. 더불어 상담 중기에 겪게 되는 내담학생의 불안과 저항을 알아차려야 한다. 내담학생이 해결하고자 하는 문제를 적극적으로 해결하고 새롭게 변화될 수 있도록 지원하고 안내하는 것이 중요하다.

### (1) 문제 이해의 심화 및 심층적 탐색

상담 중기 단계의 중요한 첫 과제는 내담학생의 문제를 이해하고 심층적으로 다루는 것이다. 상담이 시작되는 시점에는 내담학생은 자신의 문제를 피상적이고 문제의 원인을 다른 사람에게 찾는 경향이 있다. 이때 학교상담자는 내담학생이 생각하고 있는 자신의 문제를 정확하게 인식할 수 있게 하고 스스로 문제를 변화할 수 있도록 해야 한다.

상담 중기는 내담학생에 대해 심층적 탐색과 자각이 일어나는 시기이다. 심층적 탐색이란 초기 단계에서 수집된 내담학생의 주호소문제, 문제에 대한 배경 및 내담학생의 상담목표 등을 바탕으로 내담학생의 핵심이 되는 문제를 좀 더 깊이 탐색하는 것이다.

### (2) 변화행동 시도하기

학교상담은 내담학생의 인지 · 정서 · 행동의 문제를 상담을 통해 긍정적인 변화로 촉진하는 것이 중요하다. 내담학생의 문제를 좀 더 심층적으로 이해하고 상담목표에 따른 변화할 행동을 찾아서 시도할 수 있게 학교상담자는 안내할 수 있어야 한다. 이때 변화대상의 선정이 중요하다. 변화대상은 개인성과 구체성을 고려하여 신중하게 선정해야 한다. 내담학생의 발달수준과 개인의 심리적 요인에 따라 선정되어야 하고 이는 고정적인 것이 아니라 내담학생의 발달과 상황에 따라 점검하고 조정되어야 한다.

### (3) 상담목표 재조정

상담목표는 상담 초기에 설정하지만 지속적으로 점검해야 한다. 상담을 통한 기대와 목표행동을 이루기 위해 시기에 맞는 중간목표를 만들고 수정해 나가는 과정을 거친다.

위(Wee)클래스를 방문하는 내담학생의 표면적인 문제행동은 상담이 진행되면서 목표달성을 이루는 경우가 많으나 상담 과정에서 새로운 문제 또는 표면 아래에 숨겨진 내담학생의 중요한 문제가 들어나는 경우들이 있다. 이런 경우 심층적 탐색이나 자각 등을 통해 새로운 문제를 중심으로 상담목표를 수정하거나 재조정할 필요가 있다.

### (4) 변화 저항 다루기

내담학생의 변화와 자각을 촉진하는 상담 과정에서 학교상담자는 내담학생과 협력해야 한다. 이때 협력관계만 형성되는 것이 아니라 저항도 하게 된다. 저항이란 치료적 진전에 역행하는 내담자의 행위를 말한다(고기홍, 2020). 상담 도중 내담학생이 보이는 저항 역시 내담학생의 메시지이다. 내담학생이 상담 과정에서 바뀌고자 하는 의지와 그 변화가 두렵고 불편하여 거부하고자 하는 양가적인 마음을 표현하는 것이다. 이에 학교상담자는 내담학생의 저항에 대해 민감하게 알아차리고 융통성 있는 대처를 해야 한다. 이를 통해 내담학생은 자신을 좀 더 깊이 이해하고 학교상담자와 더 깊은 래포형성을 할 계기가 된다. 이러한 순환적인 과정을 통해 상담목표를 달성해 나갈 수 있을 것이다.

### (5) 중기 단계의 상담 기법

#### ① 반영하기

반영하기란 내담학생이 표현하고자 하는 정서를 내담학생에게 되돌려주는 기법이다. 마치 거울에 비추듯이 새로운 의미를 담지 않고 요약해서 반응하는 것이다. 이때 내담학생의 말을 정확하게 이해하는 것이 매우 중요하다.

#### ② 직면하기

직면은 내담학생이 미처 인식하지 못하거나 또는 인정하기를 거부하는 모순적인 생각이나 느낌과 불일치 등을 학교상담자가 내담학생이 자각할 수 있도록 돕는 반응이다. 직면은 내담학생의 변화를 가지고 올 수 있는 긍정적인 측면이 있지만 때로는 내담학생에게 위협과 상처가 될 수 있으므로 조심해서 반응해야 한다. 직면은 적절한 시기와 내담학생이 받아들일 준비가 되어 있는지 고려해야 한다. 또한 부정적인 측면보다 내담학생의 능력과 자원에 초점을 맞추어 긍정적인 측면의 따듯한 직면이 필요하다.



③ 요약하기

상담 과정에서 내담학생은 자신의 이야기를 길게 늘어놓은 경우가 있다. 이때 학교상담자는 요약을 통해 내담학생이 한 말을 이해하고 있는지 알려 주어야 한다. 요약은 내담학생이 자신의 말속에 있는 의미와 느낌을 객관적으로 이해할 수 있게 한다. 요약할 때는 내담학생의 말을 정확하게 이해하고 학교상담자의 새로운 견해와 생각은 추가하지 않아야 한다. 때로는 내담학생이 직접 요약하는 방법을 사용할 수도 있다.

④ 피드백주기

피드백은 내담학생의 사고 · 감정 · 행동에 대해 학교상담자가 보고 관찰한 것을 전달해 주는 기법이다. 피드백을 통해 내담학생의 현재 모습을 지지할 수도 있고 새롭게 변화시킬 수도 있다. 피드백을 할 때 주의사항으로 부정적인 피드백은 받아 들일 수 있는 만큼 주되 긍정적인 피드백을 함께 줄 수 있어야 한다. 또한 분명하고 구체적인 행동에 초점을 맞추어야 한다. 내담학생이 피드백을 받아들일 수 있는 시간을 기다려 주는 것도 필요하다.

⑤ 해석하기

해석은 내담학생의 문제에 대해 자신의 경험을 새롭게 지각하고 설명할 수 있도록 학교상담자가 전문가적인 관점으로 새로운 이해의 틀을 제시하는 것이다. 이를 통해 내담학생이 그 상황을 잘 이해하고 자신의 문제를 효과적으로 해결할 수 있도록 한다.

해석을 할 때는 내담학생이 받아 들일 수 있는 시기를 정하는 것이 중요함으로 초기에 사용하기보다 중기 또는 종결 시기에 사용하면 효과가 크다.

## 4) 종결 단계

상담종결이란 '진행되어 온 상담을 마무리하여 끝내는 작업'을 의미한다. 상담종결은 내담학생의 문제가 해결되거나 또는 목표가 성취되어 더 이상 상담이 필요하지 않은 상황, 또는 현실적인 난관에 의해 상담을 지속할 수 없는 상황이나 이 둘 간의 절충지점에서 이루어진다(이장호, 2005). 종결 단계는 상담 중기에 이룬 내담학생의 상담목표를 바탕으로 새로운 인지 · 정서 · 행동에 대해 시험하고 평가하는 단계이다.

### (1) 종결 논의하기

상담목표 달성 기준에 따라 종결 시점을 결정해야 한다. 상담을 통해 내담학생이 이루어야 할 목표를 달성했을 때 거의 종결하게 된다. 상담이 시작되고 내담학생의 긍정적인 변화가 점점 늘어나면 종결 시점이 다가온 것임을 알 수 있다. 종결은 내담학생 및 상담을 의뢰한 교사 또는 학부모 등으로부터 변화의 단서를 발견하고 결정될 수도 있다. 때로는 내담학생의 여러 가지 문제와 내담학생의 제안 등으로 조기에 종결을 하는 경우도 발생된다.

성공적인 종결을 위해 상담 초기에 설정한 상담목표의 달성기준을 미리 준비하는 것이 필요하다. 성공적인 종결을 위한 조건으로 내담학생이 처음 호소한 문제증상의 호전 여부를 점검해야 한다. 그리고 내담학생이 현실에서 얼마나 적응적인지를 점검해야 한다. 학교상담의 특성상 상담이 종결되어도 내담학생과 지속적으로 관계를 형성하게 된다. 그러므로 더욱 체계적이고 계획적인 종결을 준비해야 한다.

### (2) 상담 평가하기

상담평가는 상담목표의 성취 여부를 판단하는 것이다. 이는 상담 전 과정을 살펴보면서 상담결과를 축정하는 과정에서 성취 여부를 판단하고 결과를 분석해 보는 작업을 의미한다(고기홍, 2020).

학교상담에서 상담평가는 상담활동이 내담학생의 성장을 촉진하고 문제해결과 적응에 대한 만족 여부를 확인할 수 있다. 그리고 학교상담자의 개입이나 전략의 적절성을 점검해 보는 계기가 된다. 이러한 상담평가의 과정을 통해 학교상담의 질적인 수준을 유지하고 발전하게 된다.

#### (3) 상담 마무리 조치하기

상담을 종결할 때 중요하게 다루어야 할 것은 종결 후 다시 문제가 재발될 상황에 대하여 이해할 수 있게 하는 것이다. 또한 다시 문제 상황이 재발할 경우 위(Wee)클래스에 도움을 요청할 수 있게 알려주는 것도 필요하다. 학교 상담은 내담학생이 상담 종결 후 더 이상의 상담에 대한 도움을 받지 못하는 것이 아님으로 자칫 상담에 의존적이 될 수 있다. 내담학생이 종결 후 스스로 자신의 문제를 극복하고 해결할 수 있도록 격려함으로 적응적인 삶을 영위할 수 있게 지지해야 한다.

### 5) 추수상담

상담이 종결된 후 한 달 이내에 추수상담이 이루어지게 한다. 추수상담을 통해 내담학생이 스스로 변화하고자 하는 부분을 학교상담자가 알아주는 과정에서 더욱 긍정적인 변화가 강화될 것이다. 이때 한 회기 정도 상담 일정을 계획해도 좋지만 형편에 따라 간단한 문자나 쉬는 시간 등을 이용한 짧은 만남도 가능하다.

학교상담은 내담학생이 졸업할 시점까지 상담실을 언제든지 방문할 수 있는 장점이 있다. 이는 상담종결 후에도 학교상담자는 담임과 서로 협력관계를 유지하며 내담학생의 발달과정을 지속적으로 모니터링할 수 있다. 이때 유의할 점은 상담은 구조화된 활동임으로 상담 시작과 종결을 잘 설정하고 추수상담 후 재연결 시 이전 상담과 구별하는 것이 필요하다.

## 2. 집단상담

### 1) 집단상담의 정의

일반적으로 집단상담이란 다수를 대상으로 여러 상담 기법과 전략들을 사용하여 집단원들 관계에서 발생하는 역동적인 상호교류 과정을 통해 의사결정이나 문제해결 또는 인간적 성장을 추구하는 과정이다. 여기서는 개인상담과 구분하여 두 명 이상의 사람들을 대상으로 상담서비스를 제공하는 포괄적인 의미로 사용한다. 집단상담에 대해서 학자들은 정의를 다음과 같이 내리고 있다.

**표 4-1 집단상담의 정의**

| 학자명 | 연도 | 정 의 |
|---|---|---|
| Cazda, Duncan, & Meadows | 1967 | 의식적인 사고와 행동에 초점을 맞추어 허용적, 현실지향적, 감정 정화(catharsis), 상호 신뢰, 보살핌, 이해, 수용 그리고 지지와 같은 치료 기능을 포함하고 있는 역동적인 인간 상호교류 과정이다. |
| Ohlson | 1977 | 집단원 자신의 걱정하고 고민하는 문제에 대해 토의하고 바람직한 행동을 탐색하여, 인간관계 핵심 기술을 연습하고 새로운 행동들을 일상생활에 적용함으로써 안전감을 느낄 수 있는 특별한 관계이다. |
| 이형득 | 1979 | 비교적 적은 인원의 정상인들을 대상으로 한두 명의 전문가의 지도에 집단 또는 상호관계를 토대로, 신뢰롭고 수용적인 분위기에서 자신의 행동 변화 및 태도 혹은 개인의 성장 발달과정의 높은 수준과 인간관계 발달능력을 촉진시킴으로써 이루어지는 역동적인 하나의 대인관계 과정이다. |
| Hansen, Warner, & Smith | 1980 | 한 사람의 상담자와 태도 및 행동의 변화를 위해 자기 자신의 상황을 탐색하고 많은 학생들을 포함하는 상호작용 과정이다. |
| 이장호, 김정희 | 1992 | 일상적인 생활 과정상의 문제를 해결하고 바람직한 성장 발달을 위해 전문적으로 훈련을 받은 상담자의 지도 및 동료들과의 역동적 상호교류를 통해 각자의 감정과 태도, 생각과 행동양식 등을 이해하고 탐색함을 통해 성숙시킬 수 있는 과정이다. |
| Gibson & Mitchell | 1998 | 집단상담 장면에서 제공되는 발달적인 체험들과 일상적인 조정 과정이다. |

출처: 강진령(2006).

### 2) 학교 집단상담

학교 집단상담은 두 사람 이상의 학생들을 대상으로 하는 상담 과정이다. 이 과정에서는 행동, 사고, 감정에 초점을 맞추어 수용적이고 안전한 분위기를 조성하며, 다양한 상담 기법을 활용한다. 이는 학생들 간의 역동적인 상호작용을 통해 인간적인 성장을 촉진한다. 집단상담을 통해 내담학생들은 학교상담자와 함께 서로의 관심사와 감정을 탐색하고, 이를 통해 자신의 행동과 가치관을 조정하며 내담학생의 성장과 학교 교육환경에 잘 적응할 수 있는 능력을 향상시킨다.

집단상담은 학생들의 흥미와 관심을 유발하며, 공통 관심사에 대해 대화하는 방법을 학습할 수 있어 학교상담에서 중요한 활동이며 유용하게 개입할 수 있는 방법이다. 학생들의 공통 관심사는 교우관계, 외모와 자아상, 학업성적, 진로 및 진학, 자아존중감 등과 같이 다른 학생들과 관련된 주제들이 주로 포함된다. 집단상담은 학생들에게 자신의 관심사와 문제가 혼자만의 문제가 아니라는 사실을 알게 해주는 역할을 한다. 내담학생들은 집단상담을 통해 자신과 비슷한 생각과 관심사를 가진 또래 학생들이 있다는 사실에 놀라고, 서로 지지와 격려를 주고받을 수 있다. 또래 학생들의 정서적 지지와 피드백의 상호교류는 아동과 청소년들이 합리적으로 의사를 결정하고 문제해결을 생산적으로 해낼 수 있는 강한 에너지원이 될 수 있다. 이러한 점에서 집단상담은 학교상담자나 일반교사가 여러 학생들의 다양한 요구를 거의 동시에 충족시킬 수 있도록 하는 매우 중요한 수단이기도 하다(강진령, 2006).

### 3) 집단상담의 장점과 제한점

집단상담의 장점으로 11가지 치료적 효과를 제시하였다. 이를 요약 정리하면 다음과 같다(Yalom, 1985).

### (1) 집단상담의 장점

① **희망고취**: 집단경험을 통해 타인의 성장과정을 관찰할 기회와 다른 학생의 지지를 받을 수 있음으로써 '나도 할 수 있다'라는 기대를 갖게 된다.

② **보편성**: 집단경험을 통해 자신의 문제 또는 경험이 다른 학생도 겪을 수 있다는 것을 인식할 수 있게 된다.

③ **정보공유**: 집단리더 또는 집단원을 통해 필요한 정보를 획득할 수 있다.

④ **이타주의**: 집단원들은 다른 사람들에게 도움을 받기도 하지만 도움을 제공하는 역할을 하기도 한다. 이러한 과정에서 자신에 대해 긍정적인 경험을 하게 된다.

⑤ **일차가족 집단의 교정적 재현**: 집단경험을 통해 가족구성원 간의 역동적 관계가 집단 구성원을 통해 재현되고 새로운 대처방법을 모색하고 실험할 수 있다.

⑥ **사회화 기술의 발달**: 집단경험을 통해 사회적 기술을 학습하고 실천해 볼 수 있는 기회가 된다.

⑦ **모방행동**: 집단원들 간의 역동을 통해 타인을 관찰하고 자신에게 필요한 반응을 모방할 수 있다.

⑧ **대인관계 학습**: 집단경험을 통해 타인에 대한 자신의 반응과 타인이 자신에 대해 반응하는 것을 학습할 수 있다.

⑨ **집단 응집력**: 집단경험을 통해 함께 있다는 느낌을 받게 되고 이는 다른 치료적 요인을 촉진하는 역할을 하기도 한다. 집단에 대한 매력적인 정서적 요소와 생산적인 역할을 하는 작업적 요소로의 집단 응집력을 경험하게 된다.

⑩ **정화**: 자신의 감정이나 느낌을 표현할 수 있게 집단원들 간 서로 돕는다. 이처럼 정서를 개방적으로 표현하는 것은 집단 과정에서 매우 중요하다.

⑪ **실존적 의미**: 집단활동을 통해 집단원들은 인생의 중요한 부분에 대해 탐색하고 인생의 중요한 결정을 할 장이 형성된다.

### (2) 집단상담의 제한점

① 성격적인 문제가 심각하거나 개인적인 문제를 갖고 있는 학생들이 참여하기 쉽지 않고 개인의 문제가 충분히 다루어지지 않을 수 있다.

② 집단원이 준비가 미흡한 상태에서 자신의 속마음을 털어 놓아야 하는 집단 압력이 발생할 수 있다.

③ 비밀보장이 철저하게 이루어지기 어렵다.

## 4) 집단상담 과정

### (1) 집단상담의 계획하기

집단상담은 첫 회기가 시작되기 전부터 시작되고, 마지막 회기가 끝난 이후에도 계속되는 지속적인 과정이다. 이 과정에서 학교상담자는 환경에 맞게 다양한 필요 요건을 구성하여 설정한다. 집단상담은 다음과 같은 단계로 진행된다.

① 1단계: 학생들의 욕구 알아보기

학교상담자는 우선 특정한 환경에 있는 내담학생들에게 어떤 집단상담 서비스가 필요한지 알아야 한다. 학교상담자는 모든 학생에게 모든 집단상담 서비스를 제공하기 어렵지만, 집단상담에 관련된 기본적인 욕구를 명확히 평가함으로써 학교상담자가 상담에 집중하는 데 도움이 된다.

② 2단계: 집단상담 계획서 만들기

집단상담을 진행하기로 결정한 후, 구체적으로 어떤 활동을 할 것인지와 어떻게 진행할 것인지를 명확하게 기술한 집단상담 계획서를 작성해야 한다. 일단 학교상담자가 집단의 계획서를 작성하고 집단상담의 목적를 작성하여 실제로 학교상담자는 상담을 시작하는 데 있어 더 확신을 가지게 된다. 또한 만들어진 계획서는 학부모나 교사, 집단에 참여할 내담학생들이 할 수 있는 많은 질문들에 대해 대답하는 데 도움이 된다. 계획서에는 집단상담의 목적, 집단 지도자, 대상, 회기, 시간, 장소, 기법 등에 관한 다양한 정보가 있어야 한다.

Gazda(1989)는 집단에 대해서 내담학생은 다음과 같은 정보를 알아야 할 권리를 가진다고 지적하였다.

- 집단에 사용할 절차와 기본 접근과 그것을 사용하는 이유
- 집단과정에서 학교상담자의 역할
- 집단과정에서 내담학생의 역할과 집단참가로 인해 경험할 수 있는 위험들
- 내담학생들이 경험할 수 있는 불편한 사항들
- 집단과정에 참가한 결과로서 내담학생들이 기대할 수 있는 것
- 집단에 참가하는 것의 대안으로서 내담학생들이 고려할 수 있는 다른 방안들
- 내담학생들은 언제든지 집단과정에 대해 질문할 수 있는 보장
- 내담학생들은 언제든지 집단상담에 참가하는 것을 취소할 수 있는 보장을 받으며, 또한 참가를 거절할 수 있는 보장

### ③ 3단계: 집단상담 모집 홍보

집단상담에 참가하기 원하는 내담학생을 찾는 방법은 많다. 그중에서도 가장 좋은 방법은 학생들과 교류를 가장 많이 하는 부모, 교사, 학교상담자, 보건교사들을 통하는 것이며, 가정통신문과 학교홈페이지를 통해 홍보하는 방법들이 있다.

### ④ 4단계: 부모 · 보호자 동의서 받기

내담학생들이 집단상담에 참가하기 위해 보호자의 동의서를 제출해야 한다. 내담학생들과 보호자가 참가 여부에 대해 현명한 결정을 내릴 수 있도록, 집단상담에 대해 구체적인 정보를 제공할 필요가 있다.

### ⑤ 5단계: 사전집단 면담하기

사전집단을 면담하는 이유는 내담학생으로부터 동의를 받기 위해서다. 집단

상담에 참여하기를 희망하는 학생들을 개별적으로 면담하는 것이 쉽지 않을 수 있고 시간이 낭비될 수도 있다. 사전면담을 할 때에는 먼저 집단상담 참가에 대해 학생들의 흥미와 기대를 청취하는 것이 좋다.

⑥ 6단계: 내담학생 선정하기

집단상담을 준비하는 데 있어 중요한 것은 누구를 내담학생으로 구성할 것인가 하는 선정과 관련되어 있다. 집단이 어떤 구성원으로 형성되는가는 집단상담 결과에 중요한 영향을 미치기 때문에 내담학생 선정은 학교상담자의 책임이다.

순조롭게 집단작업을 함께 할 수 있기 위해서는 학생을 선정하는 데 있어 학생들의 동질성과 이질성의 요소들을 잘 고려하여야 한다. 학교상담자들은 집단상담을 하기 위해 무단결석, 학습부진, 공격성, 인터넷 · 스마트폰 중독 등과 같은 문제들을 가진 학생들을 선정하는 데 있어서 고려해야 할 것이다. 동질성 집단을 선정하는 것은 구성원이나 학교상담자에게 부정적인 집단상담 경험을 초래할 수도 있다. 선정에 있어 규칙은 구성원 각각의 합리적인 행동을 배울 수 있는 구성원들을 필요로 한다는 것이다. 만약 모든 구성원들이 다함께 부정적인 행동을 한다면, 긍정적인 모델은 나타나기 어려우며 집단에서 작업의 가치는 부정적으로 될 수 있다.

⑦ 7단계: 사전검사 실시하기

사전 · 사후 검사결과는 학교상담자와 내담학생들이 집단상담 경험에 대해 설명해 주어야 할 사람들, 부모 또는 학교담당자, 교사들에게 집단 경험에 대해 가치 있는 정보를 제공해 준다. 특히 이 정보는 집단상담이 하나의 전제로서 개인이나 집단의 행동이나 태도 변화에 효과가 있었는지를 평가할 수 있다.

⑧ 8단계: 집단상담 실시하기

다음 단계는 각 회기를 실시하는 것이다. 학교상담자는 집단상담은 회기 수와 활동 주제 등을 다양하게 실시할 수 있다. 회기는 8회기부터 12회기 정도가 적당하며, 8회기보다 적게 집단을 실시할 경우 집단과정의 역동성을 충분히 다루지 못할 수 있다.

⑨ 9단계: 사후검사 실시하기

집단상담이 종결된 이후에 학교상담자는 사전검사에 사용했던 것과 같은 도구를 활용하여 사후검사를 실시한다. 사후검사를 하기 위해 1~2주를 넘기지 말아야 한다. 만약 그 기간을 넘기게 되면, 학교상담자는 학생들의 집단상담 효과를 다른 여러 가지 영향 때문에 정확히 잴 수가 없으므로 집단상담의 효과에 대해 정확히 알 수 없게 된다.

⑩ 10단계: 사후 집단에 대한 추수상담과 평가하기

마지막 집단상담 후 약 1~2달 지난 후 추수상담을 하는 것이 적당하다. 추수상담에서는 내담학생들에게 그들의 성취와 집단에서 경험했던 것에 대해 얘기하고, 집단에서 중요하게 다루었던 것을 앞으로 어떻게 지속적으로 유지할 것인지에 대해 새로운 아이디어를 얻는 기회를 제공한다. 또한 추수상담은 학생들이 행동변화 목표를 달성하고, 새로운 목표를 정하는 것, 방해되는 것을 극복하는 것에 관해 서로 상호 간에 지지를 제공할 수 있는 기회를 준다. 학생들이 행동 변화에 대해 잘 할 수 있도록 다시 다짐하고 서로 격려함으로써 변화의 노력이 더 강화되고 도움을 받는다(김춘경 외, 2004).

### (2) 집단상담의 초기 단계

집단상담의 초기 단계에서 중요한 과정은 오리엔테이션과 탐색이다. 학생들은 서로 친숙해지고, 어떻게 집단이 진행되는지를 알게 되며, 집단행동에 영향이 되는 규칙을 만들어 낸다. 또한 학생들은 집단과 관계된 자기 자신의 두려움과 희망을 탐색하고, 기대를 명확히 하고 개인적인 목표를 세우며, 이 집단이 안전한 집단인지를 결정한다. 이 단계에서는 학생들의 기대와 희망뿐 아니라 주저함과 두려움을 표현하는 특징이 있다. 학교상담자가 이러한 반응들을 어떻게 다루어 나가는지에 따라 집단에서 형성되는 신뢰 정도가 좌우된다.

① 초기 단계상의 특성

- 참가자들은 분위기를 파악하여 친숙해진다.
- 학생들이 자신의 생각이나 느낌을 표현하고자 할 때 집단상담의 응집력과 신뢰가 높아진다.
- 학생들은 무엇을 기대하는지, 집단이 어떻게 진행하는지, 또 어떻게 참여하는지를 배운다.
- 학생들은 집단에서 자신이 받아들여지는지 그렇지 않은지에 관심이 있으며, 집단 내에서 자신의 위치를 알고자 한다.
- 모험적인 행동은 상대적으로 적고, 탐색 역시 매우 제한적이다.
- 학생들은 집단에서 자신의 감정을 드러내며, 이러한 감정이 어떻게 받아들여지는지를 시험해 보는 과정에서 부정적인 반응이 나타날 수도 있다.
- 중요한 주제는 신뢰와 불신이다.
- 참가자들은 집단상담 중 침묵과 어색함을 느낄 때가 있으며, 이러한 순간에는 누군가가 방향을 제시해 주기를 기대하거나 현재 상황에 대해 궁금해한다.
- 참가자들은 집단 내에서 누구를 신뢰할 수 있는지, 어느 정도까지 자신을 개방할 것인지, 집단이 얼마나 안전한지, 누구에게 호감이 있고 누구에게 적대감을 느끼는지, 그리고 어느 정도 참여할 것인지에 대해 각자 나름의 결정을 내린다.
- 학생들은 신뢰형성을 촉진하는 공감, 수용, 존중, 관심, 반응의 기본적인 태도를 배운다.

② 초기 내담학생의 역할

- 신뢰하는 분위기를 조성하기 위해 적극적으로 노력한다.
- 가능한 집단 규칙을 만드는 데 참여한다.
- 집단상담 과정을 통해 자신의 감정이나 생각을 표현하는 방법을 배우게 된다.
- 집단 내에서 관련된 두려움, 기대, 근심 등을 표현해 볼 수 있다.

- 집단에서 다른 사람에게 자신을 알린다. 가만히 있는 학생은 집단 안에서 의미 있는 상호작용을 하기 어렵다.
- 집단상담에 참여하는 데 영향을 미치는 개인적이고 특별한 목표를 설정한다.
- 집단상담 과정의 기초를 알게 된다. 특히 집단상담을 통해 어떻게 집단의 상호작용에 참여할 수 있는지를 알게 되며, 긍정적인 집단의 상호작용을 방해하는 해결책 제시나 충고는 지양해야 한다.

③ 초기 학교상담자의 역할

- 참가자들에게 규칙과 생산적인 집단이 되기 위해 적극적으로 참여할 수 있도록 한다.
- 학생들이 자신의 구체적인 목표를 설정하도록 돕는다.
- 기본 규칙과 규범들을 형성한다.
- 학생들의 걱정과 궁금한 것을 공개적으로 다룬다.
- 집단과정의 기초를 가르친다.
- 학생들이 너무 의존하거나 너무 혼란스럽지 않도록 구조화를 한다.
- 학생들의 두려움과 기대를 표현하도록 도움으로써 신뢰를 형성하도록 한다.
- 집단 안에서 일어나고 있는 일에 대해 학생들의 생각이나 느낌을 나누도록 돕는다.
- 치료적 행동을 촉진하는 측면에서 모범이 된다.
- 학생들에게 열린 마음을 갖고 심리적으로 참가자들과 함께 있는다.
- 책임의 영역을 명확히 한다.
- 학생들에게 적극적인 경청이나 대인관계 기술인 반응행동 등을 가르치게 된다.
- 집단 내의 필요를 파악하여 그 필요가 충족될 수 있도록 도움을 준다(김진숙 외, 2012).

### (3) 집단상담의 과도기 단계

과도기를 겪는 대부분 학생들의 행동 밑에는 불안이 잠재해 있다. 이 단계를 지나가기 위해 학생들은 저항과 방어를 효과적으로 다룰 수 있어야 하고, 개개인의 두려움에 직면하면서 갈등이나 지배와 관련된 주제들에 대해 작업해야 한다. 과도기의 목표는 학생들의 두려움을 직면하여 그들이 위험한 것을 이겨내고 안전하고 신뢰할 수 있는 분위기를 조성하기 위해 용기를 갖도록 돕는 것이다.

#### ① 과도기 단계상의 특성

- 자기 자각이 증가함에 따라 자신에 대한 생각과 타인들이 자신을 받아들일지 여부에 대해 걱정하게 된다.
- 집단상담 환경이 얼마나 안정적인지 판단하기 위해 학교상담자나 다른 학생들을 파악하려 한다.
- 집단에 참여하기 위해 위험하더라도 도전을 할 것인지, 아니면 뒤로 물러나 가만히 있을 것 인지 선택하기 위해 고민한다.
- 학교상담자가 신뢰할 만한 존재인지 탐색하고자 한다.
- 통제와 힘을 얻고자 하는 역동, 다른 참가자 및 학교상담자와의 갈등을 경험하게 된다.
- 다른 학생들의 경청을 이끌어내기 위해 어떻게 자기를 표현해야 할지에 대해 배우게 된다.

#### ② 과도기 내담학생의 역할

이 시기에 학생들의 주된 역할은 여러 가지 유형의 저항을 잘 다루는 것이다.

- 어떤 부정적인 반응행동이라도 인식하고 표현한다. 부정적인 감정을 표현하지 않으면 집단 안에서 신뢰하지 못하는 분위기를 형성할 수 있다.
- 어느 누구의 저항이라도 존중하고 끝까지 다루어 나간다.
- 의존으로부터 독립할 수 있도록 한다.
- 타인을 직면시킬 때 참가자는 방어적인 태도를 하지 않도록 하는 건설적인 방식을 배운다.

- 집단 안에서 일어나는 상황에 대한 많은 반응들을 직면하고 다루어 나간다.
- 집단 밖에서 외부 집단을 이루거나 집단 안에서는 침묵하면서 갈등을 회피하기보다는 참여하여 경험한다.

### ③ 과도기 학교상담자 역할

과도기에서 학교상담자가 직면하는 주요 도전은 경계를 명확히 하고 집단이 안전한 환경이 되도록 하는 것이다. 학교상담자는 집단 안에서 일어나는 갈등이나 부정적 반응행동, 또는 불안을 방어하기 위해 나온 저항감을 잘 다루어 직면함으로써 문제를 해결하는 데 필요한 도전과 용기를 가질 수 있도록 한다. 이러한 과업에 도전하기 위해 학교상담자는 다음과 같은 사항을 실천해야 한다.

- 갈등상황들을 인식하고 다루어 그 일에 대한 가치를 학생들에게 가르친다.
- 학생들이 자신의 방어기제를 인식할 수 있도록 조력한다.
- 저항과 불안을 존중하고 방어를 잘 할 수 있도록 지도한다.
- 어떠한 도전도 직접적이고 실질적으로 다루면서, 인간적이고 전문가로서 학생들에게 적절한 모델링을 제공한다.
- 학생을 낙인찍는 일은 삼가하고 특정 문제행동을 이해하는 방식에 대해 알게 한다.
- 학생들이 서로 의존하면서도 독립적일 수 있도록 조력한다.
- 집단 회기 동안 현재 상황과 관련된 반응을 충분히 표현할 수 있도록 격려한다(김진숙 외, 2012).

## (4) 집단상담의 작업 단계

작업단계에서는 회기 동안 제시된 중요한 문제들을 탐색하고자 하는 학생들의 노력과 집단 내 역동성에 대한 개개인의 관심으로 특징할 수 있다. 이 시기에는 초기 단계와 과도기 단계에 비해 덜 구조적인 개입이 요구된다. 작업단계에 이르게 되면 참가자들은 질문을 기다리기보다는 스스로 집단 상호작용에 참가하는 방법을 배우게 된다.

① 작업 단계상의 특성

- 집단에서 신뢰와 응집력이 좋아진다.
- 집단 내에서는 의사소통이 개방적이며, 자신의 경험을 정확하게 표현한다.
- 학생들은 직접 자유롭게 상호작용한다.
- 학생들은 집단 내에서 모험을 감수하며 용기를 내어 자신을 다른 집단원들에게 알리고자 한다. 또한, 개인적인 문제를 집단에 이야기하며 탐색하고 더 잘 이해하고자 한다.
- 학생들 간의 갈등이 무엇인지를 알게 되고 그것을 효과적으로 직접적으로 다룬다.
- 서로 피드백을 자유롭게 주고받으며 충분히 생각한다.
- 직면은 다른 사람들을 평가하는 것이 아닌 수준에서 이루어져야 한다.
- 학생들은 집단 밖에서 행동 변화를 가져오려고 노력한다.
- 학생들은 변화하려는 자신의 행동이 지지를 받는다고 느끼며, 과감하게 새로운 행동을 시도한다.
- 학생들은 자신들이 변화하려는 의지와 노력으로 얼마든지 변할 수 있다는 점에서 희망을 가지고 있다.

② 작업단계 내담학생의 역할

작업 단계의 특징은 개인적인 의미 있는 문제들을 탐구하는 것이다. 이 단계에 이르기 위해 학생은 다음과 같은 임무와 역할을 수행해야 한다.

- 자신들이 토의하고 싶은 문제들을 직접 건의한다.
- 몇몇 학생들의 불안을 증가시킬지라도 피드백을 주고받으면서 다른 사람의 피드백을 받아들인다.
- 학생들은 일상적인 생활에서 새로운 기법과 행동을 시도하고 그 결과를 집단상담 시간에 이야기하려 한다.
- 다른 사람의 말에 반발하고 지지를 보내기도 하면서 자기 자신을 직면한다.
- 집단상담에 대한 개인의 만족도를 지속적으로 평가하며 필요에 따라 집단 활동에 참여하는 정도를 조금씩 바꾸어 나간다.

③ 작업단계 학교상담자의 역할

- 적절한 행동에 대해 모델을 보여준다. 특히 반박하는 것에 대해 신경을 쓰고, 집단에 대한 자신의 감정을 이야기한다.
- 집단 안에서 지지와 반박 사이의 균형을 유지한다.
- 위험을 감수하려는 학생의 의지를 지지해 주고 그것을 일상생활에 실천하도록 도와준다.
- 학생들은 적절한 시기에 행동 패턴의 의미를 이해하게 되어 자기에 대해 깊이 탐색하고 다른 행동 방식을 고려하게 된다.
- 보편적으로 적용될 수 있는 공동 주제에 대해 탐색하고, 집단 내에서 한 사람 혹은 그 이상이 함께 작업해 다른 사람들도 연관되도록 한다.
- 통찰한 것을 행동으로 옮기는 중요성에 초점을 맞춘다. 학생들이 새로운 행동방식을 실행할 수 있도록 격려하고 지지한다.
- 응집력을 높이는 행동을 장려한다(김진숙 외, 2012).

### (5) 집단상담의 종결 단계

① 종결 단계상의 특성

- 학생들은 헤어짐에 대한 슬픔과 우려를 느낀다.
- 집단상담이 종료됨에 따라 학생들은 아쉬움과 열정적이지 않는 태도로 집단활동에 참여한다.
- 학생들은 어떻게 변하고 싶은지 스스로 결정한다.
- 집단상담에서 배운 것을 일상생활에 옮길 수 있을 것인가에 대한 두려움과 집단이 끝나는 것에 대한 두려움을 느낀다.
- 학생들 간에 서로의 두려움과 희망, 걱정을 표현한다.
- 집단상담의 일부는 학생들이 실생활에서 만나는 주요한 사람들과의 관계에 대해 대처하는 연습을 한다. 일반적으로 역할극 및 타인에게 좀 더 효과적으로 대처하는 연습을 한다.
- 학생들이 집단상담의 평가 작업을 한다.

• 추수집단상담이나 책임을 어떻게 질 것인가에 대한 계획에 대해 이야기를 나눈다. 그리하여 학생들이 변화하겠다는 계획을 더욱 열심히 실천할 수 있도록 격려한다.

### ② 종결 내담학생의 역할

집단상담의 마지막 단계에 학생들이 직면하는 중요한 문제는 배운 것에 대해 강화하여 외부 환경에 적용시키는 것이다. 이제는 집단상담의 의미를 되새겨보고 인지적으로 구조화시킬 때이며, 이 시기에 학생들이 해야 할 일은 다음과 같다.

• 학생들이 집단과 소원해지지 않도록 학생들과 헤어지고, 집단상담을 마무리하는 데서 오는 감정을 조절한다.
• 학생들이 집단작업의 주요한 것에 실망하거나 무시하지 않고, 배운것을 실생활에 적용시킬 준비를 한다.
• 집단 내에서 일어난 문제나 학생의 개인적인 문제, 아직 해결되지 않은 문제를 정리한다.
• 집단 상담에 대한 영향을 평가하고, 변화하는 시간과 노력 그리고 연습의 필요에 대해 기억한다.
• 어떤 면을 변화시킬 것인지 결정하고, 그것을 어떤 방식으로 실천할지 계획한다.

### ③ 종결 학교상담자의 역할

학교상담자의 주요목표는 학생들에게 집단상담에서의 경험이 어떤 의미를 가지는지 정확하게 알고 상담에서 배운 내용을 일상생활에 적용하도록 돕는 것이다.

• 집단상담이 끝나는 데서 오는 여러 감정을 잘 다스리도록 돕는다.
• 학생들에게 자기표현의 기회를 주고 집단 안에서 아직 미해결된 문제들을 정리한다.
• 학생들이 특별한 기술들을 다양한 일상생활에 적용시키도록 돕는다.
• 실질적인 방법으로 변화하는 학생들이 구체적인 다짐을 통해 과제를 실천하도록 한다.

- 학생들의 강화, 이해, 통합을 돕는 개념적 구조화를 통하여 학생들이 집단상담에서 알게 된 사실을 잊지 않도록 한다.
- 학생들 상호 간에 바람직한 피드백을 주고받을 수 있는 기회를 제공한다.
- 집단상담이 끝난 후에도 집단에서 있었던 일에 대하여 비밀을 유지할 수 있도록 이야기한다.
- 학생이 원한다면 개인상담을 해주도록 하고, 집단상담을 마무리하면서 몇 번이라도 느낀점에 대하여 이야기한다.
- 집단상담에 미친 영향에 대해 가능하다면 추수 집단상담이나 개인상담을 통해 평가한다.
- 상담을 계속 받기를 원하는 사람에게는 관계가 있는 다른 심리상담소를 소개해 준다.
- 지속적인 지지와 도전을 받을 수 있는 길을 찾아갈 수 있도록 학생을 격려하여, 집단상담의  종결이 새로운 방향으로 이끌 수 있도록 한다.
- 개인적인 변화 특성과 집단상담의 장단점을 평가할 수 있도록, 추수 집단 평가 도구를 사용한다.
- 집단상담 내용을 요약하고 안전한 장소에 기록을 보관하다.

집단상담이 종결된 후에도 내담학생들의 주요 역할은 집단에서 배운 것을 실생활에서 적용하고, 집단을 평가하고 추수상담에 참가하는 것이다. 이 단계에서 학생들이 해야 할 주요 역할은 집단의 지지없이 스스로를 강화시킬 수 있는 방법을 모색한다. 집단의 지지적 환경 속에서가 아닌 변화를 위해서 일종의 자기 주도적 프로그램을 통해 새로운 행동을 계속할 수 있는 방법을 모색한다(김진숙 외, 2012).

## 5) 학교 집단상담의 기법

### (1) 적극적 경청

적극적 경청은 상대방의 입장에서 말의 내용을 알고 상대방의 표정, 몸짓, 음성의 변화를 세심하게 알아차리고 그 밑에 있는 감정까지 파악하는 것을 의미한다.

### (2) 칭찬, 인정, 지지 및 격려하기

상담자는 긍정적인 행동을 하는 내담학생에게 칭찬하고 인정함으로써 그 행동이 집단상담 전체에 행동 모델이 될 수 있도록 촉진할 수 있다. 또한 내담학생의 결심과 시도에 대해 지지하고 자신감이 없거나 좌절하는 내담학생들에게는 격려를 할 수 있다.

### (3) 피드백

피드백은 내담학생들의 개인적 고민을 검토하면서 가질 수밖에 없는 두려움과 기대, 내담학생들 간의 대립과 갈등을 공개적으로 표현하도록 격려하고 지지하는 방법이다. 이를 위해서는 집단원들이 신뢰하고 안심하면서 생산적인 피드백을 서로 교환할 수 있도록 수용적이고 안전한 분위기를 조성해야 한다. 피드백의 효과를 높이려면 자신의 생각이나 느낌을 솔직하게 얘기하고 영향 받은 것에 대해 표현하는 것이 중요하다.

### (4) 연결 짓기

연결 짓기는 내담학생 상호 간에 응집력을 높이기 위해 사용하는 경향이 있는 기술이며, 학교상담자와 내담학생 사이보다는 집단 학생들끼리 상호작용을 장려할 때에 사용한다. 내담학생의 행동이나 말을 다른 내담학생의 관심사와 연결시키는 데 사용되는 학교상담자의 통찰력 표현의 한 기법이다. 이 기법은 주로 내담학생들의 사고와 행동에서 유사점과 차이점을 지적하는 것이다. 학교상담자는 내담학생의 진술한 내용과 감정을 연결시킴으로써 감추어진 의미를 발견하기도 한다.

### (5) 보편화

보편화는 학생들은 주로 자신만이 문제를 해결해야 할 과정을 겪는 것으로 인식한다. 보편화는 집단 내담학생들이 다른 집단학생의 이야기를 들으면서 그들도 자기 자신과 비슷한 관심과 감정을 느끼고 있다는 사실을 알게 되는 것이다.

### (6) 차단하기

차단하기는 집단과정에 부정적인 영향을 주거나 집단 내담학생들의 성장을 저해하는 의사소통에 학교상담자가 직접 개입하여 집단 내담학생의 말을 중지시키는 기법이다. 학교상담자는 집단이 생산적인 성과를 낼 수 있도록 하기 위해 내담학생의 행동이 집단의 목적에 어긋난다고 판단되는 경우에는 그 목적에 합당한 방향으로 안내하기 위해 집단 내담학생의 말을 가로막아야 할 때가 있다.

### (7) 자기표현법

자기표현법은 주어를 자기 자신으로 사용하고, 집단원의 행동으로 인한 학교상담자 자신의 의사와 감정을 전달하는 방법이다. 자기표현법은 다른 사람들의 말이나 행동이 어떤 영향을 받았는지를 전달하는 방법으로 사용된다. 토마스 고든(Thomas Gordon)은 이 방법을 '나(를 주어로 한 메시지) 전달법(Sending I-message)'이라고 명명하였으며, 신뢰 관계가 좋은 인간관계에서 가장 효과적이라고 주장하였다.

### (8) 직면

직면은 행동의 특정한 부분에 대해 검토해 보고 자기 자신의 행동이 다른 사람에게 어떤 영향을 주는지에 대해 알고 이해할 수 있도록 하는 기법이다. 집단 내담학생의 언어적으로 이야기하는 내용과 비언어적 행동하는 모습이 불일치되는 경우나 언어적으로 이야기한 내용들 사이에서 상충되는 면이 있는 경우 학교상담자가 이러한 모순점을 진술하는 기법이다. 즉 내담학생의 언어적 · 비언어적 행동하는 부분에 대해 모순점을 알게 하기 위한 기법으로 직면을 통해 내담학생 자기 자신의 행동이 다른 사람에게 어떠한 부정적인 영향을 주는지 깨닫게 될 수 있다.

#### (9) 해석

해석은 학교상담자가 내담학생들이 정확하게 인식하지 못하는 특정한 행동들 간의 관계나 의미에 대하여 행동의 원인에 대한 가설을 제시함으로써 통찰을 촉진하는 방법이다. 이는 집단상담에서 개인에게 초점을 맞춤으로써 모든 집단 내담학생들이 특정한 행위나 행동의 원인을 더 잘 이해할 수 있게 하는 데 유용한 도구이다. 또한 집단상담 역동과 과정에 대해 설명 가능한 해석을 제공하기도 한다. 해석은 집단 내담학생들에게 위협적인 개입이 될 수 있기 때문에 반드시 집단 내담학생이 받아들일 준비가 되어 있는지를 확인하여 적절한 시기에 제공해야 한다.

### 6) 학교 집단상담의 영역

#### (1) 학생 발달시기를 고려한 집단상담 프로그램

에릭슨의 발달단계에 따르면 초등학교는 근면성 대 열등감(이웃, 학교)과의 관계가 중요한 6~12세 시기로 인정받고 싶은 욕구가 큰 시기이다(정옥분, 2019). 아동이 잘하는 것에 대해 격려하면 근면성이 발달하지만, 과제를 잘하지 못하거나 노력에 비해 결과물이 미흡하면 열등감을 갖게 된다. 초등학생이 현실에 맞는 목표를 정하고 실천할 기회가 되도록 하고, 자신들의 독립성과 책임감을 드러낼 기회를 주는 집단상담 프로그램을 제공하여 위축되는 학생들에게 도움을 제공한다. 중 · 고등학교는 자아정체감 대 역할혼미(동료 지도자)와의 관계가 중요한 12~18세 시기로 빠른 신체적 심리적 변화와 사회적으로 원하는 것에 따라 새롭게 탐색하는 시기이다. 또래 친구와의 상호작용과 자신의 내적 동일성이 확보된다면 자아정체성이 형성되고, 그렇지 않으면 역할혼미를 겪게 된다. 학생들이 스스로 문제를 해결할 수 있도록 격려하고, 공평하고 중립적인 입장에서 학생들의 부족한 부분을 알려주며, 학생들이 심리적 유예기에 빠질 수 있는 점을 인지하고 장기적인 목표를 추구할 수 있도록 도와주는 집단상담 프로그램이 필요하다.

**표 4-2 학생 발달시기를 고려한 집단상담 프로그램**

| 학교 급별 | 대상 | 심리사회적 발달특성 | 프로그램 | 중점사항 |
|---|---|---|---|---|
| 초등학교 | 1~2학년 | 근면성 대 열등감 | • 인성계발<br>• EQ향상 프로그램 | • 배려하는 학급문화 만들기<br>• 학급 규칙 익히기 |
| | 3~4학년 | | • 사회성 발달 | • 사회적 기술 증진 및 사회적 참여 기회 확대 |
| | 5~6학년 | | • 교우관계 증진<br>• 또래상담<br>• 공부방법 배우기 | • 관계 패턴 알아차리기<br>• 반복된 불편감 점검<br>• 또래상담자 훈련<br>• 학습전략과 기술 익히기 |
| 중학교 | 1학년 | 자아정체감 형성 대 역할혼미 | • 학교적응력 향상<br>• 학습 | • 학교생활 적응 및 안내, 정보 제공 |
| | 2학년 | | • 학교폭력 예방<br>• 교우관계 증진<br>• 학습, 또래상담<br>• 음주 · 흡연 · 약물 예방 | • 갈등표출, 행동의 외현화<br>• 폭력행동의 결과 인식하기<br>• 교우관계 갈등해결 방안 |
| | 3학년 | | • 학습<br>• 진로탐색 | • 학업능력 향상<br>• 구체적 진로 정보 탐색 |
| 고등학교 | 1학년 | | • 적응력 향상<br>• 진로탐색<br>• 학습효율성 증진 | • 학교생활 적응 및 안내<br>• 흥미, 적성 고려한 진로 탐색<br>• 정보수집<br>• 학습전략 및 실천 |
| | 2학년 | | • 진로탐색<br>• 대인관계 증진<br>• 학습효율성 증진 | • 진로 진학 정보 개괄<br>• 성격을 통한 관계패턴 알아차리기<br>• 학습기술 및 자기관리 |
| | 3학년 | | • 학습효율성 증진<br>• 진로 진학 정보 | • 자기관리를 통한 학습 실천<br>• 구체적 입시 정보 |

## (2) 집단상담 프로그램 명칭 짓기

집단상담 프로그램 명칭은 긍정적이고 변화지향 목표에 근접하도록 기술함으로써 낙인효과를 방지하고 집단참가자들의 참여 동기를 증진시킬 수 있다. 또한 집단상담 수료 후 수료증을 발급하고, 학교에 따라서는 봉사점수를 인정할 수도 있고, 이수 내용을 창의적 체험활동에 기록할 수도 있다.

특히 의뢰된 집단(인터넷 과몰입 치유 프로그램, 금연프로그램)의 경우에도 문제행동에 대한 교정적 의미가 강조되거나 처벌적 성격을 띠지 않고, 집단참가자나 주변 또래 집단에서 오해가 없도록 상담문화를 인식시키고 정착시키는 노력이 필요하다.

반면 특별교육이수자들을 위한 경우에는 특별교육이수기관을 이용하여 수강하도록 하는 것이 원칙이나 교내 처벌을 받은 학생이 위(Wee)클래스로 의뢰되는 경우에는 자신의 행동결과에 책임을 지는 과정이므로 이 과정을 이수한다 하더라도 인센티브는 제공하지 않을 수 있다.

**표 4-3 집단상담 프로그램 예시**

| 대상 | 예시 프로그램명 |
|---|---|
| 인터넷 과몰입 학생 | • 멋진 나, e-주인공(인터넷 사용조절 프로그램) |
| 흡연 학생 | • 건강증진 프로그램 |
| 학교폭력 가해학생 | • '한 번 더 생각해 봐' 프로그램<br>• '나와 조금 다를 뿐이야!' 프로그램 |
| 학교폭력 피해학생 | • 자아존중감 향상 프로그램<br>• 사회성 증진 훈련 프로그램<br>• 자기주장 훈련 프로그램 |
| 이혼 가정 학생 | • '도담 도담' 프로그램<br>• '우리 가족 소풍가는 길' 프로그램 |
| 다문화 학생 | • 세계는 하나, 어울림 프로그램 |
| 우울한 학생 | • 감사 증진 프로그램<br>• 희망 찾기 프로그램 |

## (3) 위기상담 프로그램

학교라는 공간에서 학생들이 많은 시간 생활하면서 갑자기 대인관계나 인생의 진로문제, 심리적으로 어려움을 호소하는 상황들을 보일 때나 수업시간에 교사가 전화를 해 학생이 통제가 되지 않거나, 힘들어 하는 상황일 때 의뢰가 되면 학교상담자는 즉각적으로 신속하게 개입이 되어 내담학생들에게 필요한 위기상담을 진행하게 된다. 위기상담은 정신건강, 학업중단, 폭력문제, 인터넷 및 중독 관련 등이 있다. 혼자서 해결하기 어려운 심각한 위험 상황이거나 심리적 위기로 우울, 자해, 자살 충동 등을 느끼는 내담학생들에게 즉각적으로 신속하게 개별면담이 진행되고 심각할 경우는 전문기관에 연계한다. 학업중단 위기징후 내담학생을 조기 발견하여 맞춤형 지원을 하며, 폭력문제는 학교폭력 · 성폭력 · 가정폭력 등 각 전문기관에 연계하여 상담을 진행하며 필요한 경우 지원한다. 인터넷 및 중독관련 학생들에게는 맞춤형 프로그램 제공이나 정보를 제공한다. 학교상담자는 교사들과 지속적으로 연계하면서 위기학생들을 관리한다.

① 정신건강: 우울, 자해 · 자살, ADHD

우울 내담학생이 나타내는 심리적이고 정서적인 혼란, 특히 우울 및 불안을 사춘기의 단순한 통과 의례로 간주하지 않고, 우울의 정도를 측정하여 정신건강 위험군으로 발전하지 않도록 긍정적인 정서로 발전시켜 나갈 수 있도록 돕는다.

학생들의 자해 및 자살 생각과 관련된 인지적 왜곡과 핵심 신념을 다루며, 인지적 왜곡으로 인해 발생하는 정서적 경험과 행동 문제를 파악하고 자해 및 자살을 유발하는 스트레스나 어려움을 정확하게 인식하여 합리적이고 적절하게 대처할 수 있도록 돕는다.

ADHD 학생을 이해하고 가정과 학교가 협력하여 증상을 최소화할 수 있도록 돕고, 적절한 예방으로 건강한 학교생활을 이루어 나갈 수 있도록 돕는다.

② 학업중단: 학업중단, 학업중단숙려제 프로그램 운영

학업중단은 학업중단숙려제 프로그램을 통해 학습 부적응 등으로 자퇴를 원하거나, 자퇴 징후를 보이는 학생에 대해 충분한 숙려 기회를 부여하고 상담 등 프로그램을 지원한다.

③ 폭력문제: 학교폭력, 성폭력, 가정폭력

학교폭력 가 · 피해학생 사안 발생 시 신속한 상담 및 심리치유를 통해 학생의 심리적 충격을 완화하고 가해학생에게 맞춤형 교육 및 선도 치유 프로그램을 지원하여 가 · 피해학생 모두 학교적응력을 향상하도록 한다.

성폭력과 가정폭력의 직접 상담을 진행할 경우 내담학생의 심리적 불안 및 정신안정, 체계적 이완 훈련을 통해 불안 극복훈련을 실시한다. 폭력 경험으로 인한 정신과적 증상에 대한 치료는 주로 병원 연계 등을 통해 진행되며, 이는 주요한 상담 내용으로 다루어진다.

④ 인터넷 및 중독장애: 인터넷 과몰입 및 중독장애, 흡연

게임 및 인터넷 과몰입의 위험성을 인식하고 행동 수정에 따른 현실적응력을 제고하여 스스로 사용량을 조절하는 능력을 키움으로써 가족 구성원 간의 갈등을 완화하고 사회적 고립을 예방한다.

흡연학생에 대한 상담은 흡연의 부작용에 대한 이해를 높이고 금연의 의지를 확고히 하도록 돕는다. 흡연은 약물의 중독과도 같이 지속될 수 있는 위험이 있기 때문에 초기 상황부터 적극적인 상담치료가 이루어지도록 한다.

## 3. 비대면상담

상담은 상담자와 내담자가 함께 이루어 가는 과정이다. 대부분의 상담은 면대면으로 진행하지만 코로나19 이후 상담의 형태도 변하였다. 학교상담 역시 직접 대면하는 제한된 공간을 벗어나 의사소통이 가능한 다양한 매체를 이용하여 신속하고 즉시적인 상담이 이루어지고 있다.

비대면상담이란 직접 대면해야 하는 제한된 상황에서 벗어나 의사소통이 가능한 다양한 매체의 도움을 받는 신속하고 즉각적인 상담방법을 말한다(김소라 외, 2011). 사이버상담은 인터넷을 기반으로 하여 도움이 필요한 내담학생과 학

교상담자가 함께 문제를 해결하고 내담학생의 전인적인 성장을 도와주는 상담 활동을 말한다. 구체적인 방법으로 채팅, 이메일, 게시판, 영상상담을 포함한다(이영선, 2020).

### 1) 비대면상담의 특성

비대면상담에 대한 이해는 먼저 사이버 공간에 대한 이해가 중요하다. 급변하는 시기에 사이버상담에 대한 관심이 더욱 커지고 있는 실정이다. 코로나 19로 인한 상담 분야의 변화는 비대면상담의 활성화와 더불어 단회기 상담이 주로 이루어진 비대면상담이 다회기로 변하게 되었다.

비대면상담의 특징으로 익명성을 들 수 있다. 익명성은 자신에 대해 일부 또는 전부를 드러내지 않고 상담관계를 이어갈 수 있다. 또한 시간과 공간을 초월하여 상담을 진행할 수 있다. 컴퓨터나 휴대전화 등을 이용하여 언제든 자유롭게 접속하면 상담이 가능한 특징이 있다.

또 다른 특징으로 사이버 공간에서의 인간의 심리를 들 수 있다. 사이버 공간 안에서 내담학생은 자신의 일부만 드러낼 수도, 때론 자신을 여러 가지로 변화하여 표현할 수도 있다. 더불어 익명성을 바탕으로 자신을 드러내지 않게 됨으로 억제가 풀리는 현상이 일어날 수 있다. 이로 인해 실제 상황과는 다른 왜곡된 표현이 이루어질 수 있다.

### 2) 비대면상담의 종류

학교상담에서 최근 비대면상담이 차지하는 비율은 과거에 비해 점점 높아지고 있다.

#### (1) 전화상담

전화상담은 전화라는 매체를 이용한 상담의 한 형태이다. 학교상담 이외 여러 기관에서 전화상담은 이미 다양한 이름으로 실시되고 있다. 학교상담 외 다른 기관에서 전화상담은 대부분 긴급함을 요구하는 위기 상담이 많다. 학교도 예외는 아님으로 전화상담일 경우 긴급함을 요구하는 상담이 많을 수 있다.

학교상담에서 전화상담은 내담학생의 결석 등으로 대면상담이 용이하지 않을 경우 많이 사용된다. 그리고 전화상담의 활용은 학부모 상담에도 종종 사용된다.

### (2) 모바일 문자상담

미디어의 발달과 활용이 학교상담실에도 예외는 아니다. 학교 위(Wee)클래스는 학생들과의 소통뿐만 아니라 학부모 및 담임과도 소통이 긴밀하게 필요하다. 또한 다양한 상담 행사 등을 편리하게 안내할 방법으로 문자나 카카오 채널 등을 이용하여 활용한다. 학생들이 비대면 환경에서 상담서비스를 좀 더 편안하게 이용할 수 있는 방법으로 최근 각 학교마다 모바일 문자 및 카카오채널 등을 개설하여 운영하는 학교가 늘고 있다.

카카오 채널이나 문자를 이용하여 상담을 해야 할 경우 가정통신문이나 안내장 등을 통해 미리 안내해야 한다. 온라인을 통해 상담을 할 경우 익명성이나 대면을 하지 않으므로 실제 대면상담과는 다른 모습을 보이는 경우가 있다. 상담도중 부적절한 이모티콘 사용이나 언어를 사용하여 타인에게 불쾌감을 주지 않게 해야 한다. 또한 위기 상황에 대한 거짓 정보 등을 제공하거나 상담내용을 배포할 경우 법적 처분을 받을 수 있음을 안내해야 한다.

### (3) 게시판상담

각 학교마다 학교 홈페이지에 위(Wee)클래스 게시판을 이용한 상담은 접근이 용이함으로 쉽게 위(Wee)클래스를 찾지 못하는 학생들에게 상담실의 문턱을 낮추는 역할을 한다. 게시판을 이용한 사이버상담은 내담학생의 신분이 드러나지 않는 경우가 있다. 이러한 사이버상담은  편안하게 자신을 드러내는 효과가 있을 수 있다(이영선 외, 2001).

각 학교의 위(Wee)클래스 홈페이지는 각 학교마다 특색있는 상담 활동소개 및 타기관과의 소통 역할을 한다. 학교 위(Wee)클래스가 학부모 및 지역사회와 더불어 학생들의 정신건강을 돕는 중심 역할을 할 수 있는 사이버 공간으로 활용될 수 있다.

### (4) 화상상담

최근 시대에 맞게 변화된 상담의 형태는 화상회의 플랫폼(ZOOM)을 이용한 화상상담이다. 또한 화상상담은 핸드폰의 영상통화 기능을 이용하여 상담을 진행할 수 있다. 전화상담이나 문자상담과 달리 화상상담은 공간의 제약 없이 상담을 진행할 수 있다. 화상상담은 코로나19라는 시대적 상황 이후 비대면상담의 방법으로 익숙한 상담 매체로 자리 잡고 있다.

최근 교육부에서 코로나19, 원격수업, 상담실 방문 두려움 등 개별적인 이유로 위(Wee)클래스 선생님을 직접 만나기 어려운 경우 화상상담 시스템을 통해 비대면으로 상담을 진행할 수 있도록 랜선위(Wee)클래스를 운영하고 있다. 랜선위(Wee)클래스는 고민이 생겼거나 심리적으로 힘들 때 나만의 공간에서 1:1로 상담 선생님과 상담을 진행할 수 있다. 교육부에서 제공된 랜선위(Wee)클래스의 주요 내용은 다음과 같다.

■ **랜선위(Wee)클래스 상담이란?**
- 고민이 생겼거나 심리적으로 어려운 상황이지만 위(Wee)클래스, 위(Wee)센터 선생님을 직접 만나기 어려울 때 랜선위(Wee)클래스의 화상상담 시스템을 통해 학교 상담선생님과 상담을 진행할 수 있다.

■ **누가 이용할 수 있나?**
- 초, 중, 고등학교에 재학 중인 학생이라면 누구든지 이용 가능하다.

■ **랜선위(Wee)클래스에서는 어떤 도움을 받을 수 있나?**
- 우울 · 불안과 같은 기분, 학교생활 · 교우관계 · 진로 등에 대한 고민, 가정 혹은 학교 밖에서의 일들에 대한 고민 등 학교상담실에서 상담 가능한 모든 내용에 대해 상담이 가능하다.

■ **어떻게 이용할 수 있나?**
- 접속주소: 네이버에 '랜선위클래스' 검색(https://www.lanweeclass.co.kr)
- 회원가입 후 학교 상담선생님의 가입 승인 이후 이용 가능하다.
- 자세한 내용은 홈페이지 공지사항 내 매뉴얼에서 확인 가능하다.

출처: 학교상담실(위(Wee)클래스) 화상상담 시범사업(랜선위(Wee)클래스).

### 3) 비대면상담의 적용

#### (1) 호소 유형에 따른 단회기 상담전략

비대면상담은 비교적 단회기를 요구하는 상담일 경우가 많다. 학교 내에서 교사를 대상으로 하는 자문, 학생을 의뢰하는 학부모 등의 단회기 상담 역시 중요한 부분을 차지한다. 이때 더욱 학교상담자의 전문적인 자질이 요구되고 단회기 상담전략이 필요하다.

이영선(2020)이 제시한 단회상담의 원리와 기술로는 다음과 같이 정리해 볼 수 있다. 첫째, 내담학생이 원하는 것을 신속하게 발견하고 단회기 안에서도 상담을 통해 이루고자 하는 목표를 설정해야 한다. 둘째, 학교상담자는 능동적으로 대화 과정을 조절해야 하며 융통성과 단호함을 함께 겸비해야 한다. 셋째, 단회기 상담에서 내담학생의 문제해결의 동기를 유지하며 조언이나 지시의 적절한 활용이 필요하다. 넷째, 내담학생의 불일치에 대한 직면을 기술적으로 사용해야 한다.

#### (2) 해결중심 상담 활용

학교상담은 거의 대면상담 위주로 이루어지나 코로나 19 이후 비대면상담이 활성화되었다. 그중 전화상담은 긴급함을 요구하거나 단회기에 문제를 해결하는 경우가 종종 있다. 이때 해결중심 단기상담을 사용할 수 있다. 내담학생의 문제 원인을 파악하거나 문제를 교정하는 것에 초점을 맞추지 않고 내담학생의 자원을 활용하여 단시간 내에 내담학생이 상담목표를 달성하는 데 용이하다.

해결중심 상담은 내담학생이 이미 가지고 있는 긍정적 자원을 활용하여 해결방안을 찾게 만드는 모델이다(김인수, 1992). 청소년 상담에서 해결중심 상담 모델은 비대면상담뿐만 아니라 대면상담에도 많이 사용되는 기법이다. 김인수(1998)가 제시한 해결중심적 접근법의 기본 원리는 내담학생의 병리적인 점보다 건강한 점에 초점을 두고 강점과 건강한 자원에서 특성을 발견하여 치료에 활용하는 것이다. 이때 학교상담자와 내담학생은 서로 협력관계를 유지해야 한다. 해결중심 상담은 질문 기법을 통해 내담학생의 힘과 자원을 최대한 이용하게 돕는다. 주고 사용하는 질문 기법으로 예외질문, 기적질문, 척도질문, 대처/극복질문 등이 있다.

### 4) 비대면상담의 고려점

대면상담과 달리 비대면상담은 자칫 학교상담자가 상담 도중 다른 일로 방해받을 수 있으므로 비대면상담 시 특별히 상담을 위한 공간과 시간을 확보해야 한다. 이와 함께 내담학생도 환경의 영향으로 상담에 주위를 기울이지 않을 경우가 생길 수 있다. 이때 학교상담자는 최대한 상담 과정에 주의를 기울일 수 있게 관심을 표현하고 내담학생이 주의를 기울이지 않을 경우 그 문제에 대해 함께 다루어 해결해야 한다.

비대면상담의 경우 상호작용이 대면상담보다 원활하지 못한 경우가 있다. 또한 매체를 사용함으로 기계적인 결함 등으로 상담이 중단되는 경우를 대비해서 미연에 사전 점검 및 안내 등이 이루어져야 한다. 앞으로 시대가 급변하고 예상치 못한 상황에 대처하기 위해 비대면상담은 더욱 발전할 것이다. 비대면상담에 적용될 윤리적 문제가 좀 더 연구되어야 한다(이영선, 2020).

## 4. 교사 및 학부모대상 상담활동

요즘 학생들의 문제는 학생의 내적인 요인뿐만 아니라 외적 요인의 작용으로 심각해지고 있어 상담만으로는 해결할 수 없다. 그리고 학교상담자가 내담학생들을 고립된 개인으로 생각하여 그것에 초점을 맞추게 되면 포괄적인 해결책이 나올 수 없다. 따라서 학교상담자는 내담학생들의 문제해결과 삶의 만족도를 증진시킬 수 있는 건강한 주변 지지체계를 만들기 위해 교사, 학부모와 함께 일을 해야 할 필요가 있다. 이러한 협력의 일환으로 학교상담자는 교사와 학부모에게 자문과 교육을 해줄 수 있다.

상담에서는 학교상담자뿐만 아니라 일반교사와 학부모도 매우 중요한 역할을 한다. 교사들은 다양한 학교장면에서 어떻게 개입을 하고 반응이 효과적으로 나타나는지에 대해 학교상담자에게 자문을 구하는 경우가 있다. 또한 학부모들은 자녀의 올바른 인성과 진로를 어떻게 지도를 해야 할지 등에 대한 자문을 구하게 된다. 따라서 자문과 교육은 학교상담자에 있어서 필수적이며 지속적으로 전문성을 키워 나가야 할 부분이다.

## 1) 자문

### (1) 목적

자문은 학교상담자가 구체적인 방법으로 피자문자와 내담자 주변체계를 건강하게 만들기 위해 내담자 체계가 가지고 있는 문제 진단과 해결에 도움을 주는 데 목적이 있다.

### (2) 유형

목표에 따라 위기자문, 교정자문, 발달자문으로 구분된다.

#### ① 위기자문

위기상황에 있는 학생에 대한 접근 및 대처방법을 교사 또는 학부모에게 자문을 제공하는 것이다. 교사가 학생에 대해 위기상황임을 인지한 경우, 적절한 대응법을 찾지 못할 경우, 위기가 발생하였을 경우에 심리적인 스트레스를 느끼고 방어적인 심각한 상황이 올 수 있으므로 학생에 대한 접근방법, 구체적인 대처방안, 기관연계와 관련된 긴급한 개입이 필요하다.

② 교정자문

교사에게 학생의 어떤 특별한 사건이나 행동은 학생이 문제를 일으킬 수 있는 소지가 있고 개입이 필요하다는 신호가 될 수도 있다. 이러한 때에 학생의 행동에 대한 자문과 학생에게 어떻게 접근할 것인가에 대한 도움을 제공하는 것이다.

③ 발달자문

예방적으로 보이지만 촉진적인 상황들을 만들어, 성장해 가는 과정의 부분으로 학습적인 환경을 개선하는 것을 돕는 데에 중점을 둔다. 발달자문은 학습적인 환경과 교육의 과정에 관련되며, 문제를 가진 학생보다는 일반 학생의 흥미와 요구에 초점을 둔다. 자문과정에서 학교상담자는 피자문자인 교사와 학생의 성장에 영향을 미치는 행동, 태도, 상호작용을 도우며 행동하는 관계전문가로 일하게 된다.

### (3) 학교상담자가 주로 접하는 자문의 내용

① 교사로부터 받는 내용

- 학급이나 학생들과의 관계개선 방법
- 학생들에게 도움이 되면서, 함께 할 수 있는 상담 프로그램
- 효과적으로 대화하는 방법
- 학생의 정신건강 문제
- 부적응 학생의 지도방법 등

② 학부모로부터 받는 내용

- 진로 · 학업 지도방법
- 성격이나 대인관계 문제 시 지도하는 방법
- 자녀와의 관계증진을 시킬 수 있는 방법
- 부적응 행동에 대한 적절한 개입방법
- 외부기관 의뢰 방법과 의뢰할 수 있는 기관에 대한 안내 등

## 2) 교육 및 연수

### (1) 목적

학교상담자는 학생을 늘 만나고 있는 교사와 학부모 대상으로 상담교육을 실시하여 학생과의 신뢰관계 형성, 문제예방, 발달촉진, 문제해결에 도움을 준다.

### (2) 유형

교육을 실시하는 주체에 따라 학교상담자, 외부강사 초청연수, 매체연수로 나눌 수 있다.

#### ① 상담연수

학교상담자는 적합한 주제를 선정하여 교사 및 학부모를 대상으로 연수를 시행할 수 있다. 학생상담에 도움이 될 수 있는 다양한 주제를 선택하여 이론중심이나 전문적인 내용보다는 쉽게 이해하여 바로 현장에서 적용될 수 있는 내용이 더욱 효과적이다. 학교에서 시행하는 심리검사에 대한 해석방법을 연수함으로써 집단 심리검사 활용도를 높일 수도 있고, 대화 방법이나 정신건강에 대한 연수도 좋은 반응을 얻은 사례이다. 운영되는 형태는 일회성으로 이루어지는 대단위 특강과 여러 회기로 운영되는 소집단 형태로 나눌 수 있다.

#### ② 외부강사 초청연수

학교상담자는 사전에 학교예산을 설정하고 외부 전문가를 초청하여 교사 및 학부모 연수를 시행할 수 있다. 전문가의 견해를 듣는 것이 더 도움이 된다고 판단될 경우 강사를 초빙하게 된다. 학교상담자는 강사를 섭외하고 현수막이나 포스터 등의 행사 전반에 대해 준비할 뿐 아니라 행정실과 특별실 관리자에게 협조를 구해야 한다.

#### ③ 매체연수

매체를 통한 연수는 정기적으로 운영할 수 있으며 구체적이고 다양한 주제로 접근이 가능하다는 장점이 있다. 신학기에 교직원 연수 계획을 정해 매달 정해진 주제로 유인물을 배부할 수도 있고, 학교 홈페이지의 위(Wee)클래스란을 이용하여 수시로 연수내용을 올릴 수 있다(울산광역시교육청, 2010).

### 3) 학부모 상담

학부모 상담은 학부모 개인문제를 다루기도 하지만 궁극적인 목표는 자녀(내담학생)의 성장과 발달을 돕기 위한 차원에서 이루어지므로 부모 자신의 다양한 관심사보다는 자녀(내담학생)의 건강한 학교생활에 초점이 맞추어진다. 개인의 인생 전반의 관심사나 가족 구성원 전체보다는 특히 학교에 다니는 자녀(내담학생)를 매개로 부모 · 자녀 간 문제를 다룬다. 학교에서 이루어지는 초등학생들의 학부모 상담과 중 · 고등학생 학부모 상담은 〈표 4-4〉의 상담영역과 상담방법으로 이루어진다.

**표 4-4 학부모 상담영역과 상담방법**

| 대상 | 상담영역 | 상담방법 |
|---|---|---|
| 초등학생 학부모 | 1) 자녀 양육 스트레스 관리<br>2) 부모 양육태도 점검 및 정보제공<br>3) 자녀의 가정생활, 학습태도, 학업수준, 학교생활 적응도에 대한 상담<br>4) 자녀의 친구관계, 성격문제, 인성에 대한 상담<br>5) ADHD, 틱증상 등 정신건강에 관련된 상담<br>6) 인터넷, 스마트폰, 게임에 관련된 상담<br>7) 자녀의 성격형성에 영향을 미치는 부모 · 자녀관계에 대해 알고, 자녀 이해를 돕는 상담 | • 전화상담<br>• 대면상담<br>• 개인상담<br>• 집단상담<br>• 심리검사 |
| 중 · 고등학생 학부모 | 1) 가정에서 부모의 지나친 기대, 자녀의 이해 부족<br>2) 역기능 가정의 가족상담<br>3) 자녀의 학교성적과 진로문제<br>4) 자녀의 교우관계, 학교부적응, 학교중단 문제<br>5) 인터넷, 스마트폰, 게임 중독에 대한 상담<br>6) 이성친구관련<br>7) 학교폭력 및 따돌림, 왕따 교우관계 상담<br>8) 학교폭력 가해학생 보호자특별교육<br>9) 정신건강(자해, 자살, 섭식 등)에 대한 상담<br>10) 취업, 진학관련 | |

학부모와 자녀(내담학생)의 요구를 만족시키면서 학생의 문제해결을 위해 근본적인 상담은 부모 · 자녀 관계중심 학부모 상담이 학교에서 유용하고 효과적이다. 또한 이러한 부모 · 자녀 관계증진을 위한 학부모 상담은 학교상담의 예방적 접근으로 그 필요성이 높고 효과적이며, 상담 과정 속에서 무엇보다 먼저 자녀에 대한 이해를 돕는 과정이 있어야 하고 자녀에게 영향을 미치는 부모 자신에 대한 자기 이해를 돕는 과정이 있어야 한다.

## 4) 지역사회 연계 및 자원활용

### (1) 목적

학생의 문제를 학교상담자의 입장에서만 접근하는 것이 아니라, 학생이 생활하고 있는 미시적 환경인 학급과 가정 내에서의 실질적인 변화를 도모하는 데 그 목적이 있다. 지역전문기관과 네트워크 구축으로 위기학생을 위한 진단-상담-치료의 맞춤형 상담 및 치료를 지원한다.

### (2) 연계방법

① 교사

- 학기 초 또는 수시로 학급별 요상담 학생 파악자료 수집 시 교사와의 면담을 통한 관계 형성을 한다.
- 학기 초 위(Wee)클래스 홍보와 함께 적극적인 협조 요청을 한다.
- 교사 대상 자문, 연수 시 학생에 대한 접근 방법 안내와 학생 상담의 힘든 점을 나눈다.

② 학부모

- 학기 초 위(Wee)클래스 홍보를 통한 적극적인 안내를 한다.
- 학교 사정에 따라 학부모 교육을 실시하여 학생에 대한 접근 방법을 안내한다.

### (3) 연계 절차 및 내용

학교–교육청–지역사회의 긴밀한 협력으로 위기학생에 대한 다양하고 종합적인 안전망 구축 운영을 위해 여러 유관기관에 필요한 절차와 운영하는 프로그램 내용을 안내한다.

**표 4-5 유관기관 연계절차 및 프로그램**

<table>
<tr><th>유관기관</th><th>절차</th><th>기관 운영 프로그램</th></tr>
<tr><td>교육지원청<br>위(Wee)<br>센터</td><td>1) 연계 필요학생 선정 및 논의<br>2) 업무 담당자와 연계 가능 여부 전화 확인<br>3) 해당 학생 및 보호자 동의서 학교 제출<br>4) 위(Wee)센터 연계 협조 공문 발송<br>5) 위(Wee)센터 상담자와 일정 조율<br>6) 종결 후 상담 확인서 회신<br>7) 추수 관리</td><td>• 학생 및 보호자 특별교육<br>• 학교폭력 피 · 가해학생 상담<br>• 심층검사 실시 협조<br>• 학업중단숙려제 상담<br>• 센터 내방상담</td></tr>
<tr><td>청소년상담<br>복지지원<br>센터</td><td>1) 연계 필요학생 선정 및 논의<br>2) 업무담당자와 연계 가능 여부 전화 확인<br>3) 해당 학생 및 보호자 동의서 학교 제출<br>4) 센터 연계 협조 공문 발송<br>5) 담당 상담자와 상담 일정 조율<br>6) 종결 후 상담 확인서 회신<br>7) 추수 관리</td><td>• 심층검사 실시 협조<br>• 자살/자해 위기학생 상담<br>• 학업중단숙려제 상담<br>• 청소년동반자 상담<br>• 인터넷/스마트폰 과의존 상담<br>• 센터 내방상담 가능</td></tr>
<tr><td>정신건강<br>복지센터</td><td rowspan="2">1) 연계 필요학생 선정 및 논의<br>2) 업무담당자와 연계 가능 여부 전화 확인<br>3) 해당 학생 및 보호자 동의서 학교 제출<br>4) 센터 연계 협조 공문 발송<br>5) 담당 상담자와 상담 일정 조율<br>6) 종결 후 상담 확인서 회신<br>7) 추수 관리</td><td>• 심층검사 실시 협조<br>• 자살/자해 위기학생 연계<br>• 정신건강 관련 내방상담 가능</td></tr>
<tr><td>가족센터</td><td>• 부모교육 및 가족상담<br>• 가족 돌봄 나눔<br>• 다양한 가족 통합지원<br>• 지역사회 연계</td></tr>
<tr><td>소아청소년<br>정신건강<br>의학과</td><td>1) 전문의 특별상담 및 심리검사 결과 정신건강의학과 치료 지원이 필요한 경우<br>2) 치료에 대한 설명 및 보호자 동의<br>3) 관련 병원 안내</td><td>• 자살/자해 위기학생 연계<br>• 정신건강 관련 내방상담 가능<br>• 심리치료 지원 가능</td></tr>
<tr><td>종합사회<br>복지관</td><td>1) 연계 필요학생 선정 및 논의<br>2) 업무담당자와 연계 가능 여부 전화 확인<br>3) 해당 학생 및 보호자 동의서 학교 제출<br>4) 신청 의뢰서 협조 공문 발송<br>5) 업무 담당자와 일정 조율<br>6) 이수 후 프로그램 이수확인증 회신<br>7) 추수 관리</td><td>• 복지서비스 지원<br>• 사회봉사<br>• 체험 활동 프로그램</td></tr>
</table>

※ 지역별 기관 운영 프로그램이 다를 수 있음.

### (4) 전국 유관기관 소개

전국으로 대표하는 유관기관은 〈표 4-6〉과 같다.

**표 4-6 전국 유관기관 내용**

| 구분 | 내용 |
|---|---|
| 학교폭력 및 가출 | • 학교폭력 신고상담센터 ☎ 117<br>• 경찰청 안전Dream 실종아동신고 ☎ 182 (www.safe182.go.kr)<br>• 경찰청 신고 민원포털 ☎ 112 (www.cyber112.police.go.kr)<br>• 청예단 학교폭력SOS지원단 ☎ 1588-9128 (www.jikim.net/sos/)<br>• 헬프콜 청소년전화 ☎ 1388 (www.cyber1388.kr:447)<br>• 한국청소년쉼터협의회 ☎ 02-403-9171 (http://www.jikimi.or.kr)<br>• 중앙아동보호전문기관 ☎ 112 (http://korea1391.org) |
| 인터넷 과의존 | • 한국정보화진흥원 스마트쉼 센터 ☎ 1599-0075 (www.iapc.or.kr)<br>• 청소년미디어중독예방센터 ☎ 02-793-2000 (www.misocenter.or.kr)<br>• 청소년사이버상담센터 ☎ 1388<br>• 학부모정보감시단 ☎ 02-706-4452 (www.cyberparents.or.kr)<br>• 국립청소년인터넷드림마을 ☎ 063-323-2287 (http://nyid.kyci.or.kr) |
| 성폭력 | • 경찰청 학교 · 여성폭력피해자긴급지원센터 ☎ 117 (www.safe182.go.kr)<br>• 한국여성상담센터 ☎ 02-953-2017 (http://www.iffeminist.or.kr)<br>• 한국여성의전화 ☎ 02-3156-5400 (www.hotline.or.kr)<br>• 여성긴급전화 ☎ 1366 (www.women1366.kr/_main/main.html)<br>• 한국성폭력상담소 ☎ 02-338-5801~2 (www.sisters.or.kr)<br>• 한국성폭력위기센터 ☎ 02-883-9284 (http://crisis-center.or.kr)<br>• 한국여성인권진흥원 ☎ 02-735-1050 (www.stop.or.kr)<br>• 탁틴내일 ☎ 02-3141-6191 (www.tacteen.net)<br>• 전국 해바라기센터 |
| 아동학대 및 가정폭력 | • 보건복지상담센터 ☎ 129 (http://www.129.go.kr)<br>• 중앙아동보호전문기관 ☎ 112 (http://korea1391.org)<br>• 중앙가정위탁지원센터 ☎ 1577-1406 (www.fostercare.or.kr)<br>• 한국가정법률상담소 ☎ 1644-7077 (http://www.lawhome.or.kr) |
| 자살 | • 한국생명의 전화 ☎ 1588-9191 (http://lifeline.or.kr)<br>• 한국자살예방협회 ☎ 02-413-0892 (www.suicideprevention.or.kr)<br>• 중앙자살예방센터 ☎ 1393 (www.spckorea.or.kr)<br>• 청소년사이버상담센터 ☎ 1388<br>• 지역 정신건강지원센터 및 병 · 의원 |
| 법률 | • 대한법률구조공단 ☎ 132 (www.klac.or.kr)<br>• 전국범죄피해자지원연합회 ☎ 1577-1295 (www.kcva.or.kr) |

출처: 한국교육개발원, 위(Wee)프로젝트연구특임센터(2019).

CHAPTER 05

# 심리검사

## 1. 심리검사 이해

학교장면에서뿐만 아니라 심리검사는 우리 사회에서 광범위하게 활용되고 있어 누구에게나 익숙한 용어이다. 최근 들어서는 새로운 사람을 만나면 MBTI(성격유형검사) 유형이 무엇이냐고 물을 정도로 심리검사에 대한 관심이 높아지고 있다. 하지만 심리검사에 대해 정확하게 모르는 사람이 많은데다 다수의 사람들이 심리검사 결과에 자신 또는 타인을 끼워 맞추는 일들이 벌어지고 있다. 이로 인해 심리검사가 득이 되기보다 잘못 사용하여 해가 될 위험이 많은 점이 간과되고 있다.

심리검사는 칼과 같은 도구이다. 심리검사에 관련된 개념과 사용방법 등을 잘 알고 있는 사람에게는 유용한 도구이지만, 그렇지 못한 사람이 심리검사를 사용한다면 칼의 사용법을 잘 모르는 사람이 칼을 쓰는 것과 같이 자신이나 타인을 위험하게 할 가능성이 높다.

따라서 심리검사를 사용하기에 앞서 학교상담자로서 심리검사가 무엇이고 어떤 목적으로 사용하는 것인지 알아야 하며, 심리검사가 어떠한 배경에서 발달되었는지 알아보고, 사용할 수 있는 심리검사에는 어떤 종류들이 있는지 또 그 검사들은 어떤 방법으로 활용할 수 있는지에 대한 지식을 가질 필요가 있다. 본 장에서는 심리검사를 사용하기 전 반드시 알아야 하는 심리검사의 개념과 기능, 발달사와 같은 심리검사의 일반적인 사항을 살펴보고자 한다.

### 1) 심리검사의 개념

많은 학자들이 심리검사를 정의하기 위해 노력하였는데 심리검사에 대한 여러 정의들 중 자주 언급되는 정의들과 그 밖의 다른 여러 정의들을 종합할 때 심리검사는 '인간의 심리적 속성을 체계적인 방법으로 측정하는 도구'라고 정의할 수 있다(신석기 외, 2007). 이 정의에는 세 가지 중요한 개념과 용어가 언급되는데, 이를 통해 심리검사가 의미하는 것과 심리검사를 사용할 때 유의해야 할 점은 다음과 같다.

첫째, 심리검사는 인간의 심리적인 영역을 대상으로 한다. 인간이 지니고 있는 영역은 크게 신체적인 영역과 심리적인 영역으로 구분할 수 있는데, 외부에서 쉽게 관찰이 가능한 신체적인 영역과는 달리 심리적인 영역은 관찰 자체가 불가능하다. 즉, 심리검사는 관찰이 불가능한 심리적이고 내면적인 영역을 관찰이 가능한 외현적인 행동을 통해 예측해야 한다는 한계가 있다.

둘째, 심리검사는 인간 자체를 나타내는 전부가 아닌 인간이 지닌 일부분을 대상으로 한다. 이는 심리검사 결과가 인간의 일부분만 나타낸다는 것을 의미하고 이는 매우 중요한 점이다.

셋째, 심리검사는 속성을 측정한다. 인간이 가지고 있는 심리적인 특성을 점수화한다는 의미다.

## 2) 심리검사의 기능과 목적

심리검사가 지닌 기능을 학교 현장을 중심으로 살펴보면 다음과 같다.

첫째, 심리검사는 피검자를 이해하는 객관적인 하나의 수단을 제공하는 것이다. 일반적으로 인간은 생리적 욕구가 해소되면 그 다음 단계로 자신이 누구인지, 무엇이 되면 좋은지를 알고자 하는 등의 심리적 욕구가 생기게 되는데, 이때 심리검사를 실시하여 얻을 수 있는 통찰과 함께 결과에 대한 해석을 통해 자신을 객관적으로 이해할 수 있게 하고 이것은 학생이 자신의 진로를 정하거나 자아실현을 위해 노력하는 활동에 도움을 줄 수 있다(신석기 외, 2007).

둘째, 심리검사는 자기 이해뿐만 아니라 다른 사람을 이해하는 중요한 수단이 되기도 한다. 객관적인 자료를 이용하여 그 사람이 지닌 특성을 파악하게 되면 그 사람을 적절하게 도울 수 있는 기초적인 자료를 제공할 수 있게 된다. 즉, 교사의 입장에서 수업을 하거나, 학급을 운영할 때 학생의 특성에 맞게 적절한 학습처방을 제공할 수 있다. 또한 학생의 수준에 맞는 집단에 학생을 배치시킬 수 있으며, 학교 프로그램의 효과를 검증하거나 개선하기 위한 자료나 교육운영의 책임관계를 밝힐 수 있는 자료를 제공하는 데 도움을 줄 수 있다(안창규 외, 2007).

셋째, 학생상담과 생활지도 프로그램의 효과적인 운영과 진단 및 개선을 위한 자료를 제공한다. 특히 진학이나 직업선택 등의 진로지도에 있어 진학분야나 특정 직업분야에서 요구하는 특성이 무엇인지 이해하는 데 도움을 줄 수 있다(최태진 외, 2007).

넷째, 교육연구에 도움을 줄 수 있다. 일반적인 교육연구에서는 변인 간의 관계를 분석하는데, 이러한 변인의 측정수단으로서 적절한 심리검사를 사용하면 보다 신뢰할 수 있는 연구결과를 얻는 데 도움을 줄 수 있다(박성미 외, 2007).

심리검사는 주로 다음과 같은 활용 목적이 있다(Zunker, 1994).

첫째, 집단을 목적으로 심리검사를 활용할 수 있다. 성취검사와 적성검사는 직업 훈련 및 취업을 위한 준비와 잠재력을 결정하기 위해 개인의 강점 및 약점을 평가하는 데 사용된다. 또한 기술과 적성의 확인은 개인의 진로선택 및 교육에 광범위하게 적용될 수 있다. 아울러 학업 부진과 기술 부족 등을 확인하기 위한 검사는 개인에 대한 처치, 교정 프로그램, 기술 발달에 도움을 줄 수 있다.

둘째, 예언을 목적으로 심리검사를 활용할 수 있다. 검사는 장래의 학업 수행도와 직무 수행도를 예언하는 데 주로 사용되어 왔다. 직무, 훈련 프로그램, 교육 프로그램에서 높은 수준의 수행 가능성은 곧 미래에 더 높은 수행도와 만족도를 가져올 것으로 해석된다.

셋째, 발달 촉진을 목적으로 심리검사를 활용할 수 있다. 심리검사는 진로탐색에 대한 자기자각을 증진시켜 진로발달을 촉진시키기 위해 사용될 수 있다. 심리검사를 활용하여 측정된 개인의 적성 · 흥미 · 가치 등을 학습과 연결시킬 경우 이는 진로발달을 촉진시키는 하나의 좋은 방법이 될 수 있다(Zunker, 1994).

## 3) 심리검사의 역사

### (1) 외국의 심리검사 발달과정

심리검사의 발달과정은 대략 1920년대 이전, 1920~50년대, 1960년대, 1970년대, 1980년대 이후로 구분할 수 있다.

1920년대 이전의 심리검사 발달과정에 있어서 주요한 영향을 미친 골튼(Galton), 분트(Wundt), 카텔(Cattell)에 대해 살펴볼 필요가 있다.

골튼(Galton)은 『종의 기원』을 쓴 다윈(Darwin)의 영향을 받아 인간의 정신적 특성의 유전에 깊은 관심을 가지고, 『인간의 능력과 그 발달에 관한 탐구』, 『천재의 유전』이란 책을 집필하여 인간의 개인차에 대한 과학적인 연구와 심리진단 검사의 기초를 제공했다. 그리고 1886년에는 인간의 신체적 특성과 감각적 및 운동적 특성을 측정하기 위해 '인류학 측정연구소'를 설립하고 상관계수에 관한 통계적 기본 개념을 발전시켰다.

분트(Wundt)는 심리학 연구에서도 물리학과 마찬가지로 엄격한 표준화와 통제된 상태에서의 객관적 연구를 강조하였는데, 상황의 엄격한 통제와 표준화의 강조는 그 이후의 연구자들에게 중요한 영향을 미쳤다.

카텔(Cattell)은 독일의 분트(Wundt)가 제시한 실험적 통제의 강조와 미국의 실용주의 영향을 종합하여 심리측정과 심리검사의 기반을 세웠다. 카텔(Cattell)은 엄격한 실험적 통제에도 불구하고 개인 간에 차이가 있음을 인정하고 이러한 개인차가 과학적 연구의 중요한 대상이 된다고 주장하였으며, 1890년에 정신검사라는 용어를 최초로 사용하였다.

전술한 여러 사람들의 연구를 기반으로 나타난 결과가 비네(Binet) 지능검사이다. 대부분의 사람들은 1905년 프랑스의 비네(Binet)와 시몬(Simon)이 제작한 비네(Binet) 지능검사를 심리검사의 효시로 보고 있다. 비네(Binet) 지능검사는 비네(Binet)가 동료인 시몬(Simon)과 함께 프랑스 정부의 요청과 지원을 받아 공립학교에서 능력이 떨어지는 학생들을 파악해 반편성을 따로 하기 위한 목적으로 개발된 심리검사이다. 이 검사를 오늘날의 심리검사의 시작으로 보는 이유는 이전의 검사보다 진일보한 특징을 지니고 있기 때문이다. 첫째, 이전의 심리검사들이 머릿속에서만 논리적으로 생각해서 문항을 만들었는 데 비해 비네(Binet) 지능검사는 많은 문항을 만들어서 다양한 연령층의 아이들에게 실시해 보고 각 연령층의 아이들을 잘 변별해 주는 문항만을 선택하는 과학적인 형태의 문항분석을 실시하였다는 점이다. 둘째, 각 연령층에서 풀 수 있는 문항이 평균 몇 개나 되는지를 계산할 일종의 규준을 만들었다는 점이다.

이후 이 검사는 1908년과 1911년 두 번에 거쳐 개정이 이루어졌다. 또한 이 검사는 1916년 스탠퍼드 대학의 터만(Terman) 등에 의해 미국형 Stanford-Binet 지능검사로 발전하였으며, 이 검사에서는 기존의 정신연령만 산출하던 방식에 더하여 정신연령을 생활연령으로 나누어 100을 곱한 비율 지능지수를 사용하였다.

1914년에 발발한 제1차 세계대전은 지능검사와 성격검사 등과 같은 심리검사가 발전하는 계기가 되었다. 개인용 지능검사인 기존의 Stanford-Binet 지능검사는 시간과 노력이 너무 많이 소요되었는데, 이러한 단점을 지적한 사회적 요청에 따라 집단용 심리검사 개발을 시작으로 1912년에는 오티스(Otis)가

최초의 집단 지능검사를 개발하였고, 1917년에는 미국정부의 재정적 지원을 받아 여키스(Yerkes), 터만(Terman), 고더드(Goddard) 등이 중심이 되어 집단용 지능검사인 Army-α를 만들어 군인선발에 사용하였다. 뒤이어 영어를 잘 읽지 못하는 사람들을 위해 그림을 많이 추가한 Army-β를 개발하였다. 이때 우드워스(Woodworth)는 장교를 선발할 때 정신건강 상태를 알아보기 위해 면접해서 흔히 사용되는 질문을 모아 'Woodworth Data Blank Sheet'라는 최초의 집단용 성격검사를 개발하였다.

1920년대에서 1950년대까지는 각종 심리검사가 개발되었으며, 투사적 · 객관적 심리검사를 개인용 평가 목적으로 활용하였다. 1921년 정신과 의사인 로르샤흐(Rorschach)가 잉크반점검사를 개발하였고, 1927년에는 스트롱(Strong)이 직업흥미검사를 개발하였는데 이 검사가 집단용 흥미검사의 효시가 되었다. 이 시기에 여러 지능검사, 적성검사, 흥미검사, 성취검사의 표준화가 이루어졌으며 1935년 머레이(Murray)가 투사적 심리검사인 주제통각검사를 개발하였으며, 1940년에는 해서웨이(Hathaway)와 맥킨리(Mckinley)가 정신진단검사인 MMPI를 개발하였다. 또한 이 시기에는 미국 경제공황의 영향으로 늘어난 실업자들에게 적합한 직업을 제공하는 데 도움을 주기 위해 직업적성검사가 개발되는 등 이 기간 동안 다양한 심리검사에 대한 개발이 이루어져 전성기를 이루었다. 그러나 1930년대에는 심리검사에 대한 지나친 기대와 검사점수의 오차가 많음이 발견되면서 심리검사에 대한 실망과 회의를 갖는 분위기가 조성되기도 하였다.

그러나 제2차 세계대전의 발발로 인한 군인선발, 전쟁 후 급속한 산업발달과 인사관리의 합리상황운동 등으로 각종 심리검사를 필요로 하게 되어 다시 발전을 이루게 되었다. 1939년에는 웩슬러(Wechsler)가 비네(Binet) 지능검사와 쌍벽을 이루는 성인용 지능검사를 개발하고, 1949년에는 아동용 지능검사를 개발하였다.

1950년에 조사한 바에 따르면 이 당시 심리검사의 종류는 1,300여 종이나 되었다. 이러한 심리검사의 발전은 부작용도 낳게 되었는데, 이익만을 목적으로 한 심리검사들이 출시되기도 하였다. 이에 1954년에는 미국심리학회, 교육

연구학회, 교육측정협회가 공동으로 심리검사의 제작, 출판 및 활용과 사용자의 자격기준에 관한 기준 지침서를 출간하였고, 브로스(Buros)는 1938년부터 5년 주기로 심리검사를 안내하고 평가해 주는 심리측정연감을 출간하여 질 낮은 심리검사들의 출시를 억제하는 기능을 갖게 하였다.

1960년대 후반과 1970년대에는 투사적 심리검사의 타당도와 신뢰도에 의문이 제기되었으며, 심리검사가 실제로 치료장면과 문제해결장면에 기여할 수 있을지에 대한 의문이 확산되었다. 또한, 1970년대 교육계에 인본주의 사상이 확산되면서 심리검사가 인간의 무한한 발전 가능성을 저해하고 한 인간을 일정한 틀 속에 넣는 역할을 하고 있다는 비난과 상담자가 심리검사를 실시함으로써 내담자의 상담자에 대한 의존성을 높인다고 비판이 일었다. 이는 당시 유행하던 로저스(Rogers)의 내담자 중심 상담이론과 배치된다는 문제도 지적되면서 심리검사의 사용에 대한 논란이 있었다. 그러나 상담자가 직접 심리검사를 실시하지 않음으로써 내담자의 의존성을 피할 수 있으며, 학생들의 지도를 위해서는 어느 정도의 심리검사 사용이 필요하다는 인식이 대두되면서 심리검사를 다시 사용하게 되었다.

1980년대 이후에는 심리검사의 사용이 교육적으로 타당한 것인가, 아닌가 하는 흑백논리에서 벗어나서 특정 상황과 필요에 따라 적절히 사용하면 된다는 생각과 심리검사의 결과는 한 개인을 이해하는 여러 정보들 중의 하나이며, 이를 지나치게 신뢰하거나 개인을 이해하는 유일한 것으로서 인식하는 태도를 버려야 한다는 점이 강조되었다. 그후 객관적 심리검사의 전산화 작업이 시작되어 컴퓨터를 이용한 객관적 심리검사의 사용이 확산되고 있다.

### (2) 우리나라의 심리검사 발달과정

우리나라 심리검사의 발달은 비교적 역사가 짧은 편이다. 또한, 우리나라 심리검사의 발달은 주로 외국의 유명한 심리검사를 번안하여 우리나라 실정에 맞도록 표준화 작업을 거쳐 사용하기 시작하였고, 1960년대에 들어서면서 본격적인 심리검사의 개발이 이루어져 현재까지 꾸준히 발달하고 있다.

우리나라 심리검사의 발달은 대체로 네 개의 시기로 구분해 볼 수 있다(황정규, 1990). 첫 번째 시기는 1905년대의 개척기로서, 인간행동을 객관적 척도에 의해 측정하고자 시도한 시기이다. 이 시기에 미군정시대의 문교부[01] 고문이었던 염광섭에 의해 처음으로 심리검사의 개발이 시도되었으나 한국전쟁으로 인해 무산되었고, 1953년 고희덕과 이은숙이 장정용 집단지능검사를 개발하였다. 교육계에서는 1955년에 정범모가 중 · 고등학생들을 대상으로 하는 간편지능검사를 개발하였고, 같은 해에 김해옥과 김난주가 초등학교 저학년들을 대상으로 하는 지능성숙검사를 개발하였다. 이 두 지능검사의 개발로 인해 인간행동을 과학적 특성에 기초해서 이해하려는 분위기가 형성되어 많은 연구자들이 각종 심리검사들을 개발하게 되었다.

두 번째 시기는 1960년대의 발전기로서, 본격적으로 심리검사의 개발이 이루어진 시기이다. 이 시기에 각급 학교에 학생의 학업, 제반 심리적 문제, 지능 등을 해결하기 위해 이들 특성들을 객관적으로 측정하고 진단하는 각종 심리검사의 수요가 급증했다. 그로 인해 지능, 학력, 성격, 적성 등 각 영역과 관련한 심리검사가 개발되어 사용되었다. 그 결과 1967년에는 지능검사 11개, 학력검사 12개, 적성검사 4개, 성격검사 13개가 개발되어 학교현장에서 활용되고 있었다(황정규, 1993). 1963년 전용신, 서봉연, 이창우가 12세부터 64세까지의 사람들의 지능을 측정하는 한국판 웩슬러(Wechsler) 검사를 개발하였고, 1970년에는 전용신이 만 4세부터 만 14세까지의 아동의 지능을 측정하는 한국판 비네(Binet) 검사인 고대-비네검사를 개발하였다. 그리고 1965년 정범모, 이정균, 진위교는 MMPI를 번안하여 표준화하여 사용하였는데, 이 검사는 1991년 한국임상심리학회에서 새롭게 표준화 작업을 하여 사용되고 있다.

세 번째 시기는 1970년 후반부터 1980년 초반의 침체기로서, 심리검사에 대한 환상적인 기대가 수그러들기 시작한 시기이다. 이 시기에는 사회나 교육계의 분위기가 객관적이고 과학적인 측정에 대한 거부감 및 회의감이 팽배하였고, 이 영향으로 인해 심리검사의 개발이나 현장에서의 활용 모두 저조한 경향

01 문교부: 문교부는 교육 · 과학 · 기술 · 예술 · 체육 · 기타문화에 관한 사무를 관장하는 대한민국의 중앙행정기관이었다. 1948년 7월 17일 정부수립과 함께 발족되었다가, 1990년 12월 교육부로 개편되면서 폐지되었다.

을 나타내었다. 1977년에는 이창우와 서봉연이 한국판 아동용 웩슬러(Wechsler) 검사를 개발하였다.

네 번째 시기는 1980년 후반부터 현재까지의 부흥기로서, 한동안의 심리검사 침체기를 벗어난 시기이다. 이 시기에 과거의 심리검사 개발 및 활용에서 경험했던 문제점을 반성하고 보다 성숙한 안목으로 심리검사를 개발하고 활용하기 위해 노력하였다. 이러한 배경에는 학교현장에서 심리검사를 남용해서도 안 되지만 완전히 배척할 수도 없다는 인식이 큰 힘이 되었는데, 이 시기에 개발된 심리검사의 양은 많지 않지만 우리나라에서는 미개척 분야라고 할 수 있던 개인용 심리검사, 특수 심리검사들이 보다 심화된 이론적 배경하에 개발되었다. 최근에는 개인의 진로를 결정하는 데 중요한 역할을 하였던 능력으로서의 적성을 재고자 하던 적성검사 대신에 흥미, 관심, 유능감 등과 같은 정의적인 영역에서의 개인의 적성을 재고자 하는 직업 또는 진로관련 흥미적성검사를 개발하고자 하는 노력이 이루어지고 있다.

### 4) 좋은 심리검사의 조건

#### (1) 타당도

심리검사의 타당도란 측정하고픈 개념 또는 속성을 얼마나 정확히 측정하고 있는가를 말한다. 즉, 검사가 의도하는 바를 제대로 측정하고 있다면 그 검사는 타당도를 갖고 있다고 말한다.

##### ① 내용타당도

내용타당도는 검사문항들이 측정하고자 하는 내용을 얼마나 잘 대표하고 있는가를 평가함으로써 검사의 타당도 증거를 나타내는 방법이다. 즉, 검사의 문항이나 질문 혹은 과제를 체계적으로 검토하여 검사가 측정하고자 의도하는 행동들을 충분히 반영하고 있는지 그 여부를 판단하는 것이다. 내용타당도 방법은 측정하고자 하는 변인에 대해서 충분히 알고 있을 때 사용된다. 내용타당도는 검사의 제작 시초에 적절한 문항 선택이 이루어져야 보장되며, 내용의 적절성과 문항의 대표성을 보장하기 위해 사용한 절차, 관계한 전문가의 자격수준과 인원수 그들의 제안, 검사제작 일자, 검토한 책의 이름과 출판연도 등이 기술되어야 한다.



### ② 안면타당도

안면타당도란 전문가가 아닌 일반인들, 특히 내담자가 심리검사를 통해 무엇을 측정하는지 아는 정도를 말한다. 예컨대, 내담자들이 검사가 타당하게 보인다고 대답한다면 그 검사는 안면타당도를 지니고 있는 것이다(신석기 외, 2007). 당연하겠지만 안면타당도는 타당도의 진정한 지표는 아니며, 일종의 사회적 수용가능성을 보여주는 것이다. 검사장면에서 검사가 안면타당도를 적절히 지니고 있다면 내담자에게 보다 협조적인 태도를 이끌어낼 수 있을 것이다.

### ③ 준거타당도

준거관련 타당도는 검사가 경험적 · 이론적으로 관계되어 있다고 밝혀진 어떤 외적 준거 측정치와 얼마나 관계있는지를 비교하여 검사의 타당도를 확인하는 방법이다. 여기에서 외적준거 정보가 수집되는 시점이 검사의 시행 시점과 비교하여 미래냐 현재냐에 따라 다시 예언타당도와 공인타당도로 나눌 수 있다.

#### 가. 예언타당도

예언타당도는 특히 한 검사가 준거로 사용된 어떤 미래의 행동이나 특성을 적절히 예측해 낼 수 있다면 타당도가 있는 것으로 판단하는 방법이다. 즉, 검사의 시행과 준거 정보의 수집 사이에 시간차가 있는 경우이다. 또한 후속되는 과제수행에 있어서 성공여부를 확인하기 위해 사용되는 검사를 예언 검사라고 한다. 각종 직업적성검사, 선발고사, 배치고사 같은 것이 예언 검사의 좋은 본보기가 된다. 예언 타당도가 높으면(.60 이상 정도) 그만큼 예언측정과 준거측정의 결과가 같다는 것을 의미한다.

### 나. 공인타당도

공인타당도는 한 검사가 준거로 사용된 현재의 어떤 행동, 특성과 적절히 관계되어 있다면 타당도가 있는 것으로 판단하는 방법이다. 즉, 검사와 준거정보의 수집 사이에 시간차가 없는 경우이다. 동시에 얻어진 예언 검사와 준거검사의 측정치 간 상관이 공인타당도이다. 공인타당도는 예언타당도를 설정하기에 여러 가지 제약이 따를 때 흔히 사용하는 방법으로 대개 준거집단이 이미 이루어져 있는 집단에 실시된다. 또 현재 상태의 집단을 목적으로 제작되는 검사에서도 많이 사용된다.

## (2) 신뢰도

신뢰도란 측정하고자 하는 것을 정확하게 측정하는 정도를 말하는 것으로 여러 가지 용어로 표현된다. 같은 대상을 시기를 달리하여 여러 번 측정하거나, 동형 검사로 다시 검사하였을 때 같은 점수가 나올 수 있을 정도의 검사 점수에 대한 일관성을 말한다. 다시 말해서 우연적인 오차가 반영되어 있지 않은 정도를 말한다. 심리검사의 신뢰도란 일정한 시간적 간격을 두고 동일한 조건의 측정대상에 대해 반복적으로 측정하였을 때 나타나는 각 반복 측정치들 사이의 일관성 정도를 의미한다. 어떤 측정도구를 동일한 조건의 측정대상에게 반복적으로 측정했을 때 일관된 결과를 나타냈다면, 그러한 도구는 안정적이고 예측가능하며 정확하기에 신뢰도가 높다고 할 수 있다.

### ① 검사-재검사 신뢰도

검사-재검사 신뢰도란 검사의 신뢰도 설정에 가장 많이 사용하는 것으로 동일한 검사를 어느 정도의 시간차를 두고 두 번 실시하여 두 점수 간의 상관관계를 산출하여 표시하는 방법이다. 검사-재검사 신뢰도가 높다는 것은 검사점수가 일상적인 환경적, 피험자의 정서적 조건 등에 영향을 적게 받는 안정된 점수라는 것을 의미한다(이은영, 1999). 검사 요강에 재검사 신뢰도를 보고할 때는 반드시 검사와 재검사간의 시간차와 신뢰도 측정을 위한 검사를 받는 집단의 교육수준, 연령 등 집단의 성격을 명시하여야 한다. 신뢰도는 검사 간의 시간간격과 집단의 성격에 따라 달라지기 때문이다. 재검사 신뢰도를 계산할 때 가장 문제가 되는 것은 검사 간의 간격이다. 간격이 너무 길면 측정하고자 하는 피검자의 특성이 변화되기 때문에 신뢰도가 매우 낮게 나타나고 간격이 너무 짧으면 초기 검사 내용을 기억하고 있다던가, 연습의 효과가 반영되는 문제점이 있다. 근본적으로 같은 검사를 반복하여도 초기 검사의 영향을 받지 않는다는 보장이 있을 경우에만 재검사 신뢰도를 적용할 수 있다.



### ② 동형 검사 신뢰도

검사–재검사 신뢰도가 가진 문제점을 피하기 위해 동형 검사 신뢰도를 사용한다. 동형 검사 신뢰도란 같은 대상에 대해서 첫 번째 실시한 검사와 근본적으로 같지만 첫 번째 검사의 영향을 받지 않을 유사한 검사를 실시하여 두 검사 간의 상관계수를 산출하는 방법이다. 실제 많은 표준화 검사는 여러 가지 이유에서 동형 검사를 제작하여 발간하고 있으므로 이 방법은 매우 유용하게 쓰이는 것이다. 동형 검사는 재검사 신뢰도가 갖는 결점을 보완하여 주기는 하지만 그 자체에도 문제점이 있다. 첫째, 검사하고자 하는 지식 또는 기능이 연습의 효과가 많이 나타나는 것일 때 동형검사는 연습의 효과를 다소 감소시켜 주는 것이지 완전히 배제하고 있지는 않으며 둘째, 완벽한 동형검사를 제작한다는 것은 매우 어렵다.

### ③ 반분 신뢰도

검사는 한 번 실시하되 그 검사를 비슷한 두 개의 검사로 나누어 둘 간의 상관계수를 구하는 방식이다. 이 반분 신뢰도를 내적 합치도라고 부르기도 한다. 반분 신뢰도 측정에서 가장 문제가 되는 것은 검사를 두 부분으로 나누는 방법이다. 대체로 검사를 전반부와 후반부로 나누는 방법과 검사문항을 짝수문항과 홀수문항으로 나누는 방법을 많이 사용한다. 전자는 두 부분 간의 난이도, 문항 성격이 다를 경우 문제가 발생한다. 또한 전반부보다는 후반부에 연습의 효과, 심리적 안정감의 작용 등이 나타날 가능성이 있다. 후자의 경우 문항이 곤란도 순으로 배열되어 있을 때 좋은 방법이나 짝수문항과 홀수문항이 반드시 검사를 양분한다고 볼 수 없어 여전히 문제가 있다.

④ 문항내적 일관성 신뢰도(Kuder-Richardson 신뢰도 및 alpha 계수)

한 검사를 실시하여 신뢰도를 계산하는 또 하나의 방법으로 검사 내의 모든 문항에서 나타난 점수 간의 일관성을 계산하는, 즉 문항 간 내적 합치도를 계산하는 방법이 있다. 이 방법은 문항 하나하나를 하나의 검사처럼 보는 것이기 때문에 두 가지의 오차변량원의 영향을 받고 있다. 따라서 반분검사 방법 또한 내적 합치도 신뢰도 산출법의 하나로 볼 수도 있으나 여기에서는 특히 흔히 KR20이라 불리는 쿠더-리차드슨(Kuder-Richardson) 공식에 의한 방법과 α 계수 산출방법으로 제한하여 살펴본다.

**가. KR20 공식**

KR20 공식은 쿠더-리차드슨(Kuder-Richardson)이 개발한 것으로 검사 내 모든 문항 간의 상호 상관을 이용하여 신뢰도 계수를 산출하는 방법이다. 이를테면 반분검사 신뢰도 방법이 50개 문항의 검사를 마치 각각 25개 문항으로 구성된 두 개의 독립적인 동형검사인 것처럼 간주하여 신뢰도 계수를 추정하는 반면, KR20 공식에서는 50개 각각의 문항을 마치 1개 문항을 가진 50개의 동형검사로 간주하여 신뢰도를 추정한다. 즉, 검사의 모든 문항 간의 내적 상관 평균을 이용하여 신뢰도를 산출하는 방법이다. KR20 공식은 문항이 진위형과 같이 양분 응답문항일 경우에 사용된다.

$$\text{KR20} = \frac{n}{n-1} \times \frac{S_t^2 - \sum pd}{S_t^2}$$

**나. 알파 계수(alpha 계수)**

알파 계수는 크론바흐(Cronbach)에 의해 개발한 것으로 문항의 내적 합치도를 이용하여 신뢰도 계수를 추정한다는 면에서는 KR20과 유사하다. 그러나 KR20 공식과는 달리 각 문항에 0점, 1점, 2점, 3점, 4점 등과 같이 부분점수를 줄 수 있는 경우, 즉 범위를 지닌 척도를 사용하고 있는 검사의 신뢰도 산출시

사용하는 방법이라는 면에서 차이가 있다.

알파 계수는 전형적으로 리커트 척도(예: 매우 그렇다(5)~전혀 그렇지 않다(1))를 사용하고 있는 심리검사의 신뢰도 추정방법으로 가장 많이 사용되고 있다. 공식은 다음과 같다.

$$\alpha\text{계수} = \frac{n}{n-1} \times \frac{1-\sum S_i^2}{S_t^2}$$

## 5) 심리검사의 일반 시행과정

학교현장에서 학생들이 지능이나 성격이 어떤지 어떤 특성을 가지고 있는지 알고 싶을 때, 심리검사를 사용하면 되겠다고 쉽게 생각할 수 있다. 물론 학교에서 실시한 집단 표준화검사 결과가 있다면 그것을 참고하면 되지만, 그 정보보다 더 최신의 정확한 정보를 얻고자 할 때는 다시 심리검사를 실시하여야 할 것이다. 보다 정확한 검사 결과를 얻어서 그 결과를 활용하고 싶다면 반드시 고려해야 할 사항들이 있다.

### (1) 심리검사 선택

이 단계는 표준화 심리검사를 사용하고자 할 때 가장 중요한 단계로, 심리검사를 하고자 하는 목적에 부합되는 심리검사를 사용해야 이후 정확한 결과를 얻을 수 있기 때문이다.

물론 특정한 목적을 가지고 심리검사를 실시하려는 검사 사용자가 이러한 점을 묵과하고 잘못된 선택을 하겠느냐고 반문할 사람이 많을 것이다. 하지만 실제 현장에서는 이러한 실수가 종종 일어난다.

### (2) 검사요강 이해

심리검사를 선택한 후 심리검사를 실시하기 전에는 검사요강(검사 매뉴얼)을 철저하게 이해하는 일이 우선 되어야 한다. 일반적으로 현장에서 검사를 오랫

동안 다루어 온 심리검사 담당자들조차도 검사요강을 철저하게 읽고 이해하는 일을 등한시하기 마련이다. 실제 학교현장에서 10년 이상 심리검사를 담당해 온 교사들을 대상으로 심리검사를 실시하기 전에 검사요강을 처음부터 끝까지 읽어본 적이 있는지 물어본 조사에서 60명 중 단지 5명만이 그런 적이 있다고 응답했다(신석기, 2003).

검사 요강에는 해당 심리검사가 어떠한 성격과 목적으로 개발되었는가 하는 개발배경, 개발과정뿐만 아니라 검사의 형식이나 문항의 형식과 내용, 검사를 실시하는 방법과 답안 채점방법도 작성되어 있으며, 검사 양호도 관련 정보나 문항 양호도 관련 정보와 규준, 해석 및 활용에 관한 사항과 측정하고자 하는 특성에 관련된 이론 등 해당 심리검사에 관한 사항들이 세세히 기록되어 있어 검사요강을 충분히 이해하는 것은 심리검사를 제대로 사용하여 정확한 결과를 얻을 수 있는 방법이다.

### (3) 검사에 대한 동기화

검사자로서 어떤 심리검사를 이용해 검사를 할 것인가 결정하고, 검사요강을 철저히 이해했다면 검사자 입장에서는 심리검사를 실시할 준비가 되었다고 할 수 있다. 그 다음 단계로는 검사를 할 대상자가 심리검사를 받을 준비를 하게 하는 것이다. 이때 검사자는 피검자들이 검사에 적극적으로 참여할 수 있도록 관심을 가지게 하는 것, 즉 검사실시에 대한 동기부여를 하는 것을 의미한다.

일반적으로 피검자는 몇 가지 이유로 인하여 심리검사에 대한 거부적 반응을 보인다. 첫째, 심리검사 결과에서 자신의 내면적인 능력이나 성향이 드러나는 것을 부담스러워 하거나 경계하면서 거부한다. 둘째, 심리검사를 받고 난 뒤 피검자에게 그 어떤 혜택이 주어지지 않아 심리검사 자체를 의미없이 생각하는 경우이다. 이는 학생들이 학교에서 지능검사나 성격검사, 적성검사 등을 실시한 후, 그 결과에 대해 제대로 된 결과 해석을 받은 적은 없을 것이 여기에 해당한다. 셋째, 심리검사를 실시하기 전 실시하게 될 심리검사의 목적이나 검사를 받게되는 이유에 대해 상세한 정보를 받은 적이 없다는 것이다. 이러한 이유로 대부분의 사람들은 심리검사를 거부하거나 아무 소용이 없는 무용지물이란 생각을 하게 되면서 정작 심리검사를 통해 자신을 깊이 있게 통찰할 필요가 있을 때 심리검사를 피하게 되는 것이다.

피검자가 지닌 위에 언급된 심리검사에 대한 거부감을 없애고 심리검사에 적극적인 참여를 이끌기 위해서는 검사를 사용하는 검사자가 노력을 기울어야 한다.

### (4) 검사 실시

검사를 실시할 때 가장 중요한 것은 검사 요강에서 제시하고 있는 검사 실시와 관련된 조건들을 정확하게 지켜야 한다. 따라서 검사자는 검사 요강에 제시되어 있는 시간 제한이나 지시문 및 기타 실시과정 상의 전반적인 환경에 익숙해질 필요가 있다.

### (5) 검사 채점

최근 대부분의 표준화 심리검사가 검사를 실시한 뒤 답안지를 해당 심리검사 제작 및 판매를 담당하고 있는 출판사로 보내면 알아서 채점을 한 뒤 결과를 보내오거나 온라인으로 정보만 입력하더라도 채점과 해석프로파일이 제공되기 때문이다. 그렇다 하더라도 정확한 검사결과를 얻고자 한다면 관심을 가지고 직접 검토해 보아야 한다.

컴퓨터가 발달되기 전의 경우에는 대부분의 표준화 심리검사들이 채점판에 의한 수동식 채점에서 OMR로 작성하고 컴퓨터의 판독기를 이용해 채점하였지만 최근의 심리검사들은 온라인상에서 직접 답을 작성하고 채점도 자동화되어 있는 경우가 대부분이다. 그러나 간혹 피검자들이 답을 체크할 때 오류를 범한다든지 검사자가 채점프로그램에 입력하는 과정에서 오류가 나는 경우, 또는 판독기의 오류로 채점 결과가 잘못 나올 수도 있으므로 개개인의 응답지를 검토할 필요가 있다.

### (6) 검사결과 해석

채점 단계와 마찬가지로 최근에는 대부분의 심리검사들을 제작 · 판매하는 출판사에서 심리검사 결과를 각 개인별로 일관된 형태의 해석지로 제공하고 있다. 그에 따라 인쇄해 보여주거나 온라인상으로 확인할 수 있도록 해 해석지를 개인에게 보여주거나 해석지를 활용해서 개인에게 해석해 주면 된다. 그러나 대부분의 해석결과지는 개인 검사결과에서 보이는 세세한 점수차이를 설명해주지 못하고 있음을 유의해야 한다. 출판사에서 제공하는 검사 결과지는 점수에 따라 해석내용을 미리 작성해 놓고 해당 점수에 대한 해석이 자동으로 작성되도록 하고 있다. 해석의 편의를 위해 각각의 점수에 대한 세세한 해석이 아닌 일정 점수들을 묶어서 급간을 만든 뒤, 같은 급간에 해당하는 점수는 모두 같은 해석이 입력 되도록 하는 경우가 많기 때문에 이를 꼭 유의해야 한다.

## 2. 심리검사 내용

심리검사를 보다 깊이 이해하려면 심리검사의 분류를 통해 각 심리검사가 어떤 분류에 속하는지 알아보는 것도 좋은 방법이다. 심리검사는 측정하고자 하는 특성, 검사목적, 검사도구, 검사시간의 제한 유무, 검사대상자의 인원수, 수행양식, 표준화 여부, 측정하는 내용의 구체화 정도, 사용된 언어의 정도 등 여러 기준에 의해 다양한 방법으로 분류할 수 있다(신석기 외, 2007).

심리검사를 다양한 방법으로 분류할 수 있지만, 그중에서도 학교장면에서 가장 많이 사용하고 있고 분류하고 있는 객관적 검사와 투사적 검사로 분류하여 심리검사의 종류를 살펴보고자 한다.

## 1) 객관적 검사

객관적 검사는 검사 과제나 실시 지침 및 채점 과정이 구조화되어 있는 것이 특징이다. 주로 표준화된 점수를 사용하며 이에 따른 해석 지침과 규준이 제시되어 있다. 이러한 객관적 검사의 가장 큰 장점으로는 실시와 해석이 편리한 점이며 신뢰도와 타당도 확보가 용이하다는 점이다. 또한 개인 간 비교 제시가 가능하다. 반대로 수검자의 반응에 대한 질적 독특성을 평가하기 어려우며 수검자가 의도적으로 반응을 왜곡하거나 증상을 은폐하거나 과장이 가능하고 수검자의 언어이해력과 자기표현 능력에 제한을 받는 등의 단점이 있다.

**표 5-1 객관적 검사 종류 및 특징**

| 종류 | 검사명 | 특징 |
|---|---|---|
| 지능 · 인지<br>능력검사 | K-WISC-V | 전체 척도는 언어이해, 시공간, 유동추론, 작업기억, 처리속도로 구성되며, 총 16개의 소검사가 포함된다. 기본 소검사는 10개로 구성되어 있고, 이는 토막짜기, 공통성, 어휘, 퍼즐, 그림기억, 무게비교, 숫자, 행렬추리, 기호쓰기, 동형찾기이다. 추가 소검사는 6개로 구성되어 있으며, 상식, 이해, 공통그림 찾기, 산수, 순차연결, 선택이다. |
| 성격검사 | MBTI<br>성격검사 | 개개인에 따라 4가지 중 하나의 선호지표가 있으며 이를 조합하면 16가지의 성격유형이 나온다. 이 검사를 통해서는 어떤 사람이든 16가지 유형 중 하나에 속하게 된다. |
| | MMPI<br>다면적인성검사 | 타당도 척도 4개와 임상척도 10개로 구성되어 있으며, 성격 및 증상 파악을 위해 널리 사용되고 있다. |
| | PAI<br>성격평가질문지 | 전체 척도는 총 344문항으로 구성되어 있다. 다양한 영역을 평가하기 위해 4개의 타당성 척도, 11개의 임상 척도, 5개의 치료 고려 척도, 그리고 2개의 대인 관계 척도를 포함한다. |
| | NEO 성격검사 | 전체 척도는 총 148문항으로 구성되어 있으며, 다섯 가지 상위 요인과 18개의 하위 척도로 이루어져 있다. 다섯 가지 상위 요인은 신경증, 외향성, 개방성, 친화성, 성실성이다. 또한, 타당도를 평가하기 위해 2개의 문항이 추가되었다. |
| 학습검사 | MLST-II<br>학습전략검사 | 학습전략검사는 초등학교용으로는 106문항, 중고등학교용으로는 183문항으로 구성된 검사이다. 학습에 관련된 다양한 측면을 평가하기 위해 설계되었으며, 성격적, 정서적, 동기적, 행동적 특성으로 구성되어 있다. |

| 진로적성검사 | Holland<br>진로검사 | 성격 유형은 사회형, 관습형, 현실형, 탐구형, 예술형, 진취형으로 분류될 수 있으며, 이는 개인의 성향과 특성을 기반으로 학습과 직업 선택에 영향을 준다. |
|---|---|---|
| 학부모검사 | PAT 부모<br>양육태도검사 | 8가지 영역으로 평가되는 요소에는 간섭, 처벌, 지지표현, 감독, 과잉기대, 합리적 설명, 성취압력, 비일관성이 있다. |
| | CBCL 아동행동<br>평가척도 | 초1~고3 부모를 대상으로 하며, 총 120문항이며, 아동 및 청소년의 정서행동 문제와 사회적응능력에 대해 평가한다. |

### (1) 지능 · 인지능력 검사

지능검사는 인지적 및 신경심리학적 평가 영역에서 유용한 정보를 제공하며, 행동 관찰을 통해 피검자의 인격 특성, 적응력 및 부적응적 행동 양상을 이해하는 데 도움을 준다. 이는 심리평가에서 매우 중요한 역할을 하고 있다. 지능검사를 통해 지적 능력 수준을 평가하여 학업이나 직업적 성취, 장애 극복 여부 등을 예측할 수 있다. 또한, 개인의 인지적 및 지적 기능 특성을 파악하여 개인화된 자료를 제공하고, 임상적 진단을 명확히 하고 치료 계획을 수립하며 적절한 개입을 돕는 데 도움을 준다.

#### ① 웩슬러 지능검사

##### 가. 개관

웩슬러 지능검사(Wechsler-Bellevue Intelligence Scale)는 전 세계적으로 가장 많이 사용되고 있는 지능검사 중 하나로 웩슬러(Wechsler)가 1939년에 처음 개발하였다. 웩슬러(Wechlser, 1939)는 지능이란 "개인이 목표를 달성하기 위해 실행할 수 있고, 합리적으로 사고할 수 있으며, 환경에 효과적으로 대처할 수 있는 '전반적'이고 '총체적'인 능력"이라 정의하였다(이우경 외, 2019). 웩슬러 지능검사는 개인의 인지능력을 종합적으로 측정하고, 인지적 강점과 약점을 평가하는 도구이다. 이를 통해 개인의 지능적 특성을 파악하고 개인화된 지도를 제공할 수 있다. 웩슬러 지능검사는 실시 연령에 따라 구분할 수 있다. WAIS-Ⅳ는 만 16~90세까지의 청소년과 성인의 인지능력을 평가하며, 구분할 수 있다. WISC-Ⅴ는 만 6~16세까지의 아동과 청소년의 인지능력을 평가하고,

WPPSI-Ⅳ는 만 2세 6개월~7세 7개월까지의 유아를 대상으로 인지능력을 평가한다. 다음은 학교장면에서 사용하는 웩슬러 지능검사 K-WISC-Ⅴ에 대해 설명하고자 한다.

### 나. K-WISC-Ⅴ의 구성

K-WISC-Ⅴ 검사체계는 전체척도(Full Scale)와 기본지표척도(Primary Index Scales), 그리고 추가지표척도(Ancillary Index Scales)로 구성된다. 전체척도는 전체 IQ(Full Scale IQ)를 제공하며, 기본지표척도 5개의 기본지표점수, 추가지표척도 5개의 추가지표점수를 제공한다.

#### 가) 전체척도

전체척도는 다섯 가지 영역인 언어이해(Verbal Comprehension), 유동추론(Fluid Reasoning), 시공간(Visual Spatial), 작업기억(Working Memory), 처리속도(Processing Speed)로 구성되어 있다. 이 척도에는 총 16개의 소검사가 포함되어 있으며, 기본 소검사로는 토막짜기, 공통성, 어휘, 퍼즐, 그림기억, 무게비교, 숫자, 행렬추리, 기호쓰기, 동형찾기가 있고, 추가 소검사로는 산수, 상식, 선택, 이해, 공통그림찾기, 순차연결이 있다. 이 척도들은 다양한 인지 영역을 평가하기 위해 구성되었다.

#### 나) 기본지표척도

기본지표척도는 언어이해지표(VCI), 유동추론지표(FRI), 시공간지표(VSI), 작업기억지표(WMI), 처리속도지표(PSI)로 구성되어 있다. 각 지표는 2개의 기본 소검사를 포함하고 있다. 이러한 척도들은 다양한 인지 영역을 평가하기 위해 설계되었다.

#### 다) 추가지표척도

추가지표척도는 5개의 추가지표인 양적추론지표(Quantitative Reasoning Index: QRI), 청각작업기억지표(Auditory Working Memory Index: AWMI), 비

언어지표(Nonverbal Index: NVI), 일반능력지표(General Ability Index: GAI), 인지효율지표(Cognitive Proficiency Index: CPI)를 포함하며, 각 지표는 기본 소검사와 추가 소검사의 조합으로 구성된다.

#### 라) 처리점수

처리점수(Process Scores)는 아동의 소검사 수행 과정에 영향을 미치는 인지능력에 대한 정보를 제공한다. K-WISC-Ⅴ는 토막짜기, 숫자, 그림기억, 순차연결, 동형찾기, 기호쓰기, 선택 소검사에서 총 18개의 처리점수를 제공한다.

| 전체척도 | | | | |
|---|---|---|---|---|
| 언어이해 | 시공간 | 유동추론 | 작업기억 | 처리속도 |
| • 공통성, 어휘<br>• 상식, 이해 | • 토막짜기<br>• 퍼즐 | • 행렬추리, 무게비교<br>• 공통 그림찾기, 산수 | • 숫자<br>• 그림기억, 순차연결 | • 기호쓰기<br>• 동형찾기, 선택 |

| 기본지표척도 | | | | |
|---|---|---|---|---|
| 언어이해 | 시공간 | 유동추론 | 작업기억 | 처리속도 |
| • 공통성<br>• 어휘 | • 토막짜기<br>• 퍼즐 | • 행렬추리<br>• 무게비교 | • 숫자<br>• 그림기억 | • 기호쓰기<br>• 동형찾기 |

| 추가지표척도 | | | | |
|---|---|---|---|---|
| 양적추론 | 청각작업기억 | 비언어 | 일반능력 | 인지효율 |
| • 무게비교<br>• 산수 | • 숫자<br>• 순차연결 | • 토막짜기, 퍼즐<br>• 행렬추리, 무게비교<br>• 그림기억, 기호쓰기 | • 공통성, 토막짜기<br>• 어휘, 행렬추리<br>• 무게비교 | • 숫자, 그림기억<br>• 기호쓰기<br>• 동형찾기 |

**그림 5-1 ▸▸▸ K-WISC-V 검사체계**

### 다. 실시

검사자가 검사를 원활하게 진행하기 위해서는 실시 지침을 숙지하고, 전문가 수준의 훈련을 반드시 받아야 한다. 물리적 환경, 검사 도구, 라포 형성, 기록용지 작성, 소검사 실시 순서, 소검사 문항 종류, 시작점, 역순 규칙, 중지 규칙, 그리고 시간 측정을 잘 하여야 한다. 검사 도구에는 실시와 채점 지침서,

기록용지, 반응지 2개, 소책자 2개, 토막짜기세트, 채점판, 연필, 색연필, 초시계가 있다. 소검사마다 필요한 소책자와 반응지, 채점판 등이 다르기 때문에 검사자는 각 소검사에 해당하는 준비도구들을 미리 숙지해야 한다. 검사자는 검사를 실시하는 동안 검사 도구들을 가까이 배치하고 검사가 끝나면 다시 도구함에 넣도록 한다. 특히 기록용지에는 문항의 답이 나와 있는 경우가 있기 때문에 아동에게 노출되지 않도록 주의한다(곽금주, 2021).

**라. 해석**

K-WISC-Ⅴ 결과 해석은 아동의 인지적 특성, 강점 및 약점을 평가한다. 이를 통해 개인화된 교육 및 지도 방안을 제시할 수 있다. K-WISC-Ⅴ의 해석은 총 7단계로 이루어진다.

단계 1: 전체 IQ해석하기 → 단계 2: 기본지표척도 해석하기 → 단계 3: 기본지표척도 소검사 해석하기 → 단계 4: 추가지표척도 해석하기 → 단계 5: 추가지표척도 소검사 해석하기 → 단계 6: 처리분석 해석하기 → 단계 7: CHC 분석 해석하기

### (2) 성격검사

#### ① MBTI 검사

**가. 개관**

MBTI는 분석심리학자 융의 유형론을 근거로 캐서린 브릭스(Katharine Briggs)와 이사벨 마이어스(Isabl Myers), 피터 마이어스(Peter Myers) 3대에 걸쳐 연구 개발한 성격유형이다. MBTI는 세계에서 가장 널리 사용되는 심리검사 중 하나다. MBTI에서는 4가지의 선호지표를 제시한다. 개개인에 따라 4가지 중 하나의 선호지표가 있으며 이를 조합하면 16가지의 성격유형이 나온다. 이 검사를 통해서는 어떤 사람이든 16가지 유형 중 하나에 속하게 된다. 모든 사람을 16가지 유형으로 일률적으로 분류하고 그 유형에 속한 사람들을 동일한 특성을 가진 사람으로 간주한다는 것에 문제가 있을 수 있다.

MBTI 4가지 선호지표에는 외향과 내향, 감각과 직관, 사고와 감정, 판단과 인식이 있다.

### 나. 구성

#### 가) 외향성–내향성(Extraversion–Introversion: EI)

외향성과 내향성은 주의집중과 에너지의 방향과 관련된 상호보완적인 태도이다. 외향적인 사람들은 주로 외부세계를 지향하며, 인식과 판단도 외부세계와 환경에 초점을 둔다. 이들은 세상을 이해하기 위해서 외적 경험을 강조하고 먼저 행동으로 체험하려는 경향이 있다. 반면 내향적인 사람들은 주로 내부세계를 지향하며, 인식과 판단도 개념이나 사상 등의 내부세계에 더 초점을 둔다. 이들은 생각을 많이 하는 활동에 흥미를 느끼는 경향이 있다. 내향성은 주로 내부적인 활동과 관련되며, 외향성과 상호보완적인 관계에 있다.

#### 나) 감각–직관(Sensing–iNtuition: SN)

감각정보에 초점을 두어 정보수집 및 인식에 관심을 가지는 사람들은 감각기능을 선호한다. 이들은 여러 감각을 통해 내외적인 세계에 존재하는 사물이나 현상의 정보를 받아들이는 데 중점을 둔다. 반면 직관을 선호하는 사람들은 감각정보의 한계를 넘어서 전체적인 관계와 심오한 의미에 집중한다. 직관형은 상상력과 영감을 중시하며 미래의 성취와 다양성에 관심을 가지고 전체를 볼 수 있는 경향이 있다. 반면에 세부적인 사항을 간과할 수도 있다.

#### 다) 사고–감정(Thinking–Feeling: TF)

사고형은 논리적인 결과를 예측하고 분석하여 의사결정을 내리는 경향이 있다. 일관성과 타당성을 중요시하며 원리와 원칙에 근거하여 결정한다. 진실에 대한 관심이 강하고 객관적인 기준을 강조한다. 감정형은 논리보다는 사람에 초점을 두고 인간 중심적 가치를 근거로 결정을 내리는 경향이 있다. 감정을 선호하는 사람들은 인간관계를 중요시하며 동정심이 많고 남을 인정할 줄 알며 재치가 있는 특징을 가진다.

라) 판단-인식(Judging-Perception: JP)

판단을 선호하는 사람들은 계획을 세우고 질서 있게 살아가는 경향이 있으며 구조화와 조직화를 좋아한다. 계획을 세우고 일정을 지키는 것을 중요시한다. 인식을 선호하는 사람들은 상황에 적응하며 자율적으로 살아가려는 경향이 있다. 어디에서든 적응할 수 있다고 믿으며 개방적이고 유연한 상황에서도 잘 적응할 수 있다.

### 다. 실시

검사자는 MBTI 검사의 성격과 목적을 충분히 전달하여 피검자들이 자신의 숨겨진 성격적 결함이나 능력의 한계에 대한 불안을 고려해야 한다. 이 검사는 '성격의 선천적 선호성'을 알려주는 검사로, 성격의 좋고 나쁜 것은 없다는 것을 알려주며, MBTI는 능력검사나 지능검사가 아니라는 점을 강조한다(최정윤, 2016).

### 라. 해석

MBTI에 따라 16가지 성격유형의 특징을 요약하면 다음과 같다.

- ISTJ: 신중하고 조용한 성격으로 집중력이 강하며, 매사에 철저하고 사리분별력이 뛰어나다.
- ISFP: 내향적이고 감각적인 사고를 가지며, 예술적인 표현과 자연과의 조화를 중요시하는 예술가적 성향을 가진 사람이다.
- INFJ: 내향적이고 직관적인 사고를 가지며, 다른 사람의 감정에 민감하고 이해심이 깊은 이상주의자이다.
- INTJ: 독창적이고 창의적이며 분석력이 뛰어나고 내적 신념이 강하다.
- ISTP: 내향적이고 감각적인 사고를 가지며, 논리적인 문제 해결과 융통성 있는 대처 능력을 갖춘 실용주의자이다.
- ISFJ: 타인의 감정에 민감하고 매사에 성실하고 철저하다.
- INFP: 내향적이고 직관적인 사고를 가지며, 가치와 이상에 충실한 옹호자로서 타인의 감정에 민감한 성향을 가진 사람이다.
- INTP: 내향적이고 직관적인 사고를 가지며, 논리와 분석에 능한 학자적

성향을 가진 사람이다.

- ESTP: 외향적이고 감각적인 사고를 가지며, 현실적이고 적응력이 뛰어난 행동가적 성향을 가진 사람이다.
- ESFP: 사교적이고 활동적이며 수용적이고 낙천적이다.
- ENFP: 정열적이고 활발하며 재능과 상상력이 풍부한 사람으로서 열정적이고 창의적인 특성을 지니고 있다.
- ENTP: 외향적이고 직관적인 사고를 가지며, 창의성과 논쟁을 통해 아이디어를 발전시키는 변론가적 성향을 가진 사람이다.
- ESTJ: 외향적이고 감각적인 사고를 가지며, 현실적이고 조직적인 지도자적 성향을 가진 사람이다.
- ESFJ: 외향적이고 감각적인 사고를 가지며, 타인과의 관계에 민감하고 배려심이 깊은 사회적 성향을 가진 사람이다.
- ENFJ: 외향적이고 직관적인 사고를 가지며, 타인의 성장과 행복을 도모하는 사회운동가적 성향을 가진 사람이다.
- ENTJ: 외향적이며 직관적인 사고를 가지며, 목표 지향적이고 결단력 있는 리더십을 발휘하는 조직가적 성향을 가진 사람이다.

### ② MMPI 다면적 인성검사

#### 가. 개관

다면적 인성검사(Minnesota Multiphasic Personality Inventory: MMPI)는 1943년 미국 미네소타 대학의 해서웨이(Hathaway)와 맥킨리(Mckinley)에 의해 처음 발표된 이후, 진단적 도구로서의 유용성과 다양한 장면에서 적용 가능성이 인정되었고(Lubin, Larsen, & Matarazzo, 1984), 현재 세계적으로 가장 널리 사용되고 광범위한 연구가 이루어진 구조화된 성격검사이다(Piotrowski, 1997). MMPI는 정신 질환자들을 평가 진단하고 효과적으로 파악하기 위해 개발된 심리검사이다.

정상적인 성격 경향성과 정신 병리적 증상이 질적 차이라기보다는 양적인 차이라는 전제하에서, 오늘날에는 정신 병리에 대한 평가뿐 아니라 임상 집단과

정상인 집단 모두에 대해서 성격 경향성을 평가하는 데도 널리 사용되고 있다(최정윤, 2016).

MMPI가 대표적인 자기보고식 검사로 인기를 얻은 이유는 검사 실시와 채점이 용이하며, 시간과 노력을 절약할 수 있다는 점, 그리고 객관적인 기준에 의해 간편한 해석 방식 등이 있다. MMPI가 출판된 이후 여러 가지 이유로 개정 작업이 시작되었고 1989년에는 MMPI-2가 출판되었다(Butcher, Dahlstrom, Graham, Tellegen, & Kaemmer, 1989; Duckworth, 1991). MMPI-2는 현재까지 가장 많은 연구가 이루어진 성격검사 도구로서 널리 사용되고 있다. 특히 MMPI-2에는 원판 MMPI 척도와 코드타입이 그대로 남아 있기 때문에 지금까지 MMPI 연구자들이 해 놓은 연구와 일관성을 유지할 수 있다는 장점이 있다.

MMPI-2는 기본적으로 정신건강의학과, 교정 장면, 상담기관 등에서 진단과 치료계획을 세우기 위해 사용된다. 그리고 청소년을 대상으로 실시할 수 있는 검사에는 MMPI-A가 있다.

### 나. 구성

**표 5-2 MMPI-2와 MMPI-A의 비교**

| | MMPI-2 | MMPI-A |
|---|---|---|
| 문항 수 | 567문항 | 478문항 |
| 문항 내용 | 중요 내용 영역의 문항 추가 | 청소년에 적합한 문항 내용 및 표현 |
| 규준 연령 | 19~78세 성인 | 13~18세 청소년 |
| 타당도 척도 | 10개(?,VRIN,TRIN;F,F(B),F(P),FBS;L,K,S) | 8개(?,VRIN,TRIN;F1,F2,F;L,K) |
| 임상척도 | 10개 | MMPI-2와 동일한 임상척도 10개<br>Mf, Si척도에서 문항수가 줄어듦 |
| K교정 점수 | K교정 점수 적용 | K교정을 적용하지 않음 |
| RC척도 | 9개의 재구성 임상 척도 개발(2003) | 없음 |
| PSY-5 척도 | 성격병리 5요인 척도 개발(2002) | 성격병리 5요인 척도 개발(2002) |
| 내용 척도 | 15개의 새로운 내용 척도 개발 | 11개의 내용 척도는 MMPI-2와 동일<br>4개의 내용 척도 청소년용으로 개발 |
| 보충 척도 | 15개의 새로운 보충 척도 개발 | 3개의 보충 척도는 MMPI-2와 동일<br>3개의 보충 척도 청소년용으로 개발 |

출처: 유성진(2016).

### 다. 실시

MMPI 실시에 앞서 피검자는 초등학교 6학년 수준 이상의 독해력과 80 이상의 지능 수준이 있어야 하며, 검사자는 성실한 태도로 검사의 목적과 결과의 비밀보장에 대해 설명해야 한다. 특히, 검사 결과가 피검자와 치료자에게 매우 중요한 자료가 될 수 있다는 점을 강조해야 한다. 답안지 수거 과정에서도 검사자는 신중을 기해야 한다. 답안지를 채점하기 전에 전체적으로 검토하여 피검자가 응답하지 않은 문항이나 미완성한 부분, 형편없이 기입된 내용, 반복적인 지우기 등을 확인해야 한다. 적절하지 않은 응답이 있다면 재응답을 권유해야 한다. 이러한 검토는 검사의 타당성을 평가하고 피검자의 행동특성을 이해하는 데 도움이 된다.

검사에 대한 지시사항은 다음과 같다.

"이 질문지는 일상생활에서 당면하는 여러 가지 문제들을 문항들로 만들어 두었습니다. 문항들을 하나하나 읽어가면서 그 문항이 당신을 잘 나타내고 있거나 당신 생각과 같으면 답안지의 '그렇다'에 해당하는 칸에 빗금표시를 하시고 그렇지 않으면 '아니다'에 해당하는 칸에 빗금표시를 하십시오."

### 라. 해석

**표 5-3** MMPI-2 척도 해석

| | | | |
|---|---|---|---|
| 1 Hs | Hypochondriasis | 건강염려증 | 신체증상 호소 |
| 2 D | Depression | 우울증 | 우울 |
| 3 Hy | Hysteria | 히스테리 | 높은 애정, 인정 욕구 |
| 4 Pd | Psychopathic Deviate | 반사회성 | 불만, 분노, 충동성 |
| 5 Mf | Masculinty–Femininity | 남성성–여성성 | |
| 6 Pa | Paranoia | 편집증 | 대인관계 문제 |
| 7 Pt | Psychasthenia | 강박증 | 걱정, 불안, 완벽주의 |
| 8 Sc | Schizophrenia | 조현병 | 심리적 혼란 |
| 9 Ma | Hypomania | 경조증 | 불안정한 정서 |
| 0 Si | Social Introversion | 내향성 | |

출처: 유성진(2016).

가) 척도 1: 건강염려증(Hs)

이 척도는 수검자의 신체적 증상을 평가하고, 다른 사람들에게 주의를 끌거나 조절하려는 의도를 측정한다. 이 척도가 높은 사람들은 신체 전반에 걸친 기능 이상과 이에 대한 집착을 보이며, 다양한 신체 증상과 함께 만성적인 피로감, 통증, 무력감을 경험하며, 스트레스에 대한 신체적 반응을 나타낼 수 있다(억압이 신체화 · 신체증상으로 나타나지 않은 경우라면 성격적인 측면으로 드러날 수 있음). 또한 자기중심적이며, 외부세계에 대해 비판적 · 냉소적이며 스스로 불만스럽고 불행하다는 주관적 느낌을 가지고 있다. 의도적이지는 않지만 신체 증상을 통해 다른 사람을 조정하려 하기 때문에, 주변 사람들을 피곤하고 짜증나게 할 수 있다. 이 척도가 높은 피검자는 신체 증상을 자주 호소하고 이를 통해 타인들에게 관심받고 자신이 원하는 바를 얻고자 하는 경우가 많다. 아프다고 하면 대부분 타인의 관심과 애정, 지지를 얻을 가능성이 높고, 이는 다시 이들이 신체 증상을 극대화함으로써 악순환이 반복될 수 있다.

나) 척도 2: 우울증(D)

이 척도의 기본 차원은 '평가'이며 옳고 그름을 가려내는 특성을 나타낸다. 경미한 상승은 현실적이고 객관적이며 사려 깊은 성향을 의미할 수 있지만, 이 척도가 높으면 자신에 대한 비판적인 태도와 죄책감에 빠져 있는 경우가 많다. 이 척도는 검사 시점에서 해당 개인이 느끼는 비관적인 감정과 슬픔의 정도를 나타내며, 전형적인 방어기제의 붕괴 정도를 측정한다. 다양한 신체적, 정서적, 사회적 증상과 함께 나타나는 우울감, 의기소침, 자존심 저하, 흥미 범위 축소, 주의집중 곤란, 심리적 기능에 대한 불신, 불면, 소화기 이상 등의 신체적 기능 이상과 사회적 관계 회피, 불안과 위축 등을 측정한다. 이 척도가 높은 피검자는 말하기가 어렵고 울음이 많으며 기운이 없는 경우가 많고 혼자 있기를 선호한다. 또한 간단한 결정을 내리기 어렵고 자기를 억제하고 위축적인 경향을 보인다. 점수가 지나치게 낮으면 자신의 문제를 부인하거나 방어하는 경향일 수 있다. 이러한 특징이 실제로 나타난다면 자제력이 부족하다는 평가를 받을 수 있으며 가끔 허세를 부리고 자기 과시적인 행동으로 대인 관계를 해칠 수도 있다. 이 척도는 주관적 우울감(D1), 정신운동 지체(D2), 신체적 기능장애(D3), 둔감성(D4), 깊은 근심(D5)의 다섯 가지 하위 척도로 구성되어 있다.

### 다) 척도 3: 히스테리(Hy)

이 척도는 심리적 고통을 피하기 위해 부인(denial)이라는 방법을 사용하는 정도를 측정한다. 문항들은 두 가지 유형으로 구성되어 있다. 하나는 특정한 신체적 증상을 나타내는 문항이고, 다른 하나는 자신이 사회적으로 잘 적응하고 어떠한 심리적 문제도 가지고 있지 않다고 주장하는 문항이다. 이 문항들은 신체적 문제의 존재나 관련된 걱정을 부인하는 경향을 보인다. 이러한 사람들은 평소에는 잘 적응하고 있는 것처럼 보이지만 스트레스에 직면하게 되면 전환성 신체 증상을 통해 갈등을 해결하거나 회피하려는 경향이 있다. 부인의 실제적 영역은 Hy 척도가 상승한 정도와 다른 임상척도가 상승한 정도를 비교해 봄으로써 알 수 있다. 사회적 불안의 부인(Hy1), 애정욕구(Hy2), 권태-무기력(Hy3), 신체적 증상(Hy4), 공격성의 억제(Hy5), 5가지 하위 척도로 구성되고, 각 척도들에 대한 내용을 평가한다.

### 라) 척도 4: 반사회성(Pd)

이 척도는 '공격성'의 정도를 측정하며, 가족이나 권위적 대상에 대한 불만, 일탈행동, 성문제, 사회적 괴리, 권태감 등을 평가한다. 이들은 거짓말을 잘하고 사회적 규범을 거부하며 권위적인 인물에 대한 적개심을 가진 경우가 많다. 성격이 미숙하여 어린애처럼 행동하고, 자기중심적이며, 허세를 부리며 다른 사람을 이용하여 자신의 욕구를 충족시키기 위해 노력한다. 가정불화(pd1), 권위불화(pd2), 사회적 침착성(pd3), 사회적 소외(pd5), 내적 소외(pd5)의 하위척도가 있다.

### 마) 척도 5: 남성성-여성성(Mf)

이 척도는 몇 가지 문항이 성적인 내용을 다루지만 대부분의 문항은 직업, 여가, 걱정과 두려움, 과민성, 가족관계 등 다양한 주제를 다룬다. 이를 통해 수검자의 성 역할 혼란이 있는지, 남성 수검자가 여성적인 특성을 나타내거나 여성 수검자가 남성적인 특성을 강조하는 경향이 있는지를 측정한다.



바) 척도 6: 편집증(Pa)

이 척도는 대인관계 예민성, 피해의식, 의심이 만연한 경향, 사고의 경직성, 관계망상 등 편집증의 임상적 특징을 평가하는 것을 주된 목적으로 한다. pa척도가 중간 정도일 경우(T점수 60~70)에는 대인관계에서 민감성을 의미하는데 만약 T점수가 70 이상으로 높을 경우 다른 사람을 의심한다는 것을 의미한다. 이 척도는 다른 사람에 대해 악의적인 의도를 가지고 있다고 생각하여 경계하는 상태를 나타내며, 자기 정당성을 주장하여 자신이 한 행동에 대해 타인이 정당한 대우를 하지 않는다고 믿는 경향이 있다.

사) 척도 7: 강박증(Pt)

이 척도는 강박적 행동을 평가하는 것 외에도 자기비판, 자신감 저하, 주의집중 곤란, 우유부단 및 죄책감 등을 측정한다. 특히 척도 7은 척도 K와 관련이 높으며 척도 2와 함께 '정서적 고통감'을 나타내는 경우가 많다. 이 척도는 불안을 가장 잘 측정하는 유일한 지표로 볼 수 있다.

아) 척도 8: 정신분열증(Sc)

이 척도는 정신분열증과 관련된 사고, 감정, 행동의 장애를 주로 측정한다. 높은 점수는 정신적 혼란을 나타낸다. 그러나 이 척도가 높다고 해서 반드시 정신분열증을 의미하는 것은 아니다. 해서웨이(Hathaway, 1956)에 따르면 척도 8은 정신분열증 환자의 약 60%만을 식별할 수 있다고 보고되어 있다. 척도 8은 사고, 감정, 행동의 장애뿐만 아니라 사회적 소외, 정서적 소외, 가족 갈등, 주의 집중 및 충동 억제의 곤란 등 다양한 영역을 포함하고 있다.

자) 척도 9: 경조증(Ma)

이 척도는 정신적인 에너지 수준을 측정하는 데 사용된다. 이 척도가 높은 사람들은 활동적이고, 끊임없이 목표를 추구해야만 하는 경향이 있다. 그들은 사고 영역에서는 다양성과 비약성을 나타내며, 행동 영역에서는 과잉 활동적이고 안절부절 못하며, 정서 영역에서는 불안정, 흥분, 민감성 및 기분 변동을 경험할 수 있다. 또한, 예민성이나 부정적인 감정을 부정하는 특징을 보일 수도 있다.

#### 차) 척도 0: 내향성(Si)

이 척도는 대인 관계에 대한 욕구, 대인 관계 상황에서의 예민성 또는 수줍음, 사회적 불편감 및 회피, 자기 비하 등을 측정한다. 척도의 점수가 높을 경우 혼자 있기를 선호하는 경향이 있고, 점수가 낮을 경우 다른 사람들과 함께 있기를 선호하는 경향이 있다. 그러나 척도 0을 해석할 때에는 외향성이 더 좋다거나 내향성이 더 나쁘다는 가치 판단을 하지 않아야 한다. 외향성과 내향성은 개인의 성격적인 성향이나 증상의 일면으로 다양하게 해석될 수 있다.

### ③ PAI 성격평가질문지

#### 가. 개관

성격평가질문지(Personality Assessment Inventory: PAI)는 1991년에 모레이(Morey)에 의해 개발된 성인용 성격검사이다. 이 도구는 자기보고형 질문지로서, 임상적으로 매우 중요한 변인들을 다루고 있다. PAI는 비교적 최근에 개발되었지만 심리측정학적 관점에서 볼 때 기존의 다른 검사들보다 크게 향상된 검사이다(Helems, 1993). PAI는 김영환, 김지혜, 오상우, 임영란, 홍상황에 의해 국내에서 표준화된 검사로, 344문항으로 구성되어 있으며, 타당성 척도 4개, 임상척도 11개, 치료고려척도 5개, 대인관계척도 2개 등 다양한 영역을 평가하는 척도들을 포함하고 있다.

검사의 반응양식은 4점 척도로 구성되어 있으며, 결과를 평균 50, 표준편차 10으로 환산하여 T-분포를 기반으로 한다. PAI-A 청소년 성격평가질문지는 청소년의 임상적 평가를 위해 고안된 검사로 성인용 검사인 PAI 성격평가 질문지와 동일한 구조로 구성되어 있다. 청소년의 다양한 정신 병리를 측정하기 위해 구성된 임상적 진단, 치료계획 또는 선별과 관련 있는 정보를 제공한다.



### 나. 구성

PAI는 과거 정신장애 진단분류에서 중요한 역할을 차지하고 있는 임상증후군들을 평가할 수 있으며, 이는 최근의 실제 진단에서도 중요한 비중을 가지고 있다. PAI를 심리측정적으로 타당하고 안정적이라고 하는 이유는 다음과 같다.

첫째, PAI는 구성타당화 방법을 사용하였다. 먼저 극단치가 있는 문항들을 검토하고, 문항의 수렴(convergence)과 변별(discrimination) 내용을 평가하며, 변별적 신뢰도 분석을 통해 사회적 바람직성을 평가한다. 이를 통해 검사의 신뢰성과 유효성을 평가하고, 개인의 성격과 임상적 특성을 더욱 정확하게 이해할 수 있다.

둘째, PAI를 개발하는 과정에서 변별타당도를 최대화시키기 위한 여러 가지 절차를 적용하였다. 특히 구체성에 특별히 유의해서 문항을 작성하였다.

셋째, 기존의 검사들은 변별타당도를 보완하기 위해 많은 중복 문항들을 두었다. 즉 한 문항이 하나 이상의 척도에서 포함되고 채점된다. 문항을 중복시킴으로써 분명한 구성개념을 측정할 때 어떤 일치성을 알아볼 수도 있지만 이 자체가 문제가 될 수도 있다. 이러한 잠정적인 문제를 감소시키기 위해서 PAI는 문항중복을 피했다.

넷째, PAI를 개발하는 과정에서 변별타당도의 문제를 고려하기 위해 반응양식이 미치는 영향을 자세히 검토하였다.

다섯째, PAI는 특정 문항에 대한 반응에 포함된 정보를 이용하는 문항반응이론에 근거를 두고 있다. 따라서 구성개념들을 잘 구분해 주는 문항보다는 구성개념과 관련 있는 모든 정보를 포함하는 문항을 선정하였다(김영환 외, 2005).

### 다. 실시

PAI는 원래 제작 당시 18세 이상에 속하는 성인의 임상적 문제를 평가하기 위한 것이었으나 우리나라에서 표준화하는 과정에서 18세 미만의 고등학생 대상으로도 실시할 수 있도록 하기 위해 고등학생 규준을 포함시켰다. 이를 통해 PAI는 성인과 고등학생 모두에게 적용 가능한 검사 도구로 사용할 수 있게 되었다. 따라서 고등학생을 포함하여 대학생, 일반성인의 규준뿐 아니라 임상표본의 환자 규준도 포함되어 있다.

PAI 검사지는 지시문과 344개의 문항으로 구성되어 있으며, 답지와 함께 사용된다. 프로파일 기록지는 22개의 척도와 하위 척도의 원점수를 T점수로 환산하여 포괄적인 프로파일을 제공한다. 프로파일 기록지는 고등학생, 대학생 및 성인용으로 구분되어 있어 각 그룹에 맞는 검사 결과를 제공한다. 성인용 PAI 기록지에는 임상 표본들의 점수분포를 보여주는 청색 선이 있으며, 27개의 결정문항이 포함되어 있다. 이 결정문항들은 잠재적 위기상황에 관련된 중요한 내용으로 구성되어 있고, 정상인들이 이에 대해 시인하는 비율은 낮다. 검사를 마친 후 수검자가 시인한 결정문항에 대해 다시 물어 보고 수검자의 반응을 기록할 수 있도록 되어 있다. 이들 문항을 활용하면 임상적으로 중요한 부가 정보를 얻을 수 있다(김영환 외, 2005).

#### 라. 해석

PAI 결과를 의미 있게 해석하기 위해서는 수검자가 응답하지 않은 문항의 수를 확인하는 것이 필요하다. 일반적으로 의미 있게 해석하기 위해서는 95% 이상 응답해야 하고, 17문항 이상 응답하지 않았다면 프로파일을 해석해서는 안 된다. PAI 검사결과를 왜곡시킬 수 있는 요인을 평가하기 위한 4가지 타당도 척도가 있다. PAI 프로파일을 해석하기 위한 두 번째 단계는 이러한 요인들 중 어떤 요인이 수검자의 반응에 영향을 주었는지 파악하는 것이다. 만약 타당성 척도 중 어느 하나라도 상승하는 경향이 있다면 프로파일을 신중하게 해석해야 한다. 일반적으로 수검자의 점수가 임상표본의 평균에서 2표준편차 이상 벗어나면 프로파일이 왜곡되었을 가능성이 높고 타당하지 않은 것으로 판단된다. 다음 단계는 척도들이 어떤 형태나 유형으로 상승하는지 검토하는 것이다. 하나의 척도가 동일한 정도로 상승할지라도, 임상적으로 관련이 있는 다른 척도들과의 맥락에 따라 해석적 의미가 다를 수 있다. 이를 고려하여 프로파일을 해석하게 된다.

### ④ NEO 성격검사

#### 가. 개관

많은 연구자들은 개인의 성격특성 차원은 크게 5개 요인으로 구성되어 있다는 성격의 '5요인 구조설(Big Five Structure/Five Factor Model)'에 동의하고 있다(Botwin & Buss, 1989; Digman & Inouye, 1986; Goldberg, 1981, 1990; McCrae & Costa, 1985, 1987; Peabody & Goldberg, 1989; Watson & Clark, 1992). 5요인은 학자들 간에 명명상의 차이가 다소 있으나 대체로 신경증(정서적 안정성, Neuroticism: N), 외향성(Extraversion: E), 개방성(문화 혹은 지성, Openness: O), 친화성(Agreeableness: A), 성실성(성취에 대한 의지, Conscientiousness: C)을 의미한다(Goldberg, 1990; McCrae & Costa, 1989; Norman, 1963).

올포트(Allport, 1937)는 사람들의 행동에는 내적이고 심리적인 근거가 있으며, 이는 일관성과 안정성을 갖춘 심리적인 구성체로 나타난다는 가정을 세웠다. 그는 이러한 구성체를 성격의 요인으로 찾아보고자 하였고, 이를 통해 개인 차이를 잘 나타내는 성격의 핵심적인 특성들을 밝히려는 노력을 하였다.

올포트(Allport)와 오버트(Odbert, 1936)는 Webster 영어대사전을 활용하여 18,000개의 성격을 기술하는 술어들을 요약하고, 이를 몇 개의 범주로 분류해 보았다. 이를 바탕으로 카텔(Cattell, 1943)은 다차원적 성격 구조를 고려하여 분석을 진행하였고, 그 결과 35개의 성격 요인을 도출할 수 있었다. 이후 많은 연구들이 이를 바탕으로 진행되었다. 이러한 연구들은 공통적으로 존재하면서도 개인차를 잘 설명해주는 성격 특성들을 찾기 위한 노력으로 이어졌다.

#### 나. NEO 성격검사의 구성

NEO 성격검사는 적응적이고 정상적인 사람들의 성격 구조를 측정하는 데 사용되며, 동시에 성격적 취약성에 대한 정보도 제공하는 매우 포괄적인 검사이다. 이를 통해 적응적이고 정상적인 사람들이 자신의 성격을 이해하고 성장할 수 있는 정보를 얻을 수 있을 뿐만 아니라, 행동장애나 심리적 부적응을 예측하여 심리 교육적 자기 이해, 치료적 개입, 예방적 상담 등의 영역에도 활용할 수 있다. 실제로 NEO 성격검사는 지금까지 많은 연구, 상담 및 상담자교육을 통하여 그 상담 현장 적용성을 검증한 결과 현장 타당도가 높고 상담과 지도에 활용성이 높아서 많은 호응을 얻고 있다(안현의 외, 2020). NEO 성격검사는 성인용, 청소년용, 아동용 중에, 학교에서 많이 활용하는 아동용과 청소년용에 대해 간략하게 설명하고자 한다.

#### 가) NEO 성격검사 아동용(초등학교 4~6학년)

아동용 NEO 성격검사는 외향성(사회성, 지배성, 자극추구), 개방성(창의성, 정서성, 사고유연성), 친화성(온정성, 신뢰성, 관용성), 성실성(유능감, 조직성, 책임감), 신경성(불안, 적대감, 우울, 충동성, 사회적 위축, 정서충격)의 5요인과 18개의 하위척도로 구성되어 있다. 전체로는 147개의 문항으로 구성되며, 이 중에는 신뢰도 측정을 위한 문항 두 개가 포함되어 있다.

#### 나) NEO 성격검사 청소년용(중 · 고등학교 학생)

청소년용 NEO 성격검사는 외향성(사회성, 지배성, 자극추구, 활동성), 개방성(창의성, 정서성, 사고 유연성, 행동 진취성), 친화성(온정성, 신뢰성, 공감성, 관용성), 성실성(유능감, 성취동기, 조직성, 책임감), 신경성(불안, 적대감, 우울, 충동성, 사회적 위축, 정서충격, 심약, 특이성, 반사회성, 자존감)의 5요인과 26개의 하위척도로 구성되어 있다. 전체로는 211개의 문항으로 구성되며, 이 중에는 신뢰도 측정을 위한 문항 세 개가 포함되어 있다.

### 다. 실시

NEO 성격검사는 개별검사 혹은 집단검사로 실시될 수 있다. 검사 실시를 위한 적합한 환경은 채광과 통풍이 잘 되는 쾌적한 장소이다. 검사를 실시할 때의 분위기는 피검자가 조용하고 편안함을 느낄 수 있어야 하며 다른 사람으로부터 방해를 받지 않아야 한다.

검사를 실시하는 상담자들은 학생이나 피검자들이 문항의 내용을 잘 읽고, 정확하고 솔직하게 응답할 수 있도록 검사의 목적을 충분히 설명할 필요가 있다. NEO 성격검사는 5점 척도로서 학생이나 피검자들은 각 문항의 내용에 대해 "매우 그렇다", "그렇다", "보통이다", "아니다", "전혀 아니다" 가운데 어느 하나를 선택하도록 한다. 검사의 완성에 제한 시간은 없다. 대부분의 응답자들은 완성하는 데 30~40분 정도 걸리지만, 독해 능력이 낮은 학생들이나 제한된 독해 기술을 가진 응답자들은 더 많은 시간이 걸릴 수 있다(안현의 외, 2020).

### 라. 해석

NEO 성격검사의 해석 시 5개 요인과 해당 요인의 하위척도들을 하나의 유형으로 일반화해서 해석하는 것은 적절하지 않다. 각 요인과 하위척도들은 독립적인 성격 특성을 나타내며, 개별적으로 고려되어야 한다. 따라서 종합적인 해석을 위해서는 각 요인과 하위척도들이 어떻게 조합되고 상호작용하는지를 고려해야 한다. 그리고 T점수가 낮거나 평균수준에 있다 하더라도 개인의 성격에 대해 의미 있는 정보를 제공해 줄 수 있다. 한 척도의 점수는 개인에게 그 특성이 존재한다거나 아니면 그 특성이 존재하지 않다는 것을 뜻하지 않는다. 학생의 성격이 좋다거나 나쁘다고 판단하지 않도록 해야 하며, 프로파일 해석은 성격 요인 점수들이 평균에서 극단적인 점수를 보이는 점에 주목할 필요가 있다. 프로파일 해석은 잠정적이고 가설적인 것으로 보아야 하지만, 내담자와 의견을 나누어 긍정의 결과가 나오면 확정적인 결론을 내릴 수 있다. 또한 자기 자신이 보는 성격과 이들 주위 사람들이 자신을 보는 성격을 비교하여 일치와 불일치를 서로 함께 나누어 보도록 함으로써 의사소통과 대인관계의 효율성을 높일 수 있다(안현의 외, 2020).

### (3) 학습검사

#### ① MLST-Ⅱ 학습전략검사

##### 가. 목적

청소년들은 학습 전략의 효과성과 학습 성취도에 영향을 미치는 다양한 요인들을 이해함으로써 자신의 장점과 단점을 파악하고 학습의 효율성을 높일 수 있다. 좋은 선생님들로부터 수업을 받는 것도 중요하지만, 부족한 부분이나 이해되지 않는 부분을 스스로 보충하는 노력을 기울이지 않거나, 학습 방법에 문제가 있다면 학습 목표를 달성하기가 어려워진다.

학습 전략은 학습 과정과 결과에 큰 영향을 미치며, 좋은 전략을 사용할수록 자기 주도적인 학습 능력이 향상된다. 학년이 진행됨에 따라 학습 전략과 자기 주도적 학습 능력은 성적에 더 큰 영향을 미치며, 개인의 노력과 의지에 따라 변화할 수 있다. 따라서 자신의 장점과 단점을 이해하고 부족한 부분을 보완하기 위한 노력을 기울인다면 학습 능력은 향상될 것이다(박동혁, 2008).

##### 나. 구성

학습전략검사의 구성은 신뢰도 지표, 부가정보, 성격특성, 정서특성, 동기특성, 행동특성, 학습 유형이 있다. 이 영역 중에서 많이 활용하는 특성 4가지는 다음과 같다.

###### 가) 성격적 특성

첫째, 효능감은 원하는 결과를 얻기 위해 필요한 노력과 행동을 자신의 능력으로 이룰 수 있을 것이라는 믿음과 신념의 정도를 나타낸다. 둘째, 자신감은 개인이 행동에 대해 갖는 신념으로, 주어진 행동이 확실한 결과를 가져올 것이며, 앞으로 더 나은 결과를 얻을 수 있다는 확신과 기대를 의미한다. 셋째, 성실성은 학업 성취와 관련된 영역에서 학습자의 성실성과 관련된 부분을 의미하며, 끊임없이 노력하고 탐색하는 속성 중 하나이다.

#### 나) 정서적 특성

첫째, 우울감은 학업 성취와 학교 수행에 직접적인 방해 요인 중 하나이다. 우울한 아동들은 학교에서 성적이 낮고 다양한 학업적 어려움을 겪을 수 있다. 이는 집중력 부족, 사고 능력 저하, 정신 운동 기능 저하 등으로 나타날 수 있으며, 학교에 대한 거부감, 과제 미완료, 학교에 대한 불만 등의 증상이 빈번하게 나타날 수 있다.

둘째, 짜증, 예민함은 우울감의 또 다른 표현으로 간주하여 본 검사도 별도로 평가하였다.

셋째, 불안감은 일반적으로 학업 성취와 부적절한 상관관계를 나타내는 것으로 이론적으로나 경험적으로 알려져 있다. 인지과정의 핵심이라 할 수 있는 주의는 인지, 정서, 동기, 성격과 밀접한 관련이 있으며, 지각과 인지의 과정 초기에 작용하면서 자각이나 의식, 형태 파악, 장단기 기억, 언어의 이해 및 산출 과정을 비롯한 문제 해결 과정, 논리적 추리 과정에 영향을 준다(박동혁, 2008).

#### 다) 동기적 특성

첫째, 학습동기는 학습전략을 유연하게 조절하고 어려움에도 노력하는 특징을 가지며, 도전을 경쟁으로 받아들이지 않고 위협으로 인식하지 않는다. 평가 상황을 새로운 경험과 성장의 기회로 인식하며 실패를 학습과 성장의 기회로 여긴다. 이로 인해 자기 가치감을 훼손시키지 않고 자연스러운 학습 기회로 받아들인다. 둘째, 경쟁동기는 학업 수행과 정적 상관관계가 있는데, 실패에 대한 두려움, 피상적인 시험 준비 전략, 결과에 초점을 맞추는 특징을 가지고 있다. 도전 상황에서는 부정적인 인식(불안)을 유발하고, 비효율적인 전략을 사용하며 과제 집중도가 저하될 수 있다. 셋째, 회피동기가 높은 학생들은 학업 성취에 대한 불안감으로 인해 자기 불구화 전략을 사용한다. 자신이 무능력하다고 느끼고 공부를 회피하거나 시도 자체를 하지 않으며, 학업에 대한 구실을 찾게 된다. 이는 학업적 자기 효능감과 수행결과에 부정적인 영향을 줄 수 있다.

라) 행동적 특성

행동은 개인의 성격, 정서, 동기의 결과로 나타나는 것이며, 일반적으로 습관의 형태로 나타난다. 습관은 관찰 가능하고 자동적이며 반복적인 행동을 의미하며, 자동화된 행동이기 때문에 문제점을 인식하기 어렵고 수정이 어렵다. 학습 장면에서도 다양한 습관적 행동이 확인되며, 이를 학습습관이라고 부른다. 이 검사에서는 주요한 학습습관으로 시간 관리, 공부 환경, 수업 태도, 노트 작성, 집중 전략, 책 읽기, 기억 전략, 시험 전략 등이 있다.

#### 다. 실시

학습전략검사는 초등 106문항, 중고등 183문항으로 구성된 지필 검사이다. 각 문항은 초등의 경우는 진위형에 가깝도록(1 '전혀 아니다', 2 '아니다', 3 '그렇다', 4 '매우 그렇다'), 중고등용의 경우 정도를 측정할 수 있도록(1 '전혀 아니다', 2 '약간 그렇다', 3 '그렇다', 4 '매우 그렇다') 구성되었다(박동혁, 2008). 되도록 검사의 첫 장에 있는 지시문과 예를 읽어 주는 것이 좋으며, 초등학생의 경우 검사 문항에 대한 응답 방식을 이해하고 있는지 질문을 통해 확인할 필요가 있다(박동혁, 2009).

#### 라. 해석

MLST 검사는 자신의 학습 유형과 성적, 학습시간, 성적만족도, 심리적 불편감에 대한 정보를 제공하고 있으며, 네가지 심리적 특성에 관해 서로 살펴볼 수 있다.

### (4) 진로적성검사

① 홀랜드(Holland) 진로검사

#### 가. 개관

홀랜드 직업선택이론은 사람들을 크게 여섯 가지 유형으로 분류할 수 있다고 가정하고 이를 기반으로 이론을 구성하였다. 이 여섯 가지 유형은 현실형

(Realistic), 탐구형(Investigative), 예술형(Artistic), 사회형(Social), 진취형(Enterprising), 관습형(Conventional)으로 구성되어 있다. 이를 RIASEC이라고도 부른다.

첫째, 홀랜드는 각 유형이 개인의 생물학적 유전과 물리적 환경, 사회적 계층, 신념, 문화 등을 포함한 다양한 개인적인 요인과 다양한 문화들의 상호작용에 의해 결정된다고 설명한다. 다시 말해, 개인의 유형은 그들이 태어나고 자란 환경, 가족과 사회적인 영향, 그리고 다양한 문화적인 영향 요소들과의 상호작용으로 형성된다고 이론은 주장하였다.

둘째, 홀랜드 직업선택이론에 따르면 우리의 생활환경이나 직업환경도 여섯 가지 종류로 분류할 수 있다. 각 환경은 일반적으로 해당 성격 유형에 일치하는 사람들이 머무르고 있다는 것을 의미한다. 즉, 비슷한 성격 유형을 가진 사람들은 서로의 정서나 정보를 공유하기 쉽고, 그들이 속한 환경도 그들의 성격 유형에 따라 형성될 수 있다고 이론은 주장하였다.

셋째, 이론에 따르면 사람들은 자신의 태도와 가치를 표현하고 자신의 능력을 발휘할 수 있는 일을 찾으며, 자신에게 맞는 역할과 그 역할을 수행할 수 있는 환경을 찾는다. 다시 말해, 개인은 자신과 일치하는 가치관과 태도를 가진 일을 선택하고, 그 일을 수행할 수 있는 환경을 찾는 경향이 있다고 이론은 설명한다.

넷째, 개인의 행동은 개인의 성격과 환경 간의 상호작용에 의해서 결정된다. 개인의 성격과 그들의 직업 환경에 대한 지식은 진로선택, 직업성취, 직업변경, 개인의 유능성 등에 대한 결과를 예측할 수 있다(오세린, 2016).

### 나. 구성

홀랜드 진로검사는 현실형(Realistic type: R), 탐구형(Investigative type: I), 예술형(Artistic type: A), 사회형(Social type: S), 진취형(Enterprising type: E) 그리고 관습형(Conventional type: C)의 RIASEC 유형을 측정하는 검사로 세부적으로 성격적성, 능력적성, 직업적성에 대한 결과를 보여준다. Holland 적성검사는 Holland 진로발달검사(초등용), Holland 진로적성검사(중학생 및 특성화고등용), Holland 진로성숙검사(중등용), Holland 계열적성검사(고등용), Holland 전공적성검사(고등용) 및 Holland 직업적성검사(대학생 및 성인용) 여섯 가지로 구성되어 있다. 이 검사들은 검사 영역, 문항 내용, 결과지의 내용들이 각 학령의 시기별 진로지도의 필요성에 따라 다르게 구성되어 있다.

### 다. 실시

홀랜드 진로검사는 각 영역의 문항에 대한 응답 방법을 "○" (긍정) 또는 "×" (부정)으로 선택하여 응답하도록 되어 있다. 이러한 응답은 OMR(광학식 응답마커) 카드에 컴퓨터용 사인펜을 사용하여 까맣게 칠하도록 되어 있다. 검사의 첫 번째 영역은 직업적 성격 유형을 찾는 것으로, 이는 검사 전 진로 코드를 형성하는 데 기여한다. 이 부분은 피검자들에게 홀랜드 직업선택이론의 RIASEC의 직업적 성격 유형에 대한 일반적이고 포괄적인 이해를 제공한다. 또한, 개인의 자기 이해와 실제 검사 결과와의 일치 정도를 알려줌으로써 정확한 코드를 찾을 수 있도록 자기 동기를 부여하고 자기 이해를 촉진시키기 위해 이 부분이 실시되었다.

### 라. 해석

홀랜드 직업선택이론은 6가지 유형과 그들 사이의 관계를 6각형으로 설명하고 있다. 여섯 가지 성격적인 유형은 현실형(Realistic), 탐구형(Investigative), 예술형(Artistic), 사회형(Social), 진취형(Enterprising), 관습형(Conventional)으로 분류한다(강찬성, 2015).

#### 가) 현실형(Realistic)

현실형의 사람들은 기계적인 성향과 신체적 활동을 통해 정의될 수 있다. 이들은 실제적인 문제 해결과 실용적인 기술을 가지고 일하는 것을 선호한다. 일반적으로 현실형 사람들은 손재주가 뛰어나고 실용적인 사고방식을 갖고 있으며, 문제 해결에 있어서 실질적이고 현실적인 방법을 적용하는 경향이 있다. 이들은 몸을 움직이는 것을 좋아하고, 실질적인 도구와 장비를 사용하여 일하며,

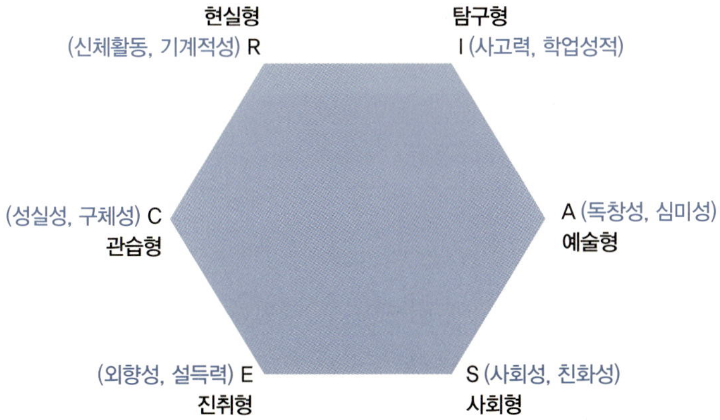


**그림 5-2 ▸▸▸** Holland 흥미적성 육각형 모형도

출처: 안창규 · 안현의(2014).

명확한 목표와 성취감을 추구하는 경향이 있다.

나) 탐구형(Investigative)

탐구형 사람들은 눈앞에 있는 현상이나 정보를 비판적으로 바라보고, 겉으로 드러난 것 뒤에 숨은 원리나 원인을 파악하려는 경향이 있다. 그들은 상황을 단순히 받아들이는 대신 깊은 사고와 논리적 추론을 통해 문제를 분석하는 것을 추구한다.

다) 예술형(Artistic)

예술형의 사람들은 창의적이며 심미적인 활동 영역에 대한 선호도가 높다. 이들은 관습적이거나 체계적인 활동에는 흥미가 없거나 취약한 편이다. 대표적인 특성으로는 심미성과 독창성이 우수한 경향이 있다.

라) 사회형(Social)

사회형에 속하는 사람들은 사람들 간의 관계를 중요시한다. 주로 다른 사람들의 문제에 관심을 가지고, 공감하거나 도와주는 것을 좋아한다. 이들은 사람을 대상으로 하는 활동에 능숙한 편이며, 대표적인 특성으로는 친화성과 높은 사회성이다.

마) 진취형(Enterprising)

진취형은 도전과 성취에 주력하는 유형으로, 다양한 분야에서 리더십과 실행력을 발휘하는 경향이 있다. 이들은 목표를 설정하고 그것을 달성하기 위해 노력하며, 문제 해결과 성과 달성에 집중하며, 사람들을 지배하거나 지도하며 주어진 과제를 성취하기 위해 노력한다.

바) 관습형(Conventional)

관습형은 체계적이고 규칙적인 환경에서 가치를 찾는 유형으로, 조직적인 일과 구체적인 지시사항을 따르는 것을 선호한다. 이들은 규칙과 절차를 준수하며, 안전성을 중요시한다. 따라서 체계적이며 조직적이며 이미 오랜 습관이 된 관습적인 일을 선호한다. 애매하거나 낯설고 불확실한 성질을 가진 문제나 혹은 창의성이 필요한 과제의 수행에 대해서는 회피하거나 부적응하는 경향이 있다(강찬성, 2015).

### (5) 학부모 검사

① PAT 부모양육태도검사

PAT(Parental Acceptance-Rejection Theory) 부모양육태도 검사는 부모의 양육태도를 평가하기 위한 도구이며, 부모의 애정과 거부, 통제, 엄격성 등 부모의 태도를 측정하여 자녀의 정서적, 사회적, 행동적 적응에 미치는 영향을 평가한다. 하위척도로는 '지지표현(Supportive Expression), 합리적 설명(Rational Expression), 성취 압력(Achievement Press), 간섭(High Involvement), 처벌(Punishment), 감독(Superintendence), 과잉기대(High Expectation), 비일관성(Inconsequence)'이 있다(임호찬, 2015).

이 검사는 총 43문항으로 구성되고, 대상은 초등학교 1학년~6학년의 부모 및 양육자이다(임호찬, 2015).

② CBCL 아동 행동 평가척도

CBCL(Caregiver-Reported Behavioral Checklist) 검사는 아동 및 청소년의 문제행동을 부모나 주양육자가 평가하는 도구이며, 문제행동 증후군 척도, DSM 진단 척도, 문제행동 특수척도, 적응척도로 구성되어 있다. 문제행동 증후군 척도는 다양한 문제행동 영역을 포함하며, 불안/우울, 위축/우울, 신체증상, 규칙위반, 공격행동, 사회적 미성숙, 사고문제, 주의집중문제 등을 평가한다. DSM 진단 척도는 DSM에 따른 다양한 정서 및 행동 문제를 평가하며, 정서문제, 불안문제, 신체화문제, ADHD, 반항행동문제, 품행문제 등을 포함한다.

CBCL은 총 120문항으로 구성되어 있다.

CBCL 검사는 문제행동의 초기 선별을 위한 도구로 사용되며, 또한 정서 · 행동 장애 아동의 문제행동을 평가하고 지도하기 위한 기초 자료로도 활용된다.

### (6) 기타

학교현장에서는 그 외에도 기질 및 성격검사(TCI, JTCI), 학습유형검사(U&I), 한국아동우울척도2판(K-CDI 2), 우울척도검사(BDI), 한국아동인성평정척도(KPRC), 한국아동청소년인성검사(KCYP), 부모자녀관계검사(K-PRQ) 등 다양한 심리검사를 사용하고 있다.

## 2) 투사적 검사

투사적 검사는 상대적으로 비구조화된 검사로 모호한 검사 자극을 제시한 후 피검자가 자유롭게 표현하는 내용을 해석하고 평가하는 것을 말한다. 수검자 스스로 인지하지 못하는 내적 사고 과정과 내용, 정서, 동기, 욕구, 내적갈등, 성격 등을 측정하고자 하는 검사이다. 대표적인 투사적 검사는 다음 표와 같다.

**표 5-4 투사적 검사 종류**

| 검사 명 | 설명 |
|---|---|
| 로르샤흐검사 | 잉크반점이 그려진 카드를 피검자에게 제시하여 무엇처럼 보이는지 답하면 그것을 기록하여 확인하는 검사 |
| 주제통각검사 (TAT) | 개인 특유의 심리적인 과정이 포함되어 독특한 해석을 도출하는 검사로 모호한 그림이 그려진 카드를 제시하는 검사 |
| 벤더-게슈탈트검사 (BGT) | 간단하면서도 기하학적인 도형이 그려져 있는 9개의 자극 카드로 구성되어 있는 검사로 한 장씩 보여주며 모사용지에 모사하도록 하며 그 형태와 반응 태도를 관찰하며 해석하는 검사 |
| 문장완성검사 (SCT) | 미완성 문장들을 피검자가 읽고 자기 생각대로 문장을 완성하게 하는 검사 |
| 집-나무-사람 그리기 검사 (HTP) | 누구에게나 친숙하면서 한편으로 상징성이 강한 특징이 있는 집, 나무, 사람을 그려보게 하여 피검자의 경험을 '투사'하도록 하는 검사 |
| 동적 가족화 그림검사 (KFD) | 가족화에 움직임을 첨가한 일종의 투사화로 가족의 역동성을 알아보는 검사 |
| 동적 학교화 그림검사 (KSD) | 학교 내에서 학생들과 연관성이 있는 학교 인물 및 학교에서 자신이 뭔가를 하고 있는 모습을 그리게 하여 학교 환경에서의 상호 관계 및 역동성을 파악하는 검사. KFD 진단법과 함께 진행되는 경우가 많음 |
| 빗속의 사람 그리기화 (PITR) | 내담자의 스트레스 양과 스트레스에 대처하는 정도를 알아보는 검사 |

투사적 검사는 피검자로부터 풍부하고 독특한 반응을 이끌어낼 수 있으며, 피검자의 의도에 따른 방어가 어려워서 무의식적 내용을 평가하기 용이하다는 장점이 있다. 또한 언어이해력에 제한이 있는 대상에게도 실시 가능한 점이 장점이나 반대로 평가자의 태도가 결과에 영향을 미칠 수 있으며, 실시 · 채점 · 해석 절차가 복잡하거나 표준화되어 있지 않아 객관적 검사에 비해 타당도와 신뢰도가 충분히 입증되지 않는다는 단점을 가지고 있다.

### (1) 로르샤흐검사(Rorschach Test)

#### ① 개관

로르샤흐검사(Rorschach test)는 헤르만 로르샤흐(Hermann Rorschach)에 의해 고안되었다. 그는 스위스 태생의 의사로 스위스 프로이트 학파의 정신분석학자이자 정신의학자이다. 로르샤흐(Rorschach)는 우연히 잉크 반점에 대한 조현병 환자의 반응이 정상인의 반응과 차이가 있다는 것을 발견하고, 잉크 반점 검사가 정신분열증 변별에 유효한지를 검증해 본 것에서 출발하였다(성태훈, 2010).

로르샤흐검사는 상담 현장에서 가장 널리 사용되는 대표적인 투사검사라 할 수 있다. 로르샤흐 검사는 개인 성격의 여러 차원인 인지 · 정서 · 자기상 · 대인관계 등에 대한 종합적이고 다각적인 정보를 준다는 강점을 가지고 있다(최정윤, 2013).

### ② 도구의 구성

로르샤흐검사는 약 24.2×16.9㎝의 크기로 되어 있으며 그 안에는 잉크 반점이 그려진 총 10매의 카드로 구성되어있다. 이중 Ⅰ, Ⅳ, Ⅴ, Ⅵ, Ⅶ 번 카드들은 흑백으로만 구성되어 있으며, Ⅱ, Ⅲ번 카드는 흑백에 붉은 색이 섞여 있다. 나머지 Ⅷ, Ⅸ, Ⅹ번 카드들은 여러 가지 색깔로 혼합 구성되어 있다. 어떠한 카드도 특정한 대상이나 사물로 명명할 수 있을 만큼 명확한 형태를 가지고 있지 않다는 것이 특징이며 이 때문에 보는 사람에 따라서 다양한 내용의 보고를 하게 되는데, 이 과정에서 피검자의 다양한 성격 특징이 영향을 미치게 된다.

### ③ 실시

로르샤흐검사를 실시하기에 앞서 카드세트와 필기도구, 충분한 양의 반응 기록지와 반응영역 기록지를 준비한다. 또한 피검자를 창문이 보이는 위치에 앉히거나, 집중에 방해될 만한 것을 주변에 두지 않는 것이 좋다. 또한 다른 검사도구를 늘어놓아 피검자의 주의집중을 해칠만한 상황을 만들지 않는 것이 좋다. 피검자가 검사 카드를 미리 들춰보지 못하도록 피검자의 손이 닿지 않으면서 검사자는 편안하게 사용할 수 있도록 두어 세팅한다.

검사자와 피검자는 가능한 90도 방향으로 앉는 것이 좋은데, 이는 다른 심리검사에서도 마찬가지로 권고되는 사항이다.

검사를 시작하기 전에 검사에 대해 자세하게 설명할 필요 없다. 장황한 설명은 피검자로부터 불안이나 검사에 대한 선입견을 가지게 할 수 있으므로 간단히 소개해 주고 수검 요령에 대해 안내하는 것만으로도 충분하다.

검사자가 무엇보다 주의해야 할 점은 검사를 받는 사람에게 '창의력'이나 '상상력' 검사를 하고 있다는 인상을 주어서는 안 된다는 점인데 이는 피검자들이 본 것에 대해서가 아니라 잉크반점에 대해 '상상'한 것을 보고하게 되므로 이 점을 꼭 주의해야 한다. 또한 카드의 잉크 반점들이 모호하다거나 구조화되지 않은 자극이라고 설명하지 않아야 한다. 단지 '잉크 반점으로 만든 검사'라고 말하는 것으로도 충분하다.

검사 지시는 간단하게 하고 첫 번째 카드를 제시하면서 "이것이 무엇처럼 보입니까?"라고 말하며 그 외에 다른 말은 하지 않는다. 다른 말이나 다른 형태의 지시는 피검자의 반응을 달라지게 할 수 있으므로 이를 명심하고 표준화된 방식을 따라야 한다.

검사를 진행하는 동안 피검자는 여러 질문을 할 가능성이 있다. 검사자의 응답은 원칙적으로 비지시적이고 짧게 대답하는 것이다. 예를 들어 피검자가 "카드를 돌려봐도 되나요?"라고 묻는다면 검사자는 "편한 대로 하세요."라고 답한다. 또한 피검자가 "다른 사람들은 반응을 몇 개정도 하나요?"라고 묻는다면 검사자는 "대부분 한 개 이상을 대답해요."라고 말하고 피검자가 "다른 사람들은 이것을 무엇으로 보나요?"라고 물을 경우 검사자는 "사람에 따라 다르게 답합니다." 정도로 답하면 된다. 검사의 목적을 묻는 경우엔 검사를 받는 목적이나 상황에 따라 적절히 응답해 주어야 한다.

검사자는 원칙적으로 검사를 진행하는 동안 피검자가 말하거나 표현한 것은 모두 기록해야 하며, 반응을 적고, 반응 내용 기록을 배열할 때는 각 반응 간 충분한 간격을 두고 작성해야 한다. 이는 질문 단계에서 피검자가 말하는 내용을 빠뜨림이 없이 받아 쓸 수 있도록 공간을 미리 확보하기 위함이다.

④ 채점

채점과정에서는 피검자의 반응을 기호화하고, 피검자의 반응들을 로르샤흐 검사에서 약속된 기호로 바꾸어 기록한 뒤, 각 기호의 빈도, 비율, 특수점수,

백분율 등을 산출하여 이를 수치적으로 요약하는 '구조적 요약' 과정을 거친다. 여기서 나온 결과를 토대로 피검자의 성격 특성 및 병리 상태에 대한 해석이 이루어진다. 즉, 피검자에 대한 해석은 이 채점 단계를 바탕으로 이루어지므로 채점이 정확해야만 해석의 타당성이 보장될 수 있다. 따라서 정확한 채점 방법을 익히는 것이 중요하다(Exner, 2011).

### (2) TAT(Thematic Apperception Test, 주제통각검사)

#### ① 개관

TAT(Thematic Apperception Test, 주제통각검사)는 로르샤흐검사와 함께 전 세계적으로 널리 사용되고 있는 대표적인 투사검사다. 이 검사는 로르샤흐검사와 마찬가지로, 모호한 대상을 지각하는 과정에서 개인 특유의 심리적인 과정이 포함되어 독특한 해석을 도출하게 된다는 이론적 입장에서 출발하고 있다. 그러나 로르샤흐 검사가 원초적인 욕구와 환상을 주로 도출시킨다고 전제되어 있는 반면, TAT는 다양한 대인관계상의 역동적 측면을 파악하는 데 보다 유용한 특징을 가지고 있다. TAT에서는 인물들이 등장하는 모호한 내용의 그림 자극을 제시하고 그에 대한 이야기를 구성해 보도록 한다. 이 과정을 통해 개인의 과거 경험, 상상, 욕구, 갈등 등이 투사되면서, 성격의 특징적인 면, 발달적 배경, 환경과의 상호관계 방식 등에 대한 정보를 알게 된다(Henry, 2011).

#### ② 도구의 구성

TAT는 총 31장의 카드로 구성되어 있다. 그중 30장은 흑백으로 인쇄된 그림 카드이며 한 장은 백지로 구성되어 있다. 카드 뒷장에는 성인 남자를 M, 성인 여자를 F, 소년을 B, 소녀를 G로 표기하여 구별해 놓았으며 피검자의 연령과 성별에 따라 카드를 선정하도록 하였다.

이러한 TAT의 카드를 도판이라고 부르며 이 도판은 숫자가 부여되어 있다. 숫자만 제시된 카드는 모든 연령에 사용하며 공용도판이라 부른다.

도판은 1, 2, 3BM, 4GF, 4, 5, 6BM, 6GF, 7BM, 7GF, 8BM, 8GF, 9BM,

9GF, 10, 11, 12M, 12F, 12BG, 13MF, 13B, 13G, 14, 15, 16, 17BM, 17GF, 18BM, 18GF, 19, 20으로 적힌 도판으로 총 31장이다.

③ 실시

TAT는 약 50분정도 두 번의 회기로 나누어 실시한다. 두 검사 회기 사이의 기간은 하루 정도의 간격이 있어야 한다. 첫 번째 회기에는 1~10번 카드를 사용하고 두 번째 회기에서는 11번~20번의 카드를 사용해 시행한다. 특별한 이유가 있을 경우 9개~12개의 카드를 사용하는 단축검사를 실시할 수도 있다. 애매한 자극을 통해 떠오르는 대로 가급적 빨리 반응하게 하는 것이 중요하며 검사자는 피검자의 의식의 흐름을 방해하지 않는 것이 중요하다. 또한 검사자는 피검자가 카드를 보고 반응하는 모든 언어적, 비언어적 반응을 있는 그대로 기록해야 하며 피검자의 반응이 빈약하다면 어떤 요인들이 영향을 주었는지 파악하되 지나친 촉진은 하지 않아야 한다.

④ 해석

TAT의 분석과 해석에 대한 타당성은 심리학자의 자질과 훈련, 정신역동심리학의 원리에 대한 이해와 인식의 정도에 달려있다. 따라서 상당한 시간의 수련이 필요한 검사이다.

현재까지 TAT의 해석에 관한 여러 연구가 진행되어 왔으며 각각 독특한 가치가 있으나 '욕구-압력 분석법'이 가장 일반적으로 사용되고 있다.

### (3) BGT(Bender-Gestalt Test, 벤더-게슈탈트 검사)

① 개관

BGT는 1938년 벤더(Bender)가 미국 예방 정신의학 협회의 연구지 제3호에 '시각-운동 형태 검사 및 그 임상적 활용'이라는 논문을 발표하면서 알려지게 되었다. 벤더(Bender)는 여러 가지 유형의 정신병리와 지각과의 관계를 연구하려는 목적에서 이 검사를 개발하였는데, 형태심리학자인 베르트하이머

(Wertheimer)가 지각의 형태심리학적 법칙(접근성, 유사성, 연속성, 공통성, 완결성 등)을 연구하기 위하여 고안된 수많은 도형 중에서 9개 도형을 선별하여 응용하였다(최정윤, 2016).



### ② 도구의 구성

간단한 기하학적 도형이 그려져 있는 9개의 자극 카드로 구성되어 있다. BGT는 도형 A와 도형 1에서 도형 8까지 총 9장으로, 약 11㎝×10㎝의 크기로 각각 1개씩 그려져 있는 것이 특징이다. 도형 A는 원과 장방형의 결합, 도형 1은 12개의 점, 도형 2는 3개의 원이 11개 열로 되어 있고, 도형 4는 장방형에 종 모양의 곡선이 결합되어 있다. 도형 5는 19개의 점으로 된 곡선에 7개의 점으로 된 선이 달린 것, 그리고 도형 7은 2개의 육각형 모양으로 되어 있으며, 도형 8은 긴 육각형 안에 작은 마름모꼴이 들어있는 모양으로 구성되어 있다.

### ③ 실시

BGT를 수행할 때 피검자에 따라 BGT를 단순한 것으로 생각해 검사에 신중하게 임하지 않고 되는 대로 아무렇게나 반응하는가 하면, 반대로 어떤 피검자는 단순함 그 자체에 어떤 심각한 의미가 있을 것이라 생각하고 불안해하는 경우도 있다. 따라서 실시에 앞서 검사자는 이 검사가 피검자에게 도움을 주는 것이라는 인식을 심어주면서 심리적 안정을 취할 수 있도록 해주어야 한다. BGT를 실시 할 때에는 로르샤흐나 TAT와 같이 자극 카드는 보이지 않도록 차례로 엎어두어야 하며 도형 A부터 시작해 도형 8까지 차례로 제시해야 한다.

자극 카드는 피검자의 왼쪽에 놓아두고 모사용지는 여러 장을 준비하여 피검자가 요구하면 더 사용할 수 있게 하며 모사용지는 세로로 놓아준다. 모사할 때에는 자 등의 보조도구를 사용하게 해서는 안 되며 제시내용 이외의 질문에 대해서는 보통 “좋을 대로 하십시오.” 혹은 “마음대로 해도 됩니다.”라고만 대답하면 된다. 스케치하듯 그리는 것, 용지나 도형을 회전하는 것, 도형을 구성하는 점의 수를 헤아리는 등의 행동은 첫 번째에는 제지하는 것을 원칙으로 한다. 그러나 연속해서 같은 반응을 보일 때는 행동 관찰에 기록해 해석에 참고하도록 한다. 기타 피검자의 검사태도, 검사행동을 잘 관찰하여 해석에 참고한다.

④ 해석

BGT에서 평가되는 항목들은 크게 조직화 방식, 크기의 일탈, 형태의 일탈, 전체적 왜곡, 그려나가는 방식 등 5개의 유목으로 나뉘어진다. 객관적인 분석을 할 때는 각 항목을 수치화하여 규준에 따라 양적인 면에서 해석하나, 각 항목의 투사적인 의미에 중점을 두어 살펴볼 수 있다. 자세한 해석사항은 BGT검사 매뉴얼을 참고한다.

### (4) HTP(집/나무/사람)검사

① 개관

HTP검사는 심리상담 및 정신의학 장면에서 널리 사용되는 검사이다. HTP검사는 준비물을 주변에서 쉽게 구할 수 있으며, 시간이 많이 걸리지 않는다는 점이 있다. 또한 중간에 따로 채점의 과정을 거치지 않고 그림을 직접 해석할 수 있고, 그림을 그리는 과정에서 피검자가 그림에 자신을 투사하는 것을 직접 볼 수 있어서 언어표현이 어려운 사람 또는 자신의 감정을 강하게 억압하거나 수줍음이 많은 사람 또는 나이가 어린 아동과 말이 잘 통하지 않는 외국인, 글을 잘 모르는 문맹자에게도 적용할 수 있다는 이점이 있다.

② 구성

따로 구성된 카드가 존재하는 검사는 아니며, 종이와 연필만 있으면 검사를 실시할 수 있고, 누구에게나 친숙한 '집', '나무', '사람'을 그리게 하는 검사이다.

③ 실시

종이 4장과 연필, 지우개가 필요하며 검사에 대한 지시는 다음과 같다.

"지금부터 그림을 그려봅시다. 잘 그리고 못 그리는 것은 상관없으니 자유롭게 그려보세요."라고 한 후 피검자에게 종이 한 장을 가로로 제시하며 '집'을 그려보라고 지시하고 그리는 시간을 측정한다. 이때 피검자가 여러 질문을 할 수 있는데 "마음대로 그리세요."라고만 대답한다. 그림을 그릴 줄 모른다고 하는 피검자에게는 "그림 솜씨를 보는 것은 아닙니다."라고 말해준다.

'집' 그림이 끝나면 두 번째 종이를 세로로 제시하며 '나무'를 그려보라고 한다. 그 다음에는 세 번째 종이를 세로로 제시하며 '사람'을 그려보도록 하며 전신을 그리도록 지시한다. 만약 그려진 사람의 그림이 막대형의 사람그림이나 만화적인 그림이라면 '온전한 사람'을 다시 한 번 그리도록 한다. 사람을 다 그리면 그림의 성별을 묻고 피검자가 응답한 성별과 함께 첫 번째 사람 그림이라는 점을 완성된 종이에 표기해 둔다. 그 뒤 다음 네 번째 종이를 세로로 제시하면서 방금 전 그린 그림의 반대 성을 그리도록 지시하고 시간을 측정한다.

검사 수행 시 피검자의 말과 행동을 관찰하고 기록해야 하며 이는 모호한 상황에서 피검자가 어떻게 대처하는지에 대한 단서를 제공한다.

④ 해석

HTP는 해석할 때 그림만 보고 해석하지 않으며 각 피검자에게 맞는 질문을 하여 그림에서 피검자가 나타내고 있는 개인적인 의미, 즉 현상적 욕구나 압박의 투사 등을 알아보고 해석하는 것이 좋다. 또한 해석 방법에 있어서는 구조적 요소로 지우개 사용 빈도나 그림의 위치, 필압의 정도, 그림의 크기 등을 살펴 해석하는 방법이 있으며, 내용적인 요소로 그려진 그림의 상징성을 함께 해석하기도 한다.

### (5) 문장완성검사(SCT)

① 개관

문장완성검사(Sentence Completion Test: SCT)는 연상검사의 응용으로서 발전한 것이다. 처음에는 고튼(Galton)에 의해 자유연상법이 연구되고, 분트(Wundt)와 카텔(Cattell)에 의해 다시 단어연상법으로 발전하였으며, 크레펠린

(Kraepelin)과 융(Jung)의 임상적 연구, Rapaport와 그의 동료들의 연구에 의해 단어연상법이 투사법으로서의 성격진단의 유효한 방법으로 확립되었다(이우경, 2020).

그후 단어 연상법은 다시 문장완성법으로 더욱 발전하게 되었고 그 대표적인 검사는 WUSCT(Washington University Sentence Copletion Test)이다. 문장완성 검사는 미완성된 비교적 짧은 문장을 제시하여 빈칸에 적힐 말을 연상하여 자유롭게 써넣게 하여 문장을 완성시키는 검사이다.

문장완성검사는 카드를 뽑아 대화형식으로 풀어나가는 문장완성 카드게임을 비롯하여 여러 가지 형식이 있지만, 기본적 형식은 완성되지 않은 문장을 완성하도록 하는 것이다. 문장완성검사는 다른 검사들에 대한 부가적인 내용들을 제시해줄뿐 아니라, 중요한 심리역동적 내용이 표현되기도 한다. 다른 검사들에 의해 보이는 심리역동적인 내용을 문자로 확인해 줄 수 있는 간편하고도 유용한 검사라고 할 수 있다. 이 검사는 심리 전반적인 것에 대한 평가방법으로서는 부족한 점이 많지만, 개인의 생활영역과 타인에 대한 의견이나 태도 등을 비교적 쉽게 확인할 수 있어 개인이 느끼는 걱정이나 야망, 후회, 공포 등과 같은 요소들이 검사를 통해 확인되는 경우가 많다.

### ② 구성

문장의 첫 부분을 제시하고 미완성된 뒷부분을 자유롭게 완성하도록 한다. 이 검사를 통해서 자신과 가족에 대한 태도, 주변 사람들과의 관계, 미래와 과거에 대한 태도 등을 알 수 있다. 보통 25분 정도 소요되며 완성되지 않은 문장을 완성함으로 부모와의 갈등, 집안문제, 대인관계문제, 자아 존중감 등, 자기 자신에 대한 제반 사항들에 대해 살펴볼 수 있으며 이를 통해 자신에게 도움을 줄 수 있는 방향으로 이끌어 갈 수 있다.

검사자는 실시방법을 설명하면서 다음과 같은 점을 강조해야 한다.

첫째, 답에는 정답과 오답이 없으므로 생각나는 것을 쓸 것.

둘째, 글씨 쓰기, 글짓기 시험이 아니므로 글씨나 문장이 좋고 나쁨을 걱정하지 말 것.

셋째, 주어진 어구를 보고 제일 먼저 생각나는 것을 쓸 것.

넷째, 주어진 어구를 보고 생각이 안 나는 경우에는 번호에 동그라미를 하고 다음으로 넘어가서 마지막에 완성시킬 것.

다섯째, 시간에 제한은 없으나 너무 오래 걸리지 않도록 신속하게 쓸 것.

여섯째, 볼펜이나 연필로 쓰되, 지울 때는 두 줄로 긋고 다음 빈 공간에 쓸 것.



③ 해석

먼저 문장완성검사에서 흔히 찾아볼 수 있는 각 반응유형은 다음과 같다.

**표 5-5 문장완성검사 반응 유형**

| 유형 | 내용 |
|---|---|
| 고집형 | 내용이 변화가 적고, 특정의 대상이나 욕구를 고집하며 반복이 많은 유형(인성의 경직성, 흥미의 거짓임을 나타냄) |
| 감정단 반응형 | 짤막한 감정적 어휘로 반응하는 유형(저기능이거나 감정통제가 되지 않음) |
| 정황형 | 장황하게 빽빽하게 적어 넣는 유형(신경증적인 사람이거나 강박경향이 있을 수 있음) |
| 자기중심형 | 어느 문항이고 자기중심의 주제로 바꿔버리는 유형(미성숙한 사람에게 잘 나타남) |
| 허위반응형 | 도덕적인 반응으로 일관하능 유형(자기를 잘 보이게 하려는 방어적 태도의 출현) |
| 공상반응형 | 비현실적인 생각이나 공상을 말하는 유형(도피적인 인성이거나 검사에 대한 방어적 태도) |
| 모순형 | 검사 전체에 모순이 보이는 유형(무의식 중의 갈등) |
| 반문형 | 확실히 결정짓지 못하는 유형(권위에 대한 반항의 표현) |
| 은닉형 | "말할 수 없다"와 같은 반응(자기방어적 태도) |
| 거부형 | 반발(방어적 태도) |
| 병적 반응형 | 망상(정신분열증 의심) |

또한 해석을 할 때 준거가 될 수 있는 사항들은 다음과 같다. 검사 결과의 해석은 일반적으로 성격적 요인으로써 지적능력 측면, 성의적 측면, 가치지향적 측면, 정신역동적 측면에 대해서 이루어진다. 또 결정적 요인으로서 신체적 요인, 가정적 · 성장적 요인, 대인적 · 사회적 요인에 대해서 이루어지며 그 분석을 통해 그 개인의 성격이나 적응 상태 등을 이해하게 된다.

# 3. 심리검사와 상담

## 1) 심리검사 결과 보고서(심리평가 보고서 작성법)

### (1) 심리검사 보고서를 작성하는 이유

심리검사 보고서의 유용성에 관하여는 문헌마다 다소 일치하지 않는 면이 있지만(Ownby, 1991), 심리검사 보고서는 객관적으로 한 개인의 인지적 · 행동적 · 정서적 그리고 정신역동적 기능을 다른 사람들에게 알려줄 구조화된 수단을 제공해 줄 수 있다. 잘 쓰여진 심리검사 보고서는 성격역동을 명확히 밝혀주고 행동을 명백히 설명해 준다. 그것은 여러 가지 다른 진단적인 문제에 해답을 던져줄 수 있고 가능한 문제의 원인을 밝혀줄 수 있으며, 인지적 요인과 지적 요인이 성격에 미치는 영향을 설명할 수 있다. 잘 구성된 심리검사 보고서는 개인의 기능을 관계되는 규준과 비교할 수 있게 하며, 비교적 객관적인 자료를 통합되고 일관성 있게 제공해 준다(신석기 외, 2007).

### (2) 심리검사 보고서 작성 시 유의사항

심리검사 결과 보고서를 작성할 시 고려해야 할 사항이 있다.

첫째, 심리검사 보고서를 읽어야 하는 사람을 고려하여 가능한 한 내담자의 심리상황을 분명하고 상세하게 기록해야 한다. 따라서 내담자를 대상으로 내용을 맞춰 작성하되 내담자의 가족이나 다른 전문의, 상담자가 보더라도 내담자를 바로 이해할 수 있도록 작성해야 한다는 것이다. 비록 보고서의 활용이나 읽는 사람들마다의 해석에는 차이가 있을 수 있겠지만 보고서를 작성하는 과정에서는 보고서를 읽고 활용하는 사람들의 수준을 고려해야 한다.

둘째, 심리검사 보고서의 기본이 되는 것은 심리검사를 실시하게 된 사유이다. 검사를 시작하기 전에 상담자는 피검자가 왜 심리검사를 실시하게 되었는가에 대해 먼저 생각해야 한다. 만약 이러한 질문에 적합한 대답을 제공할 수 없다면, 그 보고서는 중요한 목적을 달성하지 못하는 것이다.

셋째, 심리검사 결과 보고서에는 내담자의 성격구조에 대한 정신병리학적인 관점을 유지하면서 강점을 제시하는 것이 필요하다. 결과보고서에서 상담자들은 개인의 강점을 무시하고 지나치게 정신병리학적 관점을 강조한다는 비난을 받아 왔다. 보고서에서 개인의 강점을 작성하면 지금 현재의 심리상태와 활용자원들을 더 잘 이해할 수 있을 뿐만 아니라 그 밖에 중요한 다른 영역에 대한 방향 제시에 도움이 될 것이다.

넷째, 심리검사 보고서는 하나의 검사만 실시하고 난 후 작성하는 것을 지양해야 한다. 하나의 검사만 실시한 뒤 심리검사 보고서를 작성하는 것은 검사결과지와 다를 바 없다.

일반적으로 하나의 문제를 다양한 관점으로 어떻게 보고 있는가에 대한 정보를 제공하는 이점을 취하지 아니하고 하나의 검사만 실시해 보고서를 작성하는 것은 심리검사 보고서도 그렇지만 내담자에게 부당한 일이다. 이와 같은 접근은 내담자의 심리적 어려움을 다방면에서 보고 해석하는 것이 아닌 한 부분만 보고 해석하는 것과 같은 것이다.

다섯째, 내담자와 접촉해 보거나 만나보지 않고 내담자를 진단해 보고서를 작성하지 않도록 해야 한다. 이런 경우 보고서 작성자는 다른 사람이 실시해서 채점한 검사에서 나온 검사자료를 가지고, 단순히 보고서를 쓰는 것에 지나지 않는다. 심리검사 보고서는 내담자에 관한 가설을 만들어 내는 데 도움이 되는 도구로 이용되기 때문에, 해석은 검사에서 나오는 것이 아니고 내담자와 관련된 상담자에게서 나오는 것이다. 진정한 심리검사 보고서에는 내담자의 심리적 기능, 행동관찰, 정신 상태에 대한 평가 등과 함께 내담자의 일상생활에 대한 훨씬 더 포괄적인 내용들이 들어있어야 한다. 이를 위해 상담자는 검사자료와 함께 검사에 영향을 미치는 여러 가지 요인들을 면밀히 검토한 후에 종합하여 최종보고서를 작성할 필요가 있다.

여섯째, 심리검사 보고서를 읽는 사람에게 의미가 거의 없는 공식이나 수치를 보고서에 사용하지 않아야 한다.

일곱째, 심리검사 보고서의 길이와 활자체 또한 고려해야 한다.

여덟째, 심리검사 보고서는 제3자의 입장에서 검사과정의 관점으로 쓸 것을 권한다.

마지막으로 심리검사 보고서를 시기적절하게 작성하는 것은 상담자의 전문성에 관계되는 중요한 업무상의 문제이다. 심리검사를 완성해서 심리검사 보고서를 제출하는 시간규준은 상황마다 다르지만, 심리검사 보고서는 가능한 한 의뢰된 검사가 끝난 직후에 완성하여 제출해야 한다.

### (3) 비밀보장과 윤리문제

심리검사의 훈련과 보고서 작성을 제공하는 심리 프로그램 속에는 검사 커리큘럼의 한 분야로서 비밀보장과 윤리문제가 반영되어야 한다. 심리검사 보고서에는 개인에 대한 비밀 정보가 들어 있으므로, 법률 및 윤리 기준에 충실해야 하며, 내담자를 보호하기 위해 안정장치가 마련되어야 한다. 그리고 합법적인 태도로 내담자를 돕기 위한 적절한 지침 아래서 사용되어야 한다. 비밀보장과 검사에 관한 한국상담심리학회나 한국상담학회의 「윤리규정」을 숙지하도록 권장한다.

비밀보장의 선에서 상담자들은 검사와 관련이 없고 내담자의 사생활을 부당하게 침범할 사항들을 보고하는 일은 피해야 한다. 검사 시 내담자의 심리구조와 관계가 없는 문제도 피해야 한다. 보고서의 내담자가 아닌 다른 사람에 관한 실명과 신상정보가 포함되는 것은 조심스럽게 다루어지거나 삭제되어야 한다. 즉 민감한 정보는 조심스럽게 다루어져야 하고, 만약 보고서와 밀접한 관계가 없다면 포함시켜서는 안 될 것이다. 사생활의 불필요한 침해를 막기 위해서, 시간이 경과한 후 그런 정보를 본인에게 말로 전하는 일은 고려해 볼 만 하다. 상담자들은 가능한 한 완전한 심리 프로파일을 의뢰자에게 제공하려고 노력하여야 하며, 적절한 때에 허가를 얻어서 의뢰자나 그 밖의 다른 이용자와 내담자에게 그 결과를 알려줄 의무가 있다(Richman, 1967). 그러나 잘못 이해되거나 잘못 해석될 수 있는 불필요한 정보의 누출을 막기 위하여 안정장치는 반드시 필요하다.

### (4) 심리검사 보고서의 구성요소

심리검사가 이루어지는 목적과 상황이 다양함에 따라 보고서의 형식과 포함될 내용은 다양하지만 보편적이고 일반적인 형식과 지침을 알아보고자 한다.

단순히 실시된 검사에 대한 결과만을 기계적으로 보고하는 것이 아니라 다양한 원천의 자료를 종합한 임상적 판단이 포함되어야 한다. 또한 독특한 평가 맥락에서 검사를 사용하기 마련이므로 아무런 목적 없이 검사를 사용하지 않아야 한다.

**표 5-6 심리검사 보고서의 구성요소**

| 구성요소 | 설명 |
|---|---|
| 제목 | 심리평가 보고서 또는 심리검사 보고서 |
| 피검자 정보 | 기본적인 내담자의 신상자료로 이름, 성별, 연령, 교육수준, 직업, 결혼 상태 등을 작성하고 상황에 따라 종교, 주소, 연락처, 이전 심리검사 경험 유무 등을 덧붙일 수 있음 |
| 검사 도구 | 실시된 검사 명칭을 기록 |
| 의뢰사유 | 심리검사를 실시하게 된 경로와 목적을 간략하게 설명<br>*추상적인 표현보다는 문제 중심적으로 기술하는 것이 좋음 |
| 배경 정보 | 내담자의 가계도와 그에 대한 설명 서술 |
| 행동관찰 사항 | 모든 검사에서 관찰한 피검자의 관찰 사항을 기록<br>행동패턴, 검사에 대한 태도, 특정 양상들을 관찰하고 기록(추상적인 수준이 아닌 구체적으로 확인 가능한 특징을 기술해야 함) |
| 검사 결과 | 검사별로 기술하는 방식과 주요 심리적 영영별로 기술하는 방식으로 작성하고, 보고서의 큰 틀은 의뢰된 문제와 관련하여 피검자가 지니고 있는 핵심적 문제를 중심으로 조직화해 나가야 함 |
| 요약 및 제언 | 요약은 인지적 부분과 성격적 부분을 통합하여 작성하고 본문에 언급된 내용을 다 넣기보다 꼭 필요한 내용을 간단하게 확인 할 수 있게 기술함<br>제언은 추상적이지 않도록 유의하며 구체적으로 어떤 치료가 어느 정도 필요하고 현실적으로 어느 정도까지 개선이 가능할지 제언해 주어야 함. 그러기 위해서는 피검자의 문제가 어떤 독특성을 지니고 있고, 현재 피검자가 어떤 상황에 처해 있는지에 대한 분명한 이해가 선행되어야 함 |

### 2) 심리검사를 활용한 상담

상담이 내담자로 하여금 보다 더 정확한 자기이해와 적절한 의사결정을 하도록 돕는 활동이라면 심리검사는 이러한 자기이해와 의사결정에 토대가 되는 자료와 정보를 모으는 방법이라 할 수 있고, 심리검사를 실시하고 해석하는 과정은 본질적으로 상담활동의 한 과정이라고 할 수 있다.

심리검사 해석상담에 대한 정의를 명확히 내린 자료는 많지 않다. 다만 심리검사와 관련한 자료들에 의하면, 개인의 성격, 지능, 적성 같은 인간의 다양한 심리적 특성들에 대해서 파악하고자 하는 목적으로 실시된 객관적이고 신뢰도와 타당도를 바탕으로 한 검사를 실시하여 검사의 목적과 기대 등의 동기를 파악하며 내담자와 함께 심리검사의 결과를 설명해 나가는 과정을 말한다(천성문, 2014). 또한 심리검사 해석 상담으로 내담자 자신에 대한 이해를 돕고, 상담에 대한 내담자의 기대수준을 높이거나 내담자가 상담 과정에서 상담자에게 자신을 드러내는 데 갖는 불편함을 자기보고식 심리검사를 통해 이를 감소시켜 긍정적인 도움을 추구하는 태도를 갖게 한다고 볼 수 있다(정유숙, 2011).

#### (1) 상담에서 검사 활용의 장점

① 내담자에 대한 정보제공

심리검사는 내담자의 문제를 초기면접이나 개인사 자료 등에 의해 쉽게 얻을 수 없는 부분까지 알 수 있게 해주어 학생의 특성이나 문제를 명료화시키는 데 효과적이다(Watkins, 1990). 즉 검사는 면담처럼 하나의 심리적 현상에 대해서 내담자에게 한두 번 정도 묻고 이에 대한 반응을 통해 내담자를 이해하는 것이 아니라 여러번, 즉 하위척도의 문항 수 만큼의 질문을 함으로써 내담자가 제기한 문제의 성질과 정도, 내담자의 성격특성과 행동양식, 심리적 과정의 특성, 대처방식과 방어기제, 현재의 상황적 조건, 문제행동의 지속요인 등을 파악할 수 있다. 그로 인해 내담자 문제를 조력하기 위한 적절한 상담기법의 선정은 물론 기존 상담에서 면접만을 통한 상담자의 탐색적 노력을 줄일 수 있다는 장점을 찾아볼 수 있다.

② 내담자의 자기탐색 촉진

심리검사는 내담자로 하여금 자기탐색을 촉진시킬 수 있다. 만일 내담자가 자신에게 필요한 검사를 상담자의 도움을 받아 선택하게 된다면, 내담자는 자연스럽게 검사시행 과정에 객관적인 자기보고를 할 확률이 높아진다. 또한 검사결과를 전달받는 동안에도 상담자의 일방적인 결과전달이 아니라 내담자의 참여를 격려하게 될 때, 내담자는 검사시행의 전반적인 과정을 통해 스스로를 알아가려는 동기가 촉진될 수 있다. 이러한 내담자의 자기탐색은 결과적으로 자기변화를 위한 시도로 연결될 수 있으며, 이는 면담상담보다 더 효과적인 결과를 유도하는 근간이 되기도 한다(박성미, 2006).

③ 상담 과정이나 결과의 평가

심리검사는 상담 과정은 물론 상담결과를 평가할 수 있다(김재환, 2001). 즉 검사를 통해 상담 전 내담자 문제행동의 기저선을 평가해 둠으로써, 그후 상담 과정 중의 변화나 상담 결과를 객관적으로 평가해 주는 도구로 사용될 수 있다는 이점이 있다. 이는 검사 자체가 지닌 상담기법뿐 아니라 검사를 상담의 효과 정도를 가늠하는 도구로서의 부가적 이점이 있다는 것을 의미한다.

위에서 언급했듯, 상담에서 검사를 활용한다면, 내담자 문제의 명료화, 내담자의 자기탐색 및 그로 인한 변화 유도, 상담효과를 검증할 수 있다는 장점이 있다는 것을 알 수 있다(신석기 외, 2007).

CHAPTER 06

# 학교상담 프로그램과 다양한 활동

## 1. 학교상담 프로그램

### 1) 주요 프로그램

학교에서는 학교 교육과정에 부합되는 위(Wee)클래스를 운영하면서 개인상담, 집단상담 및 상담과 관련된 각종 교육과 행사(프로그램)를 진행하고 있다. 학교에서 이루어지는 교육은 심리 · 정서적인 측면보다는 학력 위주의 인지적 측면을 강조하고 있어 전인교육의 측면에서 보면 한쪽으로 치우쳐 있음을 부인하기 어렵다. 이러한 학력 위주 교육은 청소년 자살, 학교폭력, 집단 따돌림 등 여러 가지 부작용을 낳고 있을 뿐만 아니라 청소년의 삶의 질을 떨어뜨리고 심각한 심리적 스트레스를 주고 있지만 학교와 가정은 이에 대해 효과적으로 대처하지 못하고 있다. 이러한 문제를 해결하기 위해 최근 학교에서는 심리 · 정서교육에 대한 관심과 상담의 필요성에 대한 공감이 커지고 있다. 심리 · 정서

교육과 상담의 필요성이 높아짐에 따라 학교마다 전문상담(교)사를 배치하고 지역사회에도 청소년을 위한 상담센터를 만들어 나가고 있다. 이러한 교육활동과 행정적인 지원은 학교 현장에서 볼 때 매우 반가운 일이지만, 아직도 학교에서 실시하는 프로그램은 일회성으로 그치고 마는 한계가 있다(천성문 외, 2011). 이러한 상황에서 학교상담 현장에서의 상담자들은 학교상담 프로그램을 학교상담에 대한 인식을 제고할 수 있는 기회로 만들 뿐만 아니라 위(Wee)클래스를 홍보할 수 있는 좋은 기회로 여기고 학교의 특색을 반영해 프로그램을 기획하여 실시해야 한다. 또한 학생들의 문제를 해결하고 행동 변화를 이끌어 낼 수 있는 방법을 포함한 조금 더 체계적인 상담 프로그램을 기획하여 실시할 필요가 있다. 이와 같은 필요성에 따라 실제 학교 현장에서 기획하여 운영하는 다양한 상담 프로그램을 소개하며 상담 프로그램을 계획, 준비, 운영 및 평가 시 유의해야 할 사항들을 간략히 안내하고자 한다.

학교 내 위(Wee)클래스에서의 프로그램은 〈표 6-1〉과 〈표 6-2〉와 같이 연간계획서와 월간계획서를 통해 살펴볼 수 있다.

**표 6-1 연간 운영계획 예**

| 영역 | 활동 내 | 목표 | 실시 시기(월) | | | | | | | | | | | | 비고 |
|---|---|---|---|---|---|---|---|---|---|---|---|---|---|---|---|
| | | | 3 | 4 | 5 | 6 | 7 | 8 | 9 | 10 | 11 | 12 | 1 | 2 | |
| 개인 상담 | 대면상담 | 수시 | ○ | ○ | ○ | ○ | ○ | ○ | ○ | ○ | ○ | ○ | ○ | ○ | |
| | 전화 및 사이버상담 | 수시 | ○ | ○ | ○ | ○ | ○ | ○ | ○ | ○ | ○ | ○ | ○ | ○ | |
| | 위기상담 | 연중 | ○ | ○ | ○ | ○ | ○ | ○ | ○ | ○ | ○ | ○ | ○ | ○ | |
| | 학교폭력 피 · 가해 학생 상담 지원 | 연중 | ○ | ○ | ○ | ○ | ○ | ○ | ○ | ○ | ○ | ○ | ○ | ○ | |
| | 정서행동특성검사 후속 상담 지원 | 연중 | ○ | ○ | ○ | ○ | ○ | ○ | ○ | ○ | ○ | ○ | ○ | ○ | |
| | 학업중단숙려제 상담 지원 | 연중 | ○ | ○ | ○ | ○ | ○ | ○ | ○ | ○ | ○ | ○ | ○ | ○ | |
| 집단 상담 | 자아성장 | 4회 | ○ | ○ | | | | ○ | ○ | | | | | | |
| | 사회성 향상 | 4회 | | ○ | ○ | | | | ○ | ○ | | | | | |
| | 동기 강화 | 4회 | | | ○ | ○ | | | | ○ | ○ | | | | |
| | 분노 조절 | 4회 | | | | ○ | ○ | | | | ○ | ○ | | | |
| | 보호자 대상 집단상담 | 2회 | | | | | | | ○ | | | | | ○ | |
| 교육 | 또래 상담자 양성 | 연중 | ○ | ○ | ○ | ○ | ○ | ○ | ○ | ○ | ○ | ○ | ○ | ○ | 희망자 |
| | 학생 특별교육 | 수시 | ○ | ○ | ○ | ○ | ○ | ○ | ○ | ○ | ○ | ○ | ○ | ○ | 대상자 |
| | 보호자 상담 연수 | 2회 | ○ | | | | | | ○ | | | | | | 희망자 |
| | 교사 상담 연수 | 2회 | | ○ | | | | | | ○ | | | | | 전직원 |
| 심리 | 개인 심리검사 | 수시 | ○ | ○ | ○ | ○ | ○ | ○ | ○ | ○ | ○ | ○ | ○ | ○ | 희망자 |
| 자문 | 교사 | 수시 | ○ | ○ | ○ | ○ | ○ | ○ | ○ | ○ | ○ | ○ | ○ | ○ | |
| | 보호자 | 수시 | ○ | ○ | ○ | ○ | ○ | ○ | ○ | ○ | ○ | ○ | ○ | ○ | |
| 상담 행사 | 상담주간 | 2회 | ○ | | | | | | ○ | | | | | | 희망자 |
| | 사과데이 | 1회 | | | | | | | | ○ | | | | | 전교생 |
| 행정 정보 | 요구조사 | 1회 | ○ | | | | | | | | | | | | 담임교사 협조 |
| | 예산편성 및 결산 | 2회 | ○ | | | | | | | | | | | ○ | 행정실 협조 |
| | 연간운영계획 수립 | 1회 | ○ | | | | | | | | | | | | |
| | 위클래스 환경개선 | 수시 | ○ | ○ | ○ | ○ | ○ | ○ | ○ | ○ | ○ | ○ | ○ | ○ | |
| | 네트워크 구축 | 1회 | | | | | | | | | | | | | |
| | 전문기관 연계 | 수시 | ○ | ○ | ○ | ○ | ○ | ○ | ○ | ○ | ○ | ○ | ○ | ○ | |
| | 사례관리 및 기록 | 수시 | ○ | ○ | ○ | ○ | ○ | ○ | ○ | ○ | ○ | ○ | ○ | ○ | |
| | 홍보 | 수시 | ○ | ○ | ○ | ○ | ○ | ○ | ○ | ○ | ○ | ○ | ○ | ○ | |
| | 평가 | 1회 | | | | | | | | | | ○ | | | |
| | 연간 운영 결과 보고 | 1회 | | | | | | | | | | | | ○ | |
| 전문성 강화 | 역량강화 연수 | 4회 | | | | | | | | | | | | | 분기별 |
| | 슈퍼비전 | 수시 | ○ | ○ | ○ | ○ | ○ | ○ | ○ | ○ | ○ | ○ | ○ | ○ | 연중 |

출처: 교육부 · 한국교육개발원 위(Wee)프로젝트연구특임센터(2019). 위클래스 운영가이드북.

**표 6-2 월별 운영계획 예**

| 월 | 주요활동 | 대상 | 비고 |
|---|---|---|---|
| 3 | • 연간 활동계획 수립, 위(Wee)클래스 환경 조성 | – | |
| | • 담임교사 상담지원(위기학생 진급현황파악) | 담임교사 | 집중업무 |
| | • 위(Wee)클래스(상담실) 안내 홍보 및 가정통신문 발송 | 전교생 | |
| | • 학생 및 교사 대상 요구조사<br>• 요상담학생 조사 | 학생, 교사 | |
| | • 1학기 상담 주간 및 상담지원 | 학생, 보호자 | |
| | • 상담체험주간 운영 | 학생 | 점심시간 |
| | • 또래상담자 홍보 및 모집 | 2~3학년 | |
| 4 | • 각종 상담서비스 대상 학생 신청 | 전교생 | 집중업무 |
| | • 정서 · 행동 특성 검사 실시 안내 | 1학년, 보호자 | |
| | • 정서 · 행동 특성 검사 실시 | 1학년 | |
| | • 정서 · 행동 특성 검사 상담지원 및 심층평가기관 연계 | 1학년, 보호자 | 집중업무 |
| | • 학생 자살 예방 교육 | 전교생 | 창 · 체 |
| 5 | • 또래상담자 기초 교육 실시 | 해당학생 | |
| | • 심리검사 결과 상담 | 대상학생 | |
| | • 집단상담 운영 | 신청학생 | |
| | • 보호자교육(학부모 교육) | 신청 보호자 | |
| | • 인터넷 · 스마트폰 과몰입 검사 결과 상담 지원 | 1학년 해당학생 | |
| 6 | • 또래상담자 동아리 운영 | 해당학생 | |
| | • 집단상담 운영 | 대상학생 | |
| 7 | • 여름방학 대비 상담대상자 정리 및 파악 및 연계 | – | |
| 8 | • 2학기 프로그램 계획 및 준비 | – | |
| 9 | • 또래상담 동아리 활동 | 해당학생 | |
| | • 2학기 상담 주간 및 상담지원 | 학생, 보호자 | 집중업무 |
| | • 상담체험주간 운영 | 학생 | 점심시간 |
| 10 | • 사과 데이 운영(또래상담 동아리 활동 연계) | 전교생, 교사 | |
| | • 학생 자살 예방 교육 | 전교생 | 창 · 체 |
| 11 | • 또래상담자 활동 우수사례 발굴 및 제출 | 대상학생 | |
| | • 스트레스 관리 프로그램 | 신청학생, 신청교사 | |
| 12 | • 또래상담활동 평가회 | 대상학생 | |
| | • 위(Wee)클래스 운영 우수사례 보고 | – | |
| 1 | • 위(Wee)클래스 운영 정산보고서 제출 | – | |
| 2 | • 내년도 위(Wee)클래스 예산 편성 | – | |
| 연중 | • 개인상담, 심리검사, 사이버상담, 연계상담 | 전교생 | |
| | • 학교폭력 피 · 가해 학생 및 학부모 상담지원 | | |
| | • 교사 자문 및 위기학생 상담지원 | | |

출처: 울산서여자중학교 위(Wee)클래스.

## 2) 학교상담 프로그램의 진행 절차

학교상담 프로그램의 기획 · 관리 및 프로그램에 대한 정보를 학생, 학부모(보호자) 및 교직원에게 제공하는 것과 프로그램의 효율성 및 효과성을 평가하는 것이 학교상담자의 역할 중 하나이다. 학교상담자는 프로그램의 개발 방법, 실행에 필요한 노하우, 평가의 방법을 알고 있어야 하며 학교 현장에서 프로그램을 운영할 때 부딪히는 여러 문제들을 처리하는 방법을 알고 있어야 한다.

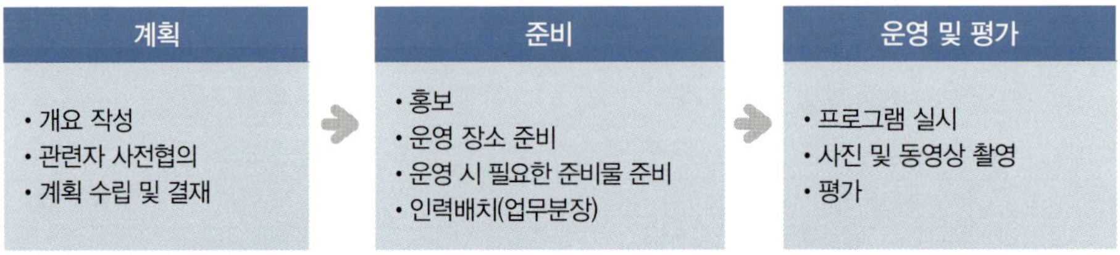


**그림 6-1 ▸▸▸ 학교상담 프로그램의 진행 절차**

학교상담 프로그램을 실시하려면 제일 먼저 프로그램을 계획해야 한다. 학교상담 프로그램 운영을 통해 학생의 행동 변화를 도모할 수 있어야 하며, 학교 교육과정에 부합되고 위(Wee)클래스 운영 계획에 어긋나지 않도록 목표를 설정해야 한다. 또한 전교생이 상담 프로그램에 참여할 수 있도록 기회를 부여하는 것이 바람직하며, 외부 전문 강사를 초빙하여 프로그램의 효율성을 향상시킬 수 있다. 프로그램 계획 수립에 있어서 예산을 편성할 시 교육청에서 시달된 예산 편성 기본지침 및 법규를 준수해야 하며 예산을 투명하고 효율적으로 연간계획에 맞추어 예산을 수립해야 한다. 또한 연간 계획에 따른 예산확보 및 상황에 따라 행정실과 타 부서와의 사전협의가 꼭 필요하다. 특히 학교 장면에서의 상담 프로그램을 실시하는 것은 학생들의 일과시간 내 운영되는 것으로 교과수업과 시간이 겹치는 상황이 발생한다. 따라서 학교 내 타부서 및 동료 교사와 협력하여 진행하는 것이 매우 중요하다.

**활동 주제, 목표선정**
상담 프로그램 활동 주제 및 목표설정

**사용 예산 확인**
행정실 협의 및 프로그램에 사용할 수 있는 예산 확인

**운영 가능 일정 확인**
학사일정 및 대상자 특성에 따른 프로그램 운영가능 일정 확인

**계획서 최종 작성 및 결제**
계획서 작성 관리자 결재 득함

**그림 6-2 ▶▶▶ 학교상담 프로그램 계획단계 절차**

[예시 1. 상담 프로그램 결재 기안문 예시]

○○중학교

수신　　내부결재
(경유)
제목　　20○○학년도 또래상담 2학기 학교폭력 예방 캠페인 활동 운영

---

1. 관련: ○○중학교-○○○○(20○○.○○.○○.)
2. 20○○학년도 또래상담 동아리 2학기 활동으로 학교폭력 예방 캠페인 활동을 운영 하고자 합니다.
   가. 운영 일시: 20○○년 ○○월 ○○일(월), 점심시간
   나. 운영 장소: 본교 위(Wee)클래스 앞
   다. 운영 대상: 전교생
   라. 운영 내용: 학교폭력 예방 캠페인 및 서명 활동
   마. 행정 사항: 또래상담 동아리 우선급식 및 4교시 출석인정 협조
   붙임 1. 2학기 또래상담 학교폭력 예방 캠페인 운영 계획서 1부.
   　　2. 또래상담 동아리 명단 1부.  끝.

| 기안 | | 검토 | | 검토 | | 결재 |
|---|---|---|---|---|---|---|
| 시행 | ○○중학교–@N( | ) | | 접수 | | |
| 우 | | | | | | |
| 전화 | | /전송 | | | | |

[예시 2. 상담 프로그램 계획서 예시]

## 20○○학년도 2학기 또래상담 활동
## 학교폭력 예방 캠페인 운영 계획서

1. 활동 목표:
   - 전교생을 대상으로 학교폭력 유형에 해당하는 각종 예시를 안내하고 정보를 제공하여 학교폭력을 예방하고자 함.
   - 학교폭력 예방 캠페인을 진행하여 학교폭력을 사전에 예방하고, 학교폭력 대처능력 향상을 통한 건강한 청소년으로서의 성장을 도모하고자 함.
2. 운영 일시: 20○○년 ○○월 ○○일(수) 12:00~13:00
3. 운영 장소: ○○중학교 1층 위(Wee)클래스 앞 복도
4. 운영 내용 :
   - 학교폭력 대처 유형 앙게이트 조사 실시
   - 학교폭력 대처 방법 안내, 정보전달 및 학교폭력 예방 서명 캠페인 참여
   - 또래상담, 위(Wee)클래스, 위(Wee)센터 홍보
5. 운영 예산 :

| 내용 | 산출근거 | 금액 |
|---|---|---|
| (예, 물품명) | (예, 계산식) | (예, 금액) |
| 합계 | | |

6. 홍보포스터

[예시 3. 상담주간 안내 가정통신문 예시안](

| 교훈<br>○○○, ○○○, ○○○ | 가정통신문 | ○○○ 학교<br>학교마크<br>○○ 부 |
|---|---|---|
| ⦿학교 주소 ☎ 학교 전화번호 (교무실) ♣ 학교 팩스번호 | | |

## 20○○학년도 신학기 상담주간 안내

학부모님 안녕하십니까?

새학기를 맞아 담임교사와 학부모 간의 소통을 강화하고, 학부모의 학교 교육에 대한 이해를 제고하기 위해 학부모 대상으로 상담주간을 운영하고자 합니다.

○월 ○일(○요일)부터 ○월 ○일(○요일)까지를 상담주간으로 정하였으니 상담을 원하시는 분은 아래의 상담신청서를 작성하셔서 보내주시면 감사하겠습니다. 상담 가능 시간은 각 교사의 수업이 방해되지 않는 시간으로 정하였으나 신청 시 조율이 가능합니다(수업시간 제외 및 상담시간은 30분으로 제한합니다).

또한 학부모님의 요청이 있을 경우 담임교사 외 교과 교사나 학부모님께서 원하시는 교사와 상담을 연결해드릴 수 있으며 상담 종결이 되지 않았거나 그 이후 상담을 원하시는 경우 다른 날짜에도 상담 가능하오니 편안한 마음으로 학교에 연락해 주시면 감사하겠습니다.

| 담당자 | 상담영역 및 내용 | 상담 시간 | 상담 대상 |
|---|---|---|---|
| 전문상담(교)사 | 위기학생 상담, 학교폭력 가·피해 학생상담, 학업중단 위기학생 상담, 학업 이외 상담영역, 상담교육, 심리검사 | 평일 8시 30분~4시 30분<br>(사전 신청 시 이후시간 가능) | 학생 및<br>학부모 |
| 담임 교사 | 학업 및 학교생활에 대한 상담, 전문상담사와 상담연계, 학부모상담 | 평일 8시 30분~4시 30분<br>(사전 신청 시 이후시간 가능) | 학생 및<br>학부모 |
| 진로상담교사 | 학생 진학, 진로 상담 | 평일 일과 쉬는 시간 및<br>점심시간, 방과 후 시간 | 학생 |
| 교과 교사 | 학업관련 상담 | 평일 일과 쉬는 시간 및<br>점심시간, 방과 후 시간 | 희망학생 및<br>학부모 |

20○○. ○○. ○○.

○○○○ 학 교 장[직인생략]

---------- 자르는 선 ----------

〈상담주간 상담일자 예약〉

| 상담참여자 | 부( ) 모( ) 두분 모두( ) 기타(관계- ) | | | |
|---|---|---|---|---|
| 상담 형식 | ▫전화상담 ▫기타 ( ) | | | |
| 자녀학반 | 자녀 이름 | 부모님 연락처 | 상담 희망일 | |
| | | | 날짜(요일) | 희망시간 |
| | | 집전화) | 월 일( ) | : |
| | | 휴대폰) | | ~ : |
| 상담자 선택 | ▫담임교사 ▫전문상담(교)사 ▫진로상담교사 ▫교과교사(성함: ) | | | |

최근에는 교권보호 및 교사들의 업무량 감축을 위해 상담주간을 따로 지정하여 운영하지 않고, 연중 수시 운영으로 변경하여 운영하는 학교가 늘어나고 있다. 교육청에서도 상담주간 운영과 관련한 내용을 학교 특성에 따라 재량껏 운영하게 하고 있다. 학교상담 현장에서의 변화에 따라 상담주간을 운영하지 않고 수시 운영할 경우 [예시 4. 학부모 상담 연중 수시 운영 안내문 예시안]을 활용할 수 있다.

[예시 4. 학부모 상담 연중 수시 운영 안내문 예시안]

학부모 상담 연중
수시 운영 안내

학부모님, 안녕하십니까. 늘 사랑으로 자녀의 교육에 관심을 가지고 지원해 주셔서 감사드립니다. 본교에서는 학교 교육 활동에 대한 이해를 도움으로써 학생의 학교생활 적응과 긍정적인 성장을 지원하기 위해 학부모 상담을 실시하고 있습니다. 기존에는 연 2회 특정 기간을 지정하여 학부모 상담을 실시하였으나 올해부터는 연중 수시로 학부모 상담을 운영하여 보다 자연스럽고, 지속적인 상담의 기회를 마련하고자 합니다. 학부모 상담에 대하여 다음과 같이 안내해 드리니 담임 선생님과 상담이 필요하실 경우 언제든지 연락하시어 자녀 교육을 위해 소통하시기를 바랍니다.
대면 상담의 경우, 사전 상담 예약을 위해 학부모 대면 상담 희망서를 학교 홈페이지 가정통신문에서 다운 받아 상담 일주일 전에 학생 편으로 제출해 주시거나, 각 학급 담임선생님께서 제시하신 방법에 의해 상담을 신청해 주시기 바랍니다.

1. 상담 일시 : 연중 수시 상담 (※ 대면 시 수업 종료 후 ~ 16:30)
2. 영역 : 학업, 진로, 건강, 생활지도, 가정 협조 사항 등 학교 전반에 관한 것
3. 상담 교사 : 학급담임
4. 장소 및 운영 방법
   - 대면 : 학교 홈페이지-가정통신문-학부모 대면 상담 희망서 작성 후 제출, 또는 각 학급 담임선생님이 제시한 방법을 통해 상담 실시
   - 비대면 : 학교 전화, 양방향 문자메시지, 하이클래스, e-mail, 알림장 등 이용
5. 유의 사항 : 대면 상담 시 음식물, 선물 등 일체의 금품을 받지 않습니다.

〈학급 전화번호 및 상담 가능 시간 안내〉

| 상담 가능 시간 | 월, 화, 목 - 14:00~16:30<br>수, 금 - 13:20~16:30 | | 월, 수, 목, 금-14:10~16:30<br>화 - 14:50~16:30 | | 월, 화, 목, 금 - 14:50~15:30<br>수 - 14:10~16:30 | |
|---|---|---|---|---|---|---|
| 학년 / 반 | 1학년 | 2학년 | 3학년 | 4학년 | 5학년 | 6학년 |
| 1반 | | | | | | |
| 2반 | | | | | | |
| 3반 | | | | | | |

20○○년 ○월 ○일

○○○○ 학교장

------------------------------------ 자르는 선 ------------------------------------

※ 학부모 대면 상담 희망서는 필요할 때 작성하여 학생 편으로 보내주시기 바랍니다.

※ 긴급한 상담이 아닐 경우, 학부모 대면 상담 희망서는 되도록 일주일 전에 제출하는 것을 원칙으로 합니다.

## 학부모 대면 상담 희망서

제 학년 반 번 학생이름 : 보호자명 : (인)

| 상담형태<br>상담희망내용<br>(중복희망가능) | | ① 생활습관( ) | ②기본학습태도( ) | ③교우관계( ) |
|---|---|---|---|---|
| | | ④ 학업성적( ) | ⑤인성( ) | ⑥진로( ) |
| | | ⑦ 기타 | | |
| 상담 희망 날짜 및 시간 | 1희망 | 20○○년 월 일 희망 시간: | | |
| | 2희망 | 20○○년 월 일 희망 시간: | | |
| | 3희망 | 20○○년 월 일 희망 시간: | | |

※ 상담 희망 날짜를 1희망, 2희망, 3희망으로 표시 해 주시면 결정된 상담 날짜와 시간을 알려드리겠습니다.

------------------------------------ 자르는 선 ------------------------------------

## 학부모 대면 상담 확인서

제 학년 반 번 학생이름 : 선생님 : (인)

| 대면 상담 날짜 및 시간 | 20○○년 월 일 상담 가능 시간: |
|---|---|
| 상담 장소 | |

※ 상담 시간을 숙지하신 뒤, 약속된 시간을 지켜 주십시오.

※ 열린 마음과 신뢰, 상호 간의 언어 예절로 자녀에 대한 알찬 상담이 이루어질 수 있도록 부탁드립니다.

20○○년 ○월 ○일

○○○○ 학교장

## 3) 학교상담 프로그램의 실제

학교상담자는 위(Wee)클래스를 운영함에 따라 많은 상담 프로그램을 운영하고 있으며 실질적으로 학교상담자의 역량과 선택에 따라 다양하게 운영되고 있다. 이는 각 학교의 특색에 맞게 운영할 수 있는 장점이 있는 반면, 학생들에게 개인상담 이외에 상담 프로그램을 제공하지 않을 수 있다는 단점이기도 하다.

또한 학교상담자가 직접 프로그램을 개발하여 진행할 수 있으며 지역 연관기관과 연계하여 강사를 초빙하거나 무료로 프로그램을 진행할 수 있도록 지원해주는 서비스를 이용하여 진행할 수 있기 때문에 본인이 프로그램을 직접 개발하지 않더라도 실제로 다양한 상담 프로그램을 운영할 수 있다. 또한 학교에서 실시되는 모든 프로그램은 학생, 학부모, 교사를 대상으로 실시되므로 사전에 어떤 대상으로 실시할 것인가를 계획해야 한다.

### (1) 단회기 프로그램

학교상담 프로그램에서 흔히 사용되는 단회기 프로그램은 1회기로 끝나는 프로그램들이 해당한다. 단회기 프로그램에는 주로 상담주간에 운영되는 상담체험의 날 프로그램과 애플데이 행사들이 있으며, 각종 캠페인이나 허그데이 등의 일회성 프로그램들이 있다.

### (2) 집단 프로그램

학교상담 프로그램에서는 집단 프로그램을 집단상담 프로그램과 집단교육 프로그램으로 나눌 수 있다. 집단교육은 집단상담과 다르게 정보전달의 의미가 강하다 할 수 있다. 학교상담자는 집단교육을 보통 교사를 대상으로 상담기법이나 법정의무연수와 관련된 전달연수를 실시할 수 있는데, 이 교육은 타 부서(대부분 연구부)에서 주관하여 실시하지만, 만약 학교상담자가 필요에 따라 연수를 교사 대상으로 교육을 실시하게 될 경우 계획방법 및 추진방법을 참고하여 진행할 수 있다.

부모교육은 학교장면에서 집단교육으로 많이 실시되고 있다. 대부분 '학교 공개의 날'을 이용하여 진행하지만, 학교에 따라 일회성이 아닌 장기의 프로그램을 준비해 교육하는 경우도 있다. 학교상담자의 역량에 따라 직접 진행하는 경우도 있지만 보통 지역 연관기관에 의뢰하여 강사를 섭외하여 진행하는 경우가 많다.

**표 6-3 부모교육 연계 가능 기관**

| 연계 가능 기관 명 | 부모교육 주제 예 |
|---|---|
| 청소년상담복지센터 | 청소년 심리 이해, 심리검사, 대화법, 부모교육 |
| 정신건강복지센터 | 청소년 정신건강 이해, 청소년 자해 및 자살예방 교육 |
| 117(스쿨폴리스) | 내 자녀 학교폭력으로부터 지키기 |

**표 6-4 부모교육 프로그램**

| 기관 | 프로그램 내용 |
|---|---|
| 한국청소년상담복지개발원 | 이음부모교육 |
| 한국심리상담연구소 | 효과적인 부모역할훈련 P · E · T |

학생들을 집단교육은 또래상담교육 이외에 담임교사 또는 학생부 의뢰로 특별교육과 학급에서 일어난 상황에 필요한 각종 주제의 교육을 할 때도 있다. 그에 따라서 학교상담자는 다양한 주제에 집단교육을 할 수 있는 역량이 필요하다.

또래상담 양성교육은 한국청소년상담복지개발원에서 개발된 '솔리언 또래상담' 기초교육을 활용하며 이를 교육하기 위해서는 학교상담자가 또래상담 지도교사 연수를 이수하여야 한다. 또래상담 지도교사 연수는 한국청소년상담복지개발원 홈페이지 내 연수원을 통해 신청할 수 있고 심화과정 역시 같은 곳에서 신청하여 이수할 수 있다. 이 과정을 이수하고 나면 또래상담자를 양성할 수 있는 교육자료 및 워크북 등을 제공받아 활용할 수 있고 또래상담자를 보다 쉽게 관리할 수 있는 DB시스템 권한을 받아 이용할 수 있다.

| 분류 | 프로그래명 | 목적 · 활동 |
|---|---|---|
| 1부 들어가기 | 1. 들어가기 | 신뢰감, 친밀감 형성/동기부여 |
| 2부 친한 친구되기 (Friendship) | 2. 친한 친구되기 | 친구의 의미를 생각 |
| | 3. 나의 친구관계 살펴보기 | 친구관계 유형을 탐색 |
| | 4. 친구에게 다가가기 | 친구관계 돌아보기/다가가는 방법 |
| 3부 대화하는 친구되기 (Fellowship) | 5. 대화하는 친구되기 | 경청하기/공감하기 |
| | 6. 대화 잘 이끌어가기 | '어기여차' 익히기 |
| | 7. 잠하둘셋 기법 | 감정조절/'잠하둘셋' |
| 4부 도움주는 대화 배우기 (Leadership) | 8. 도움주는 대화 배우기 | '원무지계' |
| | 9. 대화 종합 연습 | 연습을 통한 자신감 상승 |
| | 10. 도움되는 활동 찾기 | 활동영역을 점검 |
| 5부 마무리 | 11. 평가 | 프로그램 평가/모임의 구조화 |

**그림 6-3 ▸▸▸ 또래상담 교육과정**

출처: 한국청소년상담복지개발원.

**그림 6-4 ▸▸▸ 또래상담 활동 사진 자료**

이외에도 담임교사의 요청에 의해 각반 창 · 체 시간이나 수업시간을 이용해 갈등조정을 위한 집단교육, 학교폭력 예방 집단교육을 실시하기도 한다. 학교폭력 예방 집단 교육 자료는 어울림 프로그램을 참고할 수 있다. 또한 중학교에서 근무하게 될 경우 자유학년제 담당 부서의 요청에 의해 수업의뢰를 받을수 있으며, 고등학교에서는 교과교실제로 인한 심리학 수업, 교육을 요청받을 수 있다.

**표 6-5 자유학년제 심리교실 지도계획서 예시안**

| 주 | 차시 | 주요 활동내용 |
|---|---|---|
| 1 | 1<br>2 | 오리엔테이션 및 청소년기 심리 발달과 특징 알기 |
| 2 | 3<br>4 | 우리는 어떻게 기억하게 되는 걸까?<br>(정보처리이론–기억발달이론 배우기) |
| 3 | 5<br>6 | 혼자 있을 때와 함께 있을 때 왜 다를까?<br>(군중심리학–상황 속의 심리 배우기) |
| 4 | 7<br>8 | 미술로도 우리 마음을 알 수 있을까?<br>(미술심리 기초 배우기 및 실습하기) |
| 5 | 9<br>10 | 우리 가족을 동물로 표현한다면?<br>(미술심리 심화 실습–가족 동물화를 그려보고 라이스클레이로 가족을 동물의 모양으로 만들어보기) |
| 6 | 11<br>12 | 색깔로 우리의 마음을 알 수 있다고?<br>(색채심리 기초 배우기) |
| 7 | 13<br>14 | 색깔로 내 마음을 알아보기<br>(색채심리 실습–나의 색채심리 분석하기) |
| 8 | 15<br>16 | 내가 나에게 주고 싶은 선물<br>(색채심리 심화 실습–색채심리 분석을 통한 나만의 힐링 컬러를 이용하여 라이스클레이로 표현하기) |
| 9 | 17<br>18 | 우리가 만나면서 나는 얼마나 성장했을까?<br>(자기 성장 보고서 발표 및 소감 나누기) |

### 4) 학교상담 프로그램의 실제 사례

**상담 체험의 날 프로그램 "내 마음을 알아주는 마음 약방"**

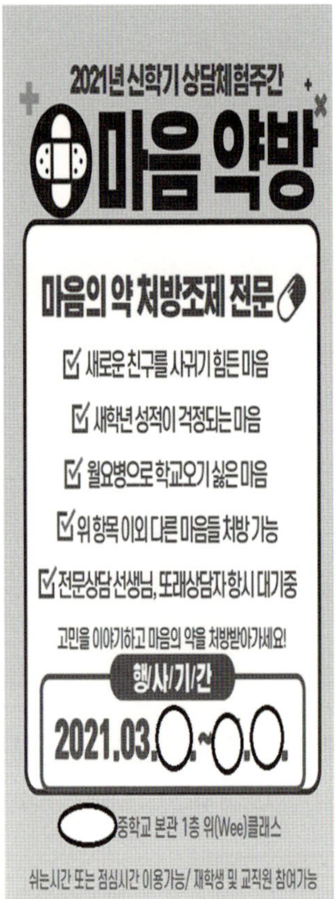


| 구분 | 내용 |
|---|---|
| 운영 목적 | ① 학생들의 심리 · 정서를 지원하는 위(Wee)클래스 홍보<br>② 학생들의 고민 및 걱정 유형 탐색<br>③ 또래상담자 활동 연계로 공감하는 청소년 문화 형성에 기여 |
| 운영 기간 | 20○○년 ○월~○월 ○○일(2주간) |
| 운영 장소 | 중학교 본관 1층 위(Wee)클래스 앞 |
| 운영 대상 | ○○중학교 재학생 및 교직원(선착순 300명) |
| 활동 방법 | ① 또래상담자 주도하에 활동 진행<br>② 또래상담자는 참가자에게 포스트잇을 제공<br>③ 참가자는 포스트잇에 자신의 걱정거리 및 고민을 간략히 작성<br>④ 또래상담자가 내용 확인 후 참가자에게 도움이 될만한 처방이 적힌 간식파우치(한약파우치 모형)를 전달<br>예) "새로운 반에서 친구사귀기가 힘들어요."<br>→ "진심은 통하기 마련이약" 메시지 간식파우치 전달<br>※위기상담의 내용일 경우 학교상담전문가에게 바로 연계할 것을 또래상담자에게 사전 교육하도록 함 |
| 운영 효과 | ① 재학생에게 위클래스 위치와 하는 역할 등을 안내하는 소개의 장을 마련하게 됨<br>② 상담이라는 것이 문제가 있는 사람만 받는 것이 아닌 자아발전과 자기 탐색을 위해 받을 수 있다는 인식을 심어주는 계기가 됨<br>③ 현재 학생이 소유하고 있는 걱정 및 고민을 발견하고 소통하는 계기가 됨<br>④ 지난 해 정서행동특성검사 결과 관심군 학생들을 자연스럽게 마주하고 안부를 묻는 계기를 마련함(낙인을 예방하는 효과 있음) |

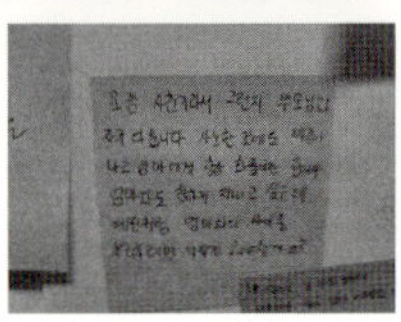

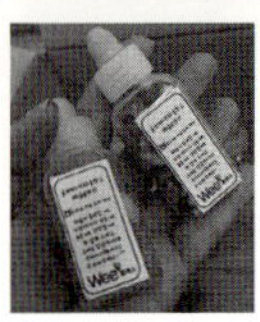

※ 운영하는 교급에 맞게 간식 및 포장을 준비하면 보다 효과성을 높일 수 있음.

## 상담주간 맞이 프로그램 찾아가는 위(Wee)클래스

| | | | |
|---|---|---|---|
| 운영 목적 | ① 위(Wee)클래스의 의미와 역할에 대해 소개 할 수 있다.<br>② 자신이 속해있는 또래 집단을 이해할 수 있다.<br>③ 의사소통의 효과에 대해 이해 할 수 있다. | | |
| 운영 장소 | ○○중학교 신청 학급 | 운영시간 | 45분 |
| 활동 방법 | ① 사전에 각 반 담임교사를 통해 프로그램내용과 취지를 안내한다.<br>② 신청을 받아 일정을 조정한다.<br>③ 수업시간을 활용하여 진행하는 프로그램이므로 시간을 철저히 지키고, 활동 시 타 교실에 피해가 가지 않도록 소란스럽지 않도록 지도해야 한다. | | |
| 활동 내용 | – 위(Wee)클래스란?<br>– 위(Wee)클래스는 무엇을 하는 곳일까?<br>– 우리 학교 위(Wee)클래스는 어디에 있을까?<br>– 상담에 대한 오해와 편견<br>– '보이지 않는 고릴라' 영상으로 편견과 선입견에 대해 빠르게 이해하기<br>– '텔레파시 게임'을 통해 친구와 소통해보기<br>– 위(Wee)클래스 운영 시간 설명 재안내<br>– 소감 및 질문사항 작성하여 제출 | | |
| 운영 효과 | ① 학생들에게 효과적으로 위(Wee)클래스를 홍보할 수 있다.<br>② 1차시 수업을 통해 학급 속 위기 학생을 자연스레 발견하고 사후 관리를 조금 더 쉽게 할 수 있다. | | |
| 활용 TIP | 간이 심리검사를 활용하거나 집단상담에 활용했던 활동을 주제에 맞게 적절히 활용할 수 있다. 운영하고자 하는 주제를 정해 주제와 연관있는 활동으로 계획하여야 한다. | | |

### Wee 클래스가 뭐에요?

- 나와 너 속에 우리를 발견할 수 있도록 사랑으로 지도하고 감성과 사랑이 녹아있는 공간에서 자신의 잠재력을 찾아 내자는 의미.

## 상담 체험의 날 프로그램 "나만의 걱정인형 만들기"

<table>
<tr><td>운영 목적</td><td colspan="3">① 상담주간을 맞이하여 상담체험의 날 행사를 실시하여 위(Wee)클래스를 홍보할 수 있다.<br>② 학생들의 고민과 걱정 유형을 살펴볼 수 있다.<br>③ 자신의 걱정 및 고민을 색채로 표현하여 그 심리를 파악할 수 있다.</td></tr>
<tr><td>운영 일시</td><td>20○○년 ○○월 ○○일( ), 점심시간</td><td>운영 장소</td><td>○○중학교, 위(Wee)클래스</td></tr>
<tr><td>운영 내용</td><td colspan="3">① 걱정인형의 유래를 설명한다.<br>② 자신의 걱정들을 작성해 보도록 한다.<br>③ 나만의 걱정 인형을 어떻게 만들 것인지 구상할 수 있도록 그려보게 한다.<br>④ 걱정인형을 만든다.<br>⑤ 소감을 작성한다.</td></tr>
<tr><td>준비물</td><td colspan="3">아이스크림 막대, 털실 또는 색실, 색깔폼폼이, 면봉, 글루건, 가위</td></tr>
<tr><td>만드는 방법</td><td colspan="3">① 아이스크림 막대를 반으로 잘라준다.<br>② 반으로 자른 아이스크림 막대에 면봉을 글루건으로 팔다리를 만들어준다.<br>③ 글루건으로 색깔 폼폼이를 이용하여 머리카락을 표현해 붙여준다.<br>④ 색실을 이용해 감아서 옷을 입혀준 뒤 펜이나 눈알스티커로 얼굴을 완성시킨다.</td></tr>
<tr><td>활용 TIP</td><td colspan="3">① 색채 심리검사를 통해 나온 컬러를 사용한 걱정인형 만들기 활동을 진행해 본다.<br>② 포털사이트에 "걱정인형 만들기 DIY 세트"를 검색하면 연령대가 어린 아이들도 함께 만들기 쉽게 준비된 재료를 얻을 수 있어 보다 쉽게 진행할 수 있다.<br>③ 앤서니 브라운의 「Silly Billy」라는 동화와 함께 읽으며 독서치료 프로그램으로 진행할 수 있다.</td></tr>
</table>

## 둘(2)이서 사(4)과하는 날 "미안합니DAY. 미안하DAY"

| 추진 배경 | 본교 위(Wee)클래스 상담통계를 살펴보면 학생들의 고민 중 친구 관계에 관한 상담이 상당수로 많이 있으며, 특히 공감 부족 및 의사소통 부족으로 발생하는 문제로 상담을 받는 경우가 많다. 이에 따라 학교폭력 가 · 피해 징후가 나타나고 있어 학교폭력을 효과적으로 예방하기 위해서는 발달 단계상 청소년기에 취약한 공감 · 소통 능력 등의 발달을 위한 지원이 필요하다고 생각했다. 또한 인성교육 실천을 위해 다양한 인성교육을 일시적인 행사가 아닌 지속적인 인성교육 및 학교폭력 예방 교육을 위하여 본 프로그램을 운영하고자 한다. |
|---|---|
| 운영 목적 | ① 대인관계 기술 부족, 학교폭력 가 · 피해 학생, 부적응으로 인해 학교생활 적응에 어려움을 겪고 있는 학생들에게 학교생활 적응력을 향상시킨다.<br>② 학생들의 의사소통 방법에 대해 알아보고 학교 구성원으로써 교사와 학생들의 소통 · 공감 능력을 향상시킬 수 있다. |
| 운영 기간 | –사과편지 응모기간:<br>–사과편지 및 사과 배달 일자:<br>(본래 둘이서 사과하는 날로 24일에 운영을 하는 곳이 많음) |
| 운영 장소 | ○○중학교 위(Wee)클래스 및 각반 교실 |
| 운영 대상 | 재학생 및 교사 선착순 300명(예산에 따라 인원수 조정) |
| 활동 방법 | ① 사과 편지지를 위(Wee)클래스에서 받아 작성한 뒤 기간 내 제출한다.<br>② 수거된 사과 편지를 사과와 함께 포장한다. (또래상담자와 함께 활동한다.)<br>③ 학생들의 질서 유지를 위하여 또래상담부원과 함께 활동하며 배달한다. |
| 운영 TIP | ① 둘이서 사과하는 날이라는 의미에 맞추어 24일에 운영하여 장기 프로그램으로 운영할 수 있다.<br>② 학교 예산에 따라 사과, 사과 맛 음료, 사과 맛 쿠키, 사과 모양 쿠키 등 기념품으로 대체할 수 있다.<br>③ 홍보 포스터는 미리캔버스를 이용하여 직접 제작하거나 또래상담부원 활동을 활용하여 제작하도록 할 수 있다.<br>④ 사과뿐만 아니라 감사를 주제로 연결시켜 감사편지와 함께 감을 배달할 수 있다. |

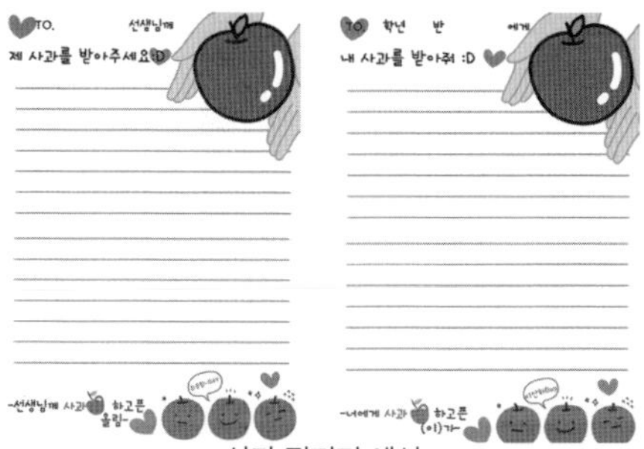


사과 편지지 예시

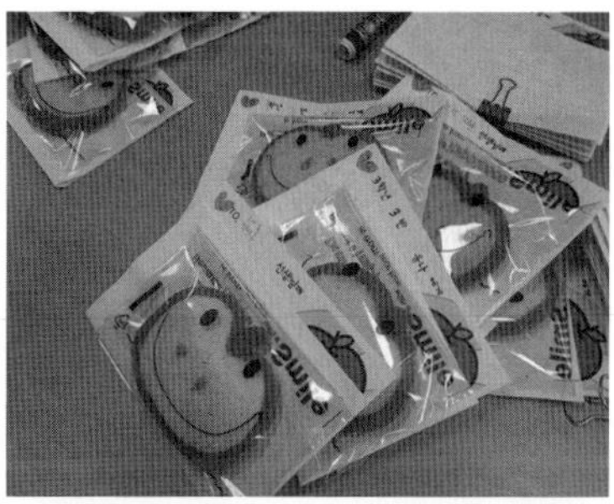

## 클래스 Attack(어울림을 · 택하다)

| 구분 | 내용 |
|---|---|
| 추진 배경 | 코로나19로 인하여 각종 집단 교육 및 체험활동이 모두 취소가 되어 또래들 간의 소통의 기회가 차단되어 학교 부적응 문제 또는 코로나 블루 양상이 보여 이를 예방하고자 추억의 방송프로그램인 "S"방송사의 '스쿨어택' 제목과 프로그램의 취지를 비슷하게 빌려와 클래스 단위로 축소시켜 "클래스 어택"으로 운영하며 부재로 어울림을 택하다를 붙였다. 또한 게릴라 아이돌 콘서트 대신 학교 위(Wee)클래스에서 준비할 수 있는 게릴라 체험활동들을 준비하여 제시하고자 한다. |
| 운영 목적 | ① 즐거운 학교, 소통하는 학교 문화를 만들어 갈 수 있다.<br>② 학교 부적응 해소 및 학생 정신건강을 증진시킨다.<br>③ 정규교과 이외의 다른 활동 및 학습을 제공하여 부적응 학생들의 건강한 성장을 도모한다. |
| 운영 대상 | 총 4학급(활동별 1학급)<br>※학급 선정 조건: 아래 조건 중 2가지 이상 충족되는 학급 우선 선발<br>–학교 생활에 부적응하고 있는 학생이 있는 학급(담임교사 및 학교 상담사의 추천학생)<br>–교육 목적상 본 프로그램이 필요한 학생이 포함된 학급<br>–정서 · 행동특성 검사 결과 관심군 학생이 포함된 학급<br>–사연의 내용이 학급 학생들과 참여하고자 하는 동기가 있는 학급 |
| 운영 기간 | • 사업 운영기간: 20○○년 ○○월 ○○일~○○월 ○○일<br>• 사연 응모기간: 중간고사 이후~기말고사 이전<br>• 클래스 어택 실시 기간: 기말고사 이후~방학 이전 |

**운영 내용 및 운영 방법**

| 활동 명 | 활동 내용 | 소요 시간 |
|---|---|---|
| MBTI로 알아보는 우리 | MBTI 성격유형검사를 통한 자기이해 | 2시간 |
| 아름다운 향기로 함께하는 우리 | 아로마 테라피로 자신의 마음을 알아보기 & 룸스프레이 만들기 | 2시간 |
| 꽃처럼 예쁜 우리 | 꽃말을 배우고 꽃들이 어우러지는 것과 같이 함께하는 시간을 배우기 〈센터피스 만들기〉 | 2시간 |
| 나눔이 함께하는 우리 | 푸드테라피를 통해 함께 맛있는 음식을 만들어 추억을 나누고, 음식을 나누는 활동 〈마카롱 만들기 또는 케익만들기〉 | 2시간 |

운영 방법:
① 네이버 폼으로 학생들의 사연을 신청 받아 선정함
② 선정결과는 담임교사와 학교 상담사가 협력하여 미리 협조 된 수업시간을 활용하여 프로그램을 진행함
③ 극적인 효과를 위하여 교과시간 수업교사가 수업을 들어가 사전에 협조된 동영상을 학생들에게 틀어줌
④ 동영상은 처음에는 수업과 관련된 영상이 나오다가 클래스어택 사연을 신청한 글이 올라오게 됨
⑤ 영상을 끝으로 교실로 들어가 사연신청자에게 박수를 건내며 체험활동을 시작함
⑥ 마무리 후 소감지 작성

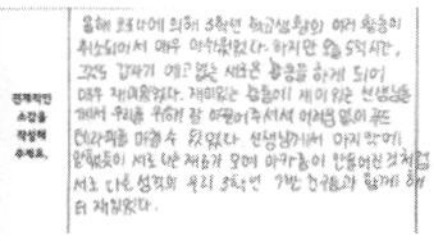

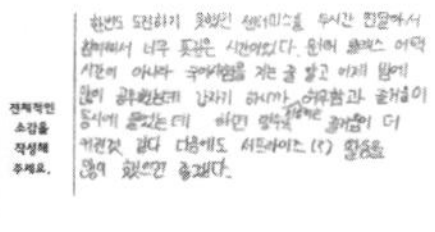

## 진로집단상담 프로그램 “청 · 진 · 기”
## (청소년들의 진로를 찾아 떠나는 신기한 여행)

| 구분 | 내용 |
|---|---|
| 목적 | ① 적성을 탐색하여 자신에게 맞는 진로 정보를 찾아볼 수 있다.<br>② 활동하면서 남과 다른 나를 인식하고 자신과 타인의 장점을 인정해 줄 수 있다.<br>③ 자신만의 꿈을 가지고 키우며, 실현시키는 체계적인 방법을 안내할 수 있다. |

**회기 구성**

| 회기 | 주제 | 활동내용 | 활동시간 |
|---|---|---|---|
| 1회기 | 여행 시작 | • 프로그램에 대한 오리엔테이션<br>• 집단 구성원 간의 친밀감 형성과 이해증대 | 45분 |
| 2회기 | 직업세계 여행하기 | • 직업의 중요성 이해하기 | 45분 |
| 3회기 | 자기를 찾아서-1 | • 자기이해의 시간<br>• Holland 진로적성탐색검사 실시 및 해석 | 45분 |
| 4회기 | 자기를 찾아서-2 | • 가치관 알아보기(가치관 경매)<br>• 진로목표 세우기 | 45분 |
| 5회기 | 마지막 여행 | • 희망 직업 역할극 파티<br>• 마무리하기 | 45분 |

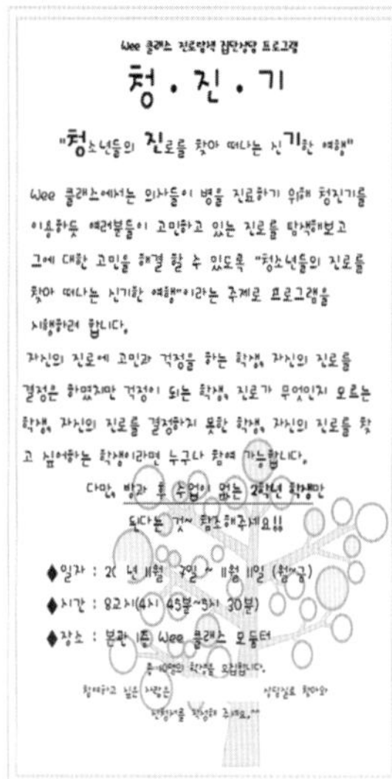


| 대상 | ○○중학교 2학년 10명 | 운영장소 | ○○중학교 위(Wee)클래스 |
|---|---|---|---|

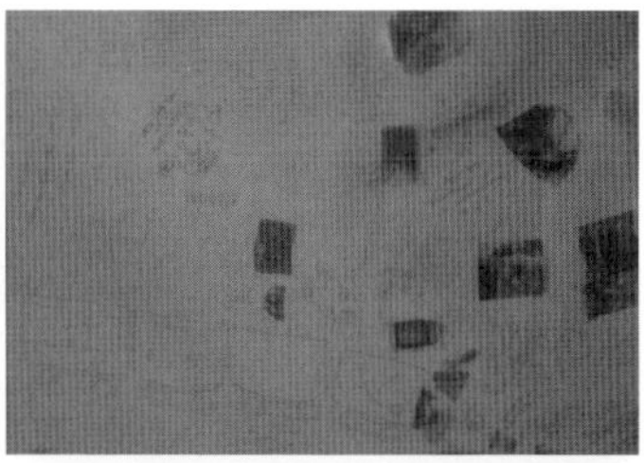

## 미술테라피 집단상담 프로그램

| 실시 일자 | 20○○년 ○○월~○○일(월~월요일, 방학) 10:00~11:30(90분) | | |
|---|---|---|---|
| 실시 장소 | ○○초등학교 위(Wee)클래스 | 실시 대상 | 2~3학년 희망자 선착순 10명 |
| 집단 주제 | 나를 표현해요! | | |
| 목 적 | 조형 활동을 통해 개인의 갈등을 조정하고 자기표현과 승화과정을 통해 자아성장을 촉진시키는 것이다. 즉, 미술치료는 시각매체를 사용하여 내담자 내면의 심상을 표현하게 함으로써 무의식을 활성화하여 왜곡, 상실, 억제되었던 부분을 재발견하고 통합시킴으로써 인격의 발전을 가져올 수 있게 된다. | | |

내용 구성

| 회기 | 제목 | 실시 내용 |
|---|---|---|
| 1회 | 동그라미 속의 나 | 자기소개 및 자신을 탐색하며 통일감, 균형감, 원만함으로 자신을 새롭게 인식 |
| | 손가락꽃(나무)을 만들어요 | 자애심과 자존감을 갖고 내적인 성장을 촉진 |
| 2회 | 만다라를 그려보아요 | 정신을 집중하여 자신의 정서를 인식하고 조절 |
| | 재미있는 난화게임 | 개인의 주관적인 체험을 객관적인 체험으로 구체화 |
| 3회 | 마음을 나누는 그리기 | 친구를 배려하고 도와주려는 마음으로 공동체 속에서의 심리적 갈등 해소 |
| | 우리가족 이야기(동물가족화) | 표현에 대한 저항감이 감소하며 가족 지각에 대해 이해 |
| 4회 | 나의 학교생활 모습 그리기 | 학교생활에서 자신과 타인의 역할 등을 스스로 인지하고 통찰 |
| | 비언어적, 언어적 협동화 그리기 | 협동화를 통해 표현하는 태도와 방법의 개인차를 발견 |
| 5회 | 과거, 현재, 미래의 나는? | 자신의 과거, 현재, 미래를 생각해 보고 자기 이해 |
| | 선물 주고받기 | 자기 존중감, 사회 적응력 향상, 자기 삶에 주체적인 역할을 인식 |
| 6회 | 만들기 체험 | D.I.Y. 가방만들기, 롤리팝 비누 만들기 |

손가락꽃 나무

만다라

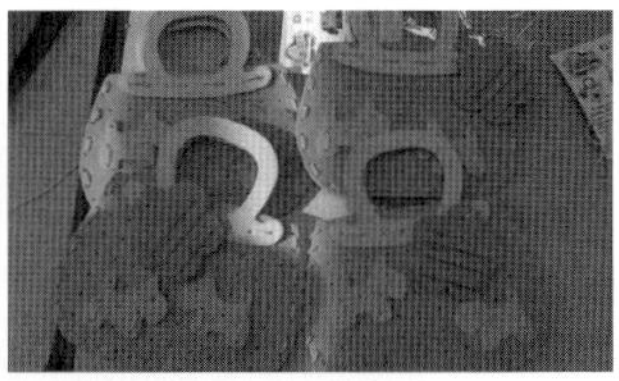
가방 만들기

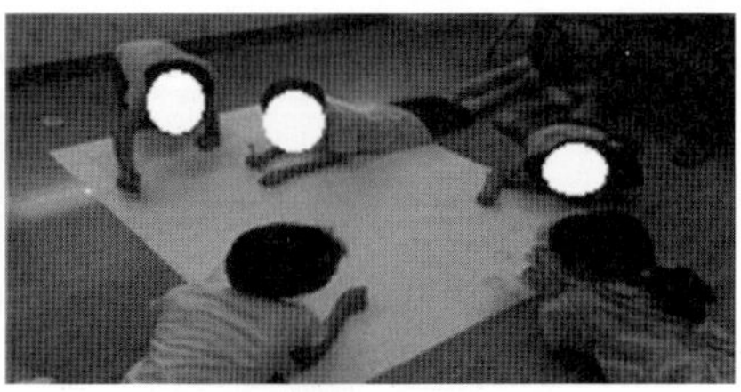
협동화 그리기

## 학부모 대상 색채심리 집단상담 프로그램

<table>
<tr><td>실시 일자</td><td colspan="3">20○○년 ○○월~○○일(매주 금요일) 10:00~12:00</td></tr>
<tr><td>실시 장소</td><td>○○중학교 위(Wee)클래스</td><td>실시 대상</td><td>○○중학교 학부모 희망자 8명</td></tr>
<tr><td>집단 주제</td><td colspan="3">색채심리로 내 마음 알아보기</td></tr>
<tr><td>내용 구성</td><td colspan="3"><table>
<tr><td>1회기</td><td>–오리엔테이션<br>–자기소개<br>–색채심리란 무엇인가?<br>–오오라누리에 색칠 및 해독</td></tr>
<tr><td>2회기</td><td>–생활 속 색채심리 찾기<br>–컬러칩 활용하여 컬러 히스토리 작성하기<br>–나만의 힐링컬러 찾기</td></tr>
<tr><td>3회기</td><td>–자연물 색채 찾기<br>–힐링컬러 테라피(원예치료)<br>–전체 소감 나누기</td></tr>
</table></td></tr>
<tr><td>참가자 소감</td><td colspan="3">– 색채 작업을 하면서 내가 모르던 나의 심리를 알아가는 것<br>– 오오라누리에 작업을 통해 스트레스 해소하고자 하는 마음 상태라는 것을 알게 됨<br>– 색을 대하면서 나 자신의 모르는 부분까지 알 수 있고 발전해 있는 나를 발견함<br>– 색채로 알아보는 나의 심리가 기억에 많이 남음<br>– 색으로 사람의 감정이나 현재 기분을 표현한다는 것과 나도 모르는 나의 생각이나 기분을 표현할 수 있어 좋았음<br>– 색채를 통해 본인의 자아로 들여다 볼 수 있어서 좋았음</td></tr>
</table>

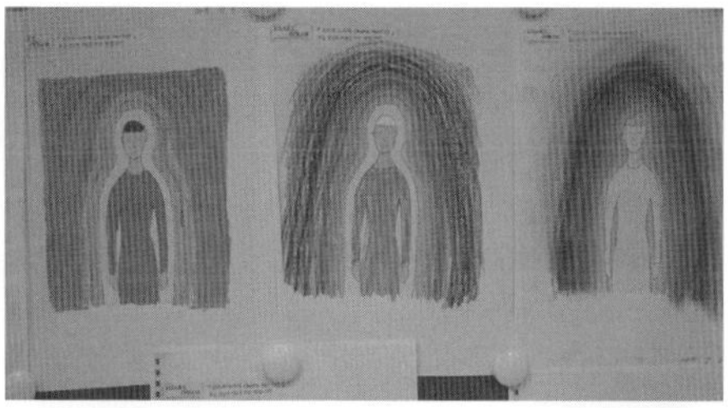

## 감정조절 집단상담 프로그램

| 실시 일자 | 20○○년 ○○월~○○일(월~수요일, 방학) 10:00~11:30(90분) | | |
|---|---|---|---|
| 실시 장소 | ○○초등학교 위(Wee)클래스 | 실시 대상 | 2~3학년 희망자 선착순 10명 |
| 집단 주제 | 감정조절(내 마음 처방전) | | |
| 목 적 | 즐거운 방학을 맞이하여 감정조절에 어려움을 겪는 학생을 대상으로 시각매체를 사용하여 내면의 심상을 표현하게 함으로써 건강한 감정코칭이 가능하도록 돕고자 한다. | | |

내용 구성

| 회기 | | 프로그램명 | 목표 | 프로그램 내용 |
|---|---|---|---|---|
| 1일차 | 1 | 감정 찾기 | 다양한 감정 인식 | 감정단어 알기 |
| | 2 | 실 그림 | 숨겨진 내면의 세계 발견 | 난화와 연상 작업 |
| 2일차 | 3 | 자기감정 탐색<br>(파스텔 작업) | 내재된 감정 찾기 | 파스텔 작업 |
| | 4 | 억압된 감정표출 1<br>(풍선 터트리기) | 편안한 정서 | 풍선 터트리기 |
| 3일차 | 5 | 억압된 감정표출 2<br>(신문지 찢기) | 편안한 정서 | 신문지 찢기 |
| | 6 | 미래비전 탑승카드 만들기 | 변화된 자신을 발견 | 미래비전 탑승카드 작업 |

감정카드 활용

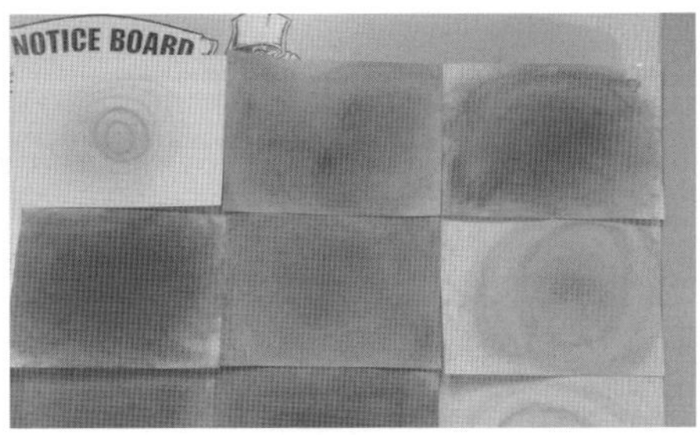


파스텔 작업

풍선 터트리기

신문지 찢기

## 감정, 공감 이해 집단상담 프로그램

| 운영일시 | 20○○년 ○○월 ○○일(금) 5~6교시 | 참가자 및 운영장소 | ○○중학교 1학년 14명 |
|---|---|---|---|
| 운영 목적 | ① 대인관계 기술 부족 및 부적응으로 인하여 학교생활 적응에 어려움을 겪고 있는 학생들의 학교생활 적응력을 향상시킨다.<br>② 학생들의 의사소통 방법에 대해 정보를 제공하고 소통 및 공감 능력을 향상시킬 수 있다.<br>③ 다양한 감정을 인식한다.<br>④ 나와 다른 타인을 인정하고 배려하는 정서적 공감 능력을 형성할 수 있다.<br>⑤ 타인의 표정과 말투, 태도 등으로 생각을 이해하고 상황을 인식하는 능력인 인지적 공감능력을 배양할 수 있다. | | |
| 운영 내용 | ① 모둠 구성하여 '공감'을 주제로 릴레이 그림 그리기<br>② '공감'하면 떠오르는 낱말 포스트잇에 적어 붙이고 토론하기<br>③ '공감'에 대한 정의 내리기 및 공감의 밑바탕에는 상대방에 대한 배려, 관찰, 이해가 깔려있음을 자연스럽게 배우게 함<br>④ 평소 느끼는 감정에는 무엇이 있는지 살펴보기<br>⑤ 과자를 이용해 감정 카드를 만들어 보기<br>⑥ 과자 감정카드 돌아가며 감상하고 투표하기<br>⑦ 공감을 할 수 있는 대화기법 배우기(나 전달법 등)<br>⑧ 연습해 보고 소감 나누기 | | |

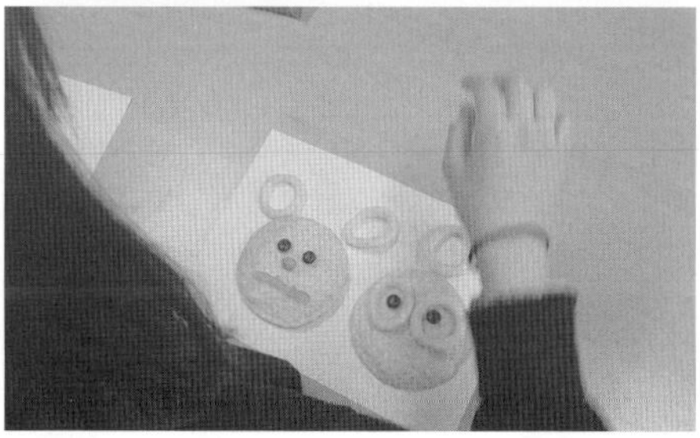

## 교우관계 집단상담 프로그램 "친 · 친 만들기"

| 실시 일자 | 20○○년 ○○월~○○일(월~월요일, 방학) 10:00~11:30(90분) | | |
|---|---|---|---|
| 실시 장소 | ○○초등학교 위(Wee)클래스 | 실시 대상 | 3~4학년 희망자 선착순 10명 |
| 집단 주제 | "친 · 친(친한친구) 만들기" | | |
| 목 적 | 친구들과 즐겁고 안전한 학교생활을 유지하기 위해 자신의 친구관계를 점검해 보고 필요한 것을 배우고 익힘으로써 교우관계 향상에 도움이 되고자 한다. | | |

**내용 구성**

| 회기 | 제목 | 실시 내용 |
|---|---|---|
| 1회 | 이런 친구가 좋아요 | 내가 좋아하는 친구를 되돌아보고 경험 속에서 좋은 친구의 의미를 인식한다. |
| 2회 | 나는 어떤 친구일까요? | 자신의 교우관계를 살펴보고 사이좋게 지내려는 마음을 다진다. |
| 3회 | 친구에게 내 마음을 전해요 | 친구의 마음을 상하게 하지 않으면서 내 마음을 전달하는 방법을 안다(나-전달법). |
| 4회 | 친구의 말에 귀 기울여 주고, 친구의 마음을 읽어봐요 | 친구의 마음을 이해하고, 공감해 줄 수 있다. |
| 5회 | 선물을 준비했어요 | 마음의 선물을 주고받으면서 친밀감을 높이고 친구에게 고마운 마음을 가진다. |
| 6회 | 쿠키 만들기(요리) | 달콤한 향과 사랑의 마음을 전하는 쿠키를 만들어 본다. |

촉진게임

나는 어떤 친구일까요

경청하기

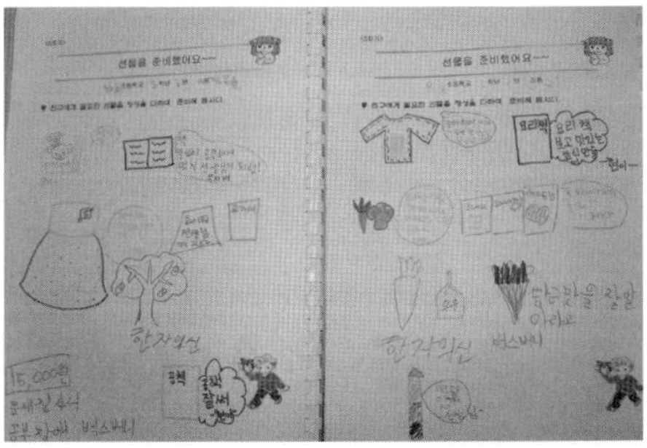
마음의 선물

## 아버지와 딸이 함께하는 프렌디스쿨 "딸 바보 아빠의 날"

<table>
<tr><td>운영 목적</td><td colspan="3">① 프로그램에 참석하는 아버지와 딸의 친밀감 향상<br>② 가족 간의 갈등 빈도 감소<br>③ 참석한 아버지들의 양육방식에 대한 태도에 긍정적인 변화를 불러 올 수 있음<br>④ 아버지의 권위는 지도력과 사랑, 책임감에 의하여 세워질 수 있다는 것을 깨닫게 함<br>⑤ 자신의 부모로부터 받은 부정적 영향력을 단절하고, 자녀들에게는 긍정적인 영향력을 미치는 부모가 되도록 할 수 있음</td></tr>
<tr><td>운영 대상</td><td colspan="3">○○여자중학교 재학생 및 아버지 15팀(재학생과 아버지 2인 1팀)</td></tr>
<tr><td rowspan="5">세부 계획</td><td colspan="3">① 공감능력 증진 프로그램과 의사소통 능력 증진 프로그램을 병행<br>② 부녀지간의 단합과 협동, 건전한 문화를 위한 체험활동 병행</td></tr>
<tr><td>회기</td><td>소요 시간</td><td>내용</td></tr>
<tr><td>1</td><td>2시간</td><td>MBTI 심리검사 교육으로 나와 자녀의 성격을 이해하고 성격유형에 따른 대화방법 배우기</td></tr>
<tr><td>2</td><td>2시간</td><td>딸과의 데이트, 아빠와 함께 앙금떡케이크 만들기 체험활동</td></tr>
<tr><td>3</td><td>2시간</td><td>가족의 사랑을 주제로 한 뮤지컬 관람하기</td></tr>
<tr><td>참가자 소감</td><td colspan="3">딸아이가 유치원 다닐 때 참가했던 아버지 수업 이후로 처음 학교에 온 것 같다. 사춘기에 접어든 자녀와 대화하는 것이 어렵게 느껴지고 조심스러웠는데 프로그램을 통해서 성격검사라는 대화주제가 생겨 자연스레 대화할 수 있어서 정말 감사했다.</td></tr>
</table>

## 2. 학교상담의 다양한 활동

### 1) 놀이상담 활동

#### (1) 놀이치료 상담의 정의

학교 장면에서 놀이치료는 아동상담의 한 분야이다. 어른들은 언어로 자신의 마음을 표현하지만, 어린 학생들은 다르다. 어린 학생들은 자신의 마음을 표현하기 위해 놀이를 사용한다. 놀이는 어린이의 언어이기 때문이다. 놀이에는 성장과 치료의 힘이 있다. 내 고민이 무엇인지 그리고 내가 무엇 때문에 힘든지에 대해 언어로 표현하는 것이 어렵기 때문에 자신의 생각과 느낌을 언어보다는 놀이를 통해 표현할 수 있다. 아이들은 놀이를 통해 마음속 깊은 곳에 쌓여 있던 갈등과 고통을 표현하여, 정서적 편안함을 놀이 속에서 경험하게 된다. 놀이치료에서 아동은 이러한 놀이 과정을 통해 점차적으로 자신의 어려움을 해결해 나가게 된다.

#### (2) 놀이치료의 종류

학교장면에서 이루어지는 놀이는 모래놀이치료와 미술놀이치료, 게임놀이치료를 주로 하는 편이다. 모래놀이치료는 특정 크기의 모래 상자 안에서 작은 모형(피규어)들을 활용해 아동의 무의식에 있던 사고와 느낌을 구체적으로 표현하게 함으로써 무의식과 의식을 연결 지어서 치료가 이루어지며, 미술놀이치료는 여러 가지 미술을 통해 아동의 과거나 현재의 경험과 관계되는 생각, 감정, 미래에 대한 생각도 표현하고, 무의식적 소망을 상징적으로 표현하거나 과거의 고통스러운 경험이나 감정을 승화시킬 수 있다. 게임놀이치료는 상담자와 아동 사이에서 즐거움을 제공할 뿐만 아니라 신체발달, 인지와 언어발달, 사회 정서 발달에도 효과적이며, 자아의 강화에도 도움이 된다.

## (3) 놀이치료 상담사례

신체활동 놀이(풍선)

피규어 이용놀이

게임 놀이치료(컵쌓기)

종이컵아트 놀이

체스 놀이

풍선 아트 놀이

가면 놀이

조브블럭 놀이

공기 놀이

디폼블럭 놀이

실천 팔찌 놀이

친해진 돌림판 놀이

## 2) 미술상담 활동

### (1) 미술상담의 정의

미술치료가 학문적으로는 역사가 그리 오래되지 않았지만, 오늘날 그에 대한 활발한 연구와 더불어 치료의 고유한 영역으로 자리 잡아 임상적 역할도 확대되고 있다(정여주, 2003).

미술치료라는 용어는 1961년 Bulletin of Art therapy의 창간호 편집자인 울만(Ulman)의 논문에서 처음으로 사용되었고, 울만(Ulman)은 미술심리치료와 치료로서의 미술이라는 입장을 통합하는 견해를 가지고 있다(이근매, 2008). 미술치료는 심리치료 이론을 바탕으로, 인간의 구체적인 형태나 형상을 만드는 활동을 통해 각자의 갈등을 조정하고 동시에 자기표현 및 승화작용을 통하여 자아성장을 촉진시킬 수 있다. 또한 자발적 미술활동을 통해서 개인의 내적 세계와 외적 세계 간의 조화를 잘 이룰 수 있도록 도와주기도 한다(이근매, 2008). 미술치료의 본질은 '미술을 매개로 내담자를 치료하는 것'이다. 그림 그리기를 통해 자유롭게 내담자의 내면을 표출하게 하고, 그를 통해 내담자의 내면세계를 이해하며 보다 적응적인 상태로 이끌어가는 치료방법으로, '미술작업을 통해 개인의 정서적 갈등과 심리적인 증상을 완화시킴으로써 한 개인이 원만하고 창조적인 삶을 살아갈 수 있도록 돕는 심리치료법'이다(김정숙 외, 2009).

### (2) 미술상담 활용 상담의 의의

미술치료는 언어적 표현 능력이 부족한 아동이나 청소년의 심리적 문제를 이해하고 치료하는 장점을 지니고 있을 뿐만 아니라 성인의 경우에는 언어로 표현하기 어려운 심리적 갈등과 미래에 대한 소망을 표현하는 데에 중요한 역할을 한다(김정숙 외, 2009).

특히 미술치료는 비언어적 수단으로서 통제가 적다. 그에 따라 내담자의 방어를 감소할 수 있다는 장점이 있다. 미술치료의 가장 흥미로운 점은 예상하지 못했던 그림이나 작품이 만들어질 수 있다는 것과 창작자의 의도와는 다르게 반대되는 형상이 그려지거나 만들어지기도 한다는 것이다. 예상치 못했던 인식은 가끔 내담자의 성장, 학습, 통찰로 유도되기도 한다. 또한 미술작품은 보관이 가능하기 때문에 내담자가 만든 작품을 필요한 시기에 재검토하여 치료효과를 높일 수 있는 이점이 있으며, 미술작업을 통해 내담자의 에너지를 발산할 수 있게 도울 뿐만 아니라, 즐거움과 흥미를 주어 심리적 긴장이완을 통한 정서적인 안정감을 제공하기도 한다(이근매, 2008).

미술표현을 통해 아동의 긍정정서를 불러오고, 현재의 감정과 행동에 집중할 수 있도록 하며, 성공적인 작품의 완성은 자아존중감을 향상시켜 낙관적인 희망을 갖게 하여 학교생활에 잘 적응하도록 도움을 준다(허정선, 2012). 미술치료는 자신이 소유한 문제 또는 관심사를 표현하고 그에 대한 상담을 할 수 있도록 미술 작업을 통해 심리 · 정서적인 내면적 갈등을 해결할 수 있게 해 원만하게 살아갈 수 있도록 도와주며, 내면의 감정이나 생각들을 미술작업이라는 매체를 통해 표현하고 문제를 해결하는 데 유용하다(강차연, 2006). 이와 같이 미술치료의 안전하고 공감적인 환경은 심리적으로 위축된 아동이 능동적이고 자기 주도적인 미술활동을 하도록 한다(임지향 외, 2018).

### (3) 학교상담에서의 미술치료

학교상담 장면에서 주로 사용하는 미술치료에는 투사검사의 일환인 그림검사와 색칠 및 만들기 작업 등을 통한 미술치료 활동들로 나눌 수 있다. 대표적으로 그림검사에는 집-나무-사람 그림검사(HTP), 동적가족화 그림검사(KFD) 등이 있고, 작업을 통한 미술치료 활동으로는 동적학교생활화(KSD), 빗속의 사람 그리기(PITR), 만다라, 동굴화, 콜라주, 난화 그리기 등이 있다.

### (4) 학교 상담에서 미술상담 활용의 예

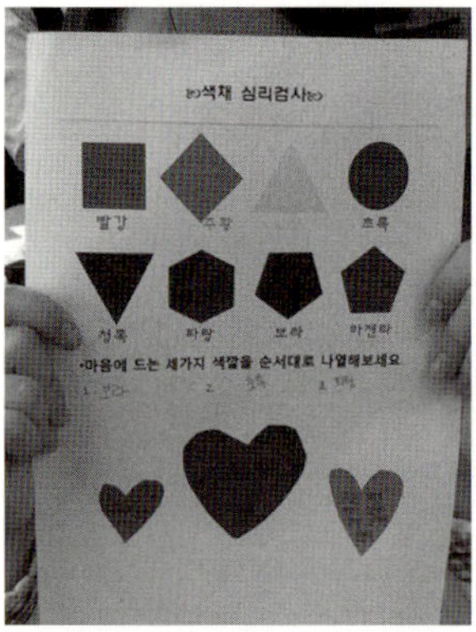

색채심리검사

물고기 가족화 그리기

빗속의 사람 그리기

나의 페르소나 가면 만들기

만다라 글라스데코

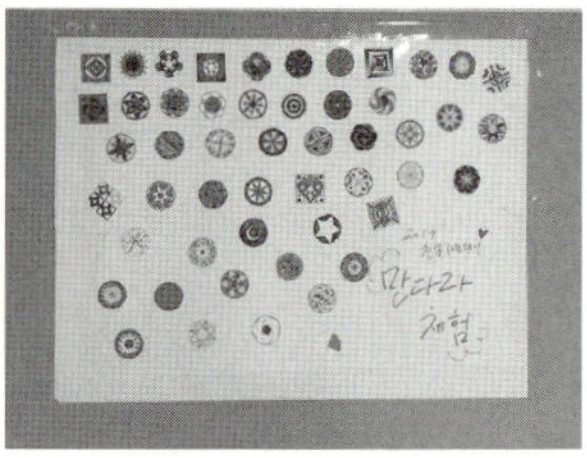

만다라 색칠하기

## 3) 매체활용상담

### (1) 매체활용상담의 의의

학교상담실에서 만나는 아동이나 청소년 내담자는 자신의 마음을 언어로 표현하는 것을 어려워하는 경향이 많다. 더구나 교사나 부모에 의해 의뢰된 비자발적 내담자의 경우 상담자와의 라포 형성에 시간이 걸리고 상담진행에도 소극적으로 반응한다. 이때 매체를 활용하여 상담을 하면 내담자의 흥미를 유도하면서 방어도 줄어드는 효과가 있다. 일상생활에서 접하기 쉬운 친근한 매체들을 활용하여 상담을 진행하면 내담자의 불안정한 정서가 이완되고 안정감을 갖게 된다. 또한 매체놀이를 함께 하면서 내담자와 상담자는 서로 공통의 관심사를 갖게 되고 작품이 만들어지기까지 협력하는 관계가 된다. 완성된 작품은 내담자에게 성취감과 만족감을 주게 되고 미래에 대한 새로운 가능성과 희망감을 갖게 한다. 매체활용상담은 인터넷에 키트 형식으로 간편하게 조립만 하면 되는 매체들을 구입해서 사용해도 되고, 학교나 가정에서 손쉽게 구할 수 있는 재료들을 이용하여 활용해도 된다.

### (2) 매체의 종류

상담에 도움이 되는 매체들로는 매우 다양한 것들이 있다. 일상생활에서 쉽게 접할 수 있는 식물, 돌, 나무 조각, 점토, 과자, 인형, 커피, 비누 등을 활용하여 내담자의 무의식적 욕구나 열망을 탐색하고 내적 갈등을 해소하게 함으로써 아동, 청소년 내담자들과의 지속적인 상담을 이끌어낼 수 있다.

### (3) 매체활용상담 사례

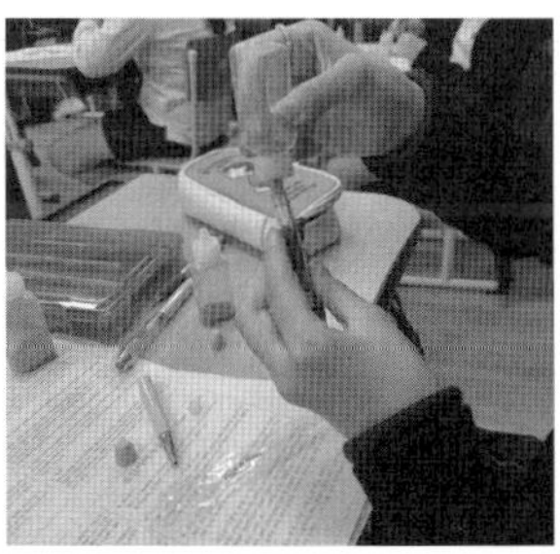
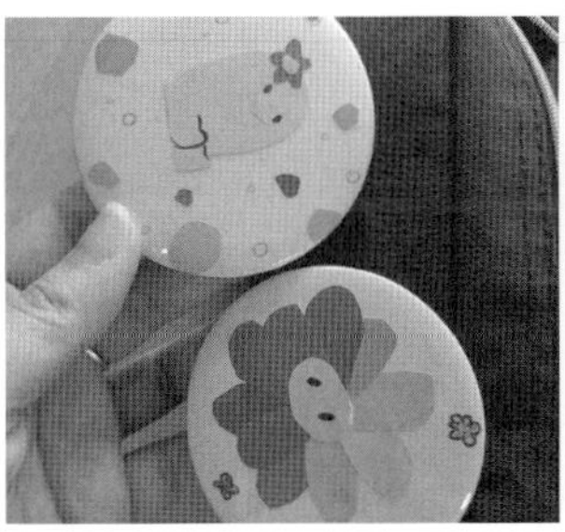

CHAPTER 07

# 학교상담과 현장실습

## 1. 학교상담 현장실습의 개념과 목적

인간의 성장을 발달단계로 설명하듯 학교상담전문가로 성장하기 위해서도 발달단계처럼 나름의 순서와 과정을 거쳐야 하며 이 과정은 절대 쉽게 이루어지지 않는다.

현재 학교상담 현장에서 근무하고 있는 상담자의 직종을 살펴보면 전문상담교사와 전문상담사[01]가 있다. 학교에서 근무하는 전문상담사는 별도의 실습과

01 2009년에서 2011년까지 위(Wee)클래스에 상주하며 학교 단위 학생 상담업무를 총괄하는 상담 전문인력으로 계약직 '전문상담인턴교사'를 배치하여 활용하였다. 2012년부터 부적응 및 위기 학생에 대한 지속상담 및 사후관리 등 상담업무가 지속되고 연속성을 담보할 수 있도록 '전문상담사'라는 직위로 전문상담교사, 청소년상담사, 상담 관련 학회의 자격증을 소지하고 학교 및 기관에서 상담활동을 전담할 수 있도록 각 시도교육청 교육감 직 채용으로 하고 있다. 이들은 교육공무직에 해당하며 무기 계약 전환 직원이 아닐 경우 계약직 직원으로 계약기간 만료 후 고용관계가 소멸된다. 근무 장소로는 초·중·고 위(Wee)클래스 설치 교 중 전문상담교사 미배치 학교에 우선 배치되며, 학교폭력 상담 지원, 특별교육 등 기관의 필요에 따라 교육청 및 위(Wee)센터, 위(Wee)스쿨, 117센터 등에 배치가 가능하다.

정이 없으나 전문상담교사로 근무하기 위해서는 자격취득을 위한 교육실습을 해야 한다.

학교상담은 일반상담과 여러 가지 측면에서 독특한 특성과 전문성을 가지고 있다(강승희, 2020). 따라서 학교 현장에서 직접 보고 경험하여 체득되는 것이라고 할 때, 보다 전문성이 있는 전문상담교사 양성을 위해 교육실습은 반드시 필요한 과정이다(유형근, 2006). 다시 말해, 교육실습은 예비교사로서 교사자격증을 취득하기 위한 필수 과정의 일부이며, 교육이론을 부속 또는 협력 학교의 교육 현장에서 실제로 적용·실천함으로써 교사 활동을 직접 체험하고 자신의 교직 적성을 점검 및 평가하는 과정이다(한국교원교육학회, 2001).

## 2. 학교상담 실습 규정

학교상담 현장실습은 예비전문상담교사가 교육실습으로 진행하는 경우가 대다수일 것이다.

우리나라에서는 청소년들의 정신건강과 바람직한 발달을 돕기 위해 2005년 순회전문상담교사를 지역교육청에 발령하는 것을 필두로 하여 2007년부터 교과를 전담하지 않는 전문상담교사를 학교에 임용하기 시작했다(강진령 외, 2009). 전문상담교사 자격은 초·중등교육법 제21조 2항에서 다루고 있으며 그 내용은 〈표 7-1〉과 같다.

**표 7-1 초 · 중등교육법 전문상담교사 자격 기준**

| 전문상담교사 1급 | 전문상담교사 2급 |
|---|---|
| • 2급 이상의 교사자격증(「유아교육법」에 따른 2급 이상의 교사자격증을 포함한다)을 가진 사람으로서 3년 이상의 교육경력이 있는 사람이 교육부 장관이 지정하는 교육대학원 또는 대학원에서 일정한 전문상담교사 양성과정을 마친 사람<br>• 전문상담교사(2급) 자격증을 가진 사람으로서 3년 이상의 전문상담교사 경력을 가지고 자격연수를 받은 사람 | • 대학 · 산업대학의 상담심리 관련 학과를 졸업한 사람으로서 재학 중 일정한 교직 학점을 취득한 사람<br>• 교육대학원 또는 교육부 장관이 지정하는 대학원의 상담 · 심리교육과에서 전문상담 교육과정을 마치고 석사학위를 받은 사람<br>• 2급 이상의 교사자격증(「유아교육법」에 따른 2급 이상의 교사자격증을 포함한다)을 가진 사람으로 교육부 장관이 지정하는 교육대학원 또는 대학원에서 일정한 전문상담교사 양성과정을 마친 사람 |

학교 현장에서 상담실습을 하기 위해서는 〈표 7-1〉에 제시된 자격 기준 중 전문상담교사 2급의 자격 기준을 만족해야 한다. 위의 전문상담교사 자격 기준을 갖추기 위해서는 학교상담 교육실습을 해야 한다. 이를 위해서는 전공 공통 필수과목으로 심리검사, 성격심리, 발달심리, 집단상담, 특수아상담, 진로상담, 가족상담, 상담이론과 실제 등 7과목의 14학점 이상과 선택과목인 아동발달, 학습심리, 청년발달, 이상심리, 심리학 개론, 임상심리 외 21개 과목에서 2과목 이상을 이수해 총 18학점 이상을 이수해야 한다. 전문상담교사 이수 과목을 정리하면 〈표 7-2〉와 같다.

**표 7-2 전문상담교사 양성과정 이수 과목 및 학점**

| 구분 | 이수 과목 | 최저 이수 학점 | |
|---|---|---|---|
| | | 1급 | 2급 |
| 공통필수 | 심리검사, 성격심리, 발달심리, 특수아상담, 집단상담, 가족상담, 상담이론과실제, 진로상담 | 14학점 이상<br>(7과목 이상) | 14학점 이상<br>(7과목 이상) |
| | 상담실습 및 사례연구 | 20시간 이상<br>실습(2학점) | |
| 선택 | 아동발달, 학습심리, 행동수정, 이상심리, 청년발달, 심리학개론, 학습부진아, 영재아상담, 학교심리, 적응심리, 사이버상담, 성상담, 학습상담, 인지심리, 사회심리, 생리심리, 인간관계론, 특수교육학개론, 생활지도연구, 사회변화와 직업의 세계, 학교부적응상담 | 4학점 이상<br>(2과목 이상) | 28학점 이상<br>(14과목 이상) |

「교원 자격검정령 시행규칙」 제12조 제1항에 따르면 교직과목 세부 이수 기준은 22학점 이상이다. 2017학년도 이후 입학자는 교직이론 12학점, 6과목 이상, 교직소양 6학점 이상(교직 실무, 특수교육학 개론, 학교폭력 예방 및 학생의 이해), 교육실습 4학점(학교현장실습, 교육봉사) 이상을 이수해야 한다(유은선, 2019). 교육대학원에서 상담심리를 전공하고 있는 사람은 교육과정이 포함되는 10개 과목 중에서 18학점과 교직과목 중 6학점을 이수하고, 이를 정상적으로 수료하면 학위 수여와 함께 전문상담교사 자격증을 취득할 수 있다. 교육실습 과정은 예비교사가 교사로서 갖추어야 할 기본적 자질의 많은 부분을 발전시킬 기회를 갖게 한다(김창복 외, 2013).

교육실습 관련 법령은 〈표 7-3〉과 같으며, 학교현장실습 규정은 〈표 7-4〉와 같다.

**표 7-3 교육실습 관련 법령**

| 법령 | 내용 |
|---|---|
| 교원 자격검정령 | 제20조(교직과정의 설치 등) ⑤ 교원양성기관의 장은 사회적 · 시대적 변화에 적절한 교육과정을 운영하고, 교육실습 지원학교와의 교류 협력을 활성화하여야 한다.<br>⑥ 교육감은 해당 교육청에 교육실습 협력부서를 지정 · 운영하여야 한다. |
| 교원자격검정령 시행규칙 | 자격종별 전공과목 및 교직과목의 세부 이수분야 및 학점 교직과목(22학점) 중 교육실습 4학점 이상(교육봉사활동 2학점 이상 포함 가능) |
| 유치원 및 초 · 중등 · 특수학교 등의 교사자격 취득을 위한 세부기준 | 제6조(교직과목 세부 이수기준) (중략)<br>④ 교육실습 중 학교현장실습은 1학점 당 2주(또는 80시간 이상)로 한다. 학교현장실습이 가능한 기관은 다음 각 호와 같다.<br>1. 「유아교육법」 제2조에 따른 유치원<br>2. 「초 · 중등교육법」 제2조에 따른 학교<br>3. 「재외국민 교육지원 등에 관한 법률」 제2조에 따른 한국학교<br>4. 국가 또는 지방자치단체가 초등 · 중등 · 고등 · 특수교육대상 학생 등을 대상으로 교육적 목적을 가지고 설치 · 지정 · 위탁 및 운영하는 기관<br>5. 「평생교육법」 제31조제2항에 따른 학력인정 평생교육시설<br>6. 교원양성기관에서 교류 협정을 체결한 외국의 대학 또는 교육청이 지정한 정규 유치원 및 초 · 중등 · 특수학교 |

출처: 교육부(2021). 교육실습 운영 안내자료.

**표 7-4 학교 현장교육실습 가능 기관 및 내용**

| 구분 | 내용 |
|---|---|
| 학교 현장 실습 | ① 학교현장실습 가능 기관(고시 제6조 4항)<br>㉠ 「유아교육법」 제2조에 따른 유치원<br>㉡ 「초 · 중등교육법」 제2조에 따른 학교<br>㉢ 「재외국민 교육지원 등에 관한 법률」 제2조에 따른 한국학교<br>㉣ 국가 또는 지방자치단체가 초등 · 중등 · 고등 · 특수교육대상 학생 등을 대상으로 교육적 목적을 가지고 설치 · 지정 · 위탁 및 운영하는 기관<br>㉤ 「평생교육법」 제31조제2항에 따른 학력인정 평생교육시설<br>㉥ 교원양성기관에서 교류 협정을 체결한 외국의 대학 또는 교육청이 지정한 정규 유치원 및 초 · 중등 · 특수학교<br>② 학교현장실습 지원(협력)학교 선정<br>㉠ 학교현장실습 지원(협력)학교는 양성기관의 장이 책임지고 선정해야 하나, 학생이 희망하는 경우 개별적으로 선정할 수 있다.<br>㉡ 학교현장실습은 취득하고자 하는 교사자격증에 해당하는 학교급에서 실시하는 것을 원칙으로 하되, 양성대학의 장이 허가할 경우 취득하고자 하는 자격증에 해당하는 학교급 외에서 50% 기간 내(2주)에서 실시할 수 있다. 다만 보건 · 사서 · 전문상담 · 영양교사의 학교현장실습은 초 · 중등 · 특수학교 등 학교급의 구분을 두지 아니한다.<br>㉢ 보건교사는 보건실이 있는 학교에서, 사서교사는 도서관이 있는 학교에서, 전문상담교사는 상담실이 있는 학교에서, 영양교사는 학교급식시설이 있는 학교에서 각각의 해당 담당교사 또는 지도교사에 의하여 학교현장실습을 이수해야 한다.<br>㉣ 학교현장실습 지원(협력)학교는 실습 대상 인원 및 지원(협력)학교의 규모 등을 감안 하여 학교현장실습생을 수용하고, 실습생이 실습기간 중 실제수업 또는 실무를 경험할 수 있도록 해야 한다.<br>㉤ 학교현장실습에 대한 학점인정 방법은 이수학점을 부여하되, 학교현장과 협의하여 성적은 부여하지 않아도 된다. |

출처: 교육부(2021). 교육실습 운영 안내자료.

## 3. 학교상담 현장실습 과정

학교상담 현장실습은 실습 준비, 실습 실행, 실습 완료 단계로 이루어진다. 실습 준비 단계에서는 대학원 또는 대학에서 실습에 관한 사전교육 및 실습학교를 선정하며 실습학교를 방문하여 사전에 전달해야 할 서류를 전달한다. 실습 실행 단계에서는 실습 오리엔테이션 및 실습을 통해 학교상담 실무를 익

힌다. 마지막으로 실습 완료 단계에서는 실습학교에서 이루어지는 실습 경험의 결과를 정리하고 실습 기간에 수행한 업무의 정도 및 실습 태도와 전반적인 실습 소감 등을 평가한다. 또한 이 단계에서는 현장 평가를 통해 학교 관계자가 실습생의 근무태도, 상담자로서의 자질, 상담실 운영과 내담자 문제처리 능력 평가를 하며, 실습생은 실습 기관의 만족도, 실습 프로그램 만족도 등을 평가한다. 교육실습이 끝난 후 대학이나 대학원에서는 교수에 의한 평가와 대학과 실습학교 협의 평가가 이루어진다.

실습의 효과는 실습 기간 중 자신이 한 노력 못지않게 실습학교 선택에 따라 영향을 받을 수 있다. 현장실습에 관심과 열의를 가지고 참여하더라도 모든 현장실습 경험이 상담자로서의 준비에 도움이 되지 않는 비효과적인 경험이 될 수도 있다. 또한 실습 기간의 불필요한 경험으로 인해 학생들이 실습을 그만두는 사례도 간혹 발생하고 있다. 이러한 것은 실습 준비 과정에서의 준비가 부족하기 때문이다. 학교는 1년 중 일정한 기간에만 실습생을 받기 때문에 실습생은 실습학교의 상황이나 일정으로 인해 자신이 원하는 상담 경험을 충분히 얻지 못할 수도 있다. 따라서 수많은 학교 중 학생 자신의 상황과 요구에 적합한 양질의 상담 경험을 얻을 수 있는 실습학교를 선정하는 것은 매우 중요하다(천성문 외, 2014).

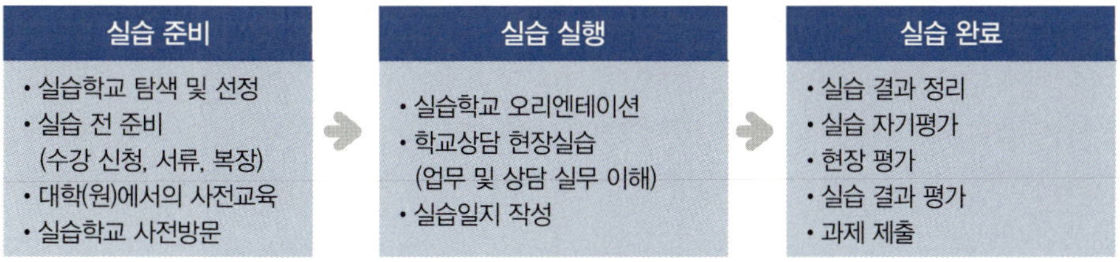


그림 7-1 ▸▸▸ 학교상담 현장실습의 단계

## 1) 실습 준비 단계

### (1) 실습학교 탐색 및 선정

전문상담교사를 준비하고 있다면 학부생일 경우에는 마지막 학년에, 대학원생일 경우에는 졸업하기 전 봄 학기에 교육실습이 이루어진다. 타 교과의 교육실습 또한 4월~5월에 많이 실시하기 때문에 교육실습을 실시하기 전 해의 9월~11월쯤부터 실습할 학교를 탐색하여 선정하는 것이 유리하다.

실습학교를 선정할 때는 지역 및 학교마다 차이가 있을 수 있지만, 평균적으로 실습생이 희망학교를 지도교수에게 신청하면 지도교수가 해당 학교와 연락해 사전 협의 후 실습학교가 확정되고 현장실습이 진행된다. 하지만 대학이나 대학원의 사정에 따라 실습생이 현장실습 학교를 사적으로 연락하여 실습학교를 결정한다. 따라서 원활한 현장실습을 위해 현장실습을 앞두고 있다면 본인이 직접 모교, 학과 선배가 근무하는 곳, 선배가 실습했던 곳을 우선적으로 탐색하여 선정하는 것을 권유한다. 그럼에도 실습학교를 선정하기 어렵다면 대학교와 협력학교를 맺은 곳으로 실습학교를 선택하는 방법이 있다.

**➲ 실습학교 선정 시 고려해야 할 점**

- 실습학교와 통학거리가 충분한가?
- 실습학교에 위(Wee)클래스가 설치되어 있는가?
- 전문상담교사(기간제 교사, 전문상담사 제외)가 배치되어 있어 교육실습을 실시할 수 있는가?

**➲ 실습을 위한 전화 문의 멘트**

- 모교인 경우: 안녕하세요. □회 졸업생 ○○○입니다. 교육실습 문의로 전화를 드렸습니다. 제가 전문상담교사 교육실습을 할 수 있을까요?
- 모교가 아닌 경우: 안녕하세요. □□대학교에 재학 중인 ○○○입니다. 교육실습 문의로 전화를 드렸습니다. 졸업생은 아니지만 혹시 제가 전문상담교사 교육실습을 할 수 있을까요?

www.wee.go.kr –상담 - 기관찾기 - 지역 - 위(Wee)클래스 –조회

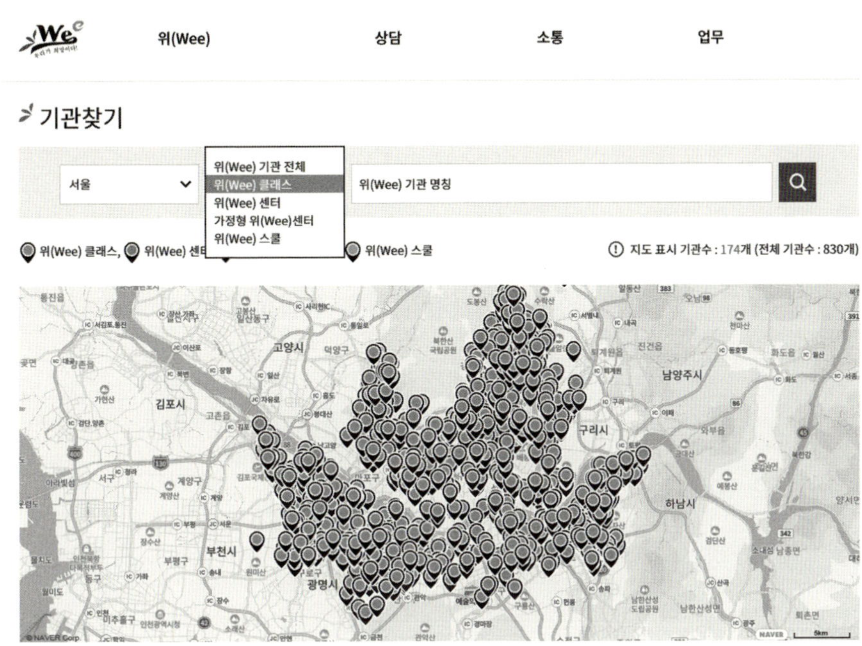


표시된 지점을 클릭할 경우 학교명 및 주소, 전화번호를 확인 할 수 있다.

**그림 7-2 ▸▸▸ 학교상담 현장 실습학교 탐색을 위한 팁**

## (2) 실습 전 준비

현장실습 학교를 선정하고 난 이후에는 현장실습을 준비하는 것이 중요하다. 먼저 현장실습을 나가기 전 현장실습 과목을 수강 신청해야 한다. 전문상담교사 교육실습으로 현장실습을 하는 것이라면 '현장실습(전문상담)' 또는 '교생실습(전문상담)' 등의 과목을 신청해야 한다.

또한 보통 현장실습은 수업이 이루어지는 학기 중 실시되기 때문에 학부생 또는 대학원생일 경우 타 수업의 수강과목 교수님께 현장실습이 있음을 말씀드려 수업에 지장이 생기지 않도록 주의해야 한다. 또한 상담 분야나 실습과 관련된 도서와 논문을 통해 필요한 기초 이론을 학습한 후 실습기간 동안 적용해 보고 싶은 프로그램 활동이나 기획해 보고 싶은 활동을 미리 구상해 보는 등 실습에 대한 능동적인 태도를 가져야 한다. 이외에도 실습에 필요한 자료(자기소개

서, 실습계획서, 자기점검 프로파일 등) 및 실습학교의 정보(학교명, 소재지, 교통편, 통학소요시간, 연락처, 실습 담당교사 등) 등을 미리 알아두어 실습일정 확인을 위해 사전에 실습학교에 방문하여 신청서 제출과 함께 준비를 반드시 확인한 뒤 현장실습을 시행해야 한다.

[예시 1. 교육실습 신청서 예시안]

## 학교상담 교육(현장)실습 신청서

<table>
<tr><td rowspan="6">신청자<br>인적사항</td><td>소속</td><td colspan="3">○○대학교 ○○학부 ○○학과 ○○전공</td></tr>
<tr><td>성명</td><td></td><td>학번</td><td></td></tr>
<tr><td>생년월일</td><td></td><td rowspan="2">연락처</td><td>Home)</td></tr>
<tr><td>e-mail</td><td></td><td>H.P)</td></tr>
<tr><td>주소</td><td colspan="3">□ □ □ □ □</td></tr>
<tr><td colspan="4"></td></tr>
<tr><td rowspan="3">실습<br>희망학교</td><td>학교명</td><td colspan="3"></td></tr>
<tr><td>주소</td><td colspan="3"></td></tr>
<tr><td>전화</td><td colspan="3"></td></tr>
<tr><td colspan="2">현장실습 예정 기간</td><td colspan="3">20○○년 ○월 ○일 ~ ○월 ○○일 (4주)</td></tr>
</table>

■ 개인정보 수집 · 이용사항고지
개인정보보호법 제15조 제1항 제2호에 따라 정보주체의 동의 없이 개인정보를 수집 · 이용합니다.

| 개인정보 처리목적 | 개인정보 항목 | 수집근거 |
|---|---|---|
| 현장실습 | 성명, 학번, 전화번호, 이메일, 현장실습 지원분야 | 초 · 중등교육법 제21조 |

■ 개인정보 수집 · 이용사항고지

| 구분 | 항 목 | 수집목적 | 보유기간 |
|---|---|---|---|
| 선택 | 교직이수선발년도, 표시과목, 희망과목 | 현장실습 운영 | 준영구(교원자격검정 실무편람 교원 자격 검정서류 보관기준) |

※ 선택 항목은 동의 거부 시에도 현장실습 신청이 가능하나, 업무처리에 불이익이 발생할 수 있습니다.

| 귀하는 개인정보(선택항목)의 수집 · 이용에 동의하십니까? □ 예 □ 아니오 |
|---|

20OO학년도 학교현장실습을 이수하고자 신청서를 제출합니다.

년 월 일
실습생 성명(인)

○○대학교 학장 귀하

### (3) 대학에서의 사전교육

학교상담 현장실습에 앞서 대학(원)에서는 실습 예정자들에게 지도교수가 사전교육을 실시하게 된다. 이때 지도교수는 현장실습 시 주의사항을 안내하며 실습생으로서 지켜야 할 예절 및 평가와 관련하여 제출해야 할 서류와 과제물의 제출 시기를 안내한다. 서류 및 과제물의 양식은 학교마다 서식이 다를 수 있으며, 각 학교에서 배부하고 작성요령 또한 각 지도교수가 안내한다. 또한 대학(원)명이 기재된 이름표를 본인이 소속된 대학에서 배부하는데, 배부받은 명찰은 실습 시 꼭 부착해 교육실습생임을 표시해야 한다.

### (4) 실습 복장 준비

현장실습 복장 규정은 따로 없지만, 복장으로 인해 학생들에게 독특한 자극이 되지 않는 것이 중요하다. 따라서 노출이 심한 옷 또는 긴장감을 심하게 불러일으키는 옷차림을 삼가는 것이 좋다. 또한 청바지와 맨투맨 티셔츠, 운동복(체육교과 교육실습생은 운동복을 허용하지만 출 · 퇴근 시 허용하는 것은 아니다.)을 입는 것은 추천하지 않는다. 보통은 정장이나 슬랙스라고 불리는 바지, 와이셔츠나 블라우스, 무릎 아래로 오는 원피스 등의 단정한 차림의 복장을 추천한다.

### (5) 실습학교 사전 방문

사전방문을 위해 실습학교의 교육실습 담당자와 통화한 뒤 방문 날짜와 시간을 미리 정해야 한다. 방문할 시 대학(원)에서 실습학교에 전달할 서류와 전달사항을 준비한다. 실습 담당교사의 안내에 따라 교장, 교감 및 관련 분야 부장교사 및 지도교사를 만나도록 한다. 사전 방문 시 간단한 면담이 있을 수 있으며 이때 받을 수 있는 질문사항(자기소개, 교육관, 상담철학, 실습에 임하는 자세 등)에 당황하지 않도록 적절한 답변을 미리 준비해 방문하는 것이 좋다. 또한 답변을 할 때에는 또박또박 정확한 발음으로 말하되 공격적으로 보이지 않도록 주의해야 하며 공손한 태도를 유지하면서 자신감 있는 태도를 보여야 한다. 또한 실습 담당교사와 실습일정에 대해 사전에 확인하여 실습 당일 문제가 발생하지 않도록 주의해야 한다. 현장실습을 실시하기 전 실습학교에 실습비와 급식비의 명목으로 일정의 금액을 입금하게 되며 이는 학교별로 입금 방법과 금액이 다르다. 따라서 실습학교의 사전교육 및 사전방문 시 꼭 참석하여 정보를 습득해야 한다.

### 2) 실습 실행 단계

교육실습생이 실습 기간에 이수해야 할 주요내용은 크게 상담 참관, 상담 실무 및 행정 실습, 학급경영 실습, 생활지도 실습 등이 있다. 실제 학교현장에서 전문상담교사와 전문상담사는 학급을 맡아 운영하지는 않는다. 하지만 현장실습을 통해 학교상담 전문가와 담임교사의 역할을 모두 익히는 것이 예비전문상담교사로서의 역량을 강화할 수 있는 중요한 과정이라 여기고 현장실습에 임해야 한다. 이는 타 교과 교육실습생들이 전공과목인 교과목과 담임교사의 역할을 모두 실습하는 것과 같은 이치이다.

실습 초기에는 실습을 본격적으로 시작하기 전, 실습학교에서 실습생을 대상으로 오리엔테이션을 실시한다. 오리엔테이션에서는 실습을 시작하기 전 교육실습 과정에 대한 전반적인 정보를 제공하고 학교 소개와 더불어 실습생의 자세를 강조하며 실습에 대한 기본 내용을 안내한다. 또한 지도교사와 매칭을 시켜 학교현장에서 많은 것을 배울 수 있도록 돕기도 한다.

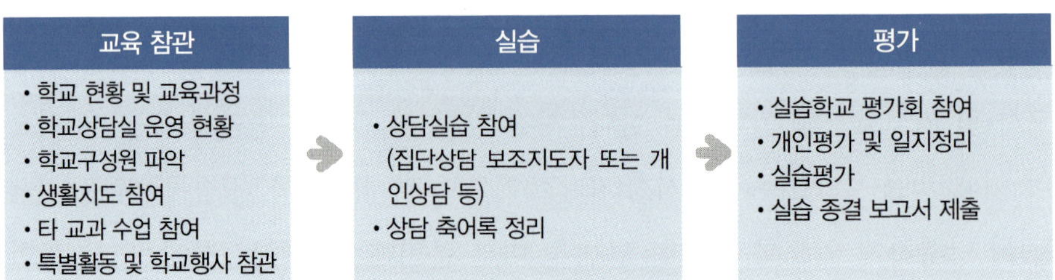


그림 7-3 ▸▸▸ 학교상담 현장실습 실행 단계

### (1) 교육 참관

오리엔테이션이 끝나면 실질적인 실습이 시작되며 이때부터 교육 참여 및 관찰이 시작된다. 학교 시설 라운딩을 통해 교실과 특별실의 위치를 파악하고 학교 구성원을 파악하는 등 학교 운영 상황의 전반적인 부분을 관찰해야 한다. 또한, 실제 학교상담전문가로 근무할 경우 경험할 수 없는 급식지도와 교문지도 같은 생활지도의 일부분을 관찰하고 참여할 수 있다. 이외 타 교과 수업 참관, 특별활동 및 각종 학교 행사 참여 등 학교에서 이루어지는 다양한 교육활동을 관찰하고 참여할 수 있으며 집단상담 시연이나, 연구수업 등을 진행할 수 있고 상담 실습을 진행할 수 있다. 이는 상담실습 시 상담 장면에서 만나는 학생들을 이해하는 데 도움이 되는 중요한 밑거름이 된다. 타 교과 수업을 참관하였다면 참관기록지를 작성해야 하며, 연구수업을 실시하기 이전에는 지도안을 계획하여 작성하는 등의 실습 단계가 이루어진다. 현장실습을 할 때는 매일 해당하는 날짜에 실습일지를 작성해야 하며, 실습학교 사정에 따라 상이하나 실습 담당교사에게 일지를 결재받아야 한다.

예비학교 상담전문가는 상담에 대한 현장실습이 이루어질 수 있도록 상담, 위(Wee)클래스(상담실)에서 운영하는 행사, 상담과 관련된 행정 사항 등에 대해 질문하고 실습을 경험할 수 있도록 협조를 얻어야 한다.

[예시 2. 실습일지 및 상담일지 양식]

## 실습일지

<table>
<tr><td>일시</td><td colspan="5">20○○년 ○○월 ○○일 ○요일</td></tr>
<tr><td rowspan="2">학급<br>전달사항</td><td>조례</td><td colspan="4">교내에서 마스크 벗지 않기, 거리두기, 쉬는 시간마다 환기시키기<br>코로나19 및 체험활동으로 인한 출결변동확인서 받기(김OO, 박OO)</td></tr>
<tr><td>종례</td><td colspan="4">○○월 ○○일( ) 안전체험활동 안내(학교 오전 정상일과 운영 및 식사 후 운동장 집합 12:30), 체육복 착용</td></tr>
<tr><td rowspan="4">상담 업무<br>및<br>실습 일정</td><td>1교시</td><td>1-5<br>미술 공개수업<br>참관</td><td>5교시</td><td rowspan="3">또래상담 기초<br>교육 참관<br>(보조지도자)</td><td rowspan="4">-08:20~08:40 발열체크<br>-점심시간 급식지도<br>-개인상담 일지(1건) 작성하기<br>-집단상담 참관일지(1건) 작성하기</td></tr>
<tr><td>2교시</td><td>수업참관록<br>작성하기</td><td>6교시</td></tr>
<tr><td>3교시</td><td rowspan="2">위클래스 상담<br>접수 및 전화상<br>담 접수</td><td>7교시</td></tr>
<tr><td>4교시</td><td>방과후</td><td>1-5 ○○○<br>개인상담</td></tr>
<tr><td>소견 및<br>개선점</td><td colspan="5"></td></tr>
<tr><td>질문사항</td><td colspan="5"></td></tr>
<tr><td>지도교사<br>조언</td><td colspan="3"></td><td>지도<br>교사</td><td>(인)</td></tr>
</table>

## 상담일지

사례접수번호 제 - 호

<table>
<tr><td>일시</td><td colspan="3">20 년 월 일( ) : ~ :</td><td>전문상담교사</td><td>(인)</td></tr>
<tr><td>이름</td><td></td><td>학년 · 반</td><td>학년 반</td><td>상담회기</td><td></td></tr>
<tr><td>상담<br>영역</td><td colspan="5">□ 학습 □ 진로 □ 학교부적응(폭력, 따돌림, 자퇴) □ 비행 □ 성격 □ 정신건강<br>□ 성 · 이성 □ 친구문제 □ 약물 · 흡연 □ 인터넷중독 □ 가정문제 □ 기타</td></tr>
<tr><td>상담유형</td><td colspan="2">□ 면담 □ 전화 □ 사이버 □ 기타</td><td>내담자유형</td><td colspan="2">□ 본인 □ 담임의뢰 □ 기타</td></tr>
<tr><td>상담목표</td><td colspan="5"></td></tr>
<tr><td>상담<br>내용</td><td colspan="5"></td></tr>
<tr><td>과제 및<br>심리검사</td><td colspan="5"></td></tr>
<tr><td>상담자<br>의견</td><td colspan="5"></td></tr>
</table>

[예시 3. 참관록 서식]

## 수업 참관록

| 일시 | 년 월 일( ), 교시 | | 학교 | | 학반 | |
|---|---|---|---|---|---|---|
| 수업자 | | 과목 | 단원명 | | | |

| 분야 | 영역 | 평가 관점 | 평점 | | | | 특기 |
|---|---|---|---|---|---|---|---|
| | | | 4 | 3 | 2 | 1 | |
| Ⅰ. 수업 설계 (20) | 학습 목표 | ① 학습목표가 진술원칙에 부합되도록 명확하게 진술되었는가? | | | | | |
| | | ② 학습목표를 수업시작 전 학생들에게 인지시키고 있는가? | | | | | |
| | 지도 계획 | ① 교수 · 학습지도안이 학습유형에 알맞게 짜여 있는가? | | | | | |
| | | ② 학습내용이 구조화 되어있는가? | | | | | |
| | | ③ 본시 수업의 지도 분량이 적절한가? | | | | | |
| Ⅱ. 교수 행위 (52) | 동기 유발 | ① 학습자의 호기심을 일으킬 수 있는 교수 · 학습 활동을 하였는가? | | | | | |
| | | ② 학생들이 학습목표를 성취할 수 있도록 동기화시켰는가? | | | | | |
| | 교수 발언 | ① 교수발언은 학생의 사고활동을 촉진시킬 수 있는 발문이었는가? | | | | | |
| | 교수 기술 | ① 학습활동에 학생의 참여도가 높도록 유도를 잘하고 있는가? | | | | | |
| | | ② 학생의 능력, 재능, 흥미, 욕구 등을 인정하려고 노력하였는가? | | | | | |
| | | ③ 학생이 협동학습을 할 수 있도록 도와주었는가? | | | | | |
| | | ④ 수업의 전 과정에서 교수–학생 상호 작용이 많이 일어나게 하였는가? | | | | | |
| | 개별화 지도 | ① 개별화 수업을 위해서 각종 교수–학습 자료가 충분히 마련되어 있는가? | | | | | |
| | | ② 학습자의 학습 준비도에 알맞게 활동을 개별화시켜 주었는가? | | | | | |
| | 자료 활용 | ① 수업매체를 이용한 풍부한 학습 경험을 제공하고 있는가? | | | | | |
| | | ② 시청각 매체 등의 다양한 수업 자료를 효율적으로 이용하였는가? | | | | | |
| | 판서 활동 | ① 판서는 구조화시켜 명료성 · 정확성 · 간결성이 지켜졌는가? | | | | | |
| | 형성 평가 | ① 형성평가는 적절하게 시행되었는가? | | | | | |
| Ⅲ. 학생 활동 (16) | 학생의 발언 | ① 학생들이 자신의 의견을 자유롭게 표현할 수 있는 기회를 마련해 주었는가? | | | | | |
| | | ② 학생들의 의견을 학습 활동에 적극 반영시키고 있는가? | | | | | |
| | 의욕과 참여 | ① 학생들의 독창적인 질문과 제안에 대하여 격려해 주었는가? | | | | | |
| | | ② 학생들을 질책하기보다는 칭찬을 많이 하였는가? | | | | | |
| Ⅳ. 학습 환경 (12) | 학습 분위기 | ① 교사와 학생, 학생과 학생이 상호작용하고 존중하는 분위기인가? | | | | | |
| | | ② 효과적인 학습을 위한 물리적 환경이 조성되었는가? | | | | | |
| | 학습 환경 | ① 수업 내용에 적합한 학습 환경을 조성하고 있는가? | | | | | |
| 종합 의견 | | | 합계 | ( ) / 100 | | | |
| 평가자 | 소속: | 직: 성명: 인 | | | | | |

※ 채점기준: 매우 우수: 4점, 우수: 3점, 보통: 2점, 미흡: 1점

[예시 4. 집단상담 회기 보고서 양식]

**집단상담 회기 보고서 양식**

작성자:

| ○회기 | 일시 | 20 년 월 일( ), : ~ : (총 분) | | |
|---|---|---|---|---|
| 집단 장소 | | | 집단지도자 | |
| 회기 주제 | | | | |
| 참석자 | | | | |
| 준비물 | | | | |
| 회기 내용<br>(주제, 내용,<br>과정, 쟁점 등) | | | | |
| 회기 평가<br>(집단역동) | | | | |

## 3) 완료 단계

최종 현장실습일지는 실습이 완료되면 본인이 소속한 학교로 돌아가 수강했던 현장실습 과목 과제물로 제출하여야 현장실습 과목이 이수 처리된다. 이때 출근부와 각종 과제를 함께 제출해야 할 수 있으므로 실습 단계 시 제출했던 과제를 미리 챙겨놓아야 함을 잊지 않아야 한다.

Part

03

# 학교상담의 영역과 사례

CHAPTER 08

# 학업 및 진로상담

## 1. 학업상담

### 1) 학업상담의 개념 및 특징

학생들의 중요 과업 중 하나는 학업성취를 이루는 것이다. 학업은 학생들의 성장을 위해 배우고 익히는 중요한 과정이다. 학업은 인지 · 정서 · 심리의 통합된 결과임으로 문제와 원인은 다양하다. 학업 수행을 못하는 경우 인지적인 문제로 학습 능력과 관련이 있지만 공부를 하지 않는 심리적인 문제와 순환적인 관계가 되기도 한다(이재규 외, 2013).

학업문제를 크게 분류해 보면 인지적 문제와 정의적 문제가 있다. 첫 번째, 인지적 문제는 지적능력 부족과 학습전략의 문제가 있다. 두 번째, 정의적 문제는 학습동기의 문제, 공부태도에 대한 문제, 학습관련 스트레스와 시험불안 등이 있다.

황매향(2009)은 학업 부진의 요인으로 능력 요인, 인지 요인, 정서적 요인, 행동적 요인, 환경적 요인 등으로 분류하였다. 능력 요인으로는 지능, 기초학습기능, 적성, 인지양식, 선수학습 등이 있다. 인지 요인으로는 공부에 대한 동기, 태도, 공부와 관련된 비합리적 신념, 부모의기대에 대한 지각 등이 있다. 다음으로 정서적 요인으로는 우울(학습된 무기력), 성취에 대한 압력, 불안에 의한 스트레스 등이다. 그외 행동적 요인으로는 공부시간 및 학습전략, 환경적 요인으로 물리적인 환경, 심리적인 환경(부모와의 관계, 교사와의 관계, 또래 관계, 형제 경쟁) 등이 있다.

학업상담의 목표설정은 단순한 성적 올리기가 아닌 학업과 관련되어 내담학생이 어떤 문제를 호소하는지, 어떻게 문제를 해결하고 싶은지, 어떤 것이 내담학생의 복지를 위해 최선인지 고려하여 학업상담의 목표를 설정해야 한다. 학업상담은 내담학생이 적극적으로 해결해야 할 문제이기보다 부모가 보기에 해결해야 할 문제일 경우가 많다. 이럴 경우는 내담학생의 학업 동기를 올리고 부모의 요구에 현실화하기 위한 목표가 병행하는 것이 주요과제이다(황매향, 2007).

학업상담의 목표설정은 측정가능하고 단순하며, 달성가능하여 내담학생이 통제할 수 있는 것이 효과적이다. 학생 및 학부모, 교사의 욕구를 탐색하여 학교상담자는 사례개념화를 기초로 목표를 설정한다. 상담 과정에서 목표의 우선순위를 정하여 학업상담의 최종목표와 과정목표를 설정해 놓는 것이 중요하다.

### 2) 학업상담의 필요성

학교상담의 영역에서 학업과 관련된 문제 및 관련된 변인들을 총체적으로 이해하는 것은 매우 중요하다.

학생들은 학교에서 지식의 습득 및 활용하는 방법을 배우게 된다. 학업상담은 단순하게 학습과 관련된 문제를 해결하는 것이 아니라 학업을 통해 학생들의 적응력 향상과 잠재력을 개발하여 개인의 행복한 삶을 누리는 긍정적인 관점에서 필요하다. 학교에서의 대부분은 학업활동이 주가 되기 때문에 학생들은 학업스트레스 관리를 긍정적으로 대처해야 한다. 학업상담을 통해 학생들의 생활적응력이 증가하고 다양한 문제를 해결할 힘을 기르게 된다. 또한 학업하는 과정에서 얻어지는 자신감 및 공부에 대한 재미를 통해 긍정적인 자아개념을 갖게 한다.

청소년기의 건강한 학업발달은 자신의 학업과 진로를 연결 짓는 것으로 성공적인 학교생활에 영향을 미치기 때문에 매우 중요하다(ASCA, 2012). 학교는 학습부진이나 학습장애를 겪고 있지 않은 학생들이 대부분이다. 때문에 학교상담은 치료 목적이기보다는 예방적이고 발달적이어야 한다(유형근, 2002).

### 3) 학업상담의 방법

#### (1) 관계형성

보딘(Bordin, 1979)은 상담자와 내담자가 의식적이면서 현실적인 관계를 바탕으로 공유된 목표를 향해 서로 협력해 나가는 것을 작업동맹이라 정의하였다. 학업상담에서 내담학생이 스스로 문제를 해결하기 위해 자발적으로 상담실에 찾아온다면 큰 문제가 없을 것이다. 그러나 많은 경우 학업상담은 학부모의 요구에 의해 이루어지는 경우가 많다. 이때 학생들의 저항을 충분히 공감하고 상담에 대한 정서적 유대를 바탕으로 하는 작업동맹이 이루어져야 한다. 학업상담은 자녀의 학업을 돕기 위한 부모의 욕구나 부모행동 탐색이 필요하다. 이때 부모와 함께 실시하는 목표설정과 과제합의는 부모의 행동변화에 초점을 맞출 필요가 있다. 더불어 학업상담은 교사와의 정서적 유대관계를 유지하고 학생들의 변화를 위한 교사의 행동변화에 맞춘 목표와 과제 합의를 시도해 볼 수 있다.

#### (2) 문제의 진단

학업상담은 내담학생의 문제를 정확하게 진단하여 학업상담으로 해결할 수 있는 문제와 해결하기 힘든 문제를 구분하는 것이 중요하다. 학업문제를 진단하기 위한 과정은 심리검사를 통해 다음과 같은 과정으로 평가할 수 있다 .

미달학생 발견 → 행동관찰 및 기록 → 교사의 스크리닝 검사 → 전문가의 진단평가 → 결과 해석과 통합 → 특성별 상담 및 치료

학업상담의 문제 진단은 교과학습 진단평가와 국가수준 학업 성취도 평가에 의해 부진, 장애, 지진으로 나누어 진단할 수 있다.

### (3) 상담목표 설정

학업상담의 목표는 최종적으로 성적 향상, 성공적인 학교 적응, 진학 등의 내담학생에게 일어나는 변화를 설정하게 된다. 이는 달성하는 데 오랜 시간이 걸리거나 여러 가지 전략이 필요함으로 목표에 도달하기 위한 중간 목표 설정이 필요하다. 중간 목표는 상담 과정에서 달성하는 성취감을 느끼게 됨으로 변화에 대한 동기를 오래 유지할 수 있다(장미경 외, 2010). 상담목표는 구체적이고 명확하고 내담학생이 통제 가능한 것으로 설정해야 한다.

### (4) 변화전략 수립

학업상담의 전략은 목표를 실행하기 위하여 내담학생이 실천해야 할 사항들로 구성되어야 하며, 상담에서 다룰 수 있는 문제의 선별과 의뢰가 필요한 문제를 구분하여 전략을 수립할 필요가 있다. 학업상담 전략 내용은 다음과 같다.

#### ① 학습전략

학생들이 성공적인 학업수행을 위해 배워야 하는 것은 학습전략이다. 학습전략이란 여러 가지 교과영역에 걸쳐 내담학생의 학업성취를 높이기 위한 사고전략이다. 학습전략은 내담학생이 학습을 자기 주도적으로 더 쉽고, 즐겁고, 효과적이며, 새로운 상황에 대한 전이가 잘 일어나도록 하는 구체적인 활동

이다. 또한 중요한 것을 파악하여 내 것으로 만드는 핵심전략으로 기억전략, 시험전략, 학습유능감, 학업동기 등으로 나누어 볼 수 있다. 수업전략은 수업시간을 재미있게 만드는 전략으로 수업집중, 예습과 복습, 읽기전략, 노트전략 등으로 구분해 볼 수 있다. 더불어 보다 효과적인 학습을 위한 심화전략은 시간관리, 집중조절, 전반적 자신감, 시험불안 조절, 응용능력 등이 있다(임은미 외, 2019).

② 학습동기

학습동기는 학생들이 공부하는 내용에 주의를 집중하여 어려운 과제를 끈기있게 스스로 열정적으로 무언가를 만들어 내는 것이다(김아영, 2002). 학습동기는 학습자가 과제수행 중에 당면하게 되는 어려움을 회피하거나 포기하지 않고 직면하여 학습을 지속할 수 있게 한다. 따라서 학습동기는 개인의 목표 지향적인 행동의 근원이 됨으로 학습활동과 학업성취에 영향을 미친다(한순미, 2004).

③ 주의집중 능력 향상

주의집중은 학습에서 중요한 영향을 미치는 요소이며, 당면한 과제를 해결하는 데 있어 필요한 자극에 초점을 맞춘다. 과제를 수행하는 중에 어려움이나 지루함을 느끼더라도 이를 효율적으로 관리하며 집중하고 몰두하는 능력을 말한다. 따라서 주의집중의 문제가 있을 경우에 종종 낮은 학업성취로 이어진다. 주의집중의 문제가 있는 학습자는 현재의 학업성취는 물론이고 앞으로의 삶에서 나타나는 다양한 영역에서도 부정적인 결과를 가져올 수 있다(Polderman et al., 2010; Rabiner, Carrig, & Dodge, 2016).

④ 인지 및 초인지 전략

인간의 사고는 크게 인지적 사고와 초인지적 사고로 나눌 수 있다. 인지적 사고는 의미를 부여하고 생성하기 위하여 사용하는 정신적 활동을 의미한다. 초인지적 사고는 이러한 인지적 사고를 지시, 통제하는 조작과정이라 할 수 있다(김영채, 1995). 이와 같은 사고를 학습과정에서 효과적으로 사용하는 방법이 학습전략이다. 학습전략은 학습자의 내적 학습과정이라 할 수 있는 인지전략과 학습자가 학습 중 전 과정을 계획하고 점검 및 평가하는 초인지 전략으로 구분할 수 있다. 인지전략은 학습자들에게 특정한 학습전략만을 사용하게 하여 과제에 대한 전략이 고정된 틀을 벗어나지 못한다. 반면 초인지 전략은 자신의 인지과정을 인식하고 통제하여 과제의 요구와 전략 간의 관계에서 전략을 융통성 있게 사용하고 수정 및 개발하는 능력을 의미한다(김영희, 2004).

## 4) 학업상담의 사례

**공부에 관심이 없어요**

부모 이혼으로 부와 누나와 사는 중 2 남학생인 B는 신학년 개학날 잠이 덜 깬 모습으로 1교시가 지나 등교함. 3과목이나 기초학력 미달이 되어도 학습 의욕이 전혀 없어 보이는 등 학교 부적응이 우려되어 담임교사가 상담을 의뢰함.

### (1) 상담 의뢰 배경

① 학생 기본적 이해

| 구 분 | 내 용 |
|---|---|
| 인적사항 | 중학교 2학년 남학생 |
| 가족사항 | 부(45세, 지역순회 건설 일용직, 기후와 현장 여건에 따라 근로일이 변동이 있어 수입이 불안정함), 누나(특성화고 1학년, 집안일을 맡아서 함), 모(41세, 내담자 7세경 부모 이혼 이후 연락 두절 상태), *조모(81세, 내담자 9세경 요양원 입소) |
| 학교생활 | 기초학력 미달 3과목(국영수) 포함 학업성취 최하위수준, 학업 흥미 저하, 또래관계 어려움 |
| 행동관찰 | 또래 평균 키와 체격, 교복 단추가 떨어져 오염으로 탈색이 되어 있음. 앞 머리카락은 눈을 가릴 정도로 길고, 뒷 머리카락은 어깨가 닿을 정도임. 눈 마주침이 거의 없고 의사 표현은 단답형으로 하나, 확실하게 하는 편임 |

② 내방 경위

학습에 관심이 저조하고, 잦은 미인정결석과 지각 등 학교 부적응을 보여 담임교사가 상담 의뢰함.

③ 주호소문제

- 아침에 일어나 등교하는 것이 힘들고 공부에 관심이 없고 수업시간에 거의 엎드려 잠.
- 아이들이 말을 걸면 귀찮고, 날 무시하는 것 같아서 짜증이 나고 교실에 앉아 있는 것이 불편함.

④ 내담자 주요 이슈

- 영유아기 부모의 맞벌이로 정서적 돌봄 및 학습 경험이 부족하였고, 7세경 부모의 이혼으로 그 문제가 더욱 심각해지면서 취학 전부터 학습 발달이 지연되기 시작함.
- 부는 다른 지역에 5~7일간 출장하는 경우가 많아서 모와 이혼 이후 연로한 조모를 집에 모셔와 자녀 양육을 맡김. 파킨스병과 치매를 앓던 조모가 건강이 더욱 악화가 되어 내담자 초 2 때 요양원에 입소하였음. 그 이후 어린 남매만 보호자 없이 집에서 생활하는 적이 많았음.
- 초 1~2 때까지 쓰기와 읽기, 기본 연산이 되지 않아, 담임교사의 방과후 지도가 있었으나 극복하지 못하고, 학년이 올라갈수록 또래와 학력 격차가 커졌음.
- 초 2~3 때 모둠별 수업이나 발표과제에서 수치스러운 경험을 여러 번 겪으며 학습과 교우관계에서 자신감 저하로 이어짐.
- 초 3 때 담임교사가 공개수업 행사에 학부모 참여를 전달하는 과정에 급우들 앞에서 내담자가 어머니가 안 계신 것을 말하여 반 친구들에게 '엄마 없는 아이'라는 놀림을 받게 되면서 더욱 위축되었음.

### (2) 상담목표 및 상담전략

| 구분 | 내 용 |
|---|---|
| 상담목표 | 미인정 지각과 결석 줄이기<br>수업 시간에 열심히 참여하기<br>자신감을 가지고 친구들에게 다가가기<br>나의 감정과 생각을 솔직하게 표현해 보기 |
| 상담전략 | 내담자의 정서적 경험에 함께하며 공감하기<br>내담자의 태도를 평가하지 않고 있는 그대로 수용하기<br>작은 변화를 지지하고 격려하여 자신감 회복을 촉진하기<br>교육청 학습클리닉의 지원 사업 연계하여 학습부진 문제 해결하기<br>교육청 교육복지안전망센터 연계하여 가정 내 취약한 교육환경 보완하기<br>담임교사 및 교과교사와 유기적으로 협력하여 지지 자원으로 활용하기 |

### (3) 상담 과정

| 구분 | 내 용 |
|---|---|
| 1회기 | 접수면담, 공감 통한 라포 형성. 담임교사로부터 내담자의 학교생활 전반에 대한 정보를 확보하고 상담 진행함 |
| 2~3회기 | 내담자의 심리적 어려움을 깊이 있게 이해하기 위한 심리검사(MMPI-A, TCI, SCT, HTP) 실시, 상담 구조화. 보호자와 내담자의 동의를 구하여 교육청 학습클리닉센터와 교육안전망센터 연계함 |
| 4~6회기 | 심리검사 해석 통한 내담자의 자기 이해 촉진, 내담자의 현 상태를 정확하게 파악하고 개입할 수 있는 토대가 됨. 학습결손과 수업 시간에 겪은 부정적 경험과 부모 이혼 등 가정사를 구체적으로 탐색함. 그 순간의 감정과 생각을 인식하고, 정서적 불편감을 정화하도록 조력함 |
| 7~11회기 | 학교 내외 교우관계를 구체적으로 탐색함. 교실 장면을 연상하여 희망하는 모습과 실제 상황을 나누고, 걱정되는 바와 두려운 마음을 표현함. 자기의 행동 결과 내담자의 장단점을 발굴함. 찾은 장점을 대인관계에서 실제 발휘함으로써 자신감이 점차적 회복됨 |
| 12~13회기 | 어려운 과제를 수행하는 수업시간을 피하지 않고 참여했다고 함. 교과교사가 내담자에게 맞게 과제를 조정해 주는 등 이해하고 배려해 주셔서 도전하는 용기가 생겼다고 함. 모둠과제를 할 때 모둠원들이 자신이 해낼 수 있는 역할을 주어 배제당하는 기분이 들지 않았고, 적극적으로 참여하여 재미있었다고 함. 내담자의 작은 변화를 지지하고 격려함. 담임교사와 교과교사의 보고에 의하면 수업 시간에 무기력한 모습이 많이 개선되었고, 지각과 결석이 줄어들면 교칙을 지키려고 노력하는 모습이 보인다고 함. 복도에서 만난 내담자가 밝은 모습으로 친구들과 어울려 복도를 지나다니는 모습이 관찰됨. 상담에서 이런 내담자의 변화를 격려하며 자신감을 북돋움 |

| | |
|---|---|
| 14회기 | 상담 과정에서 변화를 위한 노력과 상담목표 달성 정도 점검. 지속적인 변화를 위한 각오 다짐. 학습클리닉 수업을 지속할 것을 약속함. 종결 |
| 그 외 활동 | (자문활동) 담임교사 및 교과교사 대상으로 내담자 문제에 대한 자문 활동함. 내담자에 대한 지지방안을 협력하여 내담자의 긍정적인 변화를 이끌도록 촉진하였음. (교육청 연계) 교육청 학습클리닉센터의 지원을 받아, 학습문제를 진단하여 결손을 보완하도록 함. 그리고 교육청 교육복지안전망센터에 위기사례관리 대상자로 추천하여 긴급 생활지원 등 가정의 교육환경을 개선함 |

#### (4) 상담 결과

- 위(Wee) 클래스 개인상담과 교육청 연계 서비스는 내담자에게 따뜻한 돌봄으로 인식되어 학교 공간에서 정서적 안정감을 갖게 됨. 그로 인해 지각과 결석이 줄게 됨.
- 교우관계에서 자신감이 회복되어 두세 명의 친구와 친밀감을 형성하고 정서적으로 교류가 이루어짐.
- 학업문제 상황을 회피하기보다는 도전하려는 용기를 갖고 수업 시간에 의욕적으로 참여함. 또한 자신에게 맞는 학습 방법을 찾아 적용하여 성적이 향상됨으로 학습에 흥미가 생기기 시작함.
- 주변 교사들의 적극적인 지지와 격려로 긍정적이고 모범적으로 학교생활에 임함.

## 2. 진로상담

### 1) 진로상담의 개념 및 특징

진로는 한 개인의 전생애 동안 일과 관련하여 경험하고 거쳐가는 모든 체험들을 의미한다(김계현, 1995). 급변하는 시대에 살아가야 할 학생들은 몇 차례의 직업 선택이 불가피할 것이다. 때문에 학창시절부터 전생애 진로발달의 자질을 기르는 것은 매우 중요하다. 진로상담은 개인의 진로발달을 촉진하고 진로계획을 세우고 진로 및 직업의 선택과 결정, 실전, 직업적응, 진로변경 과정을 돕기 위한 상담이다. 학교상담에서 진로상담은 상당부분 발달적이고 교육적인 측면이 많다.



### 2) 진로상담의 필요성

교육부는 학생들의 자기주도적 진로설계와 실행능력을 길러주기 위해 초·중등 진로교육 시행계획 수립(교육과학기술부, 2010a), 진로교육정책과 설치 및 진로진학상담교사 배치, 진로교육 활성화 방안 발표(교육부, 2013), 진로교육 5개년 기본계획 수립(문승태, 2016), 특수학교 진로전담교사 배치(교육부, 2019) 등을 통해 적극적으로 대응하고 있다. 그 과정에서 2015년에는 학교 진로교육의 법적 근거인 진로교육법이 제정되었고(법제처, 2021a), 자유학기제와 진로집중학년·학기제가 실시되기 시작하였으며, 고교학점제의 전면시행을 앞두고 있다(교육부, 2021b).

김봉환 등은 진로상담을 달성하기 위한 5가지 목표를 다음과 같이 제시하였다(김봉환, 김병석, 정철영, 2006).

#### (1) 자신에 대한 이해 증진

자신에게 맞는 직업을 선택하는 과정에서 무엇보다 자신의 가치관, 능력, 적성, 성격, 흥미, 신체적특성에 대한 올바른 이해가 필수이다. 이때 심리검사 등을 이용한 객관적이고 정확한 이해를 하도록 해야 한다.

#### (2) 직업세계에 대한 이해 증진

급변하는 사회에 따른 다양하고 복잡한 직업의 종류와 본질에 대한 이해가 필요하다. 일과 직업세계에 대해 피상적이고 단편적인 이해를 넘어 다양한 직업군과 직업영역에 대한 탐색, 직업세계의 구조와 기능의 인식, 직업 전망이나 보수등 직업세계와 관련된 다양한 측면과 변화양상을 이해해야 한다.

### (3) 합리적 의사결정 능력의 증진

훌륭한 정보 및 능력을 갖추더라도 이를 적절하게 활용하여 최선의 선택을 할 수 있는 의사결정 기술을 갖추어야 올바른 진로결정을 할 수 있다. 겔라트(Gelatt, 1962)는 진로지도와 상담의 중요한 목적 중 하나가 학생들 스스로 훌륭한 결정을 내릴 수 있도록 돕는 것으로 이러한 결정을 내리는 과정평가의 중요성을 주장하였다. 학교상담에서 진로상담은 학생들의 진로와 관련된 의사결정 과정에 초점을 두고 의사결정 기술을 증진시키도록 조력해야 한다.

### (4) 정보탐색 및 활용능력의 함양

현대사회는 지식 및 정보화 시대이다. 진로상담에서는 정보제공이 매우 중요한 비중을 차지한다. 내담학생이 원하는 직업세계에 대한 정확한 정보제공도 중요하지만 학생 스스로 필요한 정보를 탐색하고 활용할 수 있게 하는 것이 중요하다.

### (5) 일과 직업에 대한 올바른 가치관 및 태도 형성

일이 갖는 본래의 의미를 알아 올바른 직업관과 직업의식을 갖는다. 학생들의 성장과정에서 형성된 일과 직업에 대한 왜곡된 내용을 진로상담 및 교육에서 수정되어야 한다. 올바른 직업관과 직업의식을 갖도록 하는 것은 진로상담의 중요한 목표 중 하나이다.

학교교육에서는 진로상담의 목표를 다음과 같이 제시하였다.

> 학생자신의 진로를 창의적으로 개발하고 지속적으로 발전시켜 성숙한 민주시민으로서 행복한 삶을 살아갈 수 있는 역량을 기른다.

학교 급별로 살펴보면 초등학교 진로교육의 목표는 다음과 같다.

> 긍정적인 자아개념을 형성하고 일의 중요성을 이해하며, 진로탐색과 계획 및 준비를 위한 기초소양을 키움으로써 진로개발역량의 기초를 배양한다.

중학교 진로교육의 목표는 다음과 같다.

> 초등학교에서 함양된 진로개발역량의 기초를 발전시키며, 다양한 직업세계와 교육기회를 탐색하고, 중학교 이후의 진로를 디자인하고 준비한다.

고등학교 진로교육의 목표는 다음과 같다.

> 중학교까지 형성된 진로개발역량을 향상시키고, 고등학교 이후의 진로를 디자인하고 그를 실천하기 위해서 준비한다.

세부목표로는 자기이해와 사회적 역량, 일과 직업세계의 이해, 진로탐색, 진로디자인과 준비로써 학교급별에 따라 세부 사항을 고려하여 설정한다. 특히 고등학교 진로상담의 세부목표는 일반고등학교와 특성화고등학교에 따라 조금은 다르게 설정이 된다.

진로의사결정에 따른 상담목표는 진로결정자, 진로미결정자, 우유부단형으로 나누어 설정하여 개입방법을 달리하여 차별적으로 이루어져야 한다.

## 3) 진로상담의 방법

### (1) 진로상담 과정

진로상담의 과정은 접수면접을 시작으로 관계를 수립하고 문제평가와 목표설정, 행동계획 수립 및 행동실행을 위한 조력, 종결 및 추수지도 등의 다섯 가지 과정으로 진행된다.

① 접수면접

접수면접은 과정 속에서 학교상담사와 내담학생 간의 협력적인 관계 수립의 기본 토대가 된다. 브라운과 브룩스(Brown & Brooks, 1990) 등이 제안한 접수면접 개요에 들어갈 항목은 다음과 같다.

- 정보의 수집(이름, 주소, 연령, 성별, 결혼상태, 직업, 학력, 경력)
- 현재 문제(내담학생이 상담에 온 이유)
- 현재 상태에 대한 정보(정서상태, 분위기, 태도)
- 건강 및 의학 정보(약물 남용 포함)
- 가족 정보(현재 가족과 가족력)
- 사회적 · 발달적 역사(문화적 배경, 종교적 배경, 사회관계, 과거 문제의 기술)
- 생애역할
- 진로선택을 방해하는 문제들(능력수준, 학업적 성취나 유능감 부족, 특정한 흥미 부족, 낮은 자아개념, 자아인식과 관련된 정서상태, 직업적 정체감, 정보처리 기술, 정보 혹은 훈련의 부족, 진로성숙도, 기타 장애 등)
- 진로발달을 방해하는 문제들(직업 부적응을 이끄는 행동들, 일과 관련된 병리, 일과 관련된 역기능들, 잘못된 인지들, 생활 속의 문제들)
- 문제 진술의 명료화(내담학생과 학교상담자 협조관계, 문제를 명확하고 구체적으로 진술하는 정도)
- 내담학생 목표와 확인(목표의 실행 가능성 결정, 하위목표 설정, 목표에 대한 몰입도 평가)

② 관계수립 및 내담자 분류

진로상담의 토대는 내담학생과의 협력적이고 긍정적인 관계수립이다. 좋은 관계를 형성하기 위해 고려해야 할 사항은 첫째, 내담학생의 불안수준을 낮추고 현실 검증 능력을 높이며, 미래에 대한 희망적이고 낙관적인 기대감을 높여야 한다. 둘째, 학교상담자는 내담학생이 그동안 자신의 문제와 미래를 위한 노력을 행하여 온 것을 인정하고 격려와 지지로 내담학생의 능동성을 강화해야 한다. 셋째, 학교상담자는 진로와 관련된 전문적인 자세로 임해야 한다. 내담학생과 친밀한 관계를 유지하면서 문제해결에 대한 건설적인 관계를 유지하는 것이 중요하다. 넷째, 내담학생의 바람과 욕구를 파악하고 내담학생의 문제점을 단정 짓거나 해석하기보다 중리적인 관점에서 이해하도록 해야 한다. 다섯째, 관계수립과 동시에 학교상담자는 진로상담에 대한 구조화 작업을 해야 한다. 이 과정에서 내담학생이 진로상담에 대한 책임을 인식하게 하여 상담에 대한 준비도를 높일수 있게 된다.

진로상담시 효과적인 상담전략을 구안하기 위해 샘슨 외(Sampson et al., 1992)는 내담자는 진로의사결정 정도에 따라 진로결정자, 진로 미결정자, 진로 무결정자로 구분한 바 있다.

### ③ 문제평가 및 목표설정

내담학생이 호소하는 문제의 내용과 심각도, 그리고 내담자 상태를 파악하는 것은 학교상담자가 해야 할 중요한 과제이다. 학교상담자는 내담학생의 호소문제를 확인하고 발생원인과 문제에 대해 어떻게 생각하고 있는지 파악해야 한다. 김봉환 외(2006)는 내담자 문제를 평가하기 위한 정보를 세 가지로 제시하였다. 첫째, 일반적인 정보로써, 내담자가 가지고 있는 진로문제 또는 목표를 이해하기 위한 필요한 정보이다. 이는 학업성적, 지능, 특성, 흥미, 직업가치관,등 내담자가 진술하는 개인적 · 교육적 · 사회적 영역의 문제, 불안 정도, 정서상태이다. 둘째, 진로계획과 관련된 정보이다. 내담자의 유형을 파악하기 위해 필요한 정보로 진로문제 해결 능력, 진로신화나 편견, 진로결정 압력, 학업능력의 자신감 부족 등 기타 진로방해 요소에 관한 정보이다. 셋째, 진로발달에 대한 정보이다. 내담자의 진로경험이나 의식, 탐색능력, 준비도 등을 평가하는 것이다.

진로상담 목표설정은 내담학생과 합의하에 이루어져야 하며 목표를 구체적이고 결과를 가시적으로 평가할 수 있어야 한다.

### ④ 행동계획 수립 및 행동실행을 위한 조력

구체적이고 실행가능한 목표가 진술되었다면 행동계획은 좀 더 수월하게 세워질 수 있다. 행동계획은 변경가능하다는 것을 염두에 두고 진로상담 과정에서 목표와 계획을 정교화할 수 있도록 도와야 한다. 목표설정 후 행동화 하여 목표를 달성하기 위해 행동계획을 적절하게 조절하고 목표에 도달할 수 있도록 조력해야 한다. 내담학생의 욕구와 스타일에 따라 행동화 과정을 개별화하여 실패할 경우라도 노력하는 태도를 배우며 긍정적 자아 정체감을 형성하도록 해야 한다.

⑤ 종결 및 추수상담

종결과정에서 내담학생과 함께 합의한 목표를 충분히 달성하였는지 확인하고 앞으로 부딪힐 문제를 예측하고 대비해야 한다. 효과적인 종결이 될 수 있게 진로과정에서 다룬 내용을 살펴보고 과정을 점검한다. 진로문제를 다룬 내담학생의 능력과 강점을 확인하고 강조하여 내담학생의 변화에 대한 평가를 한다. 남아 있는 문제를 예측하고 종결에 대한 다양한 감정을 다루어야 한다. 마지막으로 목표달성 정도를 평가하여 다음 단계에 해야 할 일을 검토해야 한다. 추수지도는 내담학생이 진로선택과 의사결정에 대하여 만족감을 유지하고 있는지 확인하는 과정이며, 필요한 경우 종결시점에서 이루어졌던 진로선택과 의사결정이 지속되도록 지도하는 것이다.

### (2) 진로상담의 기법

① 목표설정을 위한 기법(면담 리드)

학교상담자가 적절한 질문을 통하여 내담학생의 욕구나 가치정보를 표현하도록 돕는 기법으로 목표를 이끌어내기 위한 것이다.

② 직업카드 분류법

직업카드는 내담학생에게 카드를 분류하게 하는 작업을 통해 직업흥미를 탐색하고 평가할 수 있는 질적 도구이다. 내담학생의 흥미, 능력, 가치, 욕구, 선입견, 직업선호 등을 분류하고 우선순위를 매기는 비표준화된 접근법으로 내담학생의 특성이나 상담목적에 따라 다양한 방법으로 활용할 수 있다. 직업카드 분류의 장점은 내담학생의 능동적 참여를 유발하고 즉각적이 피드백을 제공할 수 있다. 또한 학교상담자가 내담학생의 여러가지 특징에 대한 의미 있는 정보를 얻을 수 있다.

③ 가치관 작업

가치관 경매란 인생의 절정경험을 나누거나 시간과 돈의 사용에 대해 이야기하고 존경하는 타인을 선택하는 등의 작업이다. 방법은 가치관 목록을 주고 내담자들에게 자신이 가장 가치 있다고 생각하는 항목 등을 선정하여 일정 금액을 투자하도록 하는 방식으로 진행된다. 내담학생은 나열된 여러 가치관 중 자신이 선호하는 가치관과 중요하게 생각하지 않는 가치관에 대해 구분할 수 있다.

④ 진로가계도

보웬(Bowen)의 이론을 응용한 기법으로 3세대에 걸친 내담학생의 가족이 어떤 진로를 선택해 왔는지 가계력을 알아보고 내담학생에게 어떤 영향을 주는지 살펴보는 것이다. 이때 가족 외에도 경력 및 포부, 직업선택에 영향을 주었던 다른 사람도 포함한다.

⑤ 생애진로사정

생애진로사정은 아들러(Adler)의 개인심리학에 기초한 것으로 학교상담자가 내담학생의 체계적인 정보를 수집하여 내담학생이 자신에 대해 체계적으로 이야기를 해 나가는 과정에서 자신의 경험에 대해 정리하고 자신의 삶의 방식을 알아가는 과정이다. 생애 진로사정은 직업경험, 교육과 훈련경험, 여가활동 등의 주제와 일상적인 하루에 대한 질문을 한다. 내담학생의 강점과 약점을 질문을 통해 탐색하며 면접 동안에 수집된 정보를 요약한다.

## 4) 진로상담의 사례

**어디로 갈까요?**

진학할 고등학교를 정하지 못한 중 3 남학생 D는 상담실에 자발적으로 찾아옴. 최근 진로문제로 부모와 갈등을 겪자 더욱 혼란스러워 함. 부모의 뜻을 따라야 할지, 좀 더 내가 잘하고 관심 있는 분야로 진로를 정할지 고민이 된다고 함.

### (1) 상담 의뢰 배경

① 학생 기본적 이해

| 구분 | 내용 |
|---|---|
| 인적사항 | 중학교 3학년 남학생 |
| 가족사항 | 부(50세, 택시운수업), 모(46세, 녹즙 배달), 형(22세, 군제대, 취업 준비) |
| 학교생활 | 중상위권 성적, 근태 양호, 원만한 교우관계, 예의 바르며 모범적 태도 |
| 행동관찰 | 큰 키와 마른 체격, 두발 및 신체 위생 상태가 청결하고 옷차림이 단정함. 갸름한 얼굴에 은색 금속테 안경을 쓰고 있음. 차분하게 자신의 심리상태를 호소하다가 학업과 진로 관련하여 부모와 의견 충돌한 경험을 언급 시에는 격앙된 목소리로 강한 불만을 토로함. |

② 내방경위

고등학교 원서를 어디에 쓸지 고민된다며 학생이 자발적으로 상담을 신청함.

③ 주호소문제

- 고등학교 원서를 써야 하는데 어디로 가야 할지 모르겠음.
- 내가 잘하고, 좋아하는 것이 무엇인지 모르겠고 되고 싶은 직업도 아직 없음.
- 내 인생인데 부모님은 무조건 인문계 고등학교에 가서 공무원이 되라고 압박함.

④ 내담자 주요 이슈

- 내담자의 부는 고등학교 졸업 후에 군대에 입대함. 제대 이후 취업한 자동

차부품 제조공장에서 직장 동료인 내담자의 모와 결혼함. 결혼 이후 내담자 형을 임신한 모는 퇴사함.

- 모는 형을 출산한 후 둘째 아이를 계획했으나, 유산을 여러 번 하고 내담자가 태어났음. 부모는 귀하게 얻은 내담자를 정성껏 돌보았음. 개구쟁이 형에 비해 온순한 내담자를 많이 귀여워하며 착한 아이라며 주변에 소개함.
- 내담자 9세경 중 2인 형이 학교폭력 가해, 흡연 등 품행 문제로 부모와 자주 다투는 모습을 봄, 내담자는 부모에게 반항하는 형을 이해하기 힘들었고, 속상해하며 눈물을 흘리는 모가 걱정되어 옆에 가서 위로하는 경우가 많았음. 그런 내담자에게 착한 아이라 하며 "넌 형처럼 되지 말아라." 말을 자주함.
- 내담자 10세경 부가 직장생활을 하다가 구조조정으로 해고가 되면서, 음식점을 창업하여 부모가 함께 운영하기 시작함. 그러다 2년 만에 경영난을 겪고 폐업함. 곧이어 조부모의 경제적 도움으로 자영업을 시작했으나 1년 만에 폐업하게 되어 경제적 위기를 겪었음.
- 집안 가세가 기울어지면서 형은 특성화고등학교를 졸업하고, 군대에 자진 입대하였고, 내담자는 중학교에 입학하게 됨. 부모는 가계빚을 갚기 위해 취업하여 생계를 이끌어 감.
- 초 · 중학교 동안 내담자는 교우관계에서 자기주장을 내세우지 않고, 친구의 의견에 따르는 편임. 교사와 관계에서 순종적인 태도로 예의 바르고 인성이 곧은 학생이라며 칭찬을 들었음. 공부는 많이 하는 편이나 기대만큼 성적이 좋지 않음. 성실한 태도로 학습에 집중함.
- 중 3이 되어, 주변의 친구들이 고등학교 진학 관련 대화를 나누면 자신도 모르게 긴장감을 느끼고, 불안하며 짜증도 생겨 그 자리를 벗어남. 공부를 열심히 하나 성적이 오르지 않는 자신을 보며 노력형이라 생각되어 공부가 아닌 적성에 맞는 분야의 고등학교에 진학하고 싶다고 함.
- 진로에 대한 고민을 부모에게 말하니 역정을 내면서 형처럼 그러지 말고, 무조건 인문계 고등학교 진학해서 안정적인 공무원이 되라고 함. 내담자는 부모가 자신의 이야기를 자세히 듣지 않고 이해할 생각도 없이 압박하는

듯하여 화가 나서 벽을 치고 고함치며 대들었음. 평소와 다른 내담자의 행동에 놀란 부모는 며칠 동안 내담자와 대화를 피하고 있음.

### (2) 상담목표 및 상담전략

| 구분 | 내 용 |
|---|---|
| 상담목표 | 입학할 고등학교 결정하기<br>자기이해와 진로탐색을 통해 합리적 진로의사결정능력을 증진하기<br>합리적인 진로의사 결정방법을 습득하여 주도성과 자율성 회복하기 |
| 상담전략 | 상담 과정 중 내담자에게 지지가 되는 무조건적인 수용과 적극적인 경청하기<br>내담자와 상담자 간에 건강한 대인관계를 경험하기<br>심리검사를 통해 내담자 자기 이해를 촉진하고, 진로 탐색 및 진학할 고등학교 결정 돕기 |

### (3) 상담 과정

| 구분 | 내 용 |
|---|---|
| 1회기 | 접수상담, 친근감 형성, 상담구조화, 상담목표 설정, 상담방향 협의(자기이해–적성탐색–의사결정), 내담자의 자원 탐색 |
| 2회기 | 내담자 이해를 위한 심리검사 실시(HTP, MMPI–A) |
| 3회기 | 지난 상담 회상하여 심리변화 탐색 및 점검, 해석상담(자기이해 촉진 작업), 과제 부여(자신의 강점, 취약점 찾기) |
| 4~5회기 | 내담자 선호 경향 확인, 커리어넷 소개, 진로성숙도 자가 점검 후 커리어넷사이트 온라인검사 사전사후 결과 비교, 진로성숙도 영역 중 취약부분 보완하여 자기이해 확장, 과제 부여(일상생활에서 합리적 의사결정하기) |
| 6~7회기 | 욕구 위계 목록 표를 작성하여 내면의 자신이 진정 원하는 것이 무엇인지 자각함, 행복 결핍상황을 상상하여 충족 조건 탐색, 욕구와 행복 추구를 위한 희망 직종 및 관련학과 탐색(진로탐색 마인드맵과 스마트폰 인터넷 검색), 합리적인 진로의사결정에 대해 이야기 나누며 탐색한 희망 직종에 대해 작업함, 희망 고등학교 결정 |
| 8회기 | 진로의사 결정요인 점검, 상담목표 달성 및 비전(계획) 확인, 성장 및 방해요인 예상하여 대책 마련, 종결 |
| 추수(1~8회) | 부모와의 갈등 완화, 학습능력 향상을 위한 자기주도학습법 코칭 |
| 그 외 활동 | (집단진로상담) 동학년 8명 구성, 6회 진행, 자기탐험, 가치관 경매, 직업세계 이해, 직업카드 분류활동, 희망직업 선택 기준 탐색, 진로 계획 등 |

### (4) 상담 결과

- 내담자는 부모에 대한 의존도가 높고 애정과 인정욕구로 인해 자율적 선택사항에서 어려움을 겪었으나, 자신의 인생을 주도적으로 살아나가야 할 의지가 생겼음.
- 자신을 무가치하고 무능력하다며 칭하는 등 부정적 자아개념이 형성되어 있었으나, 검사결과 해석과 다양한 기법(생애사정, 반문법, 심상화, 자기 모니터링 등)을 개입하여 강점과 취약점을 함께 인식하면서 긍정적인 측면을 수용하려는 태도가 형성됨.
- 내담자는 사회적 상황과 맥락 속에 대인관계 방식을 이해하고 합리적이고 건설적인 문제해결 방법과 의사소통 방식을 훈련하면서 일상생활에 실천하는 모습이 보임.

CHAPTER 09

# 대인관계 및 가족관계상담

## 1. 대인관계상담

### 1) 대인관계상담의 개념 및 특징

대인관계란 사람과의 사이에서 타인과 조화를 잘 이루어 화합하는 능력과 타인과의 관계를 사이좋게 유지시킬 수 있는 종합적인 기술이라고 볼 수 있다(허용재, 2013). 또 대인관계란 두 사람 또는 그 이상의 사람들과 지속적인 상호작용을 통해 맺어지는 관계를 의미한다. 사람을 대하는 개인의 심리적 지향성이라는 측면에서 소수 특히 두 사람 간의 일대일 관계에 보다 중점을 두고 있음이 광의의 인간관계와 구별된다(이호연, 2015). 이는 두 사람 혹은 그 이상 여러 사람과의 상호협력적인 관계를 만드는 데 있어 매우 중요하며, 자신 및 타인과의 성격과 환경 등 여러 다른 욕구와 조건 속에서 성숙한 인간관계를 형성함에 필수이기 때문이다(김한나, 2022). 학생들은 자신의 가치체계를 형성하고 다른 사람들과의 사회적 관계를 맺어가는 등 다양한 발달 과업을 이룬다. 발달 과업을 수행하는 과정 중 특히 두드러지는 것이 바로 대인관계의 확장이라고 할 수 있다(전병순, 김태균, 2014).

### 2) 대인관계상담의 필요성

청소년기를 보내고 있는 학생들이 가장 많은 시간을 보내며 생활하는 대표적인 공간은 학교이다. 그들이 겪는 스트레스도 학교와 또 그 안에서 일어나는 관계들과 매우 밀접하다(임경빈, 이봉건, 2020). 청소년기는 자신과 타인에 대한 이해뿐만 아니라 공동체 내에서 더불어 살아갈 수 있는 역량을 지녀야 하는 시기이기 때문에 대인관계 능력은 이러한 청소년기 발달 과제를 위한 핵심역량으로 작용한다(김동일 외, 2016 재인용). 또한 기존의 연구들에서 대인관계에 대한 역량이 학교적응과 밀접한 관련이 있고 영향관계를 형성한다는 것(김민선, 2023)을 보아 대인관계상담은 학교 장면에서 꼭 필요하다.

### 3) 대인관계상담의 유형

인간은 출생 이후 절대적으로 자신이 선택할 수 없는 가정이라는 사회 안에서, 처음으로 사랑을 받고 보살핌을 받으며 깊은 정서적 유대감을 형성하게 된다. 처음 관계를 맺게 되는 가정이라는 사회 안에서 자신의 여러 가지 욕구를 가족구성원들과의 관계 속에서 해결해 나가면서 성장하게 된다. 특히 초등 고학년, 초기 청소년기는 서서히 사춘기와 제2차 성징을 준비하며 신체적인 변화를 맞게 되면서 자신의 활동 반경을 가정에서 학교와 사회로 넓혀 이전보다 더 넓은 사회적 관계를 맺게 된다(하요상 외, 2013). 이 시기에는 가족이나 또래집단 및 주변인들을 통하여 대인관계 가치를 적용해 보는 시기(김병수, 2009)로써, 또래친구와 주위사람들에게 부모로부터 자율성과 독립성을 얻기 위해 대인관계역량을 기를 수 있는 요인들을 파악하여 대인관계역량을 발휘하고, 적용해 보는 것은 자신에게 있어서 가치 있는 일이라고 할 수 있다. 대인관계가 잘 형성이 되면 학교생활뿐만 아니라 미래의 삶을 더 풍요롭게 만들 수 있고, 자기조절 및 행동통제, 학업적 성취와도 관련이 있는 것으로 제시하고 있다(박영순, 김판희, 2015). 또래관계 속에서 느끼는 감정과 정서적 유대감은 관계성 발달과 사회적응에 영향을 미치게 되므로 초등 고학년 때 대인관계역량을 기를 수 있는 요인들을 파악하여 도움을 주는 것은 중요하다(전은순, 2019).

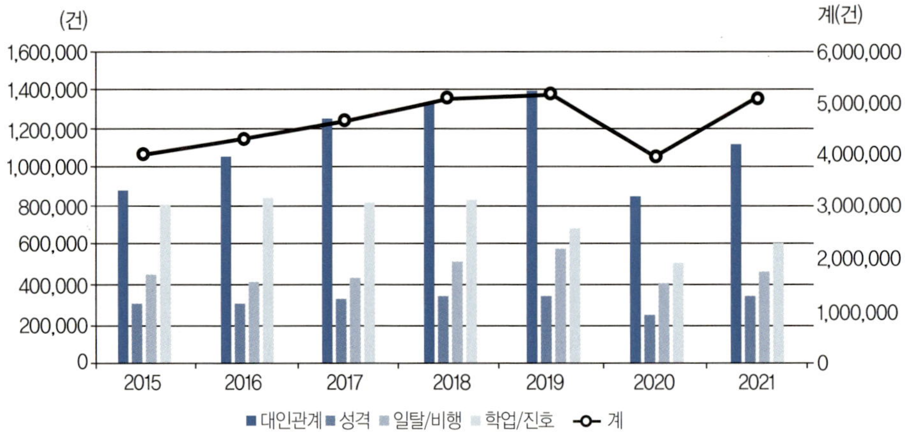


**그림 9-1 ▶▶▶ 청소년 상담 내용별 현황**

출처: 여성가족부 청소년백서 및 한국청소년상담복지개발원 상담통계(2023).

여성가족부 청년백서 및 한국청소년상담복지개발원 상담통계에 따르면 2020년 위기 청소년들이 호소하는 주요 문제는 21.5%로 대인관계 문제가 가장 많다. 따라서 학교 장면에서 학생들이 맺을 수 있는 대인관계 영역을 크게 이성, 가족, 친구, 교사와의 관계를 중심으로 나누어 살펴보고자 한다. 가족과의 관계는 가족상담 파트에 다루어져 있다.

### (1) 친구와의 관계

모든 연령에 있어 친구는 중요하다. 아동 · 청소년기를 보내고 있는 학생들의 심리적 발달에서 친구는 더 중요하다 할 수 있다. 동성친구와의 친밀한 우정을 배우는 단계이기도 하고 아동 · 청소년기를 보내고 있는 학생들이 학교 장면에서 제일 많이 함께 시간을 보내는 대상은 친구인 것 역시 그 이유이다. 이는 부모, 교사, 이성친구와는 구별되는 또 다른 인간관계 중 중요한 하나로 볼 수 있다.

발달과정상의 특성으로 다양한 고민을 경험하는 청소년이 고민을 나누는 대상은 주로 부모나 교사가 아닌 친구들인 경우가 많다. 청소년에게 또래는 친구이자 상담자며, 역할을 배울 수 있는 모델이기도 하며, 때로는 문제해결자의 역할을 담당하는 중요한 자원이다. 따라서 청소년기의 친구관계, 즉 또래관계는 청소년의 심리적 건강에 큰 영향을 준다. 또한 청소년기에는 내면적인 유대와 교류를 원하게 되므로 적절한 자기 개방과 여러 가지 사회적 기술이 필요하다. 특히 의사소통기술은 타인과의 상호작용에 필수적인 수단으로서 청소년기의 또래관계 형성에 중요한 영향을 미치므로 매우 중요하다. 왜냐하면 청소년기는 성장함에 따라 심리 내적 요인을 더욱 중요시하게 되어 보다 친밀함을 요구하는 관계로 발전하기 때문이다(천성문 외, 2011).

교우관계 문제의 주호소 문제는 또래 간의 뒷담화 및 이간질, 또래집단 내 소외감, 새학년 친구사귀기 어려움 호소 등이다.

이로 인해 학생들은 우울, 고독감, 불안 등의 심리적 문제와 더불어 학교 부적응, 대인 기피, 반사회적 행동, 공격행동, 비행 등의 행동상의 문제를 경험하기도 한다.

### (2) 이성과의 관계

사춘기에 접어든 학생들에게 가장 민감한 문제 중의 하나로 꼽히는 대인관계 갈등 유형 중 하나가 이성 관계이기도 하다. 특히 청소년기는 급격한 신체발달과 더불어 성에 대한 고민이 많은 시기이다. 최근에는 이러한 호기심과 고민이 더욱 빈번히 여러 가지 사회적인 문제들로 이어지고 있다. 이와 같은 사실은 청소년들이 각종 상담기관을 찾아와서 호소하는 문제 중 이성문제가 매우 높은 비율을 차지하고 있는 것에서 분명하게 나타난다. 더구나 요즘은 사춘기를 겪는 연령이 점차 빨라짐에 따라서 초등학교 고학년이 되면 이성과의 관계로 인한 문제가 인간관계의 한 영역으로 자리 잡기도 한다.

연령에 따른 발달단계상으로 볼 때 초등학생들과 중등학생들에게 있어서 이성의 관계는 친구의 범주 내에서의 이성관계로 볼 수 있는데, 중등학생들의 이성 친구에는 사랑이라는 개념으로도 발달하기 시작한다.

학교 장면에서의 학생들의 이성관계의 특성으로는 첫째, 친구관계와 이중적인 관계로 형성되는 경우가 대부분이다. 이성친구는 동성친구와 마찬가지로 격없이 편안한 대상이 될 수 있지만 동시에 성이 다른 사람과의 관계라는 또 다른 영역이 자리 잡고 있다.

둘째, 청소년기의 이성친구는 매우 강한 심리적 자원이 될 수 있다. 청소년기에는 부모나 교사보다 또래집단과의 교류가 활발한 것이 특징이기 때문에 친구들의 인정을 받고 싶어하며, 부모의 견해와 친구들의 입장이 대립되었을 때 서슴없이 친구의 입장을 동조하게 된다. 여기에서 특히 이성의 친구는 자신의 행동양식이나 일상생활에 더욱 큰 영향을 미치게 된다.

셋째, 이성친구는 이성에 대한 정보와 깊은 이해를 돕는 역할을 하기도 한다. 사춘기에 접어든 청소년들은 이성에 대한 관심과 강한 호기심을 갖게 된다. 이러한 호기심을 합리적인 경로를 통해 충족시키지 못하면 자칫 이성을 막연하게 신비로운 존재로 여길 수도 있다. 이성친구를 통해서 성역할을 깨달을 수 있고, 이성을 대하는 예의를 배울 수 있을 뿐만 아니라 이성에 관한 막연한 호기심과 관심을 자연스럽게 해결해 주는 데 더 없이 좋은 기회를 제공받게 된다.

넷째, 이성과의 친구관계는 어느 정도 불안정한 시기의 성격을 지니게 된다. 이는 이성친구가 친구로 남을 수도 있고, 시간이 흐름에 따라 연인으로 발전할 수도 있음을 의미하는 것이다. 때문에 이성 간의 친구관계는 당사자들로부터 정체성에 의문을 제기받기도 한다.

청소년기의 이성관계는 바람직하게 이루어진다면 긍정적인 효과도 많지만, 잘못 방향 지어지면 여러 가지 부작용을 낳게 된다. 예컨대 충동적인 육체관계로 다양한 문제를 야기할 수도 있으며, 이성관계에의 지나친 집착으로 본래의 임무인 학업에 소홀해진다거나 일상생활에 규칙을 잃고 방황할 수도 있다. 따라서 학생들의 바람직한 이성관계에 대해 확고한 입장을 견지하고, 그에 따라 올바른 지도와 상담을 펼쳐나가야 한다(김계현 외, 2020).

### (3) 교사와의 관계

사제관계는 본래 가르치고 배운다는 교육장면을 전제로 하며, 다른 인간관계보다 독특한 형태를 가지고 있다. 교사와 학생 간에 '갈등'은 이상하게 들릴 수 있겠지만 학교상담 장면에서는 늘 접하게 되는 상담유형 중 하나이다. 교사에게 꾸중을 들은 학생들이 교사와의 갈등으로 인해 상담받고자 희망하는데, 이러한 학생과 교사 간의 갈등의 주요 요인은 다음과 같다.

첫째, 교사의 편애 및 편견으로 인한 갈등이다. 훌륭한 교사상으로 학생들에 대하여 편견을 갖지 않는 것을 강조하고 있지만, 교사도 사람이기에 감정과 편견을 갖기 마련이다. 이에 따른 교사의 편애로 갈등이 생긴다. 교사에게 인정받고 싶어 하는 학생들이 대부분이나, 교사의 편애가 있다고 지각하는 경우 편애의 대상에서 제외된 학생들은 교사에게 부정적인 감정을 갖기 마련이다. 이것이 결국 원만한 사제관계 형성과 유지를 방해하는 요인으로 작용한다.

둘째, 학습과 성적에 관련한 문제이다. 아직 우리나라의 교육현장은 입시위주로 운영되다 보니 학생들을 평가하는 일차적 기준이 성적이 된다. 공부를 잘하고 성적을 잘 받는 학생들은 자신에게 주어진 임무인 공부에 충실했기 때문에 좋은 평가를 받는 것이 정당하다 느낄 수 있다. 그러나 공부를 잘한다는 평가를 받는 학생들은 한 학급을 단위로 보아도 그리 많은 편이 아니다. 대부분 그 반대의 입장에 서게 된다. 특히 성적이 좋지 않은 학생들도 좋은 성적을 받고 싶은 욕심에 있어서는 결코 뒤지지 않는다. 학생을 평가하는 교사의 기준이 성적이라는 것을 알아차리게 되면 많은 학생들은 교사와의 인간적인 관계를 처음부터 회피하게 될지도 모른다.

셋째, 진로문제를 둘러싼 갈등이다. 상급학교 진학과 관련하여 보통 중학교나 고등학교에서 이러한 갈등을 많이 볼 수 있다. 교사의 조언이나 권고가 학생의 희망과 일치하면 별다른 문제가 없지만, 그것의 불일치 정도가 크면 보이지 않는 갈등이 야기될 수도 있다. 이때 학부모의 또 다른 견해가 개입된다면 그 갈등은 매우 복잡한 형태로 나타날 수 있다(박경애, 2003).

넷째, 교사가 싫어하는 행동을 하여 눈 밖에 나는 경우다. 아무리 공부나 성적이 중요하다고는 하나 성적이 뛰어나다고 해서 친구들을 무시하거나 교사에게 버릇없는 태도를 보인다면 교사들은 그 학생을 싫어할 수 있다. 학생에 대한 종합적인 평가는 역시 인성이 그 잣대가 된다. 이러한 측면에서 교사가 싫어하는 범주에 드는 학생들로서는 '예의 없는 학생', '이기적인 학생', '거짓말하는 학생' 등이 포함된다. 물론 이 경우 궁극적으로 교사는 이러한 학생들 역시 잘 지도해야 할 책임이 있지만, 인간관계의 측면에서는 어려운 상황이다.

다섯째, 학생의 일탈행동이다. 학생들의 일탈행동은 어제 오늘의 일이 아니지만 최근 들어 그 형태는 더욱 심각한 모습으로 전개되고 있다. 교칙위반 행위에서부터 심하게는 절도, 폭력 등 범법행위에 이르기까지 보이는 형태도 매우 다양하다. 이러한 일탈행동을 보이는 학생 중 일부는 이미 교사의 통제를 벗어난 경우도 있고 사제관계의 의미가 상당히 퇴색되어 버린 경우도 있으며, 이러한 경우 교사와 학생 사이의 원만한 인간관계를 기대하기란 어려운 일이다.

학교생활에 애착을 느끼며 즐겁게 생활하고, 학업성취를 높이기 위해서는 교사와의 인간관계가 원만하게 형성되어야 한다. 교사와 학생 관계에 갈등이 발생했을 때, 그 해결 전략은 문제의 원인이 학생에게 있느냐 교사에게 있느냐에 따라 달라져야 한다.

먼저, 어떤 경우이든 공통적으로 필요한 것은 교사와 학생 간의 대화가 촉진되어야 한다는 것이며, 특히 학생이 내면세계의 이야기를 많이 할 수 있도록 교사는 표현을 촉진시키는 방법들을 적절히 구사하여야 한다(김계현 외, 2020).

### 4) 대인관계상담의 사례

**남들은 나를 이상하게 볼 것 같아요.**

부모에게 애교가 많고 쾌활한 초 6 여학생 G는 학교에 오면 아이들과의 대화를 망설이게 됨. 혹여 나를 이상하게 보지 않을까? 나를 무시하지 않을까? 수많은 상상을 하며 겁이 나서 준비했던 말을 결국 꺼내지 못하게 됨. 도와달라며 G가 상담실을 찾아옴.

### (1) 상담 의뢰 배경

#### ① 학생 기본적 이해

| 구 분 | 내 용 |
|---|---|
| 인적사항 | 초등학교 6학년 여학생 |
| 가족사항 | 부(49세, 건설업 회사원), 모(52세, 화학기업 사무직), 언니(15세, 중 2) |
| 학교생활 | 초 2 때 전학 왔음. 가정에서 활발하게 지내는 것 반면에 학교에서는 조용하며 수업 시간 소극적으로 참여함. 두통과 복통을 호소하며 병결석과 조퇴가 잦음. |
| 행동관찰 | 또래보다 작은 키와 통통한 체격, 작은 목소리로 항상 어깨를 웅크리고 있어 긴장하고 있는 듯함. 밖의 인기척과 소리에 예민함. |

#### ② 내방경위

- 내담자는 4~5학년 또래관계 갈등으로 해마다 2~3회 단회성 상담을 해 왔음.
- 초 6이 된 내담자가 좋아하는 남학생이 있어 어떻게 고백할지 상담을 받고 싶다고 함. 그러다 자신의 감정을 아이들에게 전달하면 무시하고 이상하게 생각할 것 같다고 함. 이 주제로 상담하기를 원함.

#### ③ 주호소문제

- (내담자)
  - 학교 오기 싫음. 아이들이 날 무시함. 이유 없이 슬쩍 때리고, 내가 어떤 말을 하면 나대지 말라고 함. 자기들은 이야기하면서 나는 안 된다고 한다. 지금도 선생님이랑 이야기하는 동안 밖에서 이야기를 엿듣고 있는 것 같음. 나가면 나보고 뭐라고 할 것 같고, 이상하게 쳐다볼 것 같음.
  - 오늘도 머리가 아픔. 보건실에 가고 싶은데 보건선생님이 뭐라고 할 것 같음. 학원도 못 갈 것 같음. 너무 아파서…….
  - 엄마에게 전화해서 상담한다고 하고 상담하고 싶음. 학원 안 가도 될 것 같음.
- (부모) 또래관계가 몇 년째 안 되어 걱정이다. 집에서 보이는 모습과는 다른 아이의 모습이 이해가 안 된다. 나에게 요구하듯 떼쓰고 소리 지르며 대

응하면 될텐데, 아버지처럼 어리숙하게 아이들에게 당하는 것 같다. 여러 가지 대응법에 관해 지도하고 연습도 시켰는데 제대로 되지 않는다. 무엇이 문제인지 답답하다.

- (담임교사) 아이들에게 은근히 따돌림당하는 것 같다. 어울리지 못하는 듯하다. 1학기 때부터 잦은 결석, 장기 입원하고, 보건실에 자주 가는 등 학교생활 적응이 힘든 것 같다. 수학여행에 안 가려고 하여 부모와 연락한 상태이다. 반에서 생일잔치나 짝궁을 매칭해 준 적이 있는데 그때 잠시 또래 관계가 개선되기도 하였다.
- (보건교사) 1학기 초부터 자주 온다. 심리적 요인이 큰 것 같다. 모에게 전화해서 큰 병원에 가서 정밀검사를 권하였다고 한다. 부모의 관심이 필요한 것 같다.

④ 내담자 주요 이슈

- 모가 내담자를 임신하고 7~8개월 정도 태아의 건강 이상으로 입원한 적이 있음. 출산하고 만 2세가 될 때까지 모는 불안한 마음으로 내담자를 바라봄.
- 내담자는 언니에 비해 응석과 애교도 많아 부모가 잘 받아 줌. 특히 부에게 귀여움을 많이 받았음. 외출할 때 남 시선을 많이 씀, 집에선 자기표현 잘함(큰소리).
- 초 4 때 초 6이던 언니가 학업 흥미를 상실하고 또래 간 따돌림으로 위(Wee)클래스 상담을 한 적 있음. 언니를 상담하던 중에 모가 내담자 또한 대인관계에서 소극적이고 의사표현을 잘 하지 못하여 도움이 필요하다며 상담을 신청함. 당시 3회 상담을 하고 또래갈등이 해결되었다며 종결을 원함. 지속적으로 상담하기를 권유하나, 하지 않음.
- 초 5 때 동급생과 관계가 좋지 않아 내담자가 자발적으로 찾아옴. 3회 상담이 진행된 듯 해결되었다고 종결을 원함. 역시 지속적으로 하기를 권하나 학원 등 방과후 수업으로 원하지 않아 중단함.
- 초 6 때 좋아하는 남학생에게 고백하고 싶은데 어떻게 하면 좋을지 고민이

된다며 상담을 신청하여 상담이 다시 시작됨.

**참고 상담자의 소견**

초등 6학년 여아인 내담자는 4학년 이후 또래관계 갈등으로 해마다 2~3회 단회성 상담을 하여 왔다. 매년마다 상황 발생 시 부모의 관심과 교사의 적극적인 개선 노력, 문제해결식 상담으로 일시적 해결은 되고 있으나, 현재 원인불명의 두통과 복통으로 입원으로 인한 장기병결, 또래관계 위축으로 인해 심리적 고통을 호소하고 있다. 심리검사, 면담자료 및 상담내용을 근거하여 보면, 외부자극에 상당히 예민하고, 불안감을 느끼며, 그로 인해 위축된 행동을 보이는 경향이 있다. 근원적으로 모와의 불안정 애착으로 인해 안전에 대한 욕구와 의존적 해결방식이 문제 발생마다 반복된다. 그로 인한 내담자의 내면의 갈등, 즉 자립과 의존하려는 욕구의 충돌, 괴리로 인한 만성적 · 부정적 정서가 내재화되어 왔고, 그로 인해 신체화 증상이 최근 심해지는 것으로 추측할 수 있다. 또한 부정적 정서가 일어나는 장면을 회피하고자 하는 욕구가 강하다.

결론적으로 내담자의 주호소문제의 주된 원인은 안전을 추구하지만 좌절되어 타인에 대한 불신이 증폭되며, 내외적 갈등 상황에서의 낮은 자아탄력성이라고 본다. 이에 내재된 부정적 정서를 해소하고 대인관계 속에서 건전한 신뢰감을 형성하고, 자아탄력성을 높이는 데 그 목표를 두어야 한다.

### (2) 상담목표 및 상담전략

| 구분 | 내 용 |
|---|---|
| 상담목표 | (내담자와 합의) 아이들이 무시하거나 놀릴 때 당당하게 말하기<br>(상담자 추가 목표)<br>부정적 정서를 해소하고 대인관계 속에서 건전한 신뢰감을 형성하여 안정감 부여<br>자아탄력성을 높여 긍정적인 자아상 형성 |
| 상담전략 | 상담 초기 상담자와 공간이 안전한 곳으로 인식되도록 무조건적, 긍정적 존중과 수용으로 친밀한 관계 형성을 주력함<br>원만한 대인관계를 위해 자신의 솔직한 생각과 감정을 표현하도록 지지하고 연습함.<br>비합리적 신념을 합리적 사고로 전환하여 유연하고 긍정적으로 삶을 영위하도록 함 |

### (3) 상담 과정

| 구분 | 내 용 |
|---|---|
| 1회기 | 접수상담, 상담구조화 및 상담 동기 형성, 주호소문제 파악, 상담목표 설정<br>*담임교사 면담, 모 상담(상담 개입 협조, 상담 기대 확인) |
| 2~3회기 | 심리검사(NEO성격검사, SCT, HTP), 해석상담, 긍정적인 관계형성을 위한 노력한 경험 나눔, 자신의 감정을 말로 표현해 보는 연습함. |

| | |
|---|---|
| 4~5회기 | 대인관계에서 자신의 감정을 진솔하게 표현하는 연습, 현재에서 변화하고 성장해야 할 내용 목록 작성, 가족관계 탐색 |
| 6~7회기 | 현재 자신의 상황에 대해 이해하고 인정하고 수용할 수 있도록 지지함, 갈등을 겪고 있는 친구와 가족의 상황 나눔<br>*담임교사 면담, 모 상담(내담자의 변화된 모습 확인, 양육법 코칭) |
| 8~9회기 | 역할극 기법 활용하여 타인과의 의사소통방식 연습하기, 갈등 상황에서 대화 연습으로 조망 능력 촉진하여 안정적으로 대화를 이어나감 |
| 10~11회기 | 상담 장면에서 연습한 대화를 교실에서 실제 한 후 소감 나눔, 관계 개선을 위해 노력한 자신에게 격려와 응원함 |
| 12회기 | 종결, 상담 과정 및 결과 평가, 소감 나눔 |

#### (4) 상담 결과

- 자신의 현재 감정을 타인에게 전달하는 것이 이전보다 능숙해지고, 자신의 결정을 스스로 내리고 판단하는 것에 익숙해졌음.
- 위축되고 혼자 지내던 것에서 또래들과 어울리며 원만하게 학교생활을 하고 있음.
- 가족관계가 개선되어 이전보다 정서적 교류가 더욱 활발해지고, 지지기반이 견고해짐.

## 2. 가족상담

### 1) 가족상담의 개념 및 특징

가족상담은 내담자가 현재 직면한 문제를 해결하기 위해 상담자와 함께 가족 구성원을 참여시켜 문제를 다루는 과정을 말한다. 가족은 상호 간에 영향을 주고받는 동적인 시스템으로, 구성원 개개인이 가족 전체를 변화시키거나, 가족 자체가 개인의 변화를 가져올 수 있다. 이러한 역동적인 관계로 인하여 가족 구성원 간에는 가족 갈등이 일어나기 마련이며, 가족들은 그 갈등을 해결하는 방법으로 여러 규칙이나 규범들을 만들게 된다(강문희 외, 2020).

또한 상담은 가족의 필요에 맞는 다양한 지원과 조언을 제공하며, 가족이 직면한 문제를 해결하기 위해 전문가와 협력하는 과정을 말한다. 이를 통해 가족 구성원들은 자신들의 상호작용과 문제를 이해하고 개선할 수 있으며, 가족체계 이론에 기반하여 가족 구성원 간의 상호작용을 개선하는 것이 주요 목표이다. 가족 구성원이 경험하는 어려움을 그 개인만의 문제로 보지 않고, 개인을 둘러싼 가족체계라는 맥락 속에서 체계 안팎의 상호작용을 이해하려는 접근이다(이영분 외, 2023).

## 2) 가족상담의 필요성

학생들은 주변 환경에 민감하게 반응하며, 부모에게 의존하여 생존적인 필요를 충족시키기 때문에, 학생들의 행동을 정확히 이해하고 부적응 행동을 효과적으로 다루기 위해서는 부모나 가족들과의 상담이 필요하다. 특히 학생의 문제행동은 가정 분위기, 부모의 양육 태도, 가족 간의 갈등(부모-자녀 간의 갈등, 부부간의 갈등, 다른 가족 구성원 간의 갈등), 가정폭력, 아동학대, 가출 등의 문제로 가족상담이 함께 이루어져야 학생의 부적응 행동에 대한 근본적인 지도가 가능해진다.

학생들은 가정 내의 여러 환경적 조건을 무비판적으로 받아들이며, 이로 인해 부적응 행동을 학습하고 불안이나 공포와 같은 감정을 경험하여 부적응 행동을 보이기도 한다. 이러한 이유로 인해 학생들의 부적응 행동을 이해하고 개선하기 위해서는 가정 환경과 관련된 요인들을 고려하는 것이 중요하다. 학생의 부적응 행동을 수정하기 위해서는 가족상담을 통해 가족 간의 심리적인 갈등이나 상호작용이 원활하게 이루어지도록 하여 학생이 가정에서 보다 좋은 환경에서 생활할 수 있도록 한다.

## 3) 가족상담의 유형

### (1) 의사소통 상담

가족 구성원들 간의 부적절한 의사소통 방식은 자녀의 행동문제와 가족 간의 갈등을 일으킬 수 있다. 회유형은 자신을 돌보듯이 다른 사람을 돌보고, 비난형은 자기주장을 존중하여 비판하지 않으며 자신의 감정을 인식하도록 한다. 초이성형은 가족 구성원들의 감정에 귀를 기울이고, 산만형은 내면으로 집중할 수 있도록 신체 활동을 연습한다. 가장 좋은 것은 일치형으로 가족 간의 의사소통의 내용과 내면의 감정이 일치하는 방식으로 자기, 다른 사람, 상황을 중요시하는 의사소통이 될 수 있도록 상담한다.

### (2) 애착형성 상담

초등학생의 경우 부모와의 애착형성에 어려움으로 분리불안이나 학교 부적응을 보이는 경우가 있다. 애착에는 가족 구성원들이 학생에게 안전하고 지지적인 애착 관계를 제공하는 것이 중요하며, 가족들끼리 서로의 감정에 대해 공감해 주고 관심을 가질 수 있도록 하며, 학교와 가족이 함께 협력하여 학생의 애착형성에 도움을 주는 것이 중요하다. 학교와 가족이 서로의 역할과 책임을 인식하고 학생의 애착 관계에 대한 지원을 협력하여 제공함으로써 학생이 학교생활에 잘 적응할 수 있도록 도울 수 있다.

### (3) 아동학대 상담

아동학대는 아동의 신체적, 정서적, 혹은 사회적 피해를 초래하는 행동이며, 아동의 건강과 안전에 대한 위협이 된다. 아동학대가 의심되는 가정에서는 아동의 안전을 최우선으로 고려해야 한다. 아동학대의 의심이 있는 경우, 가족상담을 통해 아동의 현재 상황을 평가하고, 추가적인 대응 및 보호 조치를 취하는 것이 중요하다. 아동의 안전 보장을 위해 가족 구성원들에게 아동학대의 심각성과 위험성에 대한 인식을 높이는 것이 필요하다. 아동학대는 가족 구성원들에게 감정적인 부담과 스트레스를 주는 경우가 많다. 가족상담을 통해 가족 구성원들의 감정을 지원하고, 스트레스와 어려움에 대처하는 방법을 개선하는 것이 중요하다. 가족 구성원들이 감정을 표현하고, 서로를 이해하며, 적응적인 대처 방식을 찾는 것이 문제 상황을 해결하거나 스트레스를 완화시키기 위한 건강한 방법일 수 있으며, 가족상담은 부모 역할을 강화하고, 양육태도 방식과 기술을 향상시키는 데 도움을 줄 수 있도록 한다.

### (4) 가정폭력 상담

가정폭력은 장기적이고 반복적이며 다양한 유형이 있으며 초기에는 신체적, 정서적으로 가벼운 구타와 질타가 가해지다 점차 심각해지고, 피해아동은 신체적 손상, 외상 후 스트레스 장애 등을 일으키며, 이로 인해 폭력에 대한 공포와 학습된 무기력감이 형성된다. 이러한 상황에서 피해자는 가정폭력에서 벗어날 수 없다고 믿고 폭력적인 가정 환경에 안주하게 된다. 특히 경험을 통한 폭력의 학습은 세대 간 대물림으로 악순환되고 배우자, 자녀, 부모에 대한 중복되는 폭력은 현재뿐만 아니라 미래의 가정까지 병들게 한다(박재연 외, 2022). 가정폭력은 가족 구성원들 간의 관계를 파괴하고, 신뢰를 훼손하는 경우가 많다. 가족상담을 통해 가족 구성원들 간의 상호 관계를 개선하고, 의사소통과 대화를 장려하는 것이 중요하다. 서로를 이해하고, 상호 존중하며, 건강한 가족관계를 형성하기 위해서는 가족상담을 통해 가해자들의 폭력 행동에 대한 책임과 후속 조치, 폭력 행동을 변경하는 상담 및 프로그램을 제공하는 것이 필요하다.

### (5) 이혼가정 상담

이혼가정에서는 자녀의 양육 계획이 중요하다. 부모 간의 양육 계획을 협의하고, 실천할 수 있는 방법을 찾는 것이 중요하며, 자녀의 심리적 안정과 환경을 우선적으로 고려하며, 부모 간의 협력과 의사소통을 도모할 수 있도록 한다. 이혼은 가족 구성원들에게 강한 심리적 충격을 주므로 가족 구성원들의 감정을 지원하고, 심리적 회복을 돕는 것이 중요하다. 특히 자녀가 스스로 자신의 감정을 잘 표현할 수 있도록 하며, 서로를 이해하고, 상호 간의 지원을 주고받을 수 있도록 하는 것이 필요하다. 이혼이 자녀의 잘못이 아닌, 부모들의 문제인 것을 잘 인식하도록 돕고, 건강하게 분리하여 학교에서 원활하게 성장하고 발전할 수 있도록 돕는 것이 필요하다.

### (6) 재혼가정 상담

재혼가정은 이전의 이혼 또는 사별을 경험한 가족 구성원들이 다시 가족을 형성하는 상황으로, 새로운 도전과 어려움이 함께하는 경우가 많다. 재혼가정의 가족상담은 기존 가족 구성원들과 새로운 가족 구성원들 간의 관계를 조절하는 것이 중요하며, 서로 간의 의견을 공유하고, 감정을 표현하며, 존중하며, 서로를 이해하는 방법을 찾는 것이 중요하다. 학교에서는 재혼가정의 부모들과 자녀들을 대상으로 가족 관계 조절을 위한 가족상담을 실시할 수 있다. 부모들 간의 소통과 협력, 형제 · 자매 간의 관계 조절, 부모와 자녀 간의 관계 조절 등에 대한 상담을 통해 가족 간의 조화로운 관계를 구축하고 유지하도록 돕는다. 학교에서 가족상담이 어려운 경우에는 가족센터나 가족상담 전문기관에 연계 지원을 할 수 있도록 한다.

### (7) 다문화가정 상담

다문화가정의 자녀들은 학교에서의 언어, 문화, 교육 체계 등에 적응하기 어려울 수 있다. 학교에서는 다문화가정의 부모와 자녀들을 대상으로 학교생활에 대한 지원을 제공하는 가족상담을 실시할 수 있다. 학교에서의 교육 프로그램, 학교 환경, 학업 스트레스 등에 대한 상담을 통해 다문화가정의 자녀들이 학교에서 잘 적응하고 성공적으로 학습할 수 있도록 지원한다. 학교에서는 부모들과 소통하고, 부모들의 교육에 대한 요구와 욕구를 파악하며, 학교와 가정 간의 협력을 유지한다. 가족상담이 필요한 경우 다문화가족지원센터와 연계하여 가족상담을 지원할 수 있다.

### (8) 조손가정 상담

학교에서는 조손가정의 부모와 학생들을 대상으로 가족소통과 의사소통에 대한 상담을 실시할 수 있다. 가족 구성원들 간의 의사소통 방식, 감정 표현 및 소통의 중요성, 의사결정 과정에 대한 상담을 통해 가족 간의 소통을 촉진하고 가족 관계를 개선할 수 있도록 한다. 조손가정에서는 부모가 혼자 자녀들을 키우고 어려움을 겪을 수 있으므로, 학교에서는 조손가정의 부모를 대상으로 가족 지원과 자원 연결에 대한 상담을 제공할 수 있다. 조손가정을 위한 커뮤니티 자원 및 서비스 연결, 재정적 지원 및 사회적 서비스에 대한 안내, 부모의 스스로 돌봄 능력 강화 등을 통해 조손가정이 필요한 지원과 자원을 활용할 수 있도록 돕는다.

학생들은 학업과 진로에 대한 도움을 필요로 할 수 있으므로 학생들을 대상으로 학업 및 진로 지원에 대한 상담을 제공할 수 있다.

## 4) 가족상담의 사례

**사회복지활동가가 되고 싶어요**

가정폭력 피해를 입은 초 3 여학생 I는 다문화가정의 자녀임. I는 어린 시절부터 부의 폭력으로 힘들어하는 엄마를 보며 사회복지활동가가 되기를 결심함. 그런데 현재의 자신을 보며 과연 꿈을 이룰 수 있을지 걱정되고 불안감을 느낌.

### (1) 상담 의뢰 배경

① 학생 기본적 이해

| 구 분 | 내 용 |
|---|---|
| 인적사항 | 초등학교 3학년 여학생 |
| 가족사항 | 모(34세, 베트남인, 단순노무직), 남동생(9세, 초 2), *친부(46세, 한국인, 전기관련 직종, 가정폭력 가해로 5년 전 이혼), 계부(34세, 네팔인, 이혼한 모가 3년간 교제한 후 작년 결혼, 현재 자신의 모국에 있음, 내담자는 아빠라 호칭함) |

| 학교생활 | 중위권 성적, 교우관계의 어려움 보임. 성격이 차분하고, 영특한 두뇌로 학습력이 뛰어난 학생으로 담임교사가 평가함. |
|---|---|
| 행동관찰 | 또래 평균 키와 체격이며, 신체와 복장 위생 상태가 양호함. 단발머리에 피부가 까무잡잡한 편임. 시력 초점이 맞지 않아 보여 의학적 진단이 필요함. 호기심 어린 눈빛으로 타인의 행동과 표정에 관심을 보임. 낯선 장면에서도 말을 먼저 건네는 등 거부감 없이 친근함을 표현함. |

② 내방경위

○○초 위(Wee)클래스는 본교 소속 학생이 이용하는 △△지역아동센터와의 업무협약으로 사회적 취약계층 학생의 심리지원을 하고 있음. 지역아동센터에서 가정폭력 피해경험이 있는 다문화가정 학생인 내담학생에게 심리정서적 지원이 필요하다며 학교상담을 의뢰함. 센터의 생활복지사는 학생이 가정에서 겪은 아픈 기억을 이겨내고, 긍정적인 사고로 좋은 친구를 많이 사귈 수 있기를 희망한다고 함.

③ 주호소문제

- (내담학생) 힘든 사람을 돕는 사회복지활동가가 되고 싶어함. 그러기 위해서 대학교에 가고 싶은데, 가지 못할 것 같아서 걱정함. 미래에 대해 걱정함. 같이 누군가와 무엇인가 하는 것이 좋다가 헤어지는 것에 대해 아쉬움을 느끼는데, 이러한 감정이 느껴지면 불편해함.
- (모) 학교에서 친구들과 잘 어울리지 못함.
- (지역아동센터 생활복지사) 감정조절이 어렵고 변화가 심하여 인지, 행동, 정서 각 영역이 불안정함. 예를 들면 기분이 좋을 때는 솔선수범을 하나 기분이 나쁠 때 울거나 고집을 부림. 부정적인 사고가 크며, 선생님이나 타인으로부터 인정받고자 하는 욕구가 강함. 나이 어린 동생들에게 자기 행동을 따라 하게 유도하거나 가끔 따돌리기도 함.

④ 내담자 주요 이슈

- 친부모는 10년 전 국제결혼 알선업체를 통해 3개월 만에 결혼함. 이듬해 4

월 내담자가 태어나고, 1년 뒤에 남동생이 연이어 출생함.

- 친부모는 결혼 초기부터 서로 간의 성격과 문화차이로 갈등하며 언쟁을 자주 하였음. 그러다 내담학생 5세경 알코올문제가 있는 친부가 더욱 난폭해지고, 모를 맥주병으로 내리치는 상해를 입혀 가정폭력으로 피소되면서 모와 자녀는 쉼터에서 생활함.
- 법원 판결로 양육권은 모에게 부여되고, 친부에게 자녀양육비 지급 및 면접교섭권 조치가 내려짐. 내담자는 월 1회 정도 친가를 방문하고 있으며, 친부로부터 받은 선물을 아이들에게 자랑하며, 친부와의 만남을 즐겁게 여김.
- 모는 이혼 이후 사택이 제공되는 공장에 취업함. 그 직장에서 네팔 국적 노동자를 만나 교제하다가 3년 뒤 결혼함. 현재 계부는 네팔에서 거주하고, 모와 자녀는 공장 사택에서 생활함. 내담학생은 계부를 아빠라 부르며 따르는 편임. 내담학생은 모가 어린 동생을 더 좋아한다고 생각하며 불만을 품고 있음.

### (2) 상담목표 및 상담전략

| 구분 | 내 용 |
|---|---|
| 상담목표 | (내담학생과 합의)<br>• 앞으로 닥칠 미래에 대한 걱정과 불안이 없어지고 편안한 마음이 되었으면 좋겠음. 구체적 상황 3개를 선정해서 그중 1개만이라도 줄이기<br>– 구체적 상황(사회활동가가 되기 위해 대학교에 가야 하는데, 공부를 못해서 못갈 것 같아 불안함(선택) / 내가 좋아하는 것이 모두 없어질 것 같음. 그러면 너무 무섭고 슬픔. / 오빠들이 나를 때릴 것 같고 겁을 줄 것 같음. 나를 비웃기 때문에 무서움)<br>• 헤어지는 것에 아쉬움이 생김. 이별해도 마음이 편해졌으면 함<br>– 상담 종결 시 상담자와 이별경험을 통해 이별 대처하는 기술 습득하기<br>– 기억나는 이별 경험을 회상하여 좋았던 부분과 아쉬운 부분을 살펴보고, 내담학생의 욕구가 충족되는 대처법을 찾아보고, 정서를 공유하기<br>(상담자 추가 목표)<br>• 부정적 정서를 해소하고 대인관계 속에서 건전한 신뢰감을 형성하여 안정감을 부여함<br>• 심리적 외상을 치유하여 자기 통제력을 회복하고, 긍정적인 자아상을 형성하여 자아존중감을 높임 |

| | |
|---|---|
| 상담전략 | • 인지적 변화 촉진 전략<br>– 감정 알아차리기, 창조적인 문제해결하기 등<br>• 정서적 변화 촉진 전략<br>– 무조건적으로 자기 수용하기, 심상법, 상담자 자기개방 등<br>• 행동적 변화 촉진 전략<br>– 역할놀이, 호흡법, 긴장이완 훈련, 자기주장 훈련, 수행평가 및 강화물 제공 등 |

### (3) 상담 과정

| 구분 | 내 용 |
|---|---|
| 1회기 | 접수상담, 친근감 형성, 내담자 행동 관찰, HTP 통한 내담자 이해 준비, 내담자 욕구 파악<br>*담임교사, 생활복지사 함께 사례회의을 진행하여 상담 방향 협의 |
| 2~3회기 | HTP/PDI실시, 상담목표 설정, 상담구조화, 감정카드 놀이<br>*모에게 부모평정용 KPRC 검사 실시(상담자가 문항 내용 읽고 모가 응답) |
| 4~6회기 | 게슈탈트 그립 감정카드, 그림상황카드를 활용한 감정 인식 및 표출(스토리텔링을 하여 미래 상상하여 긍정적 관점으로 조망함. 미래에 대해 불안감이 해소되며, 자기 통제력이 회복되기 시작함) |
| 7~9회기 | 인형 역할놀이를 활용한 감정 인식 및 감정표출(상황별 예상되는 감정을 알아차리고, 합리적으로 대처하는 방법 구상, 역할 교대로 소통 놀이), 이별 관련 경험 나눔(키우던 식물과 동물이 떠나 슬픔, 빈자리에 남아 있는 존재 찾기, 빈자리에 새롭게 찾아오는 다른 대상의 발견) |
| 10회기 | 이별 작업(상담자와 내담학생 각자 상대에게 줄 이별 선물을 제작하여 교환), 회기별 내용 정리, 상담목표 평가(내담학생 자신에게 주는 상장 만들기), 종결 |
| 그 외 활동 | (학부모 상담/교육) 상담 사전, 중간, 사후 총 3회 면담 진행함. 자녀 특성에 맞는 양육법을 교육함. 한국어 소통이 힘든 모와 정확한 의견이 전달되는 데 애로가 있었으나, 진솔한 마음을 갖고 비언어적 메시지를 전달하여 정서적 교류하며 교감하였음<br>(집단 놀이활동 및 미술치료) 동학년 10명 구성, 6회 진행, 사회성 증진 및 놀이를 통한 부정적 정서를 해소함 |

### (4) 상담 결과

• 개인상담에서 감정 알아차리기, 심상법 등의 인지행동적 전략을 사용하여 내재적 불안정서 해소와 자기통제력을 회복하는 데 도움이 됨. 특히 과거 가정폭력 사건의 충격에서 벗어나기 시작하여, 침습되는 부정적인 생각들이 긍정적이고 희망적인 유쾌한 상상으로 전환되면서, 지금 여기 안전하게 있고, 앞으로도 가족과 행복하게 잘 지낼 수 있음을 인식하기 시작함.

- 집단단위 놀이활동과 미술작업으로 의사소통 연습과 창조적인 문제해결 등의 전략을 사용하여, 사회성 기술 습득 및 부정적인 정서를 해소하는 데에 도움이 되었음. 상담 이후 함께 집단상담한 학생 2~3명과 친밀해져서 학교 공간에서 즐거움을 찾게 됨.
- 보호자인 모에게 상담 또는 교육을 제공하여, 학생 특성에 맞는 양육법과 생활지도법을 코칭하고, 양육스트레스로 소진되지 않도록 정서적 지지와 격려함.
- 지지체계인 담임교사, 지역아동센터 생활복지사와 함께 상담내용을 공유하며 정기적인 사례 회의를 거쳐 내담자의 긍정적인 변화를 위해 협력함.

CHAPTER 10

# 학교폭력 및 비행상담

## 1. 학교폭력상담

### 1) 학교폭력상담의 개념 및 특징

#### (1) 학교폭력상담의 개념 및 특징

학교폭력상담은 다양한 유형의 학교폭력에 대해 전문적 교육을 받은 상담자가 피해학생의 보호와 치유, 가해학생의 선도와 치유를 통해 모두가 안정되고 정상적인 학교생활을 할 수 있도록 돕는 활동이다.

포괄적 개념으로는 학교폭력의 예방적 활동, 학교폭력 위기 개입 및 관리, 학생의 올바르고 건강한 성장 측면으로 살펴볼 수 있다. 우선 학교폭력 예방적인 측면으로 주변인의 학교폭력에 대한 올바른 인식 확립과 잠재적인 피 · 가해자 위험요소를 해소하고, 목격하는 학생들이 방관이 아니라 방어자 역할을 할 수 있도록 돕는 것을 말한다. 학교폭력 위기 개입 및 관리 측면으로는 폭력 상황의 즉각적 조치를 통한 해결과 폭력의 재발방지를 위한 것에 그 목적을 두고 있다. 피해학생의 신변 보호와 치유, 가해학생의 특별교육과 치유, 관련 학생의 갈등 조정 · 중재, 상호 합의, 학생의 보호자 상담 및 교육 등 전반적인 개입이다. 학생의 건강한 성장 측면으로 지속적이고 심각한 학교폭력은 폭력 당사자 학생들의 정신건강에 좋지 않은 영향을 줄 수 있고, 비행이나 범죄의 문제행동이 동반될 위험성이 높아, 문제의 치료뿐만 아니라 성장을 촉진하는 상담활동이다.

학교폭력 문제는 경험하는 각 개인에 따라 나타나는 양상이나 정도가 다양하므로 단일 개입은 해결이 어려워, 문제 특성과 정도, 연령, 환경에 따라 다양한 접근 필요하다. 학교폭력 상담은 가 · 피해 학생의 심리 · 정서적 고통을 완화하고, 체계적이고 전문적인 개입이 필요하다. 가능한 구체적으로 자료화하고 객관적인 근거자료의 확보를 통해 문제의 확대 혹은 학교폭력의 재발을 방지 및 예방적 상담이 이루어져야 한다. 학교폭력 발생 경위, 학교폭력 유형, 관련 학생의 특성 등 여러 요소를 고려하여 초기 개입 상담과 사건 해결 및 사후 조치로써 치료 · 상담 · 사회자원 연계 등의 통합지원과 지속적인 관리가 필요하다. 이를 위해 상담자는 학교폭력 사안 처리 절차에 대한 이해가 필수적이며, 위기상담과 심리적 외상상담에 대한 전문적인 훈련을 받을 필요가 있다.

### (2) 학교폭력상담의 기본 원칙

문용린(2006)은 일반적인 상담의 기본 원리에서 학교폭력이라는 특수 상황을 고려하여 학교폭력 상담 시에 적용할 기본 원칙을 〈표 10-1〉과 같이 설명하였다.

도중진 등(2012)은 개별화, 구체화, 적극성, 자료화, 연계성을 기본 원칙으로 정하였다. 그리고 원칙을 준수함에 있어서 학교폭력 상담자로서 지켜야 할 몇 가지 유의사항을 추가로 제시하였다. 학교폭력 상담에서 내담학생을 존중하되, 현실적인 한계를 명확히 규정하고 제시하는 것이 매우 중요하고, 이와 더불어 학교폭력에 대한 기본 개념과 관련 법적 · 의료적 지식을 습득하여 내담학생에게 제공할 수 있는 상담자의 전문적 태도를 강조하였다. 또한 내담학생을 공감하고 지지하며, 상담 과정에서 최선을 다하는 성실한 태도로 내담학생에게 신뢰를 주는 것을 가장 기본으로 여겼다(도중진 외, 2012).

**표 10-1 학교폭력상담의 기본 원칙**

| 원칙 | 내용 |
|---|---|
| 신속성 | 사안 발생 시 즉각적 개입, 피 · 가해 학생의 우선 격리, 위기상황 시 응급 처치 등 신속함이 우선적으로 요구됨 |
| 중립성 | 내담학생의 감정을 지지하고 공감하는 것과 별개로, 상담자는 사건을 대하는 태도에 있어서 중립적 가치 · 기준, 객관적 자세 유지 |
| 개별화 | 내담학생과 개별적 관계를 중요시하여, 상담도 개별적으로 진행함 |
| 구체화 | 첫째, 학교폭력 사건과 관련한 정보를 구체적으로 수집<br>둘째, 내담학생의 욕구가 무엇인지 정확히 파악하고 우선순위로 체계화<br>셋째, 상담의 목표는 단 · 장기 구분하고, 구체적이고 실현 가능한 것으로 설정 |
| 적극성 | 내담학생의 욕구에 맞는 정보 및 지원이 제공되도록 상담자의 적극성이 필요함. 단, 내담학생의 자기결정권을 존중해야 된다는 전제가 있어야 됨 |
| 자료화 | 상담내용을 자세하게 기록하고 자료로 남김(※ 학교 상담기록 10년 보관) |
| 연계성 | 내담학생에게 필요한 전문분야의 지원을 적극적으로 연계함. 위기상담자는 혼자 작업하지 않음 |
| 지속성 | 책임감 있는 태도로 상담의 지속성을 유지해야 함 |
| 비밀유지 | 비밀유지를 함으로써 내담학생의 권익 보호와 안전 확보로 신뢰 관계 유지 |
| 사례회의 | 사례회의를 통해 상담 개입 내용 검증 필요 |

출처: 문용린(2006). 학교폭력 예방과 상담. 학교폭력 상담의 기본원칙을 재구성함.

## 2) 학교폭력상담의 필요성

학교폭력의 심각성으로 인하여 피해학생이 생명을 잃거나 자살이라는 극단적인 선택을 하는 경우가 사회적 문제로 부각이 되면서, 학교폭력상담의 중요성이 대중들에게 회자하기 시작하였다. 이러한 시대적 요구로 인하여 정부에서는 2004년 1월 '학교폭력예방 및 대책에 관한 법률'을 제정하여 학교 공간에 상담실을 설치하고, 전문상담교사를 배치하도록 하였다. 그 이후 오늘날까지 초 · 중 · 고등학교에 학교 상담실 기능을 하는 위(Wee)클래스가 점차 늘어나고 있고, 그곳에 학교상담의 전문성을 가진 인력들이 상주하여 학교폭력 관련 상담활동이 활발하게 이루어지고 있다. 학교상담자는 학교폭력 사안이 발생 시에 적극적으로 개입하여 피해학생의 보호와 가해학생의 선도를 위한 상담활동을 하고, 학교폭력 예방을 위하여 다양한 프로그램을 진행하고 있다. 학교상담자는 학교폭력 관련 학생과 학부모, 교사에게 적절한 상담서비스를 제공할 책무가 있고, 학교폭력 경험이 학생들에게 어떠한 위해성이 있는지 이해할 필요가 있으므로 학교폭력의 개념과 특징, 유형과 실태 현황 등 관련 기본적인 지식을 아래와 같이 부연하여 설명하였다.



### (1) 학교폭력의 개념

학교폭력에 대한 개념은 사회학, 법학, 교육학, 심리학, 정치학 등 서로 다른 학문적 관점에서 설명하고 있으며, 폭력행위의 주 · 객체 대상이나 형태, 강제성 정도, 범죄 성립 여부 등에 따라 다양하게 정의되고 있다. 우리나라에서도 학교폭력을 보는 관점에 따라 적용 범위를 달리하는 개념들이 다양하게 사용되고 있다(구희주, 2011).

일반적인 폭력에 대한 정의로 사회규범이나 법률을 위반할 정도로 고의성을 가지고 타인에게 어떤 행동을 강요하거나 상해를 초래하는 물리적 힘을 일컫고, 이는 폭력행위자 중심으로 편향되어 기술하고 있다. 그리고 학교폭력을 학교에서 학생 간에 발생한 폭력행위로 이해하는 사회적 통념에서 발생 장소와 대상, 폭력 범위를 제한하고 한정시키고 있어, 학교폭력 관련 당사자들 이견으로 여러 문제점이 야기될 수 있다.

1990년대부터 오늘날까지 학교폭력 심각성에 대한 대중의 관심이 꾸준히 증대하고, 폭력 감수성 또한 높아져 현 실정에 알맞은 학교폭력에 대한 개념과 정의가 사회에 통용될 필요가 있다. 우리나라는 피해학생의 보호, 가해학생의 선도 · 교육 등을 통한 학생 인권 보호 및 건전한 사회구성원 육성을 위하여 "학교폭력예방 및 대책에 관한 법률"를 2004년에 제정하여 20여 년간 수차례 개정했다.

〈표 10-2〉「학교폭력예방 및 대책에 관한 법률」 제2조 학교폭력 정의(2023년)에 의하면, 학교에만 국한했던 학교폭력 발생 장소에 대해서 학교 내외 물리적 공간뿐만 아니라 정보통신망 등 사이버 공간으로 확장된 것을 알 수 있다.

그리고 집단 괴롭힘에 의한 중학생 자살사건이 사회문제로 대두된 2011년 이후 학교폭력 대상자를 "학생 간"에서 "학생을 대상"으로 변화하여, 피해자의 보호를 강화하려고 노력하였다. 이와 더불어 "따돌림", "사이버 따돌림" 등 폭력 유형을 구체적으로 명시하여 다소 모호했던 학교폭력 개념을 상세하게 정의하였다.

**표 10-2 학교폭력예방 및 대책에 관한 법률 제2조**

| 학교폭력예방 및 대책에 관한 법률(제2조) |
|---|
| 1. "학교폭력"이란 학교 내외에서 학생을 대상으로 발생한 상해, 폭행, 감금, 협박, 약취 · 유인, 명예훼손 · 모욕, 공갈, 강요 · 강제적인 심부름 및 성폭력, 따돌림, 사이버 따돌림, 정보통신망을 이용한 음란 · 폭력 정보 등에 의하여 신체 · 정신 또는 재산상의 피해를 수반하는 행위를 말한다. |
| 1의2. "따돌림"이란 학교 내외에서 2명 이상의 학생들이 특정인이나 특정집단의 학생들을 대상으로 지속적이거나 반복적으로 신체적 또는 심리적 공격을 가하여 상대방이 고통을 느끼도록 하는 모든 행위를 말한다. |
| 1의3. "사이버 따돌림"이란 인터넷, 휴대전화 등 정보통신기기를 이용하여 학생들이 특정 학생들을 대상으로 지속적, 반복적으로 심리적 공격을 가하거나, 특정 학생과 관련된 개인정보 또는 허위사실을 유포하여 상대방이 고통을 느끼도록 하는 모든 행위를 말한다. |

출처: 법제처 국가법령정보센터(https://www.moleg.go.kr).

### (2) 학교폭력의 유형과 실태 현황

학교폭력 관련 연구 기관이나 학자들은 학교폭력의 유형과 각 유형 간의 관계를 다양한 관점으로 살펴보고 있다. 학교와 교육청, 정부 산하 부처는 '학교폭력예방 및 대책에 관한 법률'에서 규정하는 개념을 준용하여 폭력의 유형을 구분하고 있다. '에듀넷 도란도란'에서는 관련 법률과 선행연구를 바탕 하에 다음의 7가지 유형으로 설명하고 있다.

**표 10-3 학교폭력의 유형**

| 유형 | 내용 |
|---|---|
| 신체폭력 | 고의적으로 건드리거나 치는 등 시비를 거는 행위<br>때리는 행위(다른 사람을 시켜서 때리는 행위 포함)<br>목을 조르는 행위<br>꼬집는 행위<br>장난을 가장해서 심하게 때리거나 밀치는 행위<br>신체적인 위협을 가하는 행위<br>학용품 등 물건이나 흉기를 이용해서 상해를 입히는 행위<br>신체부위에 침을 뱉는 행위 |
| 사이버 폭력 | 정보통신망을 이용하여 남에게 해를 가하는 행위<br>학교 게시판이나 인터넷 사이트에 특정인에 대해 비방 · 험담하는 글을 올리는 행위<br>특정인에게 이메일이나 휴대전화 등을 통해 비난하는 메시지를 보내는 행위<br>특정인에 대해 안티카페를 만들어 험담하는 게시글을 올리고 공유하는 행위<br>특정인에 대해 허위의 사실을 다른 사람에게 휴대전화 문자로 발송하는 행위<br>특정인의 휴대전화번호를 인터넷상에 유포하는 행위<br>특정 행동을 사진이나 동영상으로 찍어 본인에게 수치심을 주는 행위 |
| 언어폭력 | 말로 위협하거나 협박하는 행위<br>욕설을 하는 행위<br>험담을 하는 행위<br>조롱하거나 비웃는 행위<br>모욕을 주는 행위(다른 사람이 누군가를 모욕하도록 설득하는 행위 포함)<br>약점을 들춰서 괴롭히는 행위<br>본인이 싫어하는 별명을 부르며 놀리는 행위<br>나쁜 소문을 퍼뜨리는 행위 |
| 따돌림 | 고의적으로 따돌리는 행위<br>말을 걸어도 대답하지 않고 무시하는 행위<br>다른 친구들과 어울리지 못하게 하는 행위<br>친구의 접근을 막는 등 따돌림을 부추기는 행위<br>주변 친구들이 도우려는 것을 방해하는 행위<br>책상, 소지품 등을 감추거나 버리는 행위 |
| 금품갈취 | 돈이나 물건을 빼앗거나 감추는 행위<br>돌려 줄 생각이 없으면서 돈을 요구하는 행위<br>옷, 문구류 등을 빌린다며 되돌려주지 않는 행위<br>일부러 물품을 망가뜨리는 행위<br>돈을 걷어오라고 하는 행위 |
| 강요 | 본인의 의사에 반하는 행동을 강요하는 행위<br>속칭 빵 셔틀, 와이파이 셔틀, 과제 대행, 게임 대행, 심부름 등을 강요하는 행위<br>협박 등으로 상대방의 권리행사를 방해하거나 해야 할 의무가 없는 일을 하게 하는 행위 |

| 성폭력 | 상대방에게 폭행과 협박을 하면서 성적 모멸감을 느끼도록 신체적 접촉을 하는 행위<br>성적인 말과 행동을 함으로써 상대방이 성적 굴욕감, 수치감을 느끼도록 하는 행위<br>폭행 · 협박을 하여 성행위를 강제하거나 유사 성행위<br>성기에 이물질을 삽입하는 등의 행위 |
|---|---|

출처: 한국교육학술정보원 도란도란(https://doran.edunet.net)

교육부 「2023년 1차 학교폭력 실태조사(전수조사)」조사 결과, 피해 응답률은 1.9%(5.9만 명)로 모든 학교급에서 2022년 1차 조사 대비 증가하는 양상을 보였다(교육부, 2023).

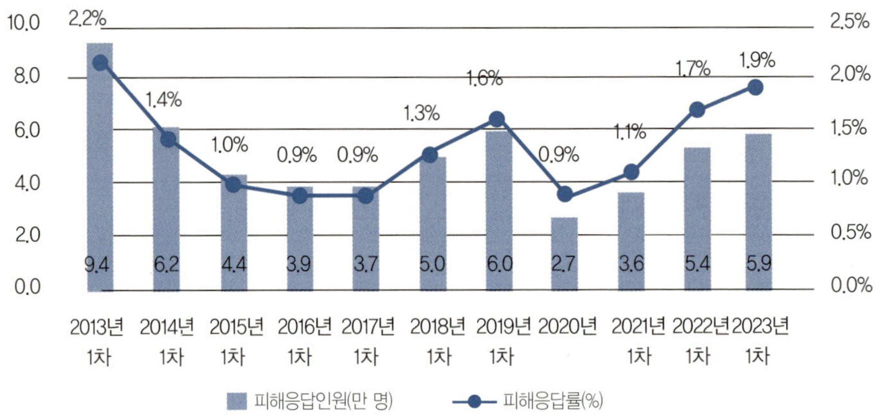


**그림 10-1 ▶▶▶ 피해응답인원 및 응답률**

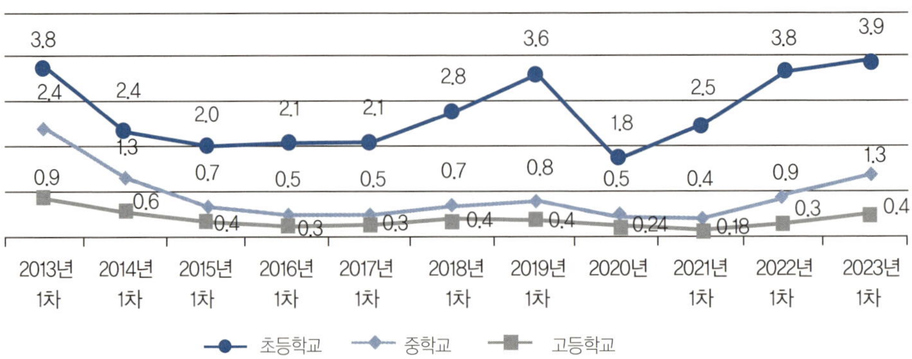


**그림 10-2 ▶▶▶ 학교급별 피해응답률(%)**

출처: 교육부(2023). 2023년 1차 학교폭력 실태조사 결과 발표 보도자료.

피해유형별 응답 비중은 언어폭력(41.8%), 신체폭력(14.6%), 집단따돌림(13.3%) 순으로, 이는 2021년 1차 조사 대비한 결과, 집단따돌림은 14.5%에서 13.3%, 사이버폭력은 9.8%에서 9.6%로 소폭 감소하였고, 신체폭력은 12.4%에서 14.6%로 증가하였다. 그리고 모든 학교급에서 '언어폭력'의 비중이 가장 높게 나타났고, 그 외 폭력 유형을 학교급별로 살펴보면 초등학교(17.3%)와 중학교(18.2%)는 '신체폭력'이, 고등학교(17.7%)는 '집단따돌림'이 높게 나타났다.

**표 10-4 학교급별 피해유형 비율(%)**

| 구분 | 언어폭력 | 신체폭력 | 집단따돌림 | 강요 | 사이버폭력 | 스토킹 | 성폭력 | 금품갈취 |
|---|---|---|---|---|---|---|---|---|
| 전체 | 37.1 | 17.3 | 15.1 | 7.8 | 6.9 | 5.5 | 4.2 | 5.1 |
| 초 | 36.9 | 18.2 | 14.3 | 8.6 | 5.9 | 6.5 | 4.5 | 5.1 |
| 중 | 36.8 | 15.7 | 17.0 | 6.0 | 9.2 | 3.4 | 6.6 | 5.3 |
| 고 | 39.7 | 12.3 | 17.7 | 5.8 | 9.8 | 2.7 | 6.8 | 5.0 |

출처: 교육부(2023). 2023년 1차 학교폭력 실태조사 결과 발표 보도자료.

### (3) 학교폭력의 발생원인

학교폭력은 어떤 하나의 원인으로 발생하기보다는 매우 다양한 원인과 배경이 맞물리며 복합적으로 작용하여 돌발적으로 발생한다. 그러므로 발생 원인을 특정하기에는 한계가 있으나, 학자 대부분이 공통으로 거론하고 있는 학교폭력 원인에는 다음과 같다. 일반적으로 개인적, 가정적, 학교 환경적, 사회문화적 요인으로 구분한다(강진령, 2015). 그리고 가정과 학교를 넓은 의미에서는 사회환경에 포함할 수 있어, 개인적 요인과 사회문화적 요인으로도 나뉠 수도 있다.

우선 개인적 특성으로 공격성을 들 수 있으며, 이는 범죄행동 및 반사회적 행동과 깊은 관련이 있다고 한다(김범수, 2009). 학교폭력은 권위자에 대한 저항의 행동이기보다는 의존대상에 대한 불만으로 공격할 가능성이 크다는 점에 주목해야 한다. 현대사회에서 청소년의 폭력 기술은 매우 발달하여 시능적인 방법이 계속 생겨나고 있으나, 충동 억제나 자기조절 교육이 매우 부족한 상태이다.

그리고 사회문화적 요인으로 집단중심에서 초개인화로 진행되고 있는 사회

구조, 자극적이고 폭력적인 미디어의 영향, 입시 중심의 학교 정책, 열악한 가정환경 등을 예로 들 수 있다. 이러한 사회문화적 요인은 개인의 취약한 특성에 좋지 않은 영향을 주므로 이 두 가지의 요인을 함께 고려할 필요가 있다.

사회규범의 무질서, 물질만능주의, 인간관계 균열 등은 청소년에게 가치관의 갈등과 혼란을 일으키고, 더 나아가 공동체 의식의 결여와 인성의 변형, 정서적 불안을 초래하게 되었다. 청소년의 학교폭력은 점점 더 심각해지고 있고, 지역과 계층에 관계없이 전국적으로 발생하고 있으며, 그 배경적 요인이 해소되지 않는 한 여전히 존재할 것이므로 그 원인에 대한 철저한 분석을 통해 그 위험성을 제거하는 것이 필요하다(김범수, 2009).

### (4) 학교폭력의 특징

학교폭력은 가해자와 피해자의 양자 관계 구도에서만 발생하는 것이 아니라 학교 및 학급 내 집단 구성원들이 다양한 참여 역할을 취하면서 일어나고 유지되는 집단현상으로 나타나고 있다(김광수, 2013). 이러한 양상은 최근에 이르러 더욱 두드러지게 나타나고 있으며, 다수의 학생들이 특정한 대상에게 집중하여 지속적이고 반복적인 정서적 폭력을 행사하고 있어, 사회적 파장을 일으키고 있다.

그리고 학교폭력은 학교 내외에서 특정 학생에 대해 연속적으로 행해지고, 문제의식 없이 잘못된 학교문화로 자리 잡힐 수 있다. 대부분의 학교폭력 사건이 학교 내에서 이루어지는 점을 생각해 보면, 학교폭력이 장기적으로 이루어질 가능성이 많다. 이러한 특성으로 학교폭력의 피해자는 일회적인 피해가 아닌 더 큰 신체적, 정신적 고통을 겪게 될 가능성이 높다(최지원 외, 2022). 과거에는 폭력서클이 조직되어 집단적으로 폭행, 금품갈취 등 물리적 폭력이 주를 이루고, 1회성 단기적 성격을 띤 경우가 많았다. 그런데 요즈음에는 강제적인 심부름, 협박, 집단따돌림, 사이버 따돌림 등 다양한 폭력 형태로 나타나고 있다.

학교폭력 발생 연령이 점차 저연령화되어 가는 추세다. 예전에는 중 · 고등학생 간의 폭력 발생 건이 많았으나, 최근 몇 년간의 교육부 학교폭력 실태조사에서 초등학생의 피해 응답률이 중·고등학생보다 몇 배 높다. 이러한 현상에 대하여 최지원 등(2022)은 초등학생이 학교폭력에 대한 대처능력이 떨어지고, 또래관계에서 힘의 우위에 있는 가해학생이나 집단에 동조하기 쉬운 특성으로 비롯한 결과로 보았다. 이 외에도 한유경은 초등학생은 중·고등학생에 비해 학교폭력 감지 민감도가 높아, 습관성 욕설, 비속어 사용 등에 대해 보다 민감하게 '학교폭력'으로 인식했을 가능성을 말하며, 중·고등학생과 구분되는 초등학생 특성에 적합한 대응 방안을 마련할 필요가 있다고 제안하였다(교육부, 2022).

학교폭력은 같은 학교, 학급 공간 내에 학생들 사이에 발생하므로 사건 발생 이후에도 일정기간 가해자와 피해자가 마주치게 되고, 당사자 외에도 학교 내외 또래에게 쉽게 알려지게 되므로 피해학생은 추가적인 정신적 고통을 받는 경우가 많다(최지원 외, 2022).

이 외에도 학교폭력은 쉽게 드러나지 않아, 보호자나 교사에게 발견되거나 인지할 시기에는 사건의 경과가 어느 정도 진행된 경우가 많다는 특징이 있다. 가해자는 자신의 폭력행위를 은폐하는 데에 주력하고, 피해학생이 신고하지 못하도록 다양한 방법을 동원해 협박한다. 피해자는 초기에는 스스로 해결하려고 노력하다가, 어느 순간 감당하기 힘든 상황까지 가게 된다. 피해자가 부모나 교사에게 알렸을 때 해결되지 못하고 오히려 가해자의 보복성 폭력을 당할 수 있다는 불안감에 도움을 요청하기를 주저한다. 실제 피해학생의 상담 장면에서 "일이 커질까봐 부모님이나 선생님께 알리고 싶지 않았어요."라는 말을 많이 듣게 된다. 목격한 학생 또한 신고할 시에 가해자의 보복을 우려하는 등 심적 부담감으로 알리기를 꺼리는 경향이 있다. 학교폭력의 사각지대를 최소화하기 위해 '학교폭력예방 및 대책에 관한 법률 제20조 학교폭력의 신고의무'의 부가조항으로 학생 보호인력 배치, 학교전담경찰관(스쿨폴리스) 제도, 학교 내 CCTV 설치 및 운영을 명시하였고, 현재 전국에 있는 학교에서 시행하고 있다. 그리고 한국청소년상담복지개발원에서는 "나는 학교폭력 방어자입니다" 학교폭력 예방프로그램을 개발하여 학생들이 학교폭력 현장을 목격했을 때 대응 방법 등 교육하고 있다.

## 3) 학교폭력상담의 유형

### (1) 학교폭력상담의 유형

학교폭력 상담의 유형으로 발생 전후 시간의 경과에 따라 예방 상담, 위기 상담, 중재 개입, 사후 상담으로 구분할 수 있다. 각 유형의 상담 목적은 일차적으로 피해학생의 심리적 안정 및 회복, 학교폭력 재발 방지로 거의 동일하며, 더 나아가 학생의 학교 적응과 건강한 성장을 도모하는 것이다. 학교폭력 상담의 특성상 관련 학생뿐만 아니라 학부모, 교사 등 학교 관계자가 내담학생이 될 수 있으며, 이들을 학교폭력 3주체라고 일컫는다(도중진 외, 2012). 학교상담자는 학교폭력 3주체와 협력적 관계를 유지하며 상담 방향을 맞출 필요가 있다. 학교폭력에 대하여 처벌과 응보식 대응보다는 관련 당사자 간의 관계 회복과 치유에 초점을 둔 회복적 정의가 근본적인 해결 접근방식이라 본다. 이러한 상담의 방향성을 염두에 두고 학교폭력 상담 유형에 대하여 다음과 같이 살펴보고자 한다.

- 예방 상담: 학교폭력 발생 예방을 위해 교육 3주체(학교, 학생, 학부모)대상으로 실시하는 상담활동이다. 학교폭력 관련법, 관계 증진을 위한 의사소통, 정서 조절과 스트레스 관리 등의 주제로 집단 또는 개별적으로 교육과 상담활동이 주를 이룬다. 학교폭력 발생 이전 급우 간의 갈등이나 학생 특성 이해 관련하여 교사에게 제공되는 자문활동도 이에 포함된다.
- 위기 상담: 학교폭력 사안이 발생된 직후, 위기 해결을 위하여 학교상담자가 즉각적으로 개입되는 상담활동 전반을 의미한다. 사안 처리 전체 과정에서 교육 3주체(학교, 학생, 학부모)대상으로 심리적 지지와 사안 해결을 위한 상담을 제공하고, 내담학생에게 필요한 지역사회 전문기관 연계 지원도 한다. 그리고 교사 등 학교 관계자에게 관련 학생과 학부모 상담 방법 및 소진 예방을 위한 자문과 정서적 지지도 병행할 수 있다. 위기상담 절차는 〈표 10-5〉와 같이 이루어지며, 사안의 심각성 정도 및 내담학생의 심리·정서의 상태에 의해 소요되는 전체 상담 시간과 단계별 시간이 달라질

수 있다. 당사자의 감정 상태와 욕구가 시시각각 급변하고, 상호적 이해관계 등이 부정적으로 전개되는 경우 정신건강에 취약해질 가능성이 크다. 이를 대비하여 상담자와 지역사회 긴급 지원센터의 전화번호나 사이버 매체 활용한 핫라인 상담 채널을 안내하고, 숙지할 수 있도록 돕는다.

**표 10-5 학교폭력 위기상담의 절차**

| 단 계 | 내 용 |
|---|---|
| 상담 시작 단계 | 라포 형성, 상담 목적 확인, 위기 상황에 대한 안전 확보 |
| 문제 관한 정보 수집 단계 | 사건 파악(인적사항, 일시, 장소, 원인, 과정, 유사사건의 유무), 피 · 가해 측의 상태 및 반응, 진행상황 파악, 증거 확보 파악 및 중요성 안내 |
| 내담학생 욕구 및 현재 상태 파악 | 내담학생의 욕구 파악, 3주체 욕구 파악, 내담학생과의 목표 협의(욕구의 현실성과 합리성 평가) |
| 해결방안 모색 단계 | 기존 문제해결방식 검토, 새로운 문제해결방식 탐색 및 제시, 선택 및 결정, 동기부여, 대처 태도 및 요령 조언 |
| 상담 종결 및 전문기관 연계 | 요약 및 정리, 피드백, 연속 상담 가능 안내, 필요시 연계 안내, 부족한 정보 추가 파악 |

출처: 유외숙, 윤현영, 배희분, 장맹배, 박현진(2010). 청소년 발달문제. 한국청소년상담원.

- 중재 개입: 학교폭력은 학생 간의 갈등에서 학부모 또는 학교 간의 갈등으로 파급될 수도 있다. 그러므로 학교폭력 사안 처리 과정에서 교육 3주체(학교, 학생, 학부모)의 관계 회복과 치유를 위하여 개입하는 상담활동으로, 그 예로 갈등(분쟁)의 조정이 있다. 학교상담자는 그들에게 심리적으로 안정하도록 도와주고, 전문적 사례를 제시하여 자신의 처해진 상황을 객관적 시선으로 이해하도록 한다. 중재 개입 시에는 어느 측에도 치우치지 않는 중립적 태도가 아주 중요하다.
- 사후 상담: 학교폭력 사후 상담은 흔히 학교폭력 사안의 심의 결과 후속조치로 실시되는 피해학생과 보호자의 심리상담, 가해학생과 보호자의 상담 및 특별교육을 일컫는다. 이러한 제도적 절차에 의한 경우와 무관하게 학교폭력을 겪은 피 · 가해 학생의 심리적 안정과 치유, 재발 방지 및 올바른 성장을 위하여 이루어지기도 하다. 이 외에도 교육 3주체인 보호자와 교사 등 개별 호소문제에 따른 상담활동이 다양한 방식으로 진행된다.

### (2) 학교폭력상담의 목표

학교폭력 상담은 심리 · 정서적 개입과 동시에 사안을 해결하여 학생의 일상생활 복귀와 학교폭력 재발을 방지하는 것에 있다. 즉, 사안 처리만이 아니라, 피해 학생을 보호, 치유하고 가해 학생은 상담과 적절한 처벌을 통해 선도하고 문제행동에 초점을 둔 접근뿐만 아니라 심리 · 정서적 개입을 통한 치료와 교육으로 인지, 정서, 행동 발달을 도와줄 수 있는 근본적인 해결 방안을 구축하여야 한다. 또한 주변 학생들의 학교폭력에 대한 올바른 인식을 통해 폭력이 일어나지 않도록 함께 노력하며, 건강한 대인관계 및 사회적 관계를 형성할 수 있도록 도와야 한다.

학교폭력 상담은 내담학생의 욕구에 따라 문제해결 관련 정보를 제공 및 자문하고, 위기상황에 대한 응급 대처와 현실적 범위에서 갈등을 해결할 수 있도록 돕는다. 그리고 법적, 의료적, 기타 필요한 전문서비스 연계 등을 지원하여 위기 상황에 있는 내담학생의 학교폭력 피해를 최소화하도록 조력한다. 이러한 일련의 학교폭력 상담활동은 궁극적으로 피 · 가해 학생의 학교폭력 재발을 방지하고, 학교에 적응하는 데 그 의의가 있다.

### (3) 학교폭력 피 · 가해 학생의 효과적 상담전략

#### ① 피해학생 대상

학교폭력 상담에 있어서 학생의 학교폭력 피해경험 정도와 개인의 고유한 심리적 특성에 따라 상담전략을 구상할 필요가 있다. 이러한 접근의 필요성을 주목한 오인수 등(2016)은 '지속적 피해학생'과 '의도적 폭력의 피해학생' 유형을 구분하고, 그들이 보이는 심리적 경향성과 효과적인 상담전략을 제안하였다. 〈표 10-6〉에서의 '지속적 피해학생'이란 학교폭력 피해에 노출된 경험이 초등학교 때부터 시작되어 중 · 고등학교까지 지속된 학생 유형으로 정하였고, '의도적 폭력의 피해학생'은 즉흥적인 학교폭력이 아닌 의도적 목적을 가진 가해자의 행위에 의한 피해경험을 가진 학생을 유형화한 것이다(오인수 외, 2016).

**표 10-6 학교폭력 피해학생의 심리적 경향성과 상담전략**

| 유형 | | 내용 |
|---|---|---|
| 지속적 피해학생 | 심리적 경향성 | • 상담 초기에 높은 심리적 저항을 보임<br>• 피해 경험에 대한 트라우마적 회상 기억을 갖고 있음<br>• 자신의 감정을 억압하려는 성향을 보임<br>• 동맹관계 형성 전까지 자기표현을 억제함 |
| | 상담 전략 | • 피해 경험의 탐색을 지연하고 관계형성에 초점을 둠<br>• 사실의 확인보다는 감정의 탐색에 초점을 둠<br>• 피해경험을 재해석하여 외상후성장에 초점을 둠<br>• 열린 질문을 통해 미해결 감정의 표현에 초점을 둠 |
| 의도적 폭력의 피해학생 | 심리적 경향성 | • 상담을 포함한 모든 사람에게 피해의식이 강함<br>• 자신에게 비판적이며 낮은 자존감을 보임<br>• 특정 단어나 맥락에서 매우 민감한 반응을 보임<br>• 부정적 경험을 상담자에게 투사하는 경향 |
| | 상담 전략 | • 피해 감정을 탐색하되 일반화의 오류를 지적함<br>• 상황에 대한 재해석을 돕고 심리적인 지지에 초점을 둠<br>• 자신에 대한 긍정적인 self talk를 생성하도록 도움<br>• 전이를 인식하며 역전이에 주의하여 상담의 소재로 사용 |

출처. 오인수 외(2016). 학교폭력의 맥락적 이해에 기초한 효과적인 상담 전략. 상담학연구.

② 가해학생 대상

학교폭력 가해학생의 상담전략을 계획함에 있어서 피해학생의 접근과 동일하게 가해자의 심리적 경향성과 가해행동 방식의 이해가 선행될 필요가 있다. 이와 함께 오인수 외(2016)는 가해학생이 상담에 의뢰된 경위를 함께 살펴보고, 그들이 상담에 임할 때의 심리상태 또한 고려하였다. 〈표 10-7〉에서의 '지속적으로 폭력을 행사한 가해'는 가해행동이 일회성이 아니라 학년 급이 달라져도 대상의 동일인 여부를 떠나 괴롭힘의 행동이 지속된 학생의 경우를 말하고, '선도 조치로 의뢰된 타율적 가해'는 가해학생이 상담하게 된 경위가 자발적 동기가 아닌 선도 조치로 상담에 의뢰된 경우를 유형화한 것이다(오인수 외, 2016).

**표 10-7 학교폭력 가해학생의 심리적 경향성과 상담전략**

| 유형 | | 내용 |
|---|---|---|
| 지속적으로 폭력을 행사한 가해학생 | 심리적 경향성 | • 가해 행동의 위험성과 심각성에 무딤<br>• 자신의 감정 인식과 표현 수준이 낮음<br>• 가해 행동에 대해 우쭐대며 단순한 장난으로 인식<br>• 성인에 대해 내재화된 적대적 감정을 보임 |
| | 상담전략 | • 가해행동과 결과의 관련성을 사례중심으로 설명함<br>• 감정의 반영 기술을 활용하여 탐색하는 활동에 초점을 둠<br>• 인지왜곡을 바르게 교정하고 상대의 감정을 체험하게 함<br>• 미해결 감정에 대한 카타르시스를 경험하도록 도움 |
| 선도 조치로 의뢰된 타율적 가해학생 | 심리적 경향성 | • 상담을 처벌의 개념으로 받아들임<br>• 상담의 효과에 대한 기대가 낮음<br>• 의도적인 사회적 바람직성이 나타남<br>• 상담자를 평가자로 인식하는 경향 |
| | 상담전략 | • 상담의 잘못된 개념을 바로 잡고 상담의 목적에 대해 탐색<br>• 진솔함에 기초하여 도와주려는 의도를 충분히 전달함<br>• 변화하고자 하는 내적 동기를 탐색하는데 초점을 둠<br>• 내담 학생의 불일치적인 태도에 대해 직면 기술을 사용 |

출처: 오인수 외(2016). 학교폭력의 맥락적 이해에 기초한 효과적인 상담 전략. 상담학연구.

## 4) 학교폭력상담의 사례

**짜증나면 주먹부터 나가요.**

학교폭력 가해 조치로 최근 전학한 초 4 남학생 M은 복도를 뛰어가다가 옆 반 학생과 부딪쳐 넘어짐. 화가 난 M은 상대 학생의 얼굴을 때려, 안경이 깨지고 눈 주위가 찢어져 학교폭력 가해 조치를 또 받게 됨. 특별교육이 의뢰된 상담실에 M이 찾아옴.

### (1) 상담 의뢰 배경

① 학생 기본적 이해

| 구 분 | 내 용 |
|---|---|
| 인적사항 | 초등학교 4학년 남학생 |
| 가족사항 | 부(42세, 휴대폰 판매업), 모(39세, 유치원교사), 누나(중1, 14세) |

| | |
|---|---|
| 학교생활 | 초 3학년 말경 학교폭력 가해로 본교에 전학을 옴. 가해 행동이 지속되고, 교사에게도 적대적으로 반항함. 하위권 성적으로 수업시간 학습내용에 흥미를 잃고, 갑자기 돌아다니거나 아이들에게 말을 걸며 방해하는 등 수업태도가 좋지 않음. |
| 행동관찰 | 또래 평균 키에 마른 체형으로 얼굴이 하얀 편임. 손톱을 입으로 물어뜯어서 손가락 끝에 피가 고여 있음. 상대편의 말이 끝나기 전에 말을 쏟아내어 대화가 중단되는 경우가 많음. 놀이하다가 의견 충돌이 되면 대화로 원만하게 해결하기보다는 주로 소리치고 울부짖는 등 신경질적으로 반응하고 억지를 부리고, 그러다 욕설하며 폭행하기도 함. |

② 내방 경위

내담학생이 복도를 뛰어가다 옆 반 학생과 부딪쳐 넘어짐. 화가 난 내담학생이 부딪힌 학생의 얼굴을 때려, 안경이 깨지고 눈 주위가 찢어져 학교폭력 사안으로 접수됨. 학교폭력 대책심의위원회에서 내담학생에게 특별교육 10시간, 보호자 특별교육 5시간 조치가 결정됨. 코로나 상황을 감안하여 교내 위(Wee)클래스에 교육 및 심리상담이 의뢰됨.

③ 주호소문제

(내담학생) 처음부터 제가 잘못한 게 아니에요. 억울하고 화가 나요. 내 말은 아무도 안 들어요. 그러다 보니 짜증나면 주먹부터 나가요.

(모) 학교폭력으로 전학을 왔는데도 아이가 고쳐지지 않아 속상해요. 선생님에게도 면목이 없고, 이제 어떻게 아이를 키울지 모르겠어요.

(담임교사) 화가 나면 학생 스스로 통제하기 힘들어요. 난폭한 언행으로 급우와 자주 다투고, 저에게도 욕하며 대든 적도 있어요. 부모님도 매번 죄송하다고 하다가 이제는 전화도 잘 받지 않아요. 저 역시 지쳐 갑니다.

④ 내담학생 주요 이슈

내담학생은 2.4kg 저체중으로 태어나 모는 2년간 육아휴직하며 병원 정기검진하며 정성껏 돌봄. 호흡기 관련 질병이 자주 있는 것 외에 큰 질병 없이 무탈하게 성장함.

모가 복직하여 4세까지 근처 살던 조모가 주로 양육함. 내담학생은 조모에게 응석을 부리거나 울며 떼를 써서 자신이 원하는 물건을 얻거나 행동할 수 있었음. 이에 대해 부는 조모의 양육방식에 불만을 품고, 자녀와 함께 하는 평일 저녁이나 주말에 내담학생을 체벌로 무섭게 훈육함. 모 또한 엄격한 어조로 야단치거나 차가운 시선으로 바라볼 때도 있었으나, 때로는 자녀를 옹호하며 부의 체벌을 막기도 함. 2살 터울의 누나는 부모의 눈치를 보며 자기 방에서 숨죽여 관찰함. 부 앞에서는 내담학생이 문제행동을 거의 하지 않다가, 모와 조모 앞에서는 그런 행동의 정도와 빈도가 심해짐.

5세경 유치원에 등원한 내담학생은 아이를 때리거나 물건을 부수어 교사와 부모에게 자주 야단을 맞음. 유아 교육전문가라 자부했던 모는 무능한 엄마라 자책하며 우울감을 보여 자녀 문제를 회피하다가도 불안감에 내담학생에게 더욱 엄하게 행동을 제재하거나 지키지 않을 시에 장난감을 뺏거나 벌을 세우기도 함.

유치원에서 6세반에 진급하여도 집단활동 참가가 쉽지 않고, 난폭한 행동이 이어져 소아정신건강의학과의 심층 심리평가를 받음. 의사 소견으로 ADHD 진단을 받고 약물 치료를 4주간 하다가, 내담학생이 거부하고 부모 역시 약의 부작용이 우려하며 중단함.

초등학교에 입학해서도 유사한 문제로 급우들과 관계를 맺지 못하고, 부적응 정도가 더욱 심해짐. 초 3 때 동급생을 때려 팔 · 다리가 골절되어 다른 학교로 전학을 감. 그로 인해 이사도 하여 부모의 경제적 손실이 커지고, 가족원 전체가 불안감이 높아짐. 누나 역시 전학을 가게 되어 불만스러웠으나, 힘들어하는 부모를 보며 내색하지 않음.

새로운 학교에 전학한 1개월 동안은 급우들과 잘 지내서 적응하나 싶었으나, 교실에서 아이와 언쟁하다가 화를 내며 스스로 머리를 책상과 사물함에 박고, 의자를 들어서 자신 머리 향해 내리치려 하여 주변이 놀랐음. 자신에게 뿐만 아니라 아이들과 대화하다가 짜증을 내며 몸싸움을 하거나 욕설을 사용하는 경우가 자주 있음.

초 4가 되어 수업시간에 돌아다니며 떠들어 "조용히 하고 앉으라"는 선생님의 지시에 짜증을 내고, 선생님 향해 의자를 들어서 던지려고 했음. 부모는 자녀 양육에 한계를 느껴 많이 지친 상태임.

### (2) 상담목표 및 상담전략

| 구분 | 내 용 |
|---|---|
| 상담목표 | (내담학생과 합의)<br>– 화가 날 때가 언제인지 알아차리고, 화난 감정을 줄이는 방법을 실천해 봄. |
| 상담전략 | – 합리적 정서 인지치료(비합리적 신념을 합리적 신념으로 전환)<br>– 사고중지법(잠깐! 하나,둘,셋)<br>– 화 줄이는 방법(근육이완–호흡법)<br>– 토큰/칭찬(바람직한 행동의 효과를 지속시키는 조건 강화 자극 부여) |

### (3) 상담 과정

| 구분 | 내 용(특별교육 포함) |
|---|---|
| 1회기 | 접수상담, 상담에 대한 동기유발과 친밀감 형성 주력, 상담 구조화, 학교폭력 사건 경위와 내담학생의 심리상태 탐색<br>*학교폭력 특별교육 의뢰서 내용 검토, 학부모와 담임교사로부터 내담학생의 학교 생활 전반에 대한 정보 확보, 교육청 정신건강증진사업 심층심리평가 병행 |
| 2~3회기 | 폭력행동에 대한 인식, 가해 행위자로서 나 이해, 피해자에 대한 이해 교육<br>*소아청소년정신건강의학과 전문의 ADHD 진단으로 통원치료함. 심리평가보고서 공유 |
| 4~5회기 | 학교폭력법 이해, 폭력행위에 대한 법적 책임감 인식, OX퀴즈, 동영상 시청 |
| 6~7회기 | 행동수정 프로그램 시작, 내담학생의 호소문제 재탐색(행동수정을 위한 기초선 확인), 개선하고 싶은 행동수정 목표 설정, 강화계획 수립, 목표 달성 시에 받을 강화물 선정, 행동 계약서 작성 |
| 8~12회기 | 학급과 가정에서 행동수정을 위한 내담학생의 활동 나눔. 주변 사람들에게 내담학생의 행동 변화에 대한 피드백을 수집하여 관찰기록지 작성, 강화물 제공<br>*부모, 교사, 또래의 관찰 내용 및 소감 확인 |
| 13~16회기 | 역할놀이 활동을 통한 부정적 감정 해소, 나만의 스트레스 문제 해결 방식 찾기(스트레스 요인과 대처방식 이해, 연습)<br>*상담시간 외 강화물 없이 행동수정을 위한 내담학생의 활동 진행 |
| 17~20회기 | 의사소통 기본기술 습득, 나 메시지 전달법, 경청과 반응 연습, 타인과의 갈등 해결 방식 습득(갈등 상황 역할극 놀이)<br>*상담 시간 외 강화물 없이 행동수정을 위한 활동 진행 |
| 21회기 | 상담 과정 요약, 목표 달성 정도 점검, 지속적인 변화를 위한 각오 다짐. 종결 |

| | |
|---|---|
| 그 외 활동 | (학부모 상담/교육) 5회를 거쳐 학교폭력 가해학생의 보호자가 겪는 심적 부담감을 공감하며, 심리적 안정감을 부여함. 자녀의 문제행동을 개선하기 위해 상담자와 부모가 협력적 치료동맹을 맺음. 자녀의 발달사와 양육환경을 점검하여 변화가 필요한 목록을 작성하여 실천하는 과정을 모니터링함. 양육 스트레스 관리법의 중요성을 안내하고 부모에게 맞는 방법을 찾아 연습시킴.<br>(담임교사 자문) 교실 내외 문제 상황에 따른 생활지도 방법 자문함. 내담학생을 지지하여 내담학생의 긍정적인 변화를 이끌도록 촉진함.<br>(의료지원) 교육청 정신건강증진사업 지원을 받아, 소아청소년정신건강의학과 병원 치료(ADHD 약 복용) 재개함. 그 결과, 주의집중의 곤란과 충동성의 문제를 개선하는 데 도움이 됨. |

### (4) 상담 결과

내담학생은 학교 내에서 적대적 행동과 충동적 행동이 감소함. 내담학생의 긍정적 변화에 반신반의하던 친구와 교사들이 내담학생에 대해 긍정적으로 평가하며 정서적으로 교류하면서 상담 이전보다 편안감을 많이 느끼기 시작함.

또래와 어울리다가 실수하면 내담학생이 자신의 잘못을 받아들이고, 사과의 의사를 말로 전달함. 급우에게 친근하게 다가가게 되었고, 함께 어울리는 놀이 친구가 4~5명 생겼음. 교우관계 개선됨과 더불어 부모와 자녀 간의 사랑과 신뢰가 회복되어 심리적 안전감을 찾고, 학업에 더욱 집중할 수 있었음. 수업시간 학습 내용을 이해하며 발표하는 등 적극적으로 참가하기 시작함. 학습 의욕을 보이며 예습과 복습을 하여 성적이 올랐음. 학습 준비물을 챙기는 빈도가 늘었음.

## 2. 비행상담

### 1) 비행상담의 개념 및 특징

청소년기는 신체 및 심리적, 사회적으로 발달과 성장을 거치기 때문에 정서적으로 불안정하여 여러 갈등과 혼란, 좌절을 겪는다(김은진, 2015). 이러한 과정 속에서 일어나는 문제행동은 청소년기의 비행에서 더 나아가 범죄로 이어지기도 한다.

청소년 비행의 특성을 살펴보면 첫째, 우발적이거나 부주의로 인해 시작되는 경향이 있다. 둘째, 청소년 비행은 점점 상습적이고 누적되는 경향이 있다. 셋째, 청소년의 대부분은 학생들이고 비행은 범죄로 이어지므로 학교를 통한 청소년 범죄예방 및 교정효과를 기대할 수 있다는 것이다.

청소년 비행의 발생원인에 대해서는 여러 의견이 있으나 가장 대표적인 의견으로는 청소년시기에 급격한 '테스토스테론'의 분비로 인한 공격성 향상으로 일어난다는 생물학적 이론과 잘못된 교육 및 주변 환경으로 인해 생긴다는 심리학적 이론, 그리고 정신적으로 청소년들이 성장하는 과정에서 비롯된 심적고통으로 인해 생긴다는 도덕발달 이론 등이 있다. 물론 사람의 심리를 항상 명쾌하게 설명할 수 있는 것이 아니기 때문에 근본적인 문제는 불분명할 수 있다. 하지만 적어도 위의 세 이론은 나름 신빙성을 갖추며 인정을 받고 있다. 그럼으로 청소년 비행은 세 가지 이론을 바탕으로 한 현상의 복합적인 작용이 이루어지고 있으리라 보는 경우가 절대 다수이다.

### 2) 비행상담의 필요성

청소년 비행은 강력범죄에서 경미한범죄 또는 단순한 법규위반, 도덕적규범을 어기거나 다양한 사회부적응 행동을 포함한 일탈행동에 이르기까지 다양하다. 최근 청소년 범죄가 점점 더 흉포화되고 전문적인 형태로 변하고 있음으로 대책이 시급한 실정이다. 청소년 범죄는 어린 청소년 시기의 가벼운 비행이 재 비행으로 수년간 이어져 성인기에 범죄자가 될 위험이 높음으로(여성가족부, 2017) 범죄에 대한 재범을 예방하고 사회적응을 돕는 차원에서 비행상담은 매우 중요하다. 비행상담 개입은 긍정적인 행동을 증가시키고 개인의 적응능력의 유연함을 기름으로 위험요인의 영향력을 줄여주는 역할을 한다.

비행학생의 상담은 일반 상담보다 초기부터 어려움을 겪는 경우가 많다. 비행 청소년은 다양한 부정적 경험과 잘못된 학습으로 인해 방어기제가 잘 발달되어 있어 초기에 목표를 설정하는 것이 어렵다. 때문에 다양한 방어기제를 잘 파악하여 상담의 목표를 정하는 것이 중요하다.

비행 상담에서 무엇보다 중요한 것은 관계 형성이다. 관계형성은 정서적 유대감을 형성하여 상담 목표를 이루기 위해 협력하는 것이다(이숙영 외, 1996). 비행학생들은 관계자체를 부정하는 경향이 있음으로 상담관계에서 상담교사를 힘있는 권위자로 인식하면 심각한 스트레스 상황으로 이어질 수도 있다. 원만한 관계 형성을 위해 그들이 사용하는 언어를 사용하는 등 친근감을 갖게 하는 것도 좋은 방법이 될 수 있다.

비행학생 상담은 자발적이기보다 강제적인 상담이 많음으로 상담과정에서 책임감을 갖게 해야 한다. 무엇보다 중요한 것은 내담학생이 보이는 문제나 행동에 대해 수용할 수 있는 경계를 분명히 하는 것도 중요하다. 상담과정에서 변화에 대한 저항을 경험하게 됨으로 상담관계가 잘 형성되지 않을 경우 조기종결될 경우가 많다. 이때 상담자는 상담을 통해 모든 것을 해결할 수 있다는 신념을 갖지 않고 융통성을 길러야 한다. 또한 비자발적인 내담자도 사실은 변화를 간절히 원하고 있음을 기억하고 내담자와 상담동맹을 잘 맺을 수 있게 해야 한다.

비행상담은 상담과정에서 배웠던 새로운 기술과 태도에 대해 점검하고 실제 생활에서 적용할 수 있게 하는 것이 가장 큰 과제이다. 이를 위해 구체적인 계획을 세우도록 하여 상담 종결 후에도 잘 실천하고 있는지 사후 점검이 꼭 필요하다. 비행학생의 문제는 가정 내의 문제가 많음으로 가족 간의 관계 회복이 필요하다. 비행학생의 경우 학교생활의 적응과 긍정적인 또래 관계 형성을 돕는 것도 매우 중요하다. 더불어 건전한 여가활동 및 진로 탐색활동을 소개하는 것이 중요하다. 비행청소년들은 비행에 대한 자극에 쉽게 반응하는 경향이 있음으로 사회적 지지체계를 구축하는 것이 필요하다.

## 3) 비행상담의 유형

### (1) 가출상담

가출은 "보호자의 허락 없이 집에서 떠나는 행위"(김지혜, 2013)로 청소년기에 누구나 경험할 수 있는 보편적인 현상일 수 있다. 하지만 가벼운 일탈로 넘겨버리기에는 학업중단 및 성매매를 포함한 다양하고 무거운 범죄에 관련될 가능성 등 부정적 결과를 초래할 수 있다. 그리고 청소년뿐 아니라 그 가족들의 삶에 영향을 주고 나아가 사회에서 부정적인 영향을 미칠 수 있다(송미경 외, 2012).

2021년 청소년 통계에 의하면 2020년 초등 4학년~6학년 · 중 · 고등학생 중 2.9%(총 11만 5,741명)가 1년 내 가출한 경험이 있다고 보고하였다(여성가족부, 2020). 가출의 주된 이유로 부모님(보호자)과의 불화, 간섭, 폭행 등의 문제(62.4%), 학업부담 및 성적 등의 학업문제(18.5%), 친구들과 함께하기 위함(9.7%) 등의 순으로 나타났다. 한국 아동 · 청소년의 인권실태 보고서에 의하면 성적이 하위수준인 학생의 가출경험이 많고 친구와 함께 가출한다고 응답하였다. 이는 학생들의 가출이 성적과 또래관계에 영향이 있다고 볼 수 있다(김영지 외, 2021).

청소년 가출의 영향을 미치는 주된 개인 요인은 우울과 불안, 자신에 대한 부정적인 인식, 낮은 자존감 등이다. 가족요인으로 부모 양육태도, 가정경제 수준, 부모학대 등이다(박영호, 김태익, 2002). 특히 가정 내 아동학대는 가출의 결정적인 요인으로 밝혔다(Yoder et al., 2001). 학교 차원에서 발생하는 가출원인으로 교우관계, 교사에 대한 불만, 낮은 학습능력, 학업스트레스 등을 들 수 있다. 또한 청소년 가출의 중요한 요인인 또래 및 사회요인으로 비행청소년들과의 관계 및 지역사회 환경의 영향이 크다고 할 수 있다.

가출청소년을 위한 해결책으로 가정으로의 복귀와 재가출을 막기 위한 실질적 대책 마련을 위해 가출청소년 쉼터가 1992년 개소하였다. 그후 쉼터의 운영과 기능의 실효성 보완은 꾸준히 요구되어 오고 있다.

가출청소년의 심리적 특성을 살펴보면 첫째, 가출청소년은 일반 청소년에 비해 낮은 자아존중감과 자신감이 없고 자신에 대한 인식이 부정적이다. 일반적으로 낮은 자아존중감을 가진 청소년들이 타인이나 외부 환경으로부터의 자극에 쉽게 흔들리며 그 결과 비행과 가출 등에 쉽게 노출된다. 둘째, 가출청소년은 가출로 인하여 보호자와의 정서적인 유대관계가 끊어지고 미래의 희망이나 구체적인 계획이 없으므로 극도의 무기력감 속에 생활하는 경우가 많다. 심할 경우 우울증, 소외감, 자기비하, 자살에 대한 고민을 갖기도 한다(윤양숙, 2014). 셋째, 가출청소년들은 단순히 가정을 떠나는 것에 그치지 않고 비슷한 처지에 놓여있는 친구들과 함께 무리를 지어 다니며 일명 가출 팸을 이루어 위험한 동거를 하기도 하고, 생활비를 번다는 명목으로 절도 · 강도 · 성매매 등의 범죄에 노출되는 등 다양한 문제에 관련되는 경우가 많다. 이처럼 가출청소년의 문제는 개인의 문제를 넘어서 사회적 문제로까지 확대되고 있는 상황이다(홍현정, 2007).

### (2) 도벽상담

절도는 우리가 살고 있는 사회에 만연한 문제이다. 누군가는 한두 번 도둑질을 해 본 적이 있을 수 있지만, 어떤 사람들은 도둑질의 충동을 참을 수 없기도 한다. 누군가는 어떠한 물건을 구입할 능력이 없어서, 누군가는 도둑질의 스릴을 느끼기 위해, 누군가는 값을 치르지 않고도 자신이 원하는 것을 가질 수 있다고 느끼기 때문에 도둑질을 한다.

절도는 징역, 범죄 기록 등의 아주 많은 부정적인 결과를 가져온다. 아직은 도벽이 중독으로 분류되지는 않았지만, 병적 도벽은 충동 조절 장애로 분류된다. 병적 도벽은 부끄러운 감정과 죄책감을 수반하는 절도 행위를 포함한다.

도벽을 없애는 방법으로 다음과 같이 제시할 수 있다.

#### ① 자신이 도움 받을 수 있다는 것을 알도록 한다.

스스로가 가치가 있다는 것을 아는 것은 매우 중요하다. 도벽에 대한 죄책감을 가지고 있는 사람들은 자신이 도움을 받을 가치가 없다는 생각을 가질 수 있다. 그러한 생각은 도움을 요청하지 않게 되어 더 습관적 도벽이 될 가망이 크다.

② 자신의 도벽 습관을 정의한다.

내담학생의 습관을 바꾸기 위해서 먼저 도둑질을 하는 구체적인 이유를 아는 것이 중요하다. 도둑질한 후 흥분된 감정을 위해 하는가? 도둑질을 하기 전에 먼저 긴장감이 생긴다. 그 다음 흥분감이 형성되어 도둑질을 한 후에 안도감을 느끼는가? 그리고 다음에 따라오는 죄책감, 수치심 그리고 후회를 느끼는가? 에 대한 탐색이 필요하다.

도벽의 문제가 있다는 것을 알 수 있는 징조들이 있다. 일탈을 위해 훔치는지? 도둑질을 할 때는 자신이 아닌 것 같은 기분이 들거나 현실과 동떨어진 기분이 드는지 등 다른 느낌이 있는가? 이러한 감정은 도둑질을 하는 사람에게 많이 나타나는 감정 상태이다.

③ 자신의 감정을 적는다.

내담학생의 도벽 습관을 야기하는 요인을 찾아내어 절도 충동에 대하여 자유롭게 적어보도록 한다. 이때 자신의 감정을 검열하려 하지 않고 지금 생각하거나 느끼는 모든 것을 적게 한다. 이는 기록될 만한 중요한 가치가 있다. 분노, 공포, 외로움, 슬픔, 전율, 발각되었을 때의 감정, 유혹에 빠지기 쉬운 태도 등 절도 충동에 수반되는 감정들을 구체적으로 적어 보게 한다.

④ 결과를 파악한다.

자신의 행동에 따라오는 결과를 생각하는 것은 충동을 줄이는 데 도움이 될 수 있다. 도벽행동 후 잡힌 적이 있는지, 잡힐 뻔 했다면 이를 모두 적어보게 한다. 또한 그에 따른 수치심이나 죄책감 등의 감정과 후회, 혐오감을 극복하기 위해 했던 과음이나 자해 혹은 훔친 물건을 부수는 등의 파괴적인 행동들을 적어보게 한다. 적발된 적이 있다면, 그때 느꼈던 감정이 얼마나 강렬했는가? 왜 잡히고 나서도 절도 충동을 극복할 수 없었는지에 대해 모두 적어보는 것이 도움이 된다.

## 4) 비행상담의 사례

**탐나는 물건은 훔쳐서라도 가질 거예요**

초 6 남학생 K는 집 근처 편의점에서 물건을 훔쳐서 교내 선도위원회가 열림. 회의 결과 K에게 심리상담을 이수하라는 조치가 떨어져 학생부에서 상담 의뢰함.

### (1) 상담 의뢰 배경

#### ① 학생 기본적 이해

| 구 분 | 내 용 |
|---|---|
| 인적사항 | 초등학교 6학년 남학생 |
| 가족사항 | 모(36세, 일용노무직), 부(내담자 출생 전 부모 이혼하여 부에 대해 전혀 모름) |
| 학교생활 | 하위권 성적, 가정문제와 학교폭력가해로 전학을 여러 번 함. 교우관계의 어려움이 극심하며, 학교 규칙을 위반하는 경우가 많음. |
| 행동관찰 | 보통 키와 체격에 복장 위생 상태는 비교적 양호함. 상체를 꼿꼿하게 하고 앉아 있었으며, 긴장한 듯 어깨가 경직되어 보임. 손톱은 물어뜯은 흔적 있음. 두서없이 장황하게 말하거나 앞뒤의 말이 일치되지 않는 경우가 종종 있음. |

#### ② 내방경위

내담자는 집 근처 편의점에서 다수의 물건을 훔친 사안으로 교내 선도위원회가 열림. 회의 결과 내담자에게 심리상담을 이수하라는 조치가 떨어져 학생부에서 상담 의뢰됨.

#### ③ 주호소문제

- 돈이 없으면 훔쳐서라도 물건을 갖고 싶음.
- 엄마가 나를 떠나갈 것 같아 불안함.
- 친구들과 잘 지내고 싶은데 다가가기가 힘듦.

#### ④ 내담자 주요 이슈

- 내담자는 A지역에서 출생함. 출생 직전에 부모가 이혼하면서 모가 내담자

를 1~6세까지 양육원에 위탁함. 내담자는 자신을 괴롭히는 양육원 형들의 저금통을 훔쳐서 먹고 싶은 것을 사 먹은 것이 최초의 훔친 행동임.

- 초등학교 입학 무렵 양육원에서 심각한 부적응을 호소한 내담자를 모가 다시 데리고 나와, 초 4 때까지 모 혼자 키웠음. 집이나 학교에서 돈이나 물건을 훔치는 행위가 지속되어 또래와 어울리지 못하고, 학교에서 경고를 받고 전학간 적 있음. 초 3 때 학교에서 권하여 정신건강의료기관에 방문함. 몇 회 상담하고, 전문의가 약물치료를 권했으나 복용하지 않음.
- 초 4 때 모가 결혼을 약속한 남성을 따라 B지역에 이사하여 전학을 갔음. 그러다 모가 그 남성과 결별하고, C지역에 있는 외가집에 모와 함께 들어가 살았음. 초 6 때 이모가 있는 D지역에 모가 이사를 와서 모와 둘이서 다시 살게 되었음.
- 초 1~6학년 때까지 이사 10회, 전학 6회 정도한 내담자는 충동적, 공격적인 비행 행동이 점차 심해지고, 정서조절의 어려움도 증가함. 초 5 때 청소년상담복지센터에서 1년간 상담을 받음.
- 지자체의 드림스타트 프로그램을 지원받고, 지역아동센터의 학습지원은 받아 국어 외에 학습 결손은 없음. 병원의 심리평가 보고에 의하면 인지적 손상은 없다고 함.

### (2) 상담목표 및 상담전략

| 구분 | 내용 |
|---|---|
| 상담목표 | 갖고 싶은 물건이 있으면 엄마와 의논하기 |
| 상담전략 | 긍정적 자기개념을 형성하도록 무조건적 긍정적 태도, 공감, 진솔성으로 대함.<br>도벽행위의 이면에는 부모로부터 결핍된 애정을 충족하려는 욕구가 동기화되어 역기능적인 방식으로 해결하려는 것으로 보아, '빈의자 기법'을 통해 모에게 자신의 감정과 생각을 전하여 접촉하는 경험을 줌. |

### (3) 상담 과정

| 구분 | 내용(특별교육 포함) |
|---|---|
| 1회기 | 접수상담, 라포 형성, 상담구조화, 주호소문제 탐색<br>모 상담(상담기대 확인) |
| 2~3회기 | 심리검사(NEO성격검사, HTP, KFD, SCT) 실시, 해석상담 통해 자기이해 촉진 및 호소문제 심층 탐색, 상담목표 설정 |
| 4~5회기 | 강점카드 활용하여 호소문제 해결을 위한 전략을 함께 구상하고 실천 계획 세우기, 빈의자 기법으로 모에게 하고 싶은 말하기 연습 |
| 6~8회기 | 가족모형 인형으로 감정표현 연습<br>가족상담(내담자와 모 함께 참여하여 나전달법 메시지로 기능적 의사소통방식 연습함) |
| 9회기 | 상담목표 달성 평가, 소감 및 미해결과제에 대한 향후 계획 나눔, 종결 |

### (4) 상담 결과

- 어린 시절 유기된 경험으로 긍정적 자기개념이 형성되기 어려웠던 내담자에게 자기격려를 통해 긍정적으로 변화될 수 있다는 용기가 생겨남. 그로 인해 내담자 스스로가 소중한 존재라고 인식한 후에 도벽 등의 문제행동이 감소되어 감.
- 부모교육을 통해 가정 내에서 지시적이거나 비난적 언어보다는 칭찬과 존중의 언어적 · 비언어적인 표현을 함으로써 모자관계가 평화적으로 회복되고, 정서적 유대감이 강해짐.
- 내담자가 정서적 안정이 되어 가면서, 학교 내 교사와 친구들과의 관계가 원만해지고 수업시간 학습태도가 좋아짐.

CHAPTER 11

# 정신건강 및 중독상담

## 1. 정신건강상담

### 1) 정신건강상담의 개념 및 특징

#### (1) 정신건강상담의 개념

학교 현장에서의 정신건강상담은 의료 및 보건 영역 기관이나 시설에서 제공하는 서비스가 확대된 것으로, 학교에서 이루어지는 정신건강 관련 상담, 예방, 증진 등의 서비스를 포괄하는 개념이다(홍현주 외, 2016). 학교 상담에서 주로 다루어지는 정신건강 문제로 우울과 불안, 자해 · 자살, ADHD, 적응장애, 선택적 함묵, 틱장애 등이다. 이러한 정신건강의 어려움을 경험하는 학생들은 다양한 경로를 통해 위(Wee) 클래스에 내방하게 된다. 첫째로, 매년 4월에 시행되는 학생정서 · 행동특성검사 결과에서 〈표 11-1〉과 같이 정서 · 행동 문제가 두드러지게 나타나는 경우 보호자의 동의하에 상담 및 심층평가, 외부 전문 기관 연계 등이 이루어진다. 두 번째로, 가정이나 교실 등 학교 장면에서 정서 · 행동 문제가 등교 거부, 품행 문제, 자살징후 등 부적응적인 방식으로 표출되어 나타나, 위기 상황으로 인식한 학부모나 교사를 통해 긴급 의뢰되는 경우이다. 셋째로, 학생이 일상에서 불편함을 초래할 정도의 정서 · 행동 문제를 스스로 인식하고 자발적으로 위(Wee)클래스를 찾아와 도움을 요청할 때도 있다.

**표 11-1 학생정서 · 행동특성검사 정서 · 행동 특성요인**

| 초등 | | 중등 | |
|---|---|---|---|
| 집중력부진 | 집중력 부족, 부주의함, 충동성, 행동조절 문제 | 심리적 부담 | 자살, 자해, 학교폭력피해, 관계사고, 피해의식, 반항성향, 폭식 |
| 불안/우울 | 우울증, 분리불안장애 등의 불안장애, 신체화 성향, 강박성향, 심리적 외상반응 등 | 기분문제 | 우울증, 조울증 등의 기분장애, 기분조절장애, 신체화 성향, 강박 성향 |
| 학습/사회성부진 | 학습능력, 학습장애, 지적장애, 판단력과 적응능력, 언어장애 및 사회적 의사소통장애, 대인관계 및 의사소통능력 관련, 자폐스펙트럼장애, 학습과 사회성 부진 초래 정서 · 행동 문제 경향성, 강박성향 등 | 불안문제 | 시험 및 사회적 상황 등에 대한 공포증, 강박성향, 심리적 외상 반응, 환청, 관계사고 |
| 과민/반항성 | 우울증 및 기분조절장애, 적대적 반항장애, 품행장애 등 정서 · 행동문제, 불안정한 정동, 자극 과민성, 반항적 행동, 자존감 저하 | 자기통제 부진 | 주의력결핍 과잉행동장애, 품행장애, 인터넷 또는 스마트폰 중독, 학습부진 |

출처: 교육부(2022). 학생정신건강지원센터. 학생정서행동특성검사 매뉴얼.

### (2) 지역 정신건강 서비스 기관과의 긴밀한 협력체제

학교와 지역사회 간의 협력이 매우 중요하다. 학생의 정서 · 행동 발달 및 정신건강 증진을 위해 학교가 그 역할을 모두 수행하는 데에는 한계가 있다. 지역 정신건강 서비스 기관 또한 과도한 업무 부담으로 제 기능을 발휘하기 힘들 때도 있다. 그로 인하여 오늘날 학교와 지역 간의 협력체계를 구축하여 학생 수요자 중심의 포괄적이고 반응적인 서비스를 제공하고 있다. 학교와 지역 정신건강서비스 기관 간의 협력체계를 위해 Weist 등(2005)은 다음의 5가지 전략을 제시하고 있다. ① 계획 단계에서부터 가족, 교사, 정신건강 전문가 간의 강력한 협력을 고려해야 한다. ② 정신건강 전문가들은 학교 문화를 이해하고, 학교구성원들과 협력적 파트너십을 형성할 수 있도록 훈련되어야 한다. ③ 학교정신건강 서비스의 질 보장 및 실제적인 지원이 강조되어야 한다. ④ 학교정신건강 서비스가 교육적 성취를 촉진하는 데 긍정적인 조건을 만들며, 장애물을 줄이는 효과적인 수단으로 작용해야 한다. ⑤ 서비스를 통해 학생, 가족, 학교가 중요시하는 효과를 가져올 수 있다는 것을 명문화해야 한다. 이러한 노력을 통해 상호 기관 간의 공유된 가치와 목표, 전략 등을 구축하며 통합적으로 협력해 나감으로써 학생의 정서 · 행동 문제의 예방 및 정신건강 증진의 효과를 거둘 수 있다(홍현주 외, 2016).

## 2) 정신건강상담의 필요성

### (1) 학생 정신건강의 현황

2023년 청소년건강행태조사 결과에 따르면, 13~18세 청소년의 스트레스에 대한 인지율은 전체 37.3%으로 남학생과 여학생의 비율은 각각 30.8%, 44.2%이고, 우울감의 경험률은 전체 26.0%, 남학생 21.4%, 여학생 30.9%로 나타났다. 자살에 대한 생각률은 전체 13.5%(남학생 9.8%, 여학생 17.4%)이고, 최근 1년 동안의 자살 계획률은 전체 5.3%(남학생 4.0%, 여학생 6.6%)이며 실제 시도한 비율은 전체 3.2%(남학생 2.5%, 여학생 3.9%)으로 나타났다(질병관리청, 2024). 이외에 외로움 경험률은 전체 18.1%이고, 중등도 이상 범불안장애 경험률 또한 12.6%의 결과 수치를 보였다. 이러한 아동 · 청소년의 정신건강 문제는 학업과 진로 문제, 대인관계의 어려움, 학교 부적응, 일탈 및 비행, 자해 · 자살 등과 같은 문제로 확산할 가능성이 크다.

**표 11-2** 2023년 청소년 건강행태조사표-정신건강(단위 %)

| 산출지표 | | 2015년 | 2016년 | 2017년 | 2018년 | 2019년 | 2020년 | 2021년 | 2022년 | 2023년 |
|---|---|---|---|---|---|---|---|---|---|---|
| 스트레스 인지율 | 전체 | 35.4 | 37.4 | 37.2 | 40.4 | 39.9 | 34.2 | 38.8 | 41.3 | 37.3 |
| | 남학생 | 29.6 | 30.5 | 30.4 | 32.0 | 31.7 | 28.1 | 32.3 | 36.0 | 30.8 |
| | 여학생 | 41.7 | 44.9 | 44.6 | 49.5 | 48.8 | 40.7 | 45.6 | 47.0 | 44.2 |
| 우울감 경험률 | 전체 | 23.6 | 25.5 | 25.1 | 27.1 | 28.2 | 25.2 | 26.8 | 28.7 | 26.0 |
| | 남학생 | 19.7 | 20.9 | 20.3 | 21.1 | 22.2 | 20.1 | 22.4 | 24.2 | 21.4 |
| | 여학생 | 27.8 | 30.5 | 30.3 | 33.6 | 34.6 | 30.7 | 31.4 | 33.5 | 30.9 |
| 자살 생각률 | 전체 | 11.7 | 12.1 | 12.1 | 13.3 | 13.1 | 10.9 | 12.7 | 14.3 | 13.5 |
| | 남학생 | 9.6 | 9.5 | 9.4 | 9.6 | 9.4 | 8.1 | 9.5 | 10.9 | 9.8 |
| | 여학생 | 13.9 | 14.9 | 15.0 | 17.4 | 17.1 | 13.9 | 16.1 | 17.9 | 17.4 |

출처: 질병관리청(2024). 2023 청소년건강행태조사 통계집.

### (2) 학생 정신건강상담의 필요성

학교는 청소년들이 많은 시간을 보내는 장소이므로, 정신건강 서비스 접근성을 높이는 장점과 더불어 수요자의 낙인을 감소하고, 정신건강 증진 및 예방 효과를 높일 수 있는 공간으로 자리매김하고 있다(Nabors & Reynolds, 2000). 특히 아동·청소년기는 뇌 발달이 급격하게 이루어지는 시기이며, 성격특성이 확립되는 성인의 전 단계로 미래의 삶을 위해 준비하는 시기이다. 그러므로 학생들의 정신건강 문제 예방 및 악화 방지를 위해 학교 정신건강 상담의 필요성 또한 갈수록 강조되고 있다. 따라서 학교 상담자는 아동·청소년기 발현되는 정신건강 문제에 대하여 전문적인 지식을 지속적으로 습득하고, 학교에서 개입할 수 있는 상담 역량을 꾸준히 관리할 필요가 있다.

## 3) 정신건강상담의 유형

### (1) 우울

#### ① 우울의 개념 및 특징

우울이란 슬픈 감정, 외로움 등의 정서적 증상과 죄의식, 무가치감, 사고력 및 주의력 저하, 자살과 같은 인지적 증상, 불면증, 식욕 감퇴와 체중 감소, 피로감 등의 생리적 증상을 포함하는 일련의 심리상태를 말한다(이전옥, 2010). 우울은 일상생활에서 흔히 경험하는 정서이지만, 의학적 수준의 우울은 청소년기와 중년기에서 발병하는 경우가 많으며 남자보다 여자의 비율이 더 높다.

청소년들에게 경미한 수준의 우울증은 적응 문제와 스트레스와 관련이 깊다. 청소년의 주된 우울 증상으로 비활동적으로 친구와 교류하기보다는 홀로 지내고자 한다. 우울증에 걸리면 주도성이 감소하고, 비관적이고 부정적인 태도, 무기력의 지속, 의욕 저하 및 상실, 식욕 감퇴 등의 증상을 보인다.

이러한 우울 성향들은 자살과 연관성이 높아, 깊이 있게 살펴볼 필요가 있다. 청소년은 자신에 대하여 부정적으로 평가하고, 미래에 대해 비관적으로 생각하여 무언가 성취하거나 역경을 극복하려는 의지를 품지 않는다. 따라서 우울증을 가지고 있는 초 · 중기 청소년들의 증상은 끊임없는 활동(restlessness), 타인과의 관계를 강하게 원하거나 회피, 문제행동 등으로 나타날 수 있다(황유진, 2007).

**표 11-3 청소년기 우울의 특징**

| 구분 | 내용 |
|---|---|
| 끊임없는 활동 | • 초기 청소년들은 증가된 에너지로 인해 끊임없이 움직이고, 계속해서 어떤 자극을 추구하고, 쉽게 지루함을 느낌<br>• 일상적인 활동이나 일을 하는 것을 아주 힘들어하며, 조용하게 앉아서 어떤 일을 깊게 생각하거나 감정을 표출하지 않는 활동을 잘 하지 못함 |
| 타인과의 관계 | • 타인과의 교제를 절박하게 원하고, 계속하여 이전보다 더욱 흥미로운 새로운 상대를 찾으려 함<br>• 우울한 감정을 회피하는 욕구가 강하기 때문에 반려동물에게 관심을 기울이기도 하고, 자신을 거절 또는 거부하지 않으리라 여겨지는 대상에게 애정을 주기도 함<br>• 우울 사고와 감정이 있으면 스스로 혼자 있는 시간을 선호하거나, 사람이 많이 모여 있는 장소를 회피하고자 함 |

| | |
|---|---|
| 문제행동 | • 격한 분노를 발산하고, 가출과 절도, 무단결석 등 기타 반항적인 행동을 하거나 사회규범에 어긋나는 반사회적 행동을 통해 자신의 우울한 감정을 표현함<br>• 권위적인 대상에게 도전함으로써 이들은 주위의 또래집단으로부터 명성을 얻고 일시적이나마 자신의 자존심이 향상되는 것을 느낌<br>• 문제행동을 통해 자신이 친밀하게 느끼는 대상, 부모나 친구 등의 관심을 유도함 |
| 약물남용 | • 약물의 상습적인 사용은 우울감에서 벗어나려는 내재적 동기가 있음. 즉, 부적절한 정서 조절의 한 양상으로 볼 수 있음<br>• 약물을 획득하고 사용하는 과정이 불법적인 행동이므로 이러한 행동 자체가 자극을 주고, 흥분 욕구를 충족시키기도 함<br>• 불안과 우울, 공격적 행위, 자기 효능성과 자기 통제력의 저하를 일시적으로 감소시켜 성취 및 해방감을 경험함 |
| 자살행동 | • 우울 관련 자살징후<br>① 자신을 스스로 무가치하다고 생각하거나, 무능력하다고 여겨 자신을 둘러싼 주변에서 발생하는 일을 자신이 통제할 수 없다고 생각함<br>② 세상에 대해 부정적인 견해를 가지고 있음<br>③ 자신의 미래에 대해 부정적으로 생각함<br>• 정서적 불균형으로 인하여 심리적 문제들이 발생할 가능성이 크고, 우울한 기분에 의해 충동적으로 자살행위를 보일 위험성이 높음. |

출처: 한국교육개발원(2012). 학생 위기 유형과 전문 상담 기법; 한상철 외(2003).

### ② 우울의 발생원인

우울의 발생 원인으로 크게 두 가지로 나뉠 수 있는데, 이는 정신분석적 측면과 행동주의적 관점이다. 우선 정신분석적 요인을 살펴보면, 심리적이고 감정적인 변화, 의존성과 자기애성의 양가적인 성격 구조, 파괴적이고 공격적인 욕망의 갈등, 자존감의 저하, 대인관계와 주변 환경의 상실 등을 들 수 있다. 행동주의적 관점의 대표적인 요인은 학습된 무력감을 들 수 있다. 학습된 무력감은 개인이 행동에 따르는 보상이 자신에 의해 통제될 수 없다는 것을 학습함으로써 무력감이 야기되고, 수동적이며 부정적인 인지 태도를 보이는 것을 말한다(김소라, 2010).

### ③ 우울상담

아동 · 청소년기 우울증에 대한 상담전략 시에는 유전과 기질 등을 포함한 생물학적 특성, 인지와 정서 발달 수준, 가족과 친구 등 대인관계 방식, 학교생활 등 다양한 요소를 포함하여 다각적으로 접근해야 한다. 우울증을 개선하기 위한 상담의 일차적인 목표는 우울 삽화의 기간을 단축과 더불어 재발을 방지하고, 우울 삽화로 인한 어려움의 정도를 감소시키는 것이다.

우울상담은 증상의 수준과 개인의 특성에 따라 여러 방법으로 접근할 수 있다. 학생 스스로 의지를 가지는 경우나 환경의 긍정적 변화로 일시적으로 좋아질 수는 있지만 본질적으로 좋아지는 데에는 한계가 있다. 그러므로 조기에 발견하여, 즉각적으로 전문적 개입이 이루어진다면 빠르게 호전될 수 있다. 증상의 정도가 심하지 않을 시에는 학교 내 상담으로만 행해질 수 있으며, 이런 경우 매체 및 놀이기법 활용, 인지행동 전략, 정서중심 상담 등이 있다. 이때 개인상담과 더불어 가족상담도 함께 이루어지면 효과적일 수 있다. 증상이 심해지면 의료기관에 반드시 연계하여 전문의의 진단하에 약물치료를 병행하면 더욱 증상이 개선될 수 있다.

### (2) 불안

#### ① 불안의 개념 및 특징

불안은 매우 불쾌하며 막연히 위협을 느끼는 감정으로, 가슴이 두근거리거나 진땀이 나는 등 신체 증상과 관련되어 과민성, 안절부절 증상 등을 동반한다(이전옥, 2009). 황수영(2011)은 불안이란 생존이 위협을 받을 때 느끼는 염려스러운 감정이라 하였다. 그리고 그는 일반적으로 부정적인 감정과 인지가 혼합된 기분 상태로서 미래에 대한 위협으로 지각하여 일어나는 반응이며, 이런 수준에 이르면 심장근육이 수축이 되어서 숨이 가빠지게 되는 신체 증상이 나타난다고 하였다.

불안은 상태불안과 특성불안으로 구분할 수 있다. 상태불안(State Anxiety)은 시간의 경과에 따라 그 강도가 변화되는 인간의 주관적이고 의식적으로 지각되는 정서 상태를 말한다. 학생이 시험일에 다가갈수록 느껴지는 불안이 이에 해당이 되며, 시험 기간이 종료되면 불안의 강도가 낮아지거나 없어지듯이 시간이 지나면 불안 강도가 변화됨을 알 수 있다. 특성불안(Trait Anxiety)은 인간 개개인이 지니는 비교적 안정된 성격적 특성으로서의 불안 경향성을 의미한다.

그러므로 특성불안이 높은 사람은 낮은 사람보다 더 많은 상황에서 위협을 자주 자각하며 위협적인 상황에서 더욱 강한 불안을 보인다(황수영, 2011).

아동에서 청소년으로 성장하면서 불안의 유병률이 높아진다. 불안장애의 생애 유병률은 10~20%으로, 학업 부진이나 대인관계의 어려움, 자존감 저하, 고립감 등 정신건강의 여러 측면에 부정적인 영향을 미친다. 청소년들의 불안은 학습의 능률을 떨어뜨리고, 학업 수행에 어려움이 많으며, 학교 부적응이 심각해져 학업 중단에 이를 수 있고, 친구와의 관계가 소홀해지면서 사회성 발달 지연 등의 문제가 있을 가능성이 높다(황수영, 2011)고 보고된 바 있다.

### ② 불안의 발생원인

불안의 원인으로 생물학적 취약성, 일반 심리학적 취약성 및 특정 심리학적 취약성이 불안을 발달시킨다는 '삼중 취약성' 이론이 있다. 생물학적 취약성은 유전적인 경향성을 의미하고, 일반 심리학적 취향성은 생애 초기의 경험으로 인하여 심리 기저에 불안이 형성된다는 가정이다. 심리학적 취약성은 불안과 관련하여 초기 학습의 결과로 인한 경향성이 있다는 설명이다(황수영, 2011). 그렇지만 불안은 우리 인간이 생명을 유지하는 데에 필수적인 중요한 반응 양식으로 인간의 성격이나 적응력을 발전시키는 근본적인 요인이고, 가장 기본적인 자기보호 반응으로써 핵심적인 역할을 수행한다고 볼 수 있다(신연주, 2009). 경미한 불안일 경우에는 신체 감각이 민첩해지고 신체 증상이 없으며 오히려 내적 동기의 활성화로 활동량이 증가하지만, 중증 수준의 불안을 느끼게 되면 신체적인 병리 현상이 나타나게 되므로 초기에 개입해야 한다.

황수영(2011)의 보고에 의하면, 부정적인 부모-자녀의 상호작용은 아동의 불안을 유발한다는 연구 결과가 다수 있다. 의존적이고 위축된 아동의 행동은 생애 초기의 부모와의 상호작용의 영향으로 형성되고, 특히 부모 간의 갈등과 부모와의 폐쇄적 의사소통, 통제적이거나 과잉보호적 양육태도, 사회로부터 아동을 단절 또는 격리하는 가정환경 등이 아동 · 청소년의 불안을 초래한다.

③ 불안상담

불안을 호소하는 학생상담 전략으로, 심리교육(Psychoeducation)이 가장 중요하다. 그리고 점진적인 노출(Exposure)전략으로, 우선 [그림 11-1]과 같이 불안을 유지하고 강화시키는 회피방식을 다루는 데 중점을 두어야 한다. 그리고 신체적인 감각을 다루는 전략으로, 이완훈련, 호흡법, 심상 요법, 불안을 없애기보다는 불안을 느껴지는 대로 견뎌낼 수 있는 전략 등이 있다.

심리상담을 단독으로 하기보다는 정신건강 전문의 진단하에 약물치료도 병행하면 상당한 도움이 될 수 있다.

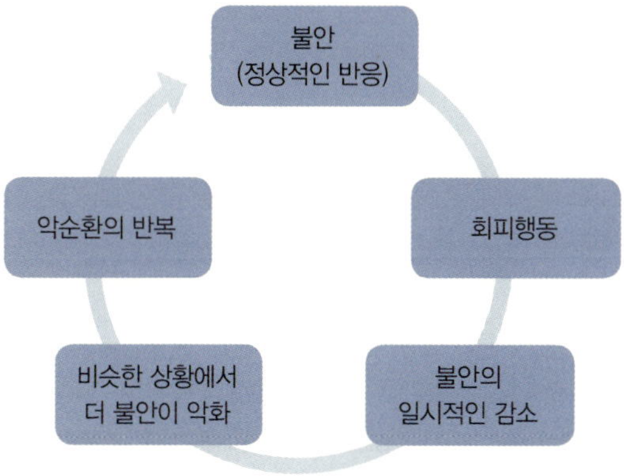


**그림 11-1 ▸▸▸ 불안 발생 유지 순환 체계**

출처: 한국청소년상담복지개발원(2016). 아동 · 청소년기의 불안장애

## (3) 자해 · 자살

① 자해 · 자살의 개념 및 특징

세계보건기구(WHO)에 의하면 "자살이란 치명적인 결과를 초래하는 자해 행위"라고 하며, 자살행위란 "어느 정도의 자살 의도를 가지고 그 동기를 인지하면서 자기 자신에게 가한 상해"라고 설명한다(손은주, 2008). 청소년들은 생물학적인 발달 단계로 충동성이 높으므로 어떤 특별한 상처를 경험하게 되면 역기능적인 방법으로 행동하거나 자살이라는 방법을 선택하여 극한의 상황으로 치닫는 경우가 종종 있다. 특히 절망감은 10대 청소년들이 자살을 생각하는 가장 큰 요인으로 작용한다. 이들은 자신에게 닥쳐오는 심각한 위기들을 적절하게

다루기보다 자포자기하기 때문에 삶에 대한 가치를 하찮게 생각할 뿐만 아니라 다른 사람도 자기를 사랑하지 않는다고 생각하여 고립감에 빠지게 되고 이는 자살까지 끌고 간다(황유진, 2007).

자살이란 스스로 자기의 생명을 끊는 행위를 말한다. 사전적으로 "자기살인"을 뜻하면서 일반적인 뜻으로는 고의로 자신에게 부과하는 죽음(Self-inflicted death)이라고 볼 수 있다. 세계보건기구(WHO)는 "치명적 결과를 초래하는 자해행위"라고 하였고, 에밀 뒤르켕(Emil Durkheim)의 "장차 초래할 결과를 알고서 자신에게 행하는 적극적 또는 소극적 행동으로써, 이는 직접적이거나 간접적인 죽음의 형태를 가진 자신에 대한 살인 행위"라고 한 정의가 받아들여지고 있다(이수연, 2009).

자해란 의식적으로 자살을 의도한 것은 아니지만 조직 손상이 일어날 정도로 심각한 부상을 초래한 계획적이고 직접적인 신체조직의 파괴나 변질을 말한다(George, 2008). 자해행위란 자살의 의도와 동기를 인식하면서 자신에게 손상을 입히는 행위이다(이전옥, 2010).

청소년은 발달 단계상 성인과는 달리 그들의 고유한 인지적, 정서적, 행동적 특성으로 자살을 시도할 수 있다. 이윤주(2008)는 청소년 자살의 특성을 세 가지로 구분하여 정리하였다. 첫째, 청소년 자살은 성인에게서 나타나는 만성적인 우울증과 조현병 등 정신질환에 의한 자살 관련성과 차이가 있다. 예를 들면, 평소에 잘 기능하던 정상 청소년들도 갑작스런 스트레스나 어려움을 회피하려는 욕구에 충동적으로 자살을 시도하는 경우가 있다. 이 외에도 남을 조종하려는 의도가 있거나, 가족이나 친구에게 부당한 대우를 받았다고 지각한 나머지 그들에 대한 보복으로 자살을 결정할 수도 있다. 이런 면에서 청소년 우울증의 가장 큰 원인은 성인과 다르게 급성의 상황적 우울인 경우가 많다.

둘째, 청소년 자살의 또 다른 특징은 대부분 사전 계획 없이 시도된다는 점이다. 청소년은 인지적으로 미성숙하면서도 정서적으로는 충동성이 높아진 시기로서, 건강한 삶을 위한 조절 기능의 역할을 맡은 자아가 취약한 상태이기에 심리적으로 불안정하다. 그런 연유로 성인이 이해하기 힘들 정도의 이유로도 청소년들은 충동적으로 자살을 시도할 수 있다.

청소년 자살의 마지막 특성은 의도의 문제다. 성인들이 자살하려는 의도가 자살 시도로만 이어지는 경우가 있다. 그런데 청소년의 자살 의도는 실제 행동으로 옮겨져 자살로 사망하는 경우가 나타난다. 청소년의 자살 행동은 대부분 죽으려는 의지에 따른 것이라기보다는 현실도피의 충동적 행동이나 사회, 심리적 갈등을 해결하려는 방편, 또는 자신의 급박한 정서 상태에 따르는 절실한 요구를 알리는 긴급 신호(SOS) 등으로 볼 수 있다.



**표 11-4 청소년의 자살 유형**

| 구분 | 내용 |
|---|---|
| 내향성 자살 | 성격이 내향적이고 소심한 편으로 학교나 가정에서 문제를 일으키지는 않지만 혼자서 고민이 많고, 표현하거나 처리하지 못하여 고독감과 소외감으로 자살을 시도하는 유형임 |
| 감정형 자살 | 격한 감정과 흥분을 이성적으로 억제하지 못하는 동시에 공격성을 외부로 드러내지 않고 자신에게 향하여 충동적으로 자살을 선택하는 경우에 해당함 |
| 문제행동형 자살 | 비행 · 약물남용 · 가정폭력 · 왕따와 같은 문제 행동을 보이는 청소년의 경우에 성인들의 엄격한 규율과 제한된 환경에서의 스트레스를 심리적으로 극복하지 못하고 자살하는 형태 |
| 정신장애형 자살 | 불안과 우울 등 기분장애, 강박장애 · 히스테리 · 식욕부진 · 조현병과 같은 정신장애를 가진 청소년에게서 나타나며, 감정이 극단적으로 또는 부적절한 상태가 지속되는 상황에서의 자살을 시도함 |
| 신체장애형 자살 | 외모나 신체에 민감하게 반응하는 청소년기에 자신의 신체 기형이나 장애, 또는 신체상을 수용하지 못해서 대인관계에서 심한 열등감으로 인하여 자살함 |

출처: 한국교육개발원(2012). 학생 위기 유형과 전문 상담 기법.

### ② 자해 · 자살의 발생원인

청소년 자살의 원인으로 부모와의 말다툼, 부모의 이혼, 가정불화, 교사와의 문제, 친구와의 싸움, 성적 하락, 질병이나 외상, 친구의 죽음과 이성친구와의 이별 등과 같은 상실의 경험 등으로 청소년의 자살 원인을 하나로 판단할 수 없다. 생명의 전화 생명존중연구회(2005)에서 선행연구 결과들 토대로 청소년의 자살과 관련한 원인을 크게 세 가지로 분류하였다. 첫째, 사회문화적 관점에서 바라본 원인으로, 청소년을 둘러싼 가정과 사회체계에 의한 영향을 들었다. 가정폭력이나 가정불화, 경제적 어려움 등의 가정의 문제와 성적 위주, 폭력적이고 선정적인 생명 경시 풍토를 지닌 대중문화 등 사회적인 측면, 그리고 권위적인 기성세대와의 가치관 차이로 인한 청소년층의 갈등 등이 해당한다.

둘째, 개인의 고유한 심리적인 원인을 들 수 있다. 개인의 성격적 특성에서부터 비롯되는 부분과 개인적인 성취 목표 좌절, 상대방에 대한 앙심과 복수심, 내세관을 믿으며 영적 재생을 원하는 무의식적 소망 등이 해당이 된다.

셋째, 정신건강적 관점에서 본 원인으로, 우울증과 충동성 및 조절 능력의 저하, 만성 신체질환 등으로 인하여 자살하는 경우가 있다(정은실, 2011).

청소년의 자살과 관련한 원인을 살펴본 결과, 사회문화적 측면에서는 학교와 학업의 관련성이 크고, 개인 심리적 측면에서는 또래들과의 관계 형성을 중요시하고 있다. 이는 청소년은 성인보다 타인의 영향을 더 많이 받고 있음을 참고해할 점이다. 그리고 정신건강적 측면에서는 자살의 가족력이 있는 경우 유가족이 된 청소년이 자살할 가능성이 높으므로 청소년의 주변 환경에 관심을 기울일 필요가 있다(송주미 외, 2011).

이 외에도 자해 · 자살의 발생 원인에 대하여 〈표 11-5〉와 같이 한국교육개발원(2012)에서 인용한 자료를 참고하여 살펴볼 수 있다.

**표 11-5 자해 · 자살의 발생 요인**

| | |
|---|---|
| 심리적 요인 | • 우울: 정서적 불안정, 인지적 미성숙, 충동성 조절의 미숙함, 신체적 변화, 발달과제로 인한 심리 · 사회적인 스트레스<br>• 스트레스: 타인으로부터 거부 혹은 모욕, 우정이나 애정의 종말, 가족이나 친구와의 갈등, 학업 관련 문제, 새로운 환경의 전환(이사, 전학 등), 엄격한 규칙 준수 등<br>• 자아존중감: 자기의 행동 양식과 타인에 대한 태도를 결정하므로 자살과 같은 사회 부적응과 깊은 관련이 있음 |
| 환경적 요인 | • 가정환경: 가족구조의 결함, 가족기능의 역할 부재 등<br>• 학교환경: 급우와 교사 등 대인관계의 어려움, 낮은 학업성취, 교칙 위반 등<br>• 사회적 지지: 가정과 학교, 이웃, 지역사회 등의 사회적 관계망의 훼손 |
| 임상적 요인 | • 청소년기 발병하는 우울과 불안 등 정신질환과의 연관성<br>• 행동장애와 약물남용의 문제 등 |

출처: 한국교육개발원(2012). 학생 위기 유형과 전문 상담기법.

### ③ 자해 · 자살상담

#### 가. 예방적 접근

자해 · 자살 생각이나 계획한 경험이 있으나, 위험도가 낮은 학생일 경우에도 가장 우선할 바로는 자신에 의한 위해 가능성과 사망 위험성을 감소시키는 것이다. 이를 위해 다각적인 접근이 요구되며, 학교 내에서 상담과 관찰을 통해 지속 관리함과 동시에 의료기관 치료를 동시 진행할 경우가 많다.

자살을 생각하고, 계획한 학생과의 상담에서 가장 필수적인 것은 신뢰감의 형성이다. 상담자는 공감적 태도로 대해야 하지만, 동시에 객관적인 입장을 취해야 한다. 자해 · 자살 행동의 동기를 규명함과 동시에 대처 전략에 대하여 효과적으로 논의할 수 있어야 한다. 공존하는 신체 · 심리적 불편함 또는 환경적 요인 등 여러 방면으로 살펴보아야 한다. 공존 신체 · 정신질환의 증상을 감소시키기 위해서는 병원에 연계하여 약물 치료를 할 수 있다. 그리고 가족들이 학생의 자해 · 자살 행동에 직접적인 영향을 준 경우에는 부모상담, 개별상담 등을 개입하는 것이 더욱 효과적이다.

#### 나. 자해 · 자살 시도 학생에 대한 접근

자해 · 자살 시도가 있었던 학생의 경우, [그림 11-2]의 교내 위기개입 절차에 따라 체계적이며 지속 가능한 전략을 모색해야 한다. 외부 전문기관의 연계와 더불어 교내 위기 개입 상담을 통해 추가 자살 시도 방지 및 자살 생각을 감소시키는 것을 목표로 해야 한다. 상담자는 자해 · 자살을 시도한 학생의 상태를 즉각적으로 가족에게 알려야 하고, 향후 개입 과정에 대해 상세하게 설명해 주어야 한다. 가족과 면담 시에 무관심, 적대감, 소홀과 같은 학생에게 부정적인 영향을 줄 수 가정 환경적 요소도 평가하며 상담에 반영해야 한다.

자해 · 자살 고위험도 학생에게는 자살(자해)하지 않겠다는 약속("no-suicide contract")을 선행하며, 상담 개입에 대한 이해를 높이도록 한다. 자살 시도한 청소년의 약 절반만이 1회 외래방문하고, 약 1/3만이 3번 정도 외래를 방문할 만큼 청소년들이 상담 등의 서비스를 받으려 하지 않는다(교육부, 2022). 상담이 지속되지 않으면, 향후 더 심각한 정신병리로 이어질 수 있고, 자살의 재시도와 연

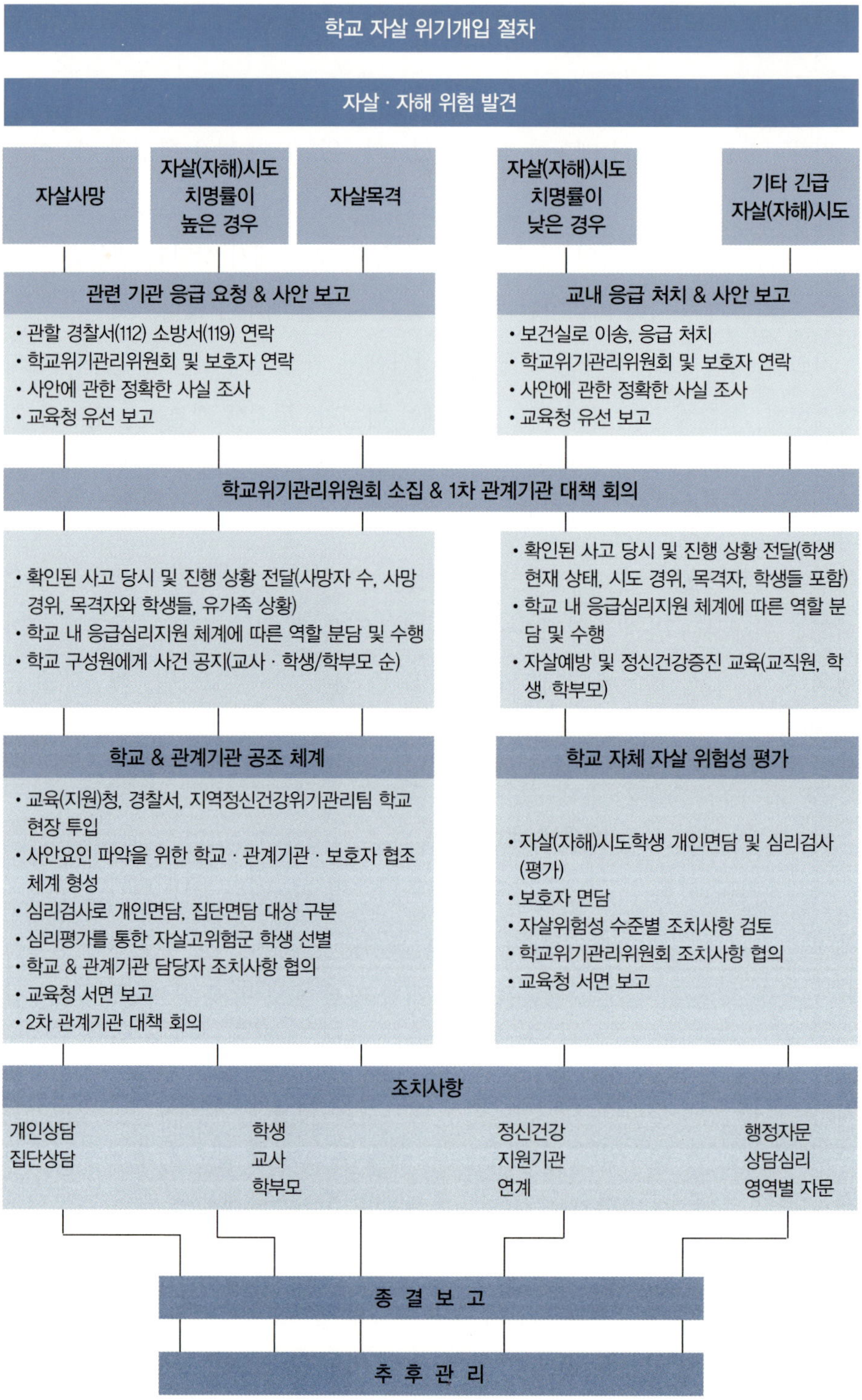


**그림 11-2 ▸▸▸ 학교 자살 위기개입 절차**

출처: 대구광역시서부교육지원청(2014). 자살위기개입 매뉴얼(학교현장 적용 재구성).

관되기에 꾸준하게 상담 개입이 이루어지도록 ① 상담 및 평가의 연속성 유지, ② 상담 목표 및 전략에 대한 상담자와 학생 간의 합의 및 다짐, ③ 상담 시 다음 회기 일정 안내 및 상담일 전날 전화나 문자로 상기시킴, ④ 가족 등 친밀한 주변 사람들을 상담에 참여시키는 등 여러 방안을 활용할 수 있다(교육부, 2022).

자해 · 자살 위험도를 낮추기 위한 접근으로 다양한 심리학적 이론을 적용한 상담 개입 및 의료기관 연계한 약물치료가 있다. 구체적으로 살펴보면 〈표 11-6〉과 같다.

**표 11-6 자해 · 자살 시도 학생 개입 방안**

| | | |
|---|---|---|
| 심리 상담 개입 | 인지 상담<br>(cognitive therapy) | • 절망감과 자살 생각의 감소, 우울증의 재발 감소, 상담 개입의 필요성 증진 등을 상담 목표로 설정<br>• 감정일지 쓰기, 부정적 자동사고 점검, 새로운 과제 시행, 관심 분산 등 |
| | 감정조절훈련<br>(affect regulation) | • 적개심과 공격성 감소, 사회 적응적인 행동 증진, 상황에 따른 감정 인식과 조절 등을 상담 목표로 설정<br>• 점진적인 근육이완 훈련, 복식호흡, 분노조절, 긍정적 사고 등 |
| | 문제해결 기술훈련<br>(problem-solving skills training) | • 일상에서 겪는 여러 문제상황에 대하여 유연하게 대처하고, 스스로 해결할 수 있는 기술 습득 등을 상담 목표로 설정<br>• 문제 인식, 대안 제시, 결과 추론, 해결방안 결정 등 기술훈련 등 |
| | 사회기술훈련<br>(social skill training) | • 대인관계 수행상의 어려움을 극복하도록 적절한 주장과 타협, 긍정적인 또는 부정적인 감정의 표현, 가족이나 동료로부터 적절한 도움을 청하는 방법 등을 상담 목표로 설정<br>• 사회적 행동에 관한 정보 제공, 행동 모델링, 수행평가 등 |
| | 가족상담<br>(family-based treatment) | • 위기청소년에게 적절한 지지적인 환경 제공, 부모-자녀 간의 왜곡된 의사소통 중재 통한 관계 개선, 가족 간 적개심 감소 등을 상담 목표로 설정<br>• 양육 관련 정보(가족의 역할, 양육 기술, 자살, 청소년기의 특성, 정신질환 등) 정보 제공, 심리교육 등<br>• 정신질환 및 알코올이나 약물 문제가 가족이 있을 시에 적극적인 치료 지원 |
| 의료 기관 개입 | 약물 치료<br>(pharmacotherapeutic approach) | • 자살 위험성이 동반된 정신질환의 증상을 완화하여 감정소절 및 자살 생각과 행동의 감소 등을 목표로 설정<br>• 치료약에 대한 정보 제공(효과 및 부작용 등), 올바른 복용과 관리법 등 심리교육, 가족과의 상담 등<br>• 경제적 취약계층 가정의 학생일 경우 교육청과 지역사회 의료비 지원 연계 |

출처: 교육부 학생정신건강지원센터(2022). 학생정서 · 행동특성검사 및 관리 매뉴얼.

### (4) ADHD상담

#### ① ADHD의 개념 및 특징

주의력결핍 과잉행동장애인 ADHD(Attention Deficit Hyperactivity Disorder)는 학령기 전기 및 전반에서 가장 일반적으로 발병하는 아동의 정신과적 장애이다. ADHD의 주된 증상은 주의력 결핍, 과잉행동 및 충동성으로 각 증상에 대한 아동의 특성에 대하여 살펴보면 아래와 같다.

**가. 주의력 결핍**

주의력 결핍 증상을 보이는 학생의 주요 특징으로 주의 집중의 어려움이 있고, 주의가 산만하다. 이러한 학생들은 반복적인 과제에 대하여 주의를 집중하기가 어려워, 시간이 지날수록 몸을 부산하게 많이 움직여 과제 수행을 제대로 하지 못하는 생산성 저하로 이어진다. 그리고 매 순간 세심한 주의를 기울이지 못해 학습이나 과제를 수행할 때 실수가 빈번하고, 주어진 시간 내 성취하기 어렵다. 또한 지속적인 집중력을 요하는 작업이나 숙제를 피하거나 싫어한다. 이 외에도 타인의 말을 귀 기울여 듣지 않으므로 금방 들은 것도 잘 기억하지 못하고, 기억한다고 해도 자세하게 기억하지 못하는 증상을 보이기도 한다(황유진, 2007).

**나. 과잉행동 및 충동성**

과잉행동 및 충동적 증상이 나타나는 학생들은 어떤 상황에서 떠올려지는 자신의 즉각적인 욕구를 조절 또는 통제하지 못하고 즉흥적으로 행동하게 된다. 이는 자기의 행동과 그 결과에 대한 영향을 숙고하는 데에 어려움이 있어, 학교나 가정에서 여러 문제상황이 발생할 수 있다. 같은 연령대 아동과 비교하면, 이들은 항상 바쁘게 움직이거나 끊임없이 말하고 활동하는 것처럼 보이고, 가만히 앉아 있어야 하는 상황에서도 잠시도 가만히 있지 않고 몸을 흔들거나 무언가를 계속 만지작거린다. 이들의 활동은 목적 없이 충동적으로 이루어지며, 목표의 수행 능력이 거의 없고 상황에 맞지 않는 부적절한 행동과 말을 한다(유형근 외, 2010).



**표 11-7 주의력 결핍과 과잉행동 · 충동성의 증상**

| 주의력 결핍 | 과잉행동 및 충동성 |
|---|---|
| 집중을 오래 유지하지 못함 | 자리에 가만히 앉아 있지 못함 |
| 부주의로 실수를 잘함 | 지속적으로 손발을 꼼지락대고 만지작거림 |
| 남의 이야기를 귀 기울여 듣지 않음 | 조용히 놀지 못함 |
| 과제나 시킨 일을 끝까지 완수하지 못함 | 모터가 달린 것처럼 계속 움직임 |
| 주어진 일을 체계적으로 하는 데 어려움 | 지나치게 말을 많이 함 |
| 학습이나 놀이 중에 주의력이 쉽게 분산됨 | 생각 없이 말하고 행동함 |
| 물건을 자주 잃어버림 | 질문이 끝나기 전에 불쑥 대답함 |
| 외부 자극으로 쉽게 정신을 빼앗김 | 다른 사람의 활동에 끼어들거나 방해함 |
| 일상적 과제나 약속을 자주 잊어버림 | 차례를 못 기다림 |
| 집중력 요하는 과제를 피하거나 싫어함 | 차가 오는지 살피지 않고 길에 뛰어듦 |

출처: 유형근 외(2010). 산만하고 충동적인 아이들: 문제 유형별 학교상담 매뉴얼.

② ADHD의 발생원인

ADHD의 발병 원인에 대하여 하나로 규정하기 어렵다. 오히려 ADHD는 다양한 인과기제의 결과로 인식되고 있다. ADHD의 원인을 밝히려는 대부분의 연구는 상관연구이기 때문에 변인을 원인으로 해석하기 위해서는 논리적이고 과학적인 검증이 필요하다. 이러한 연구의 필요성을 인식한 연구자들이 오랫동안 연구한 결과, 다양한 변인이 확인되고 있으며 그 내용은 〈표 11-8〉과 같다(유형근 외, 2010).

**표 11-8 ADHD의 발생원인**

| 구분 | 내용 |
|---|---|
| 신경생물학적 변인 | 신경전달물질인 도파민과 노르에피네프린 결핍<br>전두엽의 혈류와 신진대사 감소<br>출생 전 또는 출생 당시의 미세한 뇌 손상<br>출산 후 고열이나 감염 등으로 인한 뇌 손상 |
| 유전적인 영향 | 유전적인 소인으로 발병할 가능성이 높음<br>직계가족 중에 ADHD 환자가 있는 경우, 발병 확률이 높음<br>쌍생아 연구에서 ADHD 발병률은 이란성 쌍둥이보다 일란성 쌍둥이가 높음 |

| | |
|---|---|
| 환경적 독소 | 납 중독 등 출생 전 약물이나 알코올에 대한 노출<br>식품첨가물(인공색소, 방부제 등), 현대적 환경요소(형광성 불빛, 공해 등) |
| 환경적 요인 | 가정환경과의 관련성<br>– 부모의 영향(부모 간 불화, 사회경제적 취약, 범죄전력, 정신병리 등)<br>– 가족구조의 영향(확대가족, 양육자와 양육 공간의 잦은 변화 등)<br>– 자녀의 기질과 부모의 성격 간의 상호작용<br>학교와의 관련성<br>– 학생의 부정적 행동 특성과 교사의 대처방식 간의 상호작용 |

출처: 유형근 외(2010). 산만하고 충동적인 아이들: 문제 유형별 학교상담 매뉴얼.

### ③ ADHD상담

ADHD 증상을 호소하는 학생들은 교사나 학부모에 의해 의뢰되는 경우가 대부분이다. 교실 내외 학교 상황뿐만 아니라 교우관계, 학업성취 관련 등 다양한 문제 행동으로 난감함을 느낀 교사와 학부모는 그들이 개선되도록 위(Wee) 클래스에 도움을 요청한다. 그들의 문제 행동을 개선하기 위한 개입방법으로는 다음과 같다. 우선, 학부모와 교사, 학생 면담을 통해 학생의 특성과 호소문제를 이해하고, 위기 정도를 파악해야 한다. 고위기로 선별이 되면 부모와 학생에게 의료서비스 정보를 안내하고, 필요시 심층 평가를 위한 전문기관 연계 동의를 받아, 관련한 정신건강 서비스를 지원한다. 만약 정신건강 전문의로부터 ADHD로 진단을 받게 되면, 심리상담 외에 약물치료를 병행할 필요가 있다. ADHD 학생상담 개입으로, 아래 표에 제시한 바와 같이 학생상담, 부모 및 가족상담, 공존하는 호소문제에 대한 상담 개입이 있다.

**표 11-9 ADHD 학생 개입 방안**

| 학생상담 | 부모 및 가족상담 | 공존 문제 상담 |
|---|---|---|
| • 단계적인 접근 필요<br>• 자기통제 및 문제해결 능력 향상<br>• 또래관계 개선 | • 학생 특성에 적합한 양육방식으로 변화 필요<br>• 부모자녀 간 갈등 감소 및 긍정적인 상호작용 촉진 | • 다양한 치료기법 적용하여 공존질환의 증상 조절<br>예) 사회성치료, 놀이치료, 미술치료 등<br>• 적응적인 대처 행동에 대한 교육 시행 |

출처: 교육부 학생정신건강지원센터(2022). 학생정서 · 행동특성검사 및 관리 매뉴얼.

주의력결핍 과잉행동장애 아동에 대한 행동치료적 접근 프로그램으로 ① 효과적인 지시, ② 모델링, ③ 긍정적인 행동 늘리기, ④ 부정적인 행동 줄이기, ⑤ 가정을 통한 행동관리프로그램, ⑥ 자기관리전략 등이 있다.



### 4) 정신건강상담 사례

**내 마음대로 되지 않아 죽고 싶어요**

중간고사 시험을 마친 중 3 여학생 O는 어머니와 함께 동반자살을 시도하여 지역 자살위기대응팀이 구출함. 며칠간 입원치료를 하고 학교 복귀한 날, 교실에서 수업이 힘들어 자해를 하게 되어 보건실에서 응급 의료 처치를 받고 상담실로 연계됨.

#### (1) 상담 의뢰 배경

① 학생 기본적 이해

| 구 분 | 내 용 |
|---|---|
| 인적사항 | 중학교 3학년 여학생 |
| 가족사항 | 부(49세, 자영업), 모(45세, 회사원), 내담학생(외동딸) |
| 학교생활 | 상위권 성적을 유지하며, 중 1~2년 학급 임원을 할 정도로 의욕적으로 생활했음. 중3이 진급한 이후 소극적이고 의기소침해지면서 친구 1~2명만 어울리고 있음. |
| 행동관찰 | 마른 체격과 보통 키, 하얗고 창백한 피부, 긴 생머리, 힘이 없고 나지막하게 느리게 말하다가도 가끔 힘차고 빠른 속도로 말할 때도 있음. 천천히 걷는 편이며, 시선이 아래로 향해 있음. 30도 머리 숙이고 손을 모은 공손한 태도로 인사함. 교사의 지시에 순응하며 전반적으로 예의를 갖춤. |

② 내방 경위

모와 동반자살을 시도하여 지역의 광역자살위기대응팀이 구조함. 병원에서 2주간 입원 치료하고 학교 복귀한 날, 손목 살을 뜯는 등 자해를 하여 위기상담이 개입됨.

③ 주호소문제

- 내 마음대로 되지 않아 죽고 싶음. 그런데 하고 싶은 게 많아서 살고도 싶음.
- 자해하면 외롭지 않음. 상처를 보며 '너도 나와 함께 아프구나' 하며 위로가 됨.
- 엄마, 아빠가 날 안 믿고, 간섭함. 나는 힘든데 무조건 참으라고 함. 잘해줄 때도 있어서 가끔 헷갈림, 날 좋아하는지…….
- 교실에 들어가면 숨쉬기 힘듦. 어지럽고, 멍해지고, 손도 떨림.
- 살이 찔 것 같아 먹으면 억지로 토함. 토하면 기분이 좋아짐.

④ 내담학생 주요 이슈

- 3~4세경부터 내담학생의 실수를 하면 부모의 체벌과 폭언 등 폭력적으로 훈육함.
- 유아기 부모가 자주 다퉜으며, 내담학생이 그런 부모의 모습을 기억하고 있음.
- 초 3 때부터 모가 직장을 다니기 시작함. 부모의 귀가 시간에 맞추어 학원을 다님.
- 초 4 때부터 성적을 올리기 위해 공부를 매진했으나, 그만큼 결과가 나오지 않음.
- 초 5 때부터 정서적 불편감과 함께 두통, 복통, 불면의 신체 증상이 나타남.
- 중 1 때 학생 간부 활동하며 학교에 대한 소속감과 자긍심을 가짐.
- 중 1~2 성적 향상을 노력한 결과, 3학년 진급 시에 전교 5등의 결과를 얻음.
- 중 1~2학년 불면과 두통으로 극심하여 방문한 병원에서 소아청소년정신과 진료를 권함. 내담학생은 진료를 희망하나, 부모가 거부함.
- 중 3학년 1학기 중간고사 직후 자살 시도를 하여 정신건강의학과에 입원치료함. 이후 반복적 자해, 우울증과 공황증상을 개선하기 위해 통원 치료 중임.

### (2) 상담목표 및 상담전략

| 구분 | 내 용 |
|---|---|
| 상담목표 | (내담학생과 합의)<br>– 죽지 않고 살아서 중학교 졸업하기, 원하는 고등학교 진학하기<br>(상담자 추가 목표)<br>– 자신의 내적 역동을 인식하여, 자아기능을 강화하여 자살 및 학교생활 적응력을 키움.<br>– 가족의 미해결된 과제를 해결하고, 정서적 교류를 증대시켜 지지기반을 다짐. |

| | |
|---|---|
| 상담전략 | – 자살 위기 개입(위험 및 보호요인 평가, 생명존중 서약 등)<br>☞ 개입 초기에 자살 관련하여 구체적으로 질문하기, 지역사회 안전망을 형성하고 생존계획을 수립함, 안전에 대한 동의 구하기 등<br>– 상담자의 적절한 자기개방, 진솔성과 전문가적 태도를 유지, 치료동맹을 통한 내담학생과 보호자의 저항을 다룸.<br>– 경청 및 공감 기법을 활용한 지지적 상담으로 내담학생을 격려하고, 편안함을 줄 수 있는 심리적 안전지대를 확보함.<br>– 가족의 갈등 문제를 해결하기 위해 부모상담을 통해 적극적으로 개입함.<br>– 역할극 기법이나 심상법을 실시하여 미해결된 감정 또는 과제를 인식하고, 긍정적인 대안을 모색하도록 함.<br>– 전화나 사이버 등 매체를 활용한 상담을 병행하여 위기상황에 즉각적으로 도움을 줄 수 있는 여건을 만들고, 학교상담자와 내담학생이 보이지 않는 정서적 끈으로 연결되어 있다는 상징적 의미를 두어, 친밀감과 신뢰감이 형성되도록 함. |

### (3) 상담 과정

| 구분 | 내 용 |
|---|---|
| 접수 | 내담학생의 자살 시도 이후 학교 내 위기관리 사례 접수 및 관리 진행. 교내 대책회의 실시, 담임 및 교과지도교사 상담 및 자문, 관련 기관 대응 및 협조. |
| 1회기 | 보건실에서 자해 심리응급 처치, 친근감 형성, 정서적 지지 부여, 생명사랑 서약, 자살위험성 및 주호소문제(대인관계, 핵심감정, 자원, 지지기반 등) 탐색. |
| 2~3회기 | 학교생활 불편감 및 신체적 고통 급증하여 교실 입실이 힘듦. 지속적인 친밀감 형성 및 정서적 지지, 상담 기대 확인, 타로카드 활용한 호소문제의 요인과 심리적 기저 탐색.<br>* 지역사회 정신건강증진서비스 및 교내 학업중단숙려제 신청 |
| 4~7회기 | 4주간의 숙려기간 동안 주 2회 상담 진행, 학교내외 불편요인 명료화 작업, 스트레스 요인을 성적 향상 및 고입에 대한 부담감과 가족 등 대인관계의 불편감이라 함. 촉발상황 탐색적 질문으로 자기욕구 인식 촉진함. |
| 8~10회기 | 숙려제 종료로 학교 복귀. 교실에서 어지러움, 호흡곤란 있어 상담실로 연계. 교실 환경 정보 탐색, 위험신호에 대한 합리적인 대처 반응 연습, 가족에 대한 양가감정 다룸. |
| 11회기 | 부모와 갈등으로 약물을 과다 복용하여 자살 시도함. 등교 후 병원 응급 처치, 상담자 동행하며 심리응급처치, 母와 이모에게 인계함. |
| 12~14회기 | 여름방학 기간 심리상태 점검 및 스트레스 대처법 확인, 섭식문제 다룸 * 2학기 교육청 위탁 진로직업중심 대안교육 신청 |
| 15~18회기 | 위탁기간 동안 지속적인 유대감 유지, 대안 위탁교육 교육기관에 출석을 잘하고 있고, 그 기관에 함께 있는 학생, 교사와 조금씩 교류하며 적응하고 있음. 신체적 통증 및 자살이나 자해 생각이 감소됨. |
| 19~21회기 | 학교 복귀 이후 1주일간 생활 나눔, 학교생활이 시작되면서 모와 갈등이 다시 시작되었으나, 갈등의 합의점 찾으면서 점차 진정됨. |

| 22회기 | 상담 평가, 정신건강지원 지역 콜센터 안내, 이별 작업, 종결. |
|---|---|
| 그 외 활동 | (교내 위기관리위원회) 수시로 회의를 거쳐, 내담학생의 위기 극복을 위한 해결방안을 함께 모색하고 협의하여 조직적이며 체계적으로 관리함.<br>(지역사회 유관기관 연계) 지역 자살위기대응팀과 정신건강복지센터와 지속적으로 소통하여 내담학생에 대한 이해를 도왔고, 위기 개입자인 상담자의 소진을 예방할 수 있었음.<br>(교육청 연계) 교육청에서 지원하는 학업중단예방 프로그램으로 내담학생의 학교 적응을 돕고, 공부와 고입에 대한 부담감이 감소하였음. |

## (4) 상담 결과

- 자살과 자해가 연상될 때 그 행위에 집중하기보다 생존과 행복 추구의 절실함을 내담학생이 스스로 인식하여, 공포와 두려움에서 벗어나면서 자살과 자해 생각이 줄어듦.
- 부모에게 자신의 어려움을 감추어 괜찮은 척 위장하지 않고, 현 상태를 있는 그대로 표현하고자 했음. 그리고 거부당하면 다시 도전하여 본연의 감정에 접촉하고 부모와 참 만남을 시도하고 있음.
- 신체적 불편감이 시작될 때 응급 대처 방법을 훈련하여 습득하였고, 억압된 감정을 언어로 표현하는 연습을 하면서 주당 평균 4~5회에서 주 1~2회로 점차적 호전됨.
- 교육부 인정 대안교육과 학업중단숙려제 등 학업중단예방프로그램으로 학교 적응력이 향상되었고, 관련 체험과 멘토 면담을 통해 원하는 고등학교에 진학하였음.
- 섭식문제에 대하여 부모-자녀 간의 갈등 쟁점으로 두지 않도록 하자, 이전보다 갈등의 빈도도 줄어들었고, 섭식문제를 이해하는 태도가 달라졌음.

# 2. 중독상담



## 1) 중독상담의 개념 및 특징

### (1) 중독의 개념

중독이란 독성물질에 의한 신체적 · 물질적 중독(Poisoning/Intoxication)과 정신적 · 행위적(의존적) 중독(Addiction)을 동시에 일컫는다. 신체적 · 물질적 중독은 생물체의 기능에 해로운 영향을 주는 독성물질에 생물체가 노출(흡입, 경구섭취, 피부접촉 등)될 경우 발생되는 신체 위해성 문제이며, 정신적 · 행위적 중독은 일종의 습관성 중독으로, 심리적 의존이 있어 계속 물질, 행위, 약물 등을 갈망하고, 이로 인해 신체적 · 정신적 건강을 해치게 되는 상태를 말한다(질병관리청, 2023). 미국정신의학회(American Psychiatric Association)의 '정신질환의 진단 및 통계편람'(DSM-5)에서는 중독의 문제를 알코올, 니코틴, 마약과 같은 중독성 물질을 사용하거나 중독성 행위에 몰두함으로써 나타나는 물질-관련 및 중독장애와 도박중독을 포함하는 비물질-관련 중독장애로 분류하고 있다(권석만, 2017). 현대인들이 경험하는 중독문제에는 일, 쇼핑, 성, 자해, 인터넷, 성형, 운동 등 다양한 비물질 또는 행위 중독이 있다(유상희, 2022). 중독은 초기 단계에서는 '자아-동조적'인 경향을 보인다. 이는 자신의 자아감과 일치되는 것으로 대부분 자신의 중독행동이 개인적인 문제를 발생시킬 것으로 생각하지 않는다. 또한 대부분의 중독은 긍정적인 경험에서 발생한다. 예를 들면 약물 사용을 통해 심리적, 신체적 불편감이 사라진 것을 경험하거나 도박을 통해 돈을 벌게 되는 경우 등이 해당된다. 그러나 지속적인 중독행동은 부정적인 결과로 명확하게 나타난다. 중독의 부정적인 결과는 심각한 생물학적 · 심리적 · 사회적 폐해로 나타난다. 생물학적으로는 이전에는 적은 양의 물질을 사용했을 때 경험한 것과 동일한 효과를 얻기 위해 이전보다 사용량을 점차 늘려야 하는 내성 현상과 사용을 중단했을 때 나타나는 고통이나 불편감을 느끼는 금단 현상이 있다(조근호 외, 2011). 그리고 심리 · 정서적 문제로는 두통, 불면 등으로 나타나는 신체화 증상과 우울, 분노, 불안, 수치심과 이에 따른 부정적 자기이미지, 낮은 자존감에 기인한 학교 및 사회에서의 부적응과 대인관계 갈등 등을 경험할 수 있다(유상희, 2022).

중독은 중독물질이나 행위의 종류와 관계없이 다음과 같은 특성을 보인다.

첫째, 강박관념(obsession)이 나타난다. 강박관념은 중독물질이나 행위에 지나치게 몰입하고 반복적으로 중독물질이나 행위에 대한 사고를 하는 것을 의미한다.

둘째, 통제성 상실(loss of control) 혹은 강제성(compulsion)이 나타나는데 중독자들은 통제성의 상실로 중독 행위를 중지하거나 참가의 수준을 조절하는 능력을 잃고 비이성적인 판단을 하게 된다.

셋째, 부인(denial)하기이다. 중독자들은 중독 및 그와 관련된 문제가 명백함에도 불구하고 이를 인정하지 않고 다른 사람이나 환경 탓을 하며 본인의 행동은 괜찮은 수준이라고 믿고 있다.

넷째, 내성(tolerance)이다. 내성은 중독물질이나 활동과의 접촉을 지속하려고 하는 신체적 능력을 의미하며 신체적 내성으로 점점 더 많은 물질이나 활동을 추구해야만 원하는 정도의 만족을 얻게 된다.

다섯째, 금단증세(withdrawal symptom)다. 중독자들은 중독물질이나 활동이 중단되었을 때 특정 신체증상이나 심리상태를 보이게 되며 중독물질이나 활동으로 되돌아가려는 경향성을 보이게 된다. 그리고 중독의 경우 흔히 약물중독에서 벗어난 후에 약물 이외의 다른 물질이나 행위에 몰두하여 또 다른 중독에 빠지는 경우가 있다. 또한 중독은 가족 간 대물림 경향을 보이며, 중독의 종류가 시대에 따라 변화할 수 있으므로 약물중독과 관련된 상담에서는 내담학생의 부모나 주변의 의미 있는 타인이 또 다른 종류의 중독에 빠져 있는지 확인하는 것도 내담학생의 치유에 도움이 된다(박재연 외, 2021).

### (2) 중독상담의 특징

중독상담은 일반적인 상담과 다른 특징을 보이고 있으므로 이를 고려한 상담적 개입이 필요하다. 중독상담의 특징과 상담개입에 대해 살펴보면 다음과 같다.

① 내담자

중독문제로 내방한 내담자들은 수치심과 불안, 불신 등의 감정을 가지고 있으나 이를 부인하고 자신의 행동을 최소화 또는 합리화하려는 경향을 보인다. 이때 상담자는 내담자의 태도를 비난하거나 훈계하기보다는 내담자의 상태를 이해하면서 내담자와 라포형성을 통해 치료적 동맹관계를 맺는다. 그리고 내담자를 상담하면서 상담자는 닫힌 질문보다는 열린 질문을 통해 내담자의 자존감과 자기효능감을 향상시키면서 내담자의 문제를 바라보는 관점이나 욕구를 확인해 볼 수 있다. 예를 들면 "담배를 끊고 싶어서 상담하러 왔나요?"라는 식의 질문보다는 "담배와 관련해서 어떤 도움을 받고 싶은가요?"라는 질문을 한다. 중독문제에 대해 해결하고자 하는 동기가 있는 내담자인지 동기가 없는 내담자인지에 따라 상담자는 대응을 다르게 할 필요가 있다. 그러나 모든 내담자에게는 따뜻하고 진실하며 지지와 공감을 통해 내담자를 바라보고 기다려주는 상담자의 전문적인 태도가 반드시 필요하다.

② 상담 과정

중독상담은 내담자와의 치료적 관계 형성이 중요하다. 상담을 진행하면서 상담자는 내담자의 개별적 특성을 고려하여 상담적 개입을 해야 한다. 내담자를 둘러싼 가정환경과 대인관계, 상담기간과 종결 등 전체의 그림을 그리면서 내담자의 문제에 접근하고 해결점을 찾는 노력이 필요하다. 중독상담은 내담자의 내재적인 동기와 노력이 무엇보다 중요하므로 상담자는 내담자의 심리적 자원을 믿고 내담자의 동기와 의지를 이끌어내면서 협력관계를 유지하는 역할을 해야 한다. 중독자들은 죄책감, 무망감, 좌절감 등을 자주 호소하는 특징이 있으므로 이에 대하여 지시적인 태도나 조언 등을 지양하고, 내담자에 대한 믿음과 공감을 통해 끊임없이 내담자에게 희망을 주는 상담자의 일관된 자세가 필요하다.

중독문제 학생들을 위한 상담에는 인지행동치료, 동기강화 상담이론 등이 대표적으로 활용되고 있다(조근호 외, 2011).

### ③ 중독상담의 목표

상담자는 내담자와 합의하여 상담목표를 설정하고 이를 유지하고 지키도록 돕는 노력이 필요하다. 상담목표는 회기 때마다 확인할 수 있는 단기목표와 상담의 전반적인 과정을 통해 성취하고자하는 장기목표를 설정한다. 상담목표를 이루기 위해서 과제를 부여할 수 있다. 상담 회기 때 지난 회기의 과제 수행여부를 확인하고 다음 회기 때까지 수행할 과제를 부여하는 등 문제 해결을 위한 노력이 필요하지만 지나치게 과제 수행에 매달리거나 목표달성에 집착하는 것은 바람직하지 않다. 과제를 수행하지 못하는 내담자의 또 다른 심리적 역동을 살펴보면서 유연하게 상담을 진행한다. 중독상담은 내담자 중독문제의 종류와 진행 정도, 내담자의 고통 정도, 주변의 지지 등에 따라 목표를 다르게 설정할 수 있다. 내담자가 능동적으로 참여하도록 하는 가운데 목표는 구체적이고 달성가능한 것으로 설정한다. 중독은 심리적인 것 외에 경제적인 부분, 가족 및 또래관계 등 여러 가지 문제가 함께 공존하는 경우가 많으므로 이러한 것들을 상담 장면에서 다루는 것이 도움이 된다.

### ④ 재발에 대한 상담

중독상담의 경우 재발의 문제가 흔히 나타난다. 내담자들은 재발을 경험하면 무력감을 느끼고 자포자기하는 경우가 많고 상담을 통한 변화의지도 약화된다(조근호 외, 2011). 이를 대비하기 위하여 상담자는 내담자에게 중독에 있어서 재발은 회복의 과정이며 실패와 성공의 반복적인 형태가 이어지면서 치유가 됨을 미리 알려주어야 한다. 그리고 재발되었을 때 대처방법을 제시하고 재발의 이유를 살펴보는 것도 필요하다.

## 2) 중독상담의 필요성

중독상담은 각종 중독에 대한 교육, 내담자 행동 변화를 위한 상담과 다양한 개입활동이 필요하며, 상담자는 중독상담을 효과적으로 진행하기위해 이론적 지식과 기법, 기술 등을 익히고 활용하는 역량이 필요하다. 청소년기는 자신의 욕구와 충동에 대한 조절과 대응이 미흡하며, 가정과 학교, 사회적 환경에서 다양한 스트레스와 문제상황에서 융통성있고 유연한 대처능력이 부족하다. 또한 청소년들은 각종 유해환경에 쉽게 영향을 받게 되고, 처음에는 사소한 부분에서 시작된 중독이 자신뿐만 아니라 가족, 또래들에게 피해를 주는 사회문제로 나타나기도 한다. 청소년들이 중독에 노출되면 학업의 문제, 학교생활의 문제, 부모와의 갈등, 또래관계 등에서 많은 문제를 유발하게 되고 이는 청소년들의 건강한 성장을 방해하는 요인이 된다. 그러므로 청소년들의 각종 중독에 대한 사전의 예방교육이 중요하며, 중독상담이 의뢰된 경우 상담과 교육을 병행하면서 병원 및 지역사회와의 연계를 통해 만성화에 이르지 않도록 적극적인 개입이 필요하다.

## 3) 중독상담의 유형

### (1) 인터넷 · 스마트폰 과의존

① 개념

인터넷 · 스마트폰 과의존이란 과도한 사용으로 스마트폰에 대한 의존성이 증가하고 이용조절력이 감소하여 문제적 결과를 경험하는 상태를 말한다. 스마트폰 과의존 경향에 따라 고위험 사용자군, 잠재적 위험사용자군, 일반 사용자군으로 분류할 수 있다. 첫째, 고위험 사용자군은 스마트폰 사용에 대한 통제력을 상실한 상태이며, 이로 인해 대인관계 갈등, 일상적인 역할문제, 건강문제 등이 심각하게 발생하여 전문적인 지원과 도움이 필요한 단계이다. 둘째, 잠재적 위험사용자군은 스마트폰 사용에 대한 조절력이 약화된 상태로 대인관계 갈등, 일상생활 문제가 발생하기 시작하여 스마트폰 과의존에 대한 주의가 필요한 단계이다. 셋째, 일반 사용자군은 스마트폰을 적절하게 사용하고 있으며, 과의존 예방을 위해 지속적인 자가점검이 필요하다(스마트쉼센터, 2023).

② 인터넷 · 스마트폰 과의존 현황

여성가족부가 초등학교 4학년, 중학교 1학년, 고등학교 1학년을 대상으로 실시한 2021년 청소년 인터넷 · 스마트폰 이용습관 진단조사 결과를 보면 전체 과의존 청소년이 증가한 가운데 전년대비 초등학생의 증가가 두드러졌고, 남자는 연령이 낮을수록, 여자는 연령이 높을수록 과의존 위험군이 더 많았다. 인터넷 과의존 위험군은 127만 명 중 18만 3,228명으로 조사되었다. 위험사용자군은 1만 6,723명, 주의사용자군은 16만 6,505명으로, 이 중 위험사용자군은 지난해에 비해 13%(1천9백여 명) 증가하였다. 스마트폰 과의존 위험군은 125만 명 중 12만 9,543명으로, 이 중 위험사용자군은 1만 3,729명, 주의사용자군은 11만 5,814명이다. 연령별로는 초 4학년, 중 1학년 청소년의 과의존 위험군은 증가하였고, 고 1학년 청소년의 과의존 위험군은 감소하였다. 학교급별로는 중학생(85,731명), 고등학생(75,880명), 초등학생(67,280명) 순으로 과의존 위험군이 나타났다.

**표 11-10 인터넷과 스마트폰 과의존 청소년(여성가족부, 2021)**

(단위: 명)

| 구분 | | 2019년 | 2020년 | 2021년 |
|---|---|---|---|---|
| 인터넷 과의존 위험군 | 합계 | 154,407 | 175,496 | 183,228 |
| | 위험사용자군 | 14,790 | 14,770 | 16,723 |
| | 주의사용자군 | 139,617 | 160,726 | 166,505 |
| 스마트폰 과의존 위험군 | 합계 | 123,607 | 136,538 | 129,543 |
| | 위험사용자군 | 14,456 | 13,901 | 13,729 |
| | 주의사용자군 | 109,151 | 122,637 | 115,814 |

**표 11-11 학년별 과의존 위험군 청소년(여성가족부, 2021)**

(단위: 명)

| 구분 | 2019년 | 2020년 | 2021년 | 전년대비 증감 |
|---|---|---|---|---|
| 초 4 | 56,344 | 65,774 | 67,280 | (+1,506) |
| 중 1 | 76,706 | 84,462 | 85,731 | (+1,269) |
| 고 1 | 73,052 | 77,884 | 75,880 | (−2,004) |
| 합계 | 206,102 | 228,120 | 228,891 | (+771) |

### ③ 인터넷 · 스마트폰 과의존 영향 요인

아동 · 청소년들이 인터넷 · 스마트폰을 과의존하게 되는 영향 요인으로는 개인적, 가족적, 사회환경적 요인 등이 있다. 개인적 요인으로는 우울감, 공격적 성향, 충동적 성향, 감각추구, 스트레스, 자기통제력, 자기효능감, 자율성, 유능성, 관계성 등의 심리적 욕구들과 관련된다. 가족적 요인을 보면 부모의 스마트폰 중독 수준, 부모의 양육태도, 부모와의 갈등 등이 아동청소년들의 스마트폰 과의존에 영향을 주는 것으로 나타나고 있다(김일옥, 신선화, 2016; 신하나, 정세훈, 2018; 이현이, 김영식, 2018; Jeong et al., 2016). 부모의 스마트폰 의존도가 낮을수록, 부모가 긍정적인 양육태도을 보일수록, 부모와 원만한 의사소통이 이루어질수록 청소년의 스마트폰 과의존이 낮아지는 것으로 나타났다. 사회환경적 요인으로는 대인관계, 학교적응, 학업스트레스 등이 있다. 대인관계가 미숙할수록, 학교적응에 어려움을 느끼고, 학업에 대한 스트레스가 높을수록 인터넷 · 스마트폰 과의존이 높게 나타나고 있다. 스마트폰을 이용한 게임의 과다사용은 학업에 장애요인으로 나타나고 학교적응에 어려움을 야기하며 익명성이 높은 가상공간으로 도피하도록 한다. 한편 스마트폰의 긍정적인 영향으로는 스마트폰을 통해 친구들과의 관계가 지속되고, 친밀감이 유지되는 등 친구들과의 관계에 긍정적인 영향을 주는 것으로 나타났다. 또한 청소년들은 인터넷 및 스마트폰 게임을 통해 스트레스를 해소하고 성취감을 느끼며 또래들과 소통하는 기회가 증가하는 것으로 나타났다(정현철, 2016).

### ④ 인터넷 · 스마트폰 과의존 상담

인터넷 · 스마트폰 과의존과 관련하여 과학기술정보통신부산하 한국지능정

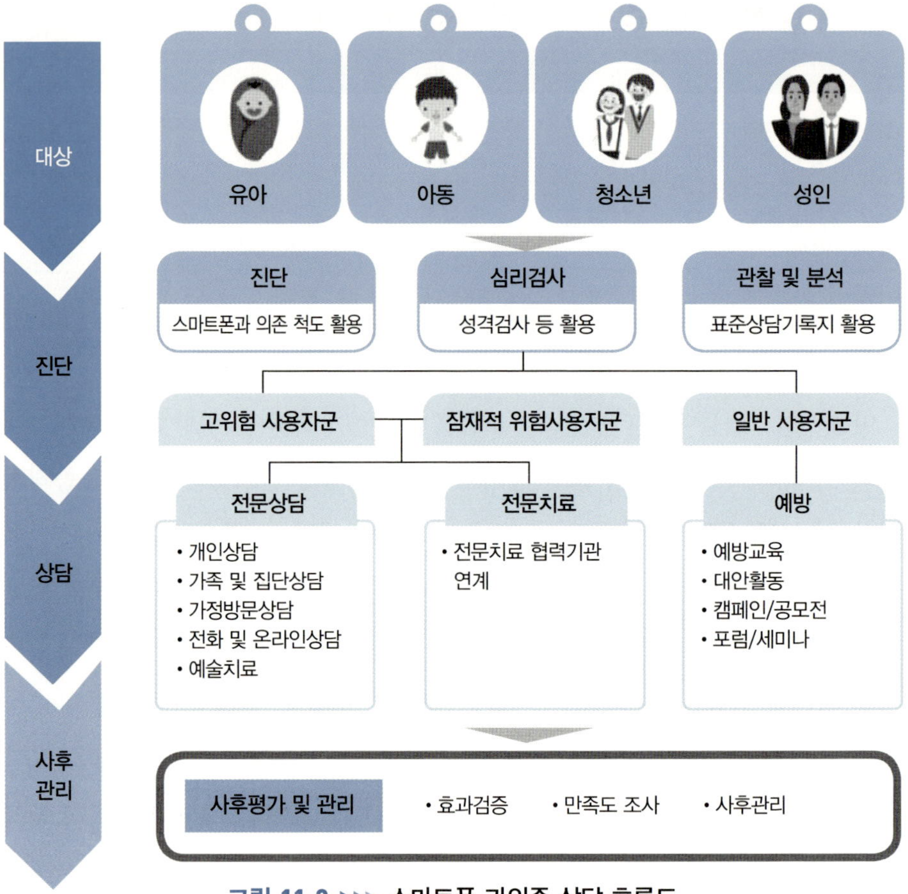


**그림 11-3 ▸▸▸ 스마트폰 과의존 상담 흐름도**

출처: 스마트쉼센터(2023).

보사회진흥원이 운영하는 스마트쉼센터에서는 인터넷 · 스마트폰 과의존 조사 및 연구, 인터넷 · 스마트폰 과의존 예방 전문 인력 양성, 지역별 스마트쉼센터 설치 및 운영(전국 18개소 운영), 인터넷 · 스마트폰 과의존 상담협력기관 지원, 인터넷 · 스마트폰 과의존 예방활동 등을 하고 있다.

또한 여성가족부는 청소년의 개인별 인터넷 · 스마트폰 과의존 정도에 맞추어 한국청소년상담복지개발원과 전국 청소년상담복지센터를 통해 상담, 병원 치료, 기숙치유프로그램 등 맞춤형 서비스를 제공하고 있다. 과의존 정도가 상대적으로 경미한 주의사용자군 청소년에게는 학교별 집단상담 참여를 통해 올바른 이용습관과 사용조절 능력을 기를 수 있도록 돕는다. 위험사용자군에게는 개인별 상담을 제공하고, 추가적인 검사를 실시해 우울증 · 주의력결핍 과잉행동장애(ADHD) 등의 공존질환이 있는 경우 병원치료를 받을 수 있게 하여 정서적 안정을 통해 과의존 문제를 해소할 수 있도록 지원한다. 또한 가정에서 자녀의 미디어 이용을 효과적으로 지도할 수 있도록 부모대상 교육을 강화하고 있다.

#### ⑤ 학교 인터넷 · 스마트폰 상담 실제

학교에서는 매년 초등학교 4학년, 중학교 1학년, 고등학교 1학년들을 대상으로 인터넷 · 스마트폰 과의존 실태조사를 하고 있다. 조사 결과 고위험 사용자 학생들은 부모 동의 후 외부기관에 의뢰를 하거나 학교 위(Wee)클래스에서 상담을 진행하고 있다.

### (2) 알코올(음주) 및 니코틴 남용

#### ① 음주

##### 가. 개념

청소년기의 음주는 신체적인 건강, 정신적인 건강에 영향을 미치고 성인기까지 이어질 가능성이 높다. 또한 청소년의 문제성 음주는 학교부적응, 학업성취능력의 저하, 가족과 주변사람들과의 갈등, 범죄나 비행과도 연관성이 있다. 청소년기 잦은 음주는 인지적, 정서적 장애를 가져오며 낮은 자아존중감과 감정의 둔화가 나타날 수 있다. 이로 인해 감정조절이 어려워지고 성인에 비해 정신과적 합병증도 발생할 수 있다. 특히 음주로 인해 삶의 의욕을 상실하거나 음주상태에서 자살 시도가 나타나기도 한다. 또한 음주행동은 학교와 마찰을 빚게 되고 이는 수업결손과 문제행동, 반사회적 행동으로 확산되게 한다(최은진, 2008).

##### 나. 청소년 음주 현황

질병관리청의 청소년건강행태조사(2020)의 결과를 보면 청소년(중 1~고 3) 흡연, 음주 등 건강행태는 '19년에 비해 전반적으로 개선되어 나타나고 있으며, 현재음주율도 남, 여학생 모두 '19년 대비 감소하였고(남자 16.9% → 12.1%, 여자 13.0% → 9.1%), 1회 평균 음주량이 중등도(남자 소주 5잔, 여자 3잔) 이상인 위험음주율도 감소하였다(남자 8.2% → 5.6%, 여자 7.5% → 4.8%). 2022년 청소년건강행태조사 결과에 따르면 코로나19 유행이 후 청소년의 음주율과 흡연율이 감소 되었음을 알 수 있다(김진경, 2022).

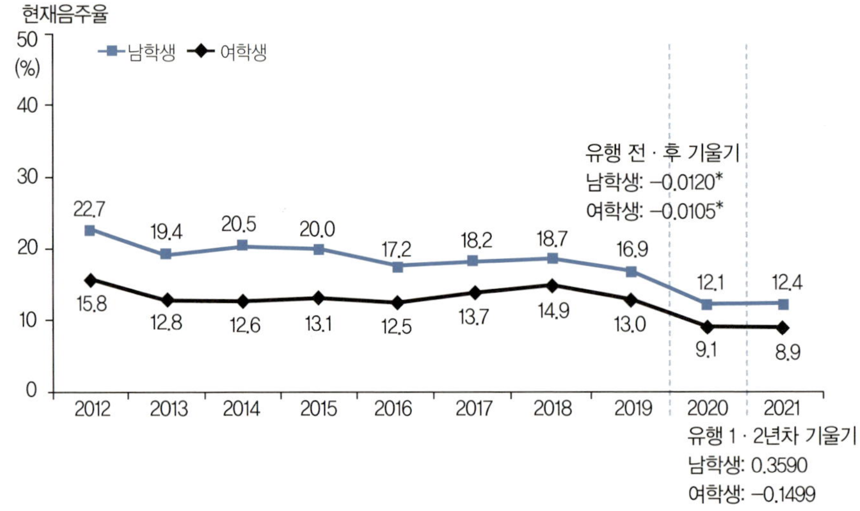


**그림 11-4 ▶▶▶ 현재음주율**(최근 30일 동안 1잔 이상 술을 마신 적이 있는 사람의 분율)

출처: 질병관리청(2020).

한편 2023년 청소년건강행태조사 결과를 보면 2022년에 증가세를 보인 청소년의 음주율은 남학생 13.0%, 여학생 9.0%(남학생 2.0%p, 여학생 1.9%p)로 감소된 것으로 나타났다. 반면 음주자 중 위험음주율은 남학생 41.3%, 여학생 50.1%로 2022년 대비 증가(남학생 0.9%, 여학생 3.5%)하였고, 중학생(남학생 21.6%→24.7%, 여학생 38.5%→44.6%)에서 크게 증가한 것으로 나타났다.

우리나라는 음주에 관대한 문화가 있고 술은 어른에게 배워야 한다는 관습이 남아 청소년들에게 술을 권하거나 강요하는 성인들이 많다. 특히 가족 안에서 청소년들에게 술을 권하는 경우가 적지 않아 이에 따른 교육과 대처방안도 필요하다.

### 다. 음주 영향 요인

청소년 음주에 영향을 미치는 요인으로는 개인적 요인, 가족 및 또래 관계 요인, 사회환경적 요인 등이 있다.

개인적 요인에는 생물학적 요인, 성격적 요인, 인지적 요인 등이 있다. 이 중 음주행동에 영향을 미치는 인지 요인에는 음주결과 기대와 자기효능감이 있다. 이는 음주를 함으로써 기대되는 결과가 긍정적인지, 부정적인지에 따라 음주행동이 달라진다고 한다. 가족 요인에는 부모의 음주행태, 음주에 대한 부모의 태도, 부모와 자녀의 관계가 영향을 미친다. 또래 요인으로는 또래집단의 행동이나 태도가 청소년 음주에 지대한 영향을 미치며 이는 가족 요인보다 더 강하게 작용하는 것으로 알려져 있다.사회환경적 요인에는 대중매체의 영향, 알코올 정책, 음주와 관련한 지역사회의 환경, 음주하위문화 등이 있다(정슬기 외, 2007).

2020년 청소년건강행태조사를 보면 전체 중 · 고등학생의 57.2%가 음주 예방 교육을 받은 경험이 있다고 응답하였으며, 음주 예방교육을 받은 71%가 음주 예방교육이 도움이 되었다고 응답하였다. 남학생의 음주 예방교육 경험률(58.9%)이 여학생(55.4%)보다 높으나 음주 예방교육에 대한 만족도는 여학생에게서 다소 높게(남학생 69.9%, 여학생 72.4%) 나타났다. 중학생의 음주 예방교육 비율(58.8%)이 고등학생(55.7%)보다 높으며, 음주 예방교육에 대한 만족도 역시 고등학생(62.2%)보다 중학생(80.0%)이 높게 나타났다(여성가족부, 2020).

### 라. 청소년 음주상담

청소년 음주행동에 대한 개입은 해당 학생과 가족, 또래, 학교 등을 대상으로 하는 총체적 개입이 필요하다. 청소년 음주문제에는 부모자녀관계, 음주와 관련한 사회심리적 특성과 친구 및 가족의 영향, 지역사회 특성 등 다차원적 요인들이 관련되어 있으며 그중에서 부모의 적절한 감독과 지지는 음주 예방에 도움이 된다는 연구결과가 있다. 그리고 음주하는 친구가 많을수록 음주빈도와 음주량에도 영향을 미치는 것으로 나타났다(김광기, 김현아, 제갈정, 2020). 이는 음주상담에는 부모의 일관된 감독과 지지를 끌어내는 부모상담과 음주학생의 주변 또래와의 관계상담도 필요함을 알 수 있다.

### ② 흡연

#### 가. 개념

청소년 흡연은 신체적 발달에 부정적인 영향을 주며, 흡연을 시작하는 나이가 어릴수록 성인기에도 흡연자가 될 가능성이 높다. 청소년의 흡연은 건강위험뿐만 아니라 음주, 약물남용 등의 다른 중독 및 일탈행동과도 연관된다. 흡연 청소년의 경우 학업의 문제, 학교폭력, 학교생활 적응의 문제가 발생할 수 있고, 반복적인 흡연 행동은 중독적인 흡연으로 이어질 가능성이 높다.

#### 나. 청소년 흡연 현황

질병관리청의 청소년건강행태조사(2020)의 결과를 보면 현재흡연율(일반담배(궐련))은 '19년에 비해 남, 여학생 모두 감소하였고(남자 9.3%→6.0%, 여자 3.8%→2.7%), 전자담배 현재사용율도 감소하였다.

청소년들이 흡연을 위해 담배를 구하는 경로는 친구나 선배로 나타났는데 이는 또래 간 흡연이 상호 영향을 미칠 수 있음을 알 수 있다. 청소년기에 흡연

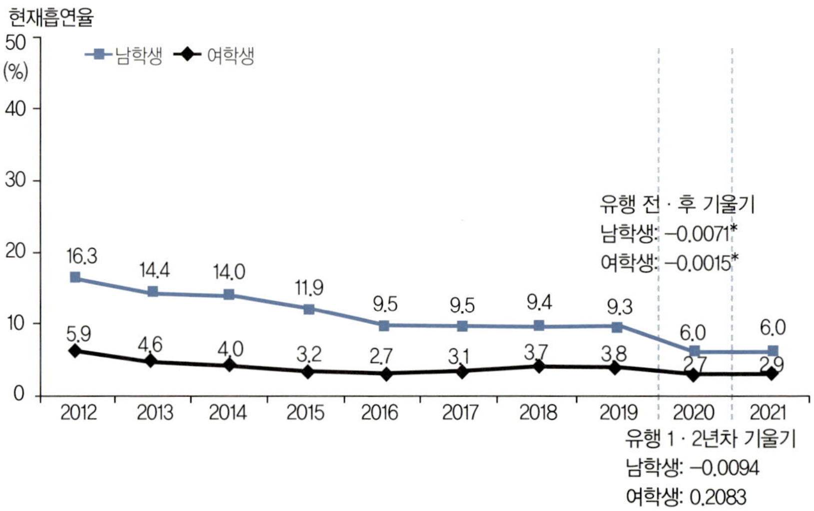


**그림 11-5 ▶▶▶ 현재흡연율**(최근 30일 동안 1일 이상 일반담배(궐련)를 흡연한 사람의 분율)

출처: 질병관리청(2020).

습관이 형성되면 성인기로 이어져 니코틴 중독이 될 가능성이 높다. 그러므로 흡연 예방 교육과 상담 등을 통해 청소년들의 흡연 습관이 형성되는 것을 미연에 방지할 필요가 있다. 최근 청소년들의 음주 · 흡연율이 감소하고 있는 것은 유해물질에 대한 꾸준한 인식제고와 청소년의 유해물질 접근성 차단에 대한 부단한 노력의 결과이다(여성가족부, 2020).

한편 2023년 청소년건강행태조사 결과를 보면 흡연율(일반담배)은 남학생 5.6%, 여학생 2.7%로 2022년 대비 감소(0.6%p)하였으며, 전자담배 사용률도 유사하게 나타났다. 일반담배, 전자담배 중 하나라도 사용한 경우는 남학생 6.6%, 여학생 3.5%로 2022년 결과(남학생 7.3%, 여학생 3.4%)에 비해 남학생은 감소하였지만 여학생은 큰 차이가 없는 것으로 나타났다.

### 다. 청소년 흡연 영향 요인

청소년의 하루 평균 흡연량이 증가할수록 주관적 행복도는 감소하고 스트레스, 슬픔, 절망감, 우울감, 자살 생각, 반사회적 성격장애, 수면장애 등으로 인한 정신건강학적 문제로 이어질 가능성이 높아진다. 청소년 흡연행동에 영향을 미치는 개인적 요인에는 외로움, 불안과 긴장감, 스트레스 등이 있다. 가족적 영향요인으로는 부모의 흡연여부, 부모의 감독수준, 부모의 양육태도, 부모와의 대화정도, 가족관계 만족도 등이 영향을 주는 것으로 나타났다. 특히 부모의 흡연은 청소년들에게 흡연행동의 위험요인으로 작용한다. 즉, 청소년은 흡연하는 부모와 동일시 또는 모방을 함으로써 흡연에 대해 관대하고 허용적인 가치기준과 신념체계를 가지게 되는 것으로 보고되고 있다. 이는 청소년기 흡연은 개인적인 문제보다는 환경적인 영향이 더 크게 작용함을 알 수 있다(김진경, 2022).

2020년 청소년건강행태조사를 보면 중고등학생의 83.5%가 흡연 예방교육 경험이 있다고 응답하였다. 흡연 예방교육을 받은 청소년의 74%가 도움이 되었다 또는 매우 도움이 되었다고 응답하였고, 남학생(73.1%)보다는 여학생(75%)에게서, 고등학생(65.8%)보다는 중학생(82.4%)에게서 긍정적인 응답이 높게 나타났다(여성가족부, 2020).

라. 청소년 흡연상담

흡연 청소년상담에는 가족체계와 관련된 상담이 도움이 된다. 표면적으로 드러난 흡연행동 이면에는 가족환경, 가족 간 의사소통 구조, 부모의 양육태도 등이 있으므로 이를 함께 다루는 것이 중요하다. 흡연과 관련된 상담이 의뢰가 되면 상담자는 학생상담 후 부모상담을 병행하며 학생의 문제행동에 개입을 하는 것이 좋다. 흡연과 관련된 부모의 적절한 개입은 청소년에게 변화의 의지를 갖게 하는 중요한 핵심이 된다.

### (3) 도박중독

도박은 돈이나 가치 있는 소유물을 걸고 결과가 불확실한 사건에 내기를 거는 행위이다. 도박은 경쟁을 포함하는 놀이이고 금전을 추구하며, 승패가 대체로 우연성에 의해 결정되기 때문에 그 결과는 언제나 불확실하다. 도박을 하게 되는 동기에는 금전동기, 흥분동기, 회피동기, 사교동기, 유희동기 등이 있다. 도박중독이란 도박으로 인해 자신과 가족, 대인관계의 갈등과 경제적 · 사회적 · 법적 문제가 발생하고 있음에도 불구하고 자신의 의지로 도박행위를 조절하지 못하고 지속적으로 도박을 하는 것을 말한다(한국도박문제예방치유원, 2023).

#### ① 인터넷 도박

가. 특징

인터넷 사용이 늘면서 아동 · 청소년들이 인터넷을 통한 불법도박에 쉽게 노출되고 도박에 중독되는 사례가 늘고 있다. 스마트폰의 보급이 증가할수록 이를 통한 인터넷 도박도 증가할 가능성이 높은데 인터넷 도박은 스마트폰이나 컴퓨터 같은 기기만 있으면 언제나 베팅이 가능하기 때문이다. 청소년 인터넷 도박중독은 일반적으로 '미니 게임' 형태의 온라인 불법도박으로 시작한다. 도박을 처음 하는 이유는 '호기심과 일시적인 재미'였지만 친구와 선후배를 통해 도박을 시작하면서 중독된 청소년들은 필연적으로 경제문제에 부딪히게 된다.

그후 도박자금을 구하기 위해 초고금리 불법 대출을 받고 감당하기 어려운 금액으로 빚이 늘어나게 되면서 가정 전체의 고통으로 확대되는 상황으로 몰리게 된다. 또한 청소년 도박중독은 학업과 교우관계 등에 부정적인 영향을 주게 되고 이는 학교생활 부적응을 초래하는 요인이 된다.

2022년 건강보험심사평가원 자료에 의하면 2017년~2021년 도박중독으로 진료를 받은 청소년은 7,063명으로 5년간 3배 가까이 증가하였다. 경찰청 청소년 도박범죄 집계에 의하면 2017년~2022년 불법도박으로 검거된 청소년은 268명으로 나타났으며 도박자의 연령은 점차 낮아지고 있다. 청소년들은 도박자금을 마련하기 위해 절도나 중고물품 거래 사기 및 학교폭력과 금품갈취 등 2차 범죄도 유발되어 도박에 대한 인식개선과 예방 교육이 필요하다(뉴스 더원, 2023).

### 나. 청소년 인터넷 도박 현황

2020년 한국도박문제관리센터의 청소년 도박문제 실태조사에서 도박 위험집단을 성별, 학년별, 학교 유형별로 살펴보면 여학생 1.5%, 남학생 3.3%, 중학생 1.7%, 고등학생 3.8%, 일반고 3.0%, 특성화고 3.5%로 나타나고 있다. 그리고 학교 밖 청소년의 도박위험집단은 학교 재학생들(2.4%)보다 3배 가까운 6.9%로 나타났다. 불법 인터넷 도박 경험 청소년 중 문제군 비율이 24.7%로 드러나 온라인 불법 도박으로 인한 도박 문제군이 높게 나타나고 있다. 돈이나 사이버머니를 걸고 하는 도박성 게임 경험률이 5.0%, 도박성 게임 초등학생의 경험률은 6.2%로 나타나 돈내기 게임 참여의 저연령화와 청소년들의 사회관계를 통한 도박문제가 확산되고 있음을 알 수 있다.

이를 근절하기 위해서 청소년들을 대상으로 한 생활 경제 교육과 도박 예방 교육을 의무교육화하는 것이 중요하다(한국도박문제관리센터, 2020). 또한 2020년 청소년 매체이용 및 유해환경 실태조사에서 신·변종 유해매체물 이용 실태조사를 보면 지난 1년간 성인용 인터넷 게임 유경험률은 연도에 따라 증감하는 것으로 나타났고, 도박성 게임에서는 중학생 및 고등학생들의 경험률은 감소한 반면, 초등학생의 경험률은 크게 증가하고 있다(여성가족부, 2020).

**표 11-12 신 · 변종 유해매체물 이용률**

(단위: %)

| 구분 | 19세 이상 이용 인터넷 게임 | | | 도박성 게임 | | |
|---|---|---|---|---|---|---|
| | 초 | 중 | 고 | 초 | 중 | 고 |
| 2014 | 12.3 | 22.5 | 25.7 | 1.9 | 4.8 | 8.2 |
| 2016 | 9.5 | 14.3 | 14.7 | 2.7 | 3.5 | 6.5 |
| 2018 | 5.3 | 20.6 | 25.4 | 2.1 | 3.0 | 6.8 |
| 2020 | 9.8 | 17.5 | 21.8 | 6.2 | 3.4 | 5.2 |

출처: 한국도박문제관리센터(2020).

### 다. 청소년 인터넷 도박 영향 요인

청소년의 인터넷 도박 중독행동에 영향을 미치는 요인에는 개인적 요인과 가족적 요인, 사회환경적 요인 등이 있다. 개인적 요인에는 성별, 충동성, 감각추구 성향, 학업스트레스, 비합리적 신념, 자기통제력 부족 등이 있다. 가족적 요인에는 가족 갈등, 가족 간 유대감 부족, 부모의 감독 소홀, 부모의 정기적인 도박 행동 등이 있다. 사회환경적 요인에는 비행 및 도박하는 친구와의 접촉, 잘못된 놀이문화, 물질만능주의적 가치관, 도박 접근성이 높은 물리적 환경 등을 들 수 있다(정익중 외, 2021).

### 라. 청소년 인터넷 도박상담

인터넷 도박에 중독된 청소년들은 주변으로부터 비난과 관계단절 및 거부, 사회적 차별과 고립 등 부정적인 경험을 하게 되고 이는 청소년들의 생활과 정신건강에 중요한 영향을 미치게 된다(이동준 외, 2022). 도박 문제를 경험하고 있는 청소년들은 그렇지 않은 청소년들에 비해 우울과 불안 수준이 높고, 자살사고와 자살시도 위험이 높으며, 음주나 물질남용 위험도 높다(Estevez et al., 2013).

상담자는 도박 문제 행동을 보이는 청소년 내담자들에게 도박 예방 교육과 함께 심리 상담을 진행해야 하며, 인지행동적 접근과 동기강화 상담 접근법 등을 활용하여 잘못된 비합리적 신념을 수정하고 자아존중감과 자아효능감을 높여주는 상담을 실시한다.

## 4) 중독상담의 사례

> **휴대폰은 나의 친구**
>
> 친구와 인터넷 게임할 때 가장 신난다는 초 4 남학생 S는 무분별한 컴퓨터와 스마트폰사용과 사용 시에 거친 말로 모와 갈등을 겪고 있음. S는 엄마의 말을 듣고 싶으나, 게임할 때에는 전혀 엄마의 목소리가 귀에 들어오지 않는다고 함.

### (1) 상담 의뢰 배경

① 학생 기본적 이해

| 구 분 | 내 용 |
|---|---|
| 인적사항 | 초등학교 4학년 남학생 |
| 가족사항 | 모(48세, 주부), 큰누나(15살, 중 2), 형(14살, 중 1), 작은 누나(12살, 초 5), 외조모(72세, 무직), 부(48세, 내담자 출산 전 이혼함, 요식업 운영, 거의 왕래하지 않다가 최근에 교류함) |
| 학교생활 | 수업시간 멍하게 있거나 자는 경우가 많음. 쉬는 시간에는 너무나 활발하게 급우들과 장난을 치며 노는 모습이 자주 관찰됨. 출석은 양호하나 지각을 자주 함. |
| 행동관찰 | 또래보다 키가 작고 통통한 체형. 위생상태 양호함. 모의 보고에 따르면 산만하다고 하나 의사소통 시 적절하게 집중하였음. 목소리 높낮이와 빠르기 적절함. 눈맞춤도 비교적 잘 됨. 상담 5회기 동안 매번 같은 옷 입고 옴. 첫 회기에 날이 추웠는데 외투를 입지 않았음. 함께 동행한 모 역시 얇게 입고 옴. |

② 내방경위

초등학교 4학년 때 여성가족부와 교육부 인터넷 · 스마트폰 사용습관 전수조사에서 위험군으로 나와서 모가 상담 신청함.

③ 주호소문제

- (내담학생) 말 잘 듣는 착한 아들이 되고 싶음.
- (모) 스마트폰 · 인터넷 사용이 과하며, 게임하면서 욕하는 게 정말 싫음. 말을 안 듣고 통제 불가능함.

④ 내담자 주요 이슈

- 내담자는 2남 2녀의 막내로 이혼한 모, 외조모와 함께 생활하고 있음. 내담자가 태어나기 전 부모는 이혼함. 태어났을 때는 부가 내담자를 찾아온 적이 거의 드물었고, 최근에 모가 양육비 등 자녀문제로 연락하여 왕래를 하고 있음.
- 모는 정부의 취약계층 지원으로 생활하여 경제적으로 풍족하지 못한 상황임.
- 내담자의 형이 뇌전증 장애를 앓고 있어 모의 관심과 애정이 집중된 편임. 모는 내담자에게 "형이 아프니까 네가 참아야지"라며 어릴 때부터 자주 이야기하며, 내담자가 그렇게 해주길 기대함. 내담자는 그러한 모에게 투정을 부리며 더욱 모가 싫어하는 행동을 하게 됨. 내담자는 그러한 자신을 일컬어 "말썽꾸러기, 잘못을 많이 하는 아이"라고 표현함. 가족들 또한 내담자를 엄마 말을 듣지 않는 말썽꾸러기라고 생각하며 못마땅하게 생각하고 있음.
- 내담자는 대인관계에서도 어려움을 경험하고 있으며, 자신의 의견을 친구들에게 적극적으로 표현하기보다는 어느 정도 참다가 폭발적인 행동(목조르기)으로 표현하는 모습을 보임. 친구가 먼저 시비를 걸어 방어하는 모습을 교사가 보았을 때도 자신이 혼날 것 같아 도망쳐 버리는 경우가 많음.
- 내담자는 친구들과 인터넷으로 게임하는 것이 너무나 신난다고 함. 학원을 다니지 않은 내담자는 친구들이 학원 다녀올 때까지 혼자서 게임을 하며 기다림. 초 4 때 여성가족부 인터넷 · 스마트폰 이용습관 전수조사에서 K척도에서 관찰자 검사는 인터넷 과다사용 위험군으로 결과가 나온 반면에 내담자는 일반사용군으로 나옴. S척도의 관찰자 검사는 스마트폰 과다사용 주의사용자군으로 분류되고 내담자는 주의사용자군으로 동일한 결과가 나옴.

### (2) 상담목표 및 상담전략

| 구분 | 내 용 |
|---|---|
| 상담목표 | (내담자와 합의) 게임 시간을 스스로 조절할 수 있는 대안활동을 탐색하고 실천계획 세우기 |
| 상담전략 | 인터넷과 스마트폰 사용 습관을 탐색하고, 사용에 따른 득과 실을 확인함.<br>스마트폰 외의 대안활동 찾아보고, 경험해 보기(보드게임, 전통놀이, 공예 등)<br>내담자와 모에게 과제를 부여하여 상담에 적극적으로 참여하도록 함.<br>부모교육을 통해 내담자에 대한 이해를 높이고 적절한 양육환경이 되도록 함. |

### (3) 상담 과정

| 구분 | 내 용 |
|---|---|
| 1회기 | 모와 동행하여 상담실로 옴, 접수 면담, 친밀감 형성, 주호소문제 탐색 * 모 상담(상담 기대 확인 등) 및 검사(K-CBCL) 실시 |
| 2~3회기 | 심리검사(NEO성격검사, SCT, HTP), 나에게 인터넷 · 스마트폰이란? 마인드맵 그리기, 주호소문제 연결하여 검사 결과 해석하기, 상담목표 설정, 변화에 대한 이득과 손실에 대해 다룸, 대안활동 목록 작성하여 회기마다 실행하도록 약속함. |
| 4~5회기 | 인터넷 · 스마트폰(게임)을 할 때의 자신의 주요감정과 욕구를 탐색하고 자신의 모습 들여다보기, 대안활동(빌딩세우기, 러쉬아워 등 보드게임) |
| 6~7회기 | 내담자가 원하는 가치관 탐색, 인터넷사용 기록지를 과제로 하여 다음 회기 때 함께 분석하기, 대안활동(200피스 퍼즐 맞추기, 아크릴무드등 공예) |
| 8~9회기 | 친구와 인터넷이 없는 하루 상상하며 떠올려지는 감정과 생각 나눔, 인터넷사용 기록지를 과제로 하여 다음 회기때 함께 분석하기, 대안활동(석고방향제 공예, 딱지 · 구슬 치기), 대안활동 실천 점검을 통해 내담자의 변화 확인 |
| 10회기 | K · S척도 사후평가, 상담목표 달성 및 상담 과정 평가, 인터넷 · 스마트폰을 올바르게 사용하기로 내담자 스스로에게 다짐하는 글 작성, 종결 |
| 그 외 활동 | (학부모 상담/교육) 매회 마다 면담 및 전화상담 진행함. 모가 의뢰한 만큼 적극적으로 상담에 참여함. 교육청과 청소년상담복지센터에서 주관하는 인터넷 · 스마트폰 사용습관 부모교육에 참여함. 상담 종결시에 내담자의 긍정적 변화에 희망을 품음. |

### (4) 상담 결과

- 인터넷 · 스마트폰 과의존에 이르게 한 내담학생의 내재된 핵심감정으로 외로움과 교우관계에 대한 욕구임을 알게 됨. 이를 인식한 이후부터 스스로에 대한 위로와 희망을 품음. 점차 인터넷 · 스마트폰 사용을 조절해 나가며, 사용 시에 욕을 거의 하지 않음.

- 모도 내담자 스스로 통제력을 기르고 유지하도록 언어적 · 비언어적 정서적 지지 표현을 지속적으로 해주었음. 그로 인해 상담 초기 때와 다른 모습으로 내담자를 건강하게 훈육함으로써 상담 종결 시에는 내담자의 효능감 향상이 나타나 내담자 스스로 변화 유지에 대한 지속적인 노력을 다짐하기도 함.
- 회기마다 모 상담을 병행하여 모자간 서로 이해하면서 깨졌던 신뢰감이 점차 회복됨.

# * 학교상담 책을 통해 세상에 전하고 싶은 이야기

이 책은 학교에서 근무하는 위(Wee)클래스 상담자들이 오랜 기간 학교상담을 하면서 경험한 것을 바탕으로 쓴 책이다. 저자들이 이 책을 쓰게 된 동기와 학교상담 책을 통해 세상에 하고 싶었던 얘기를 전하고자 한다.

## ■ 학교상담 책을 쓰게 된 동기

학교 위(Wee)클래스에서 학교상담을 한 지 10여 년이 되어가지만, 아직까지 표준화된 매뉴얼이 제공되지는 않는 실정이다. 대학과 대학원에서 상담과 관련된 내용을 학습할 수 있지만, 위(Wee)클래스라는 학교 내 상담실에서 처리하는 업무, 사례에 대한 내용을 특별히 배우는 과정은 매우 미흡하다. 그렇기 때문에 학교상담자로 일하게 되었을 때, 처음에는 하는 일이 어려워서라기보다는 어떤 일을 어떻게 해야 할지 모르는 막막함이 더 크게 느껴졌다. 위(Wee)클래스로 출근하던 첫날이 생각이 난다. 무엇을 해야 할지 어떻게 해야 할지 막막하던 그 첫날, 학기 초라 다들 분주하게 움직이는 듯한데 나만 홀로인 것 같았고, 마치 무인도에 혼자 남겨진 기분이었다. 그럴 때 누군가 다정하게 다가와서 공감해 주고 이것저것 알려주는 선배처럼 이 책이 그 역할을 해주면 좋겠다는 생각이 들었다. 때로는 처음 학교상담에 대한 부푼 꿈을 안고 공부하는 학생들에게 자상한 선생님 같은 책이 되면 좋겠다. 그래서 이 책을 통해 처음 학교 내 상담실에 왔을 때부터 숙련된 상담자로 성장할 때까지 어떻게 학교상담 업무를 해 나가면 되는가를 익히는 데 도움을 주고자 하는 마음에서 집필을 시작하게 되었다. 이 책이 출간되면 처음 학교상담자로 일하게 되는 상담자들에게 많은 도움이 될 수 있지 않을까 하는 마음도 갖게 되었다.

이전부터 학교라는 장면에서 상담한 여러 사례들을 책으로 쓰고 싶은 마음을 가지고 있었고 언젠가는 상담사례들을 글로 전할 날이 오겠지 막연히 생각하고 있었다. 그래서 학교상담 관련 책을 집필하자는 제안을 받았을 때 고민없이 참여하게 되었다. 특히 학교에 상담실습을 하러 오는 선생님들을 만났을 때 이러한 책이 필요하다는 것을 더욱 느끼게 되었는데, 똑같은 학교상담실습이라는 이름을 가지고 실습을 받고 있지만, 어디서, 어떻게, 누구에게 배우는지에 따라 너무도 차이 나는 실습을 하게 되기도 하고, 일관성이 없이 일을 배워간다는 느낌이 들었다. 똑같이 교육의 기회가 부여된 것임에도 불구하고 다른 내용을 배운다는 것에 대한 안타까움도 있었다. 자신이 배치된 학교 특성에 따라 학교상담을 경험할 수 있는 학교가 있는 반면, 어떤 학교는 학교 상담이라는 특성을 전혀 배우지 못하고 학교 교무 행정만 실습하고 돌아오는 경우를 보았다. 아직 학교상담에 대한 보편화된 매뉴얼이 없다는 것에 대한 갈증과 일괄적이지 못한 실습생에 대한 현장에서의 교육을 보고 이에 대한 교육서가 필요하다는 생각이 들어 '내가 쓴 책이 이런 사람들에게 도움이 되었으면.' 하는 마음에 함께 집필하게 되었다. 후배 상담자들에게는 일관된 교육이 이루어졌으면 하는 마음이 컸다. 집필진들 모두 처음 학교상담을 시작할 때 지침서나 매뉴얼 없이 혼자 동분서주하는 시간을 가졌다. 그래서 더욱 체계적으로 업무에 대해 배울 수 있는 효율적인 방법을 책으로 정리해서 후배들에게 전수하는 것이 우리가 할 수 있는 의미있는 일이라는 생각을 했다.

집필진 모두 처음 학교상담자로 일을 시작할 때를 떠올리며 서로 공감하였고, 이런 공감이 이 책을 완성하게 된 원동력이 될 수 있었다. 그리고 나보다는 후배들이 더 나은 학교상담을 하기를 바랬고, 이것은 결국은 학교를 다니는 학생들에게 더 좋은 상담을 해줄 수 있는 일이 될 것이라는 생각도 했다. 물론 학교상담이라는 것이 소속된 학교에 따라 각자 조금씩 다른 경험을 하게 되지만, 공통적인 일들에 대해서는 하나로 통합된 목소리를 내고 싶었다. 학교현장에서 경험한 것을 솔직하게 전달하여 어느 누구 한 사람이라도 도움이 된다면 의미있는 일이라 생각하여 책을 집필하게 되었다. 누군가가 하는 일을 물었을 때 학교상담 일을 한다고 하면, 종종 '그게 뭐예요'라는 질문을 받곤 했다. 학교상담이라는 것을 생소해하며 호기심 섞인 질문을 들었을 때, 우리 일은 내 일을 설명하는 일까지 포함되는구나라는 생각을 했고, 그래서 "학교상담은 이런 것이다."라는 것을 다른 사람들과 보다 체계적으로 정리하여 세상과 공유하고 싶은 마음이 들었다.

학교상담 책을 쓰면서 오랜 기간 상담을 통해 학생들과 학부모, 교직원들과 함께 했던 시간들을 정리해보면서 학교상담자로서의 발자취를 책을 통해 남기고 싶었다. 때로는 책을 쓰면서 그동안의 상담 시간을 되돌아보기도 하고, 다른 상담자들의 이야기를 듣고 나누면서 나 자신이 또 한번 성장하는 계기가 되었다.

## ■ 학교상담을 하면서 가장 인상 깊었던 기억

학교에서 학생들의 곁에는 교사와 부모가 있고 학교상담자들은 교사, 부모와 함께 학생들을 살피고 도와주는 역할을 한다. 학교상담은 상담자와 내담자 사이에 교사들이 있는 경우가 많은데 이때는 교사들을 지지하고 자문하는 역할을 하기도 한다. 그리고 내담자-교사-학부모와의 사이에서 중심을 잘 잡아야하는 것도 중요하다. 무조건 내담자 편만 드는 것이 아니라 내담자-교사-학부모 사이에서 균형을 잘 잡고 중재역할을 해야 한다.

위(Wee)클래스는 문제를 가진 학생이 상담만 받는 공간이 아니다. 누구나 편하게 쉴 수 있는 공간임으로 여러 학생들이 놀러온다. 때론 상담실에 놀러 와서 학예회 때 준비한 춤을 보여주고 노래도 불러 주기도 한다. 그중 한 학생은 최근 아이돌 선발 오디션에서 인기를 얻고 있는 학생도 있어 반가웠다. 특히 초등학교 상담실은 리얼하게 어린 학생들의 정서를 느낄 수 있고 발달과정을 지켜볼 수 있는 공간이다. 학교 상담실은 학생들이 잠시 흔들리고 방황하는 과정에 있다가도 다시 원래의 빛나는 존재로 회복되는 성장과 휴식의 공간이 된다. 정말 많은 사례와 아이들이 스쳐 지나가지만, 상담을 하면서 가장 인상 깊었던 것은 내가 비록 어른이지만, 나보다 어린 아이들에게도 배울 점이 있다는 것과 정말 작은 관심과 사랑이 많은 아이들을 성장시키고 변화시킬 수 있다는 것이다. 관심과 사랑에서 나오는 기다림과 함께 버텨주는 힘을 가진 상담자의 기다림은 누군가를 성장시킬 수 있는 가장 큰 힘이지 않을까 한다. 그러면서 아이들에게 진짜 필요한 것은 관심과 사랑이구나 하는 것을 정말 많이 느끼게 되었다.

초등학교에서는 담임교사가 항상 아이들 옆에 있기 때문에 섬세하게 봐주고 정말 필요한 부분을 상담자에게 연결해 주면 도움이 많이 된다. 그리고 지금 현재는 문제가 안 되지만 내재되어 있는 문제가 앞으로 성장하면서 발생할 수 있는 부분을 미리 느끼고 상담연결을 해주면, 아이에게 도움이 되는 경우가 많다. 담임교사는 학부모와 면담하면서 종종 갈등이 발생하기도 한다. 엄마들은 자녀에 대해 담임교사로부터 좋은 얘기만 듣고 싶어하고 지적사항에 대해서는 불편해 하기 때문이다. 담임교사들도 아이들에 대해서 학부모에게 최대한 실제 상황보다 좋게 말씀하시는 경우가 많다. 앞으로 긍정적으로 변화할 가능성이 있기 때문이다. 그러나 학부모들이 아이의 상황을 정확하게 인지하지 못하거나, 소통이 잘 안될 경우, 상담자가 개입되는 경우가 많은데 학부모들은 자녀에 대해 상담자가 얘기하는 경우 더 수용을 잘 하는 경우도 많다. 상담을 마친 후 부모님이나 담임교사로부터 '정말 위(Wee)클래스를 이용하기를 잘 했다', '상담선생님 덕분에 큰 도움을 받았다', '앞으로 위(Wee)클래스를 꼭 이용해야겠다' 이런 얘기를 들을 때 힘이 많이 난다. 초등학교에서는 신학기 초에 1학년 학생들의 분리불안 사례들이 자주 발생한다. 그런 경우 상담자는 부모의 역할을 대신하여 손을 잡고 아이를 교실 문 앞까지 데려다주고 담임교사에게 인계를 한다. 그러면서 아이와 부모, 교사, 상담사가 함께 노력하면서 학교생활에 잘 적응을 하게 되는 것을 보면 큰 보람을 느낀다.

초등학교에서는 ADHD학생들에 대한 상담도 제법 된다. ADHD였던 학생이 처음에는 상담을 거부했지만 끝까지 포기하지 않고 상담을 진행하여 좋아진 사례가 인상적이었다. 이 학생의 경우 학교폭력 가해자로 의뢰가 되었고, 초등학교 4학년 시절부터 감정조절이 잘 안되고 충동성향이 강한 문제를 가지고 있었다. 담임교사도 불안감을 가지고 아이에 대해 걱정을 많이 하는 상황이었다. 특히 약물치료를 제대로 받지 않고, 약을 거르는 것에 대해 불안해 하고 있었다. 상담자는 부모와 담임교사와 협의하여 매일 상담실에 들러 약을 먹고 교실에 올려보내도록 했다. 그리고 부모에게도 집에서 정서조절이 안되는 경우 어떻게 접근해야 하는지 상담을 했다. 야간근무를 많이 하는 부모라 전화통화를 주로 했고, 시간이 될 때는 만나서 얘기를 나누기도 했다. 어려운 사례여서 슈퍼비전도 받았다. 열심히 상담을 진행하고 학생과 부모도 함께 노력해 준 결과로, 졸업할 즈음에는 정말 많이 좋아졌다. 근 3년간을 만나고 졸업을 시킨 학생이라서 기억에 많이 남는다. 이 아이를 상담하면서 초등상담은 양육의 기능도 함께 하게 됨을 느꼈고 부모와 담임교사와의 유기적인 관계를 맺고 협력하는 것이 매우 중요함을 깨달았다. 그리고 ADHD성향이 좋아지지 않고 중고등학교에 진학했을 경우, 품행장애로 이어질 수도 있는 아이들을 초등단계에서 상담하는 것은 매우 중요하다고 여겨졌다. 또 다른 기억에 남는 ADHD아이는 할머니가 양육을 하는 아이라서 약물치료에 대한 관리도 잘 되지 않고, 그렇기 때문에 호전이 잘 되지 않는 아이였다. 상담자는 병원에 같이 가주기도 하며, 부모의 역할을 대신해 주기도 했다. ADHD 아이들을 만나서 상담하고 변화시킨다는 것이 어려운 일이긴 하지만, 꾸준한 상담과 약물치료를 병행하며 좋아질 수 있었다. 그대로 방치할 경우 더 어려움을 겪을 수 있는 아이들에 대해 미리 예방주사를 맞히고 면역력을 키울 수 있는 과정이라고 생각하고 보람을 느꼈다.

중학교 상담 현장에 뛰어든지 1년이 되지 않았던 초보 시절에 만난 내담자가 기억이 난다. 자살시도를 했던 아이가 학교로 돌아와 나를 보자마자 펑펑 울었을 때 내가 해줄 수 있었던 것은 기다림이 전부였고, 그동안 참 많이 힘들었구나 하는 마음을 전하는 위로 얹은 손이 전부였다. 어떠한 말을 해줄 수도 없었다. 무언가를 해주기보다는 아이를 믿고 기다려 주었을 때 좋은 결과가 있었다. 이 아이에게는 아무도 그렇게 해주지 않았던 것이다. 아이는 병원치료 없이 상담치료만으로도 많이 좋아졌다. 이 아이가 상담을 마치고 졸업을 할 때 쯤 내게 준 편지를 아직도 가지고 있다. "선생님, 감사합니다. 이전엔 하늘을 보면 '난 언제 저길 갈 수 있을까?'라는 생각만 했었어요. 그런데 지금은 아니에요. 하늘을 보면 오늘은 하늘이 참 예쁘구나. 라고 생각하고 나처럼 힘들어하는 친구를 돕는 사람이 되고 싶어요."라는 편지를… 누구나 해줄 수 있는 일일수도 있지만, 그래도 학교 안에서 가장 학생들에게 관심을 가지고 마음을 전할 수 있는 것이 우리 상담자들이지 않을까 생각한다. 교실에 들어가지 못하는 아이들,

학교에 오지 못하는 아이들을 가정방문까지 해서 아이들을 손잡고 데리고 오고, 그리고 나서 2년 동안 거의 위(Wee)클래스에서 생활하다시피하는 아이들, 가족처럼 지냈던 아이들이 마음잡고 잘 성장해서 졸업하고 자기 분야에서 잘 살아가는 모습을 전해 들으면 가슴이 뭉클해지기도 한다.

중학교 시기는 가장 정신없는 시기이고 변덕이 심하며 청소년과 부모가 많이 혼란스러운 시기이다. '학교를 못 다니겠다, 검정고시를 보겠다, 대안학교 가겠다.' 등 상담자와 학교를 힘들게 했던 학생이 있었다. 중학교를 중퇴하게 할 수는 없다는 마음에 학교를 그만두고 싶어 할 때마다 '그러지 마라. 그럼 위(Wee)클래스에 와라, 1시간이라도 쉬었다가라. 힘들면 자고 가도 된다.'라고 하며 어르고 달래며 보냈던 시간들. 그리고 그 아이들이 학교를 그만둘 뻔 했던 위기를 극복하고 학교를 졸업했을 때, 그리고 고등학교를 졸업하고 대학까지 진학해서 잘 지내고 있는 소식을 전했을 때, 큰 보람을 느끼게 되었다. 선생님이 그때 중학교를 계속 다닐 수 있게 해주셔서, 고등학교를 다니게 되었고, 대학까지 진학하게 되었다고 감사 인사를 전할 때가 참 인상 깊었던 기억으로 회상된다. 집에서는 한없이 명랑한데 학교에 오면 말 한마디 하지 않던 선택적 함묵증을 가진 학생은 지속적인 상담으로 결국 졸업할 즈음에는 모기만한 목소리로 대화할 수 있었다. 또 담임교사와의 갈등으로 상담실에 끌려오던 말썽꾸러기 학생을 담임과 연계하여 지속적인 관심과 애정을 줌으로써 점점 안정되고 학교생활에 적응하여 상급학교에 진학하게 되었다는 소식을 듣게 되었을 때 뿌듯한 생각이 들었다.

고등학교는 고등학교의 특성에 따라 아이들의 성향 또한 나뉘어져 고등학교에서 근무하는 상담자의 업무 역시 많이 다르다. 이를테면 인문고나 자립형사립고의 경우 학업 스트레스나 시험 불안과 관련한 상담업무가 주를 이룬다면, 특성화고등학교의 경우 학업중단 예방이나 진로에 관한 상담업무가 주를 이룬다. 고등학생에게 있어서 진로는 진학으로 취급되는 경우가 많아 안타까웠다. 학교 장면에서 학생들의 진로와 적성보다는 학업 성적에 초점을 맞춘 '진학지도'가 주로 이루어지다 보니, 내담 학생들이 정작 본인이 하고 싶은 일이 어느 전공을 선택해야 하는가에 대해 잘 모르는 경우가 있었다. 한 학생의 사례를 들자면 자신의 꿈꾸고 있는 직업이 NGO단체에서 하는 사회복지관련 국제 구호사업을 하는 것이었지만, 자신이 하고자 하는 직업명을 잘 모르기도 했고 그저 공부를 열심히 해서 서울에 위치하고 있는 명문대학 내 국제경영을 전공하면 되는 줄 알고 있었던 것이다. 진로와 관련된 상담을 받고 나서 아이는 자신의 꿈에 가까운 전공을 선택하여 진학할 수 있었다. 이로 인해 진학에만 초점을 맞추지 말고 진로와 꿈을 상담해 주는 것이 중요하다는 생각을 하게 되었다.

고등학생들은 이성 문제에 대한 상담을 할 때 성인과 가까운 수준으로 상담을 진행해야 한다. 예를 들어 피임과 관련한 얘기를 나눈다고 할 때, "너희들 조심해야 한다." 이러한 추상적인 얘기로는 안 된다. 더욱 구체적이고 정확하게 교육을 해야 문제를 예방할 수 있다. 고등학생들은 때로는 성인들처럼 가면을 쓰고 얘기하기도 한다. 선생님 앞에서도 어른들처럼 일종의 사회생활을 하는 것이다. 겉으로는 괜찮은 척 하지만 속앓이를 하기도 하고, 다른 사람들에게 잘 보이고 생존해 나가기 위해 속마음을 숨길 줄도 아는 시기이다. 정신적인 어려움을 갖고 있는 경우에도 초, 중등과는 달리 증상이 매우 심화된 상태인 경우가 있다. 즉 병리적인 어려움이 이미 많이 진행된 것이다. 자살과 자해를 하더라도 매우 구체적이고 실천적이다. 그래서 더욱 위험하다. 아르바이트를 통한 직업에 대한 경험, 이성과의 성경험, 게임이나 도박 등의 문제는 거의 성인에 준해서 접근해야 한다. 도박을 할 때 단위가 몇 천만 원, 억에 가까운 경우도 있음을 보고 소스라치게 놀란 적도 있다. 물론 소수에 해당 되지만, 위험한 사례는 성인 못지 않게 문제가 심각하다. 고등학생 중에는 가출을 해서 독립을 했거나 해체된 가정이어서 어쩔 수 없이 혼자 살고 있는 경우도 있다. 마음도 몸도 많이 커버렸지만, 아직 자기 자신을 책임질 수는 없는 미성년자 시기인 고등학생들에게는 초, 중학생과는 또 다른 접근을 해야 함을 느꼈다.

위(Wee)클래스는 안전지대이다. 사탕 하나 먹고 싶어서 들리기도 하고, 문 열고 인사만 하고 지나가기도 한다. 그것이 학교상담의 특성이기도 하다. 일을 하면서 내가 아이들에게 준 것보다 받은 것이 많다고 생각한다. 그래서 상담을 하는 것이 좋고, 계속하고 싶다. 학교상담은 한두 번 상담을 하고 마는 것이 아니라, 입학해서 졸업할 때까지 만나게 되고, 아이들의 심리적인 변화나 성장하는 모습을 꾸준히 볼 수 있기 때문에 참 좋은 측면이 많은 것 같다. 그리고 필요하면 언제나 불러서 상담을 할 수 있다는 것과 상담의 결과를 확인할 수 있다는 것이 큰 장점이 되는 것 같다.

학교는 사회의 축소판이다. 사회에 나가서 겪게 될 일들에 대해서 미리 연습하는 곳이라고 생각한다. 하지만 학교는 학생이라는 신분하에 보호막이 있는 곳이고 사회는 그렇지 않다. 그래서 보호받을 수 있는 곳에서 충분히 연습해 보고 사회에 진출하는 것이 아이들에게 큰 도움이 될 수 있다고 생각한다. 학교에서는 학습권을 '교과 공부'로 국한하는 경우가 많았다. 하지만 학생들의 학습권은 공부만을 강조하는 것이 아니라, 자유에 대한 권리로부터 나오며, 행복추구권과도 가깝다고 생각한다. 학교는 배움의 과정이고 전인적인 교육이 이루어져야 하는 곳이기 때문에 아이들이 학습을 위주로 한 교과 공부 외에도 원할 때는 상담도 받을 수 있으며, 행복도 누릴 수 있는 권리가 있다고 생각한다. 학생들의 학습권은 이렇듯 행복추구권의 개념이 포함되어야 한다. 하지만 대부분의 학교에서는 공부에 초점이 맞추어져 있어 행복추구권이 보장되지 못하는 경우가 많았다. 상담을 받고 싶어도 교과공부가 우선될 수밖에 없었다. 학교상담자로서 아이들의 행복추구권을 지켜주고 싶어서 교사들과 대치를 하면서 아이들이 안전하게 학교를 다닐 수 있도록 도왔던 사례도 있다. 아이들이 충분히 안전하고 사랑받고 있고 존중받고 있다는 느낌을 위(Wee)클래스로부터 경험하고 이를 통해 힘을 갖게 된다고 생각했다. 그 후 아이들이 졸업하고 제 역할을 하고 있는 모습을 보면서 교사들로부터 아이들의 학습권은 공부만이 아니라 행복을 추구할 수 있는 권리도 있음을 인정받았다. 위(Wee)클래스를 경험했던 교사들은 아이들의 행복추구권을 존중했고, 학교상담을 받는다면 두말없이 보내주게 되었다. 학교상담자는 학교 안에서 심리응급실을 운영하고 있는 사람이라고 생각한다. 심리적 응급처치가 필요한 친구들이 너무 많다. 어떨 때는 여기가 정신건강의학과인가 학교인가 혼돈될 때도 있을 정도이다.

학교상담을 경험하면서 대학교와 대학원에서 배운 청소년의 정신건강, 심리사회 정서적 특성을 학교 현장에서 실제 사례로 접하게 될 때 '학문으로서의 탐구' 지적 호기심이 충족되면서 그 경험이 굉장히 강렬하게 느껴졌다. 그로 인해 더 알고자 하는 지적 호기심, 전문성을 키우고 싶은 학구열(대학원 진학, 직무연수 이수 등)이 생겼다. 정말 이론에서 배웠던 것이 실제 이렇구나라고 생각된 측면이 있었다. 한 예로, 초기 조현병이 청소년기에 발현한다는 것을 배웠는데, 실제 사례를 보게 되었을 때, 정말 실제 그렇구나라는 것을 느꼈다. 비행의 경우에도 흡연과 음주가 비행의 첫걸음이 될 수 있다는 것을 배웠는데, 학교현장에서 정말 흡연과 음주가 비행의 시작점이 되는 것을 보며 학생의 문제 상황에 대한 초기개입의 중요성을 느꼈다. 학교상담자로서 끊임없는 공부의 필요성, 이론의 중요성도 느꼈다. 학생들의 회복과 성장이 실현되는 경이로운 과정을 지켜보면서 학교상담 실천가로서 보람이 느껴졌다.

## ■ 학교상담 책을 통해 세상에 전하고 싶은 이야기

우리 아이들에겐 정말 큰 관심과 많은 대화가 필요한 것이 아니었던 것 같다. 정작 내 가족에겐 잘 되지 않지만, 학교에서 우리가 보이는 작은 관심과 살가운 말 한마디, 그리고 아이들의 이야기에 잠깐 귀 기울여주는 그 몇 분의 시간이 아이들에게는 희망이 되고 사랑을 느끼는 시간이고, 아이들이 성장할 수 있는 시간이라는 것을 꼭 전달하고 싶다.

이 책을 집필하면서 정말 학교상담이 중요하다는 것을 느꼈다. 성장단계에 있는 학생들에게 학교상담이 너무나 중요하고 필요하다는 것을 알리고 싶다. 학교상담실은 안전한 곳이며, 학생과 교사, 학부모가 함께 어울려 지내는 곳이다. 이 책을 통해 학교상담이 어떤 것인지 어떤 상담영역이 있는지를 알리고, 타 기관의 상담보다 학교상담은 담임–학부모–상담자가 함께함으로써 도움이 필요한 학생들에게 좀 더 빨리, 가깝게, 호소문제에 대해 도움을 줌으로써 학교생활을 잘 적응 할 수 있다는 것을 알리고 싶다.

학교상담자로서 집필을 하며 내 역할을 더 돌아보게 되고, 학교상담의 중요성을 느꼈다. 때로는 내가 열심히 일할수록 내담학생 수가 늘어나면서 소진될 때도 있다. 학생 수가 감당하기에 너무 많은 경우 상담사 혼자서 전교생을 커버

하는 것은 어렵다. 학생 수에 따라 상담자가 적절히 배치되어야 하는 등 제도적인 뒷받침이 필요하다고 생각된다. 그리고 학교상담이 자리를 잡기 위해서는 학교 상담법이 필요하다. 학교상담법을 통해 학생들이 보다 자유롭게 상담을 받고, 상담자도 더 안전하게 보호받을 수 있을 것 같다. 그리고 학교 관리자의 마인드에 따라서 어떤 경우에는 상담에 대해 편협하게 대해지고 상담실이 고립되는 경우도 있다. 따라서 상담은 단지 은밀한 것이며, 자기만 알아야 하는 것이라고 생각하는, 일반적인 고정관념을 가지고 있는 것에서 벗어날 필요가 있다. 상담실도 너무 외진 곳보다는 오픈될 필요가 있다. 위(Wee)클래스가 편안하고 친숙하게 다가오도록 개방성을 가지고 접근할 필요가 있다.

학교상담은 학교선생님과 부모님, 학교상담자가 손을 잡고, 도움이 필요한 학생이 최대한 빨리 문제를 해결하고 학교를 더 잘 다닐 수 있도록 하는 반드시 필요하고 중요한 곳임을 알리고 싶다. 이 책을 통해 우리의 전문성을 보다 분명히 알리고 신뢰를 주고, 학교상담실은 믿고 찾아올 수 있는 곳이라는 것을 자리매김하고 싶었다. 이 책의 독자가 될 후배상담자들에게도 전하고 싶다. 당신은 학교상담자로서 인간적, 전문적으로 충분히 자질을 가지고 있으니 자신을 믿고 동료를 믿고 한번 학생들을 만나보라고 얘기하고 싶다.

## ■ 집필하며 느낀점

처음 상담을 시작할 때의 열정이 줄어들고 직업으로 상담을 하고 있지는 않나 하는 회의가 생기던 중 책을 집필하게 되었다. 그동안 나를 통해 성장한 내담 학생들은 반대로 나를 성장시켜 주는 존재였다. 그 아이들이 성장한 만큼 나도 커갔다. 잠시 뒤로 미뤄놓고 있었던 상담에 대한 나의 열정에 이 작업은 다시 불씨가 되었다. 이 불씨로 나는 물론이고 학교 상담에도 도움이 되길 바란다.

이번에 집필을 하면서, 혼자서는 할 수 없는 일을 함께해서 할 수 있다는 것을 느꼈다. 이 책을 집필하면서 여러 사람들이 함께 책을 만들어가면서 서로 존중하고 힘을 주고 받을 수 있는 과정이 참 좋았던 것 같다. 학교 현장에서 경험했던 것을 기록하면서 뿌듯함이 있었으며, 흩어졌던 생각들을 하나로 모을 수 있는 계기가 되어서 좋았다. 그래서 앞으로 제가 해야 될 상담영역에 대해 좀 더 명확히 할 수 있는 기회가 되어 좋았다. 같은 경험을 한 선생님들과 공동작업하면서 각자 상황이나 형편이 다름에도 열심히 작품을 만들어내는 과정이 즐겁고 보람되었다.

책을 쓰는 것이 정말 쉽지 않다는 것. 많은 시간을 들여야 하고, 많은 공이 들어간다는 것을 다시금 느끼게 되었다. 특히나 혼자서는 절대 이루지 못할 것 같은 일이 함께여서 가능한 일이 아닐까 생각했다. 책이 마무리가 되어 갈수록 느껴지는 우리 선생님들의 한명 한명의 역할과 성격들이 어찌나 감사한지 모른다. 내 주위에 이렇게 따뜻하고 멋진 사람들이 있다는 것에 다시 한 번 감사하게 되는 것 같다.

## ■ 집필을 마치며 남기고 싶은 이야기

막상 이 책을 마무리하려고 하니, '내가 감히 학교상담을 논할 수 있나'라는 부분에서 부끄럽기도 하였다. 9년 동안 학교상담을 했는데 '내가 과연 많이 한 것인가, 나보다 더 전문가들이 많을 텐데' 이러한 부끄러움도 있었다. 그리고 내가 맡은 집필의 영역과 관련하여 '내가 정말 잘 한 걸까' 이런 생각도 든다. 하지만 해마다 오는 교생실습 후배 상담자들에게 그동안 '학교상담은 이런 내용이다'라고 보여 줄만한 책이 마땅히 없어서 가지고 있던 프린트 자료들을 모아서 주곤 했었는데, 이 책이 완성도 있게 정리가 되어 이 책 한 권으로도 학교상담을 소개할 수 있다면 자부심이 생길 것 같다. 이렇게 정리를 할 수 있는 기회를 가지게 됨을 감사하게 생각한다.

학교상담은 상담학계에서 다소 애매한 위치에 있는 것 같다. 상담의 영역은 학교상담 이외에도 기업상담, 사설상담센터 등 다양한데, 학교상담자는 상담자인가 교사인가 그런 고민을 하게 되기도 했다. 학교상담자가 학회에서 주도하는 수련과정이나 그런 부분을 강조하기보다는 전문상담교사나 청소년상담사 등 국가 주도의 자격증을 갖추고 있다 보니 상담에 대한 경험이나 경력에 대한 부분도 타 현장과는 좀 다르게 비추어지는 경우도 있다고 느꼈다. 이러한 학교 상담에 대한 인식에 대해 아쉬움이 많았다. 일반인들은 잘 모르기도 하고, 보건실과 비슷한 역할로 보기도 하지만 이제는 세월도 쌓여가고 학교상담도 자리를 잡아나가는 시기라고 생각한다. 그래서 미래의 학교상담자로서 집중하여 준비하고 공부하는 후배들도 생겨나는 것 같다. 그런데 이러한 현장의 상황에 비해 실제로 학교에서 운영되는 상황을 보면 체계적이지 못하다. 특히 상담에 대한 법이나 제도가 매우 미비하다고 생각한다. 앞으로 더욱 체계적이고 매뉴얼도 확보되는 영역이 되어야 한다고 생각하고 이 책이 그러한 측면에서 일조를 하게 되면 좋겠다고 생각한다. 학교상담자들의 위상 정립에도 도움이 되기를 바란다.

책을 쓰면서 내가 집필한 부분의 옅었던 색깔이 다른 동료 집필진들의 글들이 더해지면서 선명해지고 환해지는 느낌을 받았다. 함께 하면 무엇이든 힘이 되고 에너지가 되고, 좋은 열매를 맺는다는 것이 가능하다는 것을 느꼈다. 학교상담자로서의 여정은 나에게 가장 많이 도움이 되는 시간이었다. 상담자로서 교사들과 아이들, 학부모님들께 도움을 드리기도 했지만, 오히려 아이들과 부모님, 교사들로부터 내가 더 훨씬 많이 배우고 도움이 되는 시간이었다고 생각한다. 그 시간을 통해서 치유 받고 성장할 수 있는 시간이었다.

집필하는 과정이 상담받는 과정과 비슷하게 느껴졌다. 내가 때로는 내담자가 된 것 같기도 했다. 동료 집필진분들께서 나를 기다려주고 관심 가져 줌을 느끼며 내가 더 성장할 수 있었던 것 같다. 그래서 더 창조적일 수 있었던 시간이었다. 상담사례를 정리하면서 내가 그동안 상담했던 학생들이 어떻게 성장했는지 많이 궁금했다. 과거에 상담했던 내용들이 집필이라는 기회를 통해 기억에서 나옴으로써 더 많이 생각하고 느끼게 되는 의미있는 시간이었다. 그리고 이번 책을 통해 학교상담 속의 위(Wee)클래스 상담, 학교에서 근무하는 상담자이자 교육자로서 특성을 가지고 있는 학교상담자에 대한 정체성이 잘 정리되는 기회가 되기를 바란다.

# *참고문헌




강문희, 박경, 강혜련, 김혜련 (2020). **가족상담 및 심리치료**. 서울: 신정.

강승희 (2020). 예비전문상담교사의 교육실습 인식 비교: 예비전문상담교사와 교육전문가를 대상으로. 우석대학교 석사학위논문.

강진령 (2006). **집단상담의 실제**. 서울: 학지사.

강진령 (2009). **상담과 심리치료**. 파주: 양서원.

강진령 (2013). **상담과 심리치료**. 파주: 양서원.

강진령 (2015). **학교상담과 생활지도: 이론과 실제**. 서울: 학지사.

강진령, 연문희 (2002). **학교상담: 21세기의 학생생활지도**. 파주: 양서원.

강찬성 (2015). 홀랜드 진로탐색검사의 유형별 특성과 디자인 전공 적합성 관계: 디자인 전공을 준비하는 고등학교 2학년 학생을 중심으로. 한양대학교 석사학위논문.

경남대학교 교육연수원 (2020). 하계 전문상담교사 1급 정교사 자격연수 교재.

고기홍 (2020). **통합적 자기 관리를 통한 개인상담**. 서울: 학지사.

곽금주 (2021). **K-WISC-V 이해와 해석**. 서울: 학지사.

교육부 (2019). 위클래스 운영가이드북. 한국교육개발원 위(Wee)프로젝트연구특임센터.

교육부 (2020). 2020년 교육기본통계 결과 보도자료.

교육부 (2021). 교육실습 운영 안내자료.

교육부 (2021). 초 · 중등교육법 시행령.

교육부 (2023). 2023년 1차 학교폭력 실태조사 결과 발표 보도자료.

교육부 (2023). 학교폭력 사안처리 가이드북.

구희주 (2011). 청소년의 학교폭력 인식에 영향을 미치는 요인. 경기대학교 석사학위논문.

권석만 (2012). **현대심리이론과 상담이론**. 서울: 학지사

권석만 (2017). **현대이상심리학**. 서울: 학지사.

권석만 (2020). **현대 심리치료와 상담이론-마음의 치유와 성장으로 가는 길**. 서울: 학지사.

김계현 (1995). **상담심리학**. 서울: 학지사.

김계현, 김동일, 김봉환, 김창대, 김혜숙, 남상인, 천성문 (2020). **학교상담과 생활지도(3판)**. 서울: 학지사.

김광기, 김현아, 제갈정 (2020). 음주 청소년의 문제음주 경험 관련 요인. **대한보건연구, 46**(2), 29-44.

김광수 (2013). 학교폭력 특성 이해와 조기감지, 개입과 대처. 한국교원교육학회 학술대회 자료집, 3-30.

김민선 (2023). 잠재성장모형을 활용한 청소년의 대인관계역량과 학교적응의 관계. **청소년학연구, 30**(1), 107-124.

김민희 (2007). 게슈탈트 이론 적용을 통한 포스터 디자인 표현 연구. 이화여자대학교 석사학위논문.

김범수 (2009). 학교폭력 실태와 예방대책에 관한 연구. 한남대학교 석사학위논문.

김병수 (2009). 청소년의 성별에 따른 가족건강성 및 문화성향과 대인관계성향간의 관계분석. **한국가정과교육학회지, 21**(4), 91-103.

김소라, 이자영, 손재환, 유춘자, 이영선 (2011). 청소년 매체상담. 한국청소년상담원.

김아영 (2002). 자기결정성 이론에 따른 학습동기 유형 분류체계의 타당성. **교육심리연구, 16**(4), 169-187.

김영채 (1995). **사고와 문제해결심리학: 인지의 이론과 적용**. 서울: 박영사.

김영환, 문수백, 홍상황 (2005). **심리검사의 이론과 실제**. 서울: 학지사.

김영희 (2004). 초인지전략을 통한 새로운 영어독해전략 고찰. **영어교육연구, 29**, 91-110.

김유숙 (2016). **가족치료 이론과 실제**. 서울: 학지사.

김은진 (2015). 청소년기 부모애착, 자아존중감, 분노, 스트레스 관계에 대한 종단연구. **한국청소년연구, 26**(4), 239-266.

김인규 (2013). Wee 프로젝트 발전방안 연구. **교육종합연구, 11**(1), 137-156.

김일옥, 신선화 (2016). 중학생의 학업 스트레스가 스마트폰 중독에 미치는 영향: 자아존중감과 자기통제력의 조절효과. **한국정신간호학회지, 25**(3), 262-271.

김재환 (2001). 상담에서의 심리검사의 활용. **대학생활연구, 19**, 1-21.

김정숙, 신지혜, 손윤경 (2009). **아동미술치료의 이론과 실제**. 서울: 교문사.

김지혜 (2013). 가출의 비범죄화: 소년법상 가출 규정과 가정밖 청소년의 인권. **소년보호연구, 23**, 35-60.

김진경 (2022). 흡연청소년의 가족경험에 관한 연구. **한국청소년활동연구, 8**(1), 77-100.

김진숙, 김창대, 박애선, 유동수, 전종구, 천성문 (2012). **집단상담 과정과 실제**. 서울: 센게이지러닝코리아.

김창복, 김근규, 이일랑 (2013). 미국 예비유아교사의 사전실습에 대한 연구: 현장참여와 현장실습을 중심으로. **한국영유아교원교육학회, 17**(1), 377-398.

김춘경, 박정순, 최윤정, 김성혜, 이정은, 고경남, 정은해, 김기영, 박안나, 장은영, 권혜영, 전미희 (2004). **아동집단상담 프로그램**, 서울: 학지사.

김한나 (2022). 청소년의 대인관계스트레스와 비자살적 자해와의 관계에서 인지적 정서조절전략의 매개효과. 신라대학교 석사학위논문.

노안영 (2005). **상담심리학의 이론과 실제**. 서울: 학지사.

대구광역시서부교육지원청 (2014). **자살위기개입 매뉴얼**. 대구: 청타출판사.

도중진, 박광섭, 박행렬 (2012). 학교폭력의 예방 및 근절을 위한 지자체의 역할 수립 용역 연구보고서. 대전: 충남대학교 산학협력단.

문용린 (2006). **학교폭력 예방과 상담**. 서울: 학지사.

박동혁 (2008). **MLST 학습전략검사 해석요강**. 서울: 한국가이던스.

박영순, 김판희 (2015). 중학생의 사회정서적 유능성과 자기조절학습, 학업성취도의 관계. **열린교육연구, 23**(4), 129-149.

박영호, 김태익(2002). 가출예측 척도에 의한 여중생들의 가출요인 분석. **청소년상담연구, 19**(2),

111–139.

박재연, 이인숙, 이정윤, 김영이, 이형애, 송종순, 박경례 (2022). **현장의 이야기를 담은 청소년상담 이론과 실제**. 서울: 신정.

성태훈 (2010). **쉽게 쓴 로르샤하**. 서울: 학지사.

성현모, 이상민 (2017). 학교상담제도의 국제비교연구. **상담학연구, 18**(5), 263–285.

손현동 (2007). 학교상담 수퍼비전 모형 개발. 한국교원대학교 박사학위논문.

송미경, 박현진, 김은영 (2012). 가출청소년 부모의 자녀 가출에 대한 경험. **청소년상담연구, 20**(2), 211–249.

송수현 (2014). 학교상담자의 고용형태가 직무소진에 미치는 영향: 직무스트레스와 전문성 인식의 매개효과. 고려대학교 석사학위논문.

송주미, 강경미 (2011). **청소년 복지**. 서울: 대왕사.

신석기 (2003). 심리검사의 이론과 실제. 울산교육연수원 전문상담 직무연수교재, 216–225.

신석기, 최태진, 박성미, 이은영, 김유미 (2007). **심리검사의 이론과 실제**. 고양: 서현사.

신하나, 정세훈 (2018). 아동 · 청소년의 스마트폰 중독 수준에 영향을 미치는 개인적 및 사회환경적 예측요인에 관한 연구. **사이버커뮤니케이션학보, 35**(3), 5–50.

안창규, 안현의 (2014). **HOLLAND TEST 진로검사 지침서**. 서울: 한국가이던스.

안현의, 김동일, 안창규 (2006). **NEO 아동 및 청소년 성격검사의 해석과 활용**. 서울: 한국가이던스.

안현의, 안창규 (2020). **NEO 성격검사 전문가 지침서**. 서울: 인싸이트.

여성가족부 (2020). 2020년 청소년 매체이용 및 유해환경 실태조사. 연구보고서.

여성가족부 (2021). 2021년 청소년 인터넷 · 스마트폰 이용습관 진단조사 결과 발표. 보도자료.

여성가족부 (2022). 청소년백서 및 한국청소년상담복지개발원 상담통계.

오세린 (2016). 진로개발역량 향상을 위한 미술수업 모형 연구: 홀랜드(Holland)의 직업선택이론을 적용. 단국대학교 석사학위논문.

오윤선, 김미숙 (2019). **청소년심리 및 상담**. 파주: 양성원.

오인수, 김혜미, 이승연, 이미진 (2016). 학교폭력의 맥락적 이해에 기초한 효과적인 상담 전략. **상담학연구, 17**(2), 257–279.

울산광역시교육청 (2010). 2010년 Wee클래스 운영메뉴얼.

원호택, 박현순, 이민규, 김은정, 조용래, 권석만, 신한균, 이훈진, 송종용, 신민섭 (2000). **심리장애의 인지행동적 접근**. 서울: 교육과학사.

유상희 (2022). 영화 세자매에 나타난 중독과 치유: 자해, 종교, 술. **한국실천신학회, 82**, 411–442.

유성진 (2016). MMPI-2/MMPI-A이해와 활용 워크숍 자료. 한국 TA연구소.

유외숙, 윤현영, 배희분, 장맹배, 박현진 (2010). 청소년 발달문제. 한국청소년상담원.

유은선 (2019). 예비전문상담교사의 교육실습 경험에 대한 현상학적 연구. 인제대학교 석사학위논문.

유형근 (2002). 종합적인 학교상담 체제 구안에 관한 연구. **청소년 상담 연구, 10**(1), 55–70.

유형근 (2006). 전문상담교사 양성을 위한 실습방안 연구. **학습자중심 교과교육연구, 6**, 215–233.

유형근, 신효선, 김현경, 이혜정 (2010). **산만하고 충동적인 아이들: 문제 유형별 학교상담 매뉴얼 1**. 서울: 학지사.

이근매 (2008). **미술치료 이론과 실제**. 서울: 양서원

이동준, 박채림 (2022). 인터넷 도박 중독 청소년의 낙인 경험에 대한 현상학적 연구. 생명연구, 66, 85-109.

이무석 (2008). **정신분석에로의 초대**. 서울: 이유.

이선영 (2010). 수용-전념 치료에서 과정변인이 불안에 미치는 매개효과. 고려대학교 박사학위논문.

이선영 (2017). **꼭 알고 싶은 수용-전념 치료의 모든 것**. 서울: 소울메이트

이성진, 임진영, 여태철, 김동일, 신종호, 김동민, 김민성, 이윤주 (2013). **교육심리학서설**. 서울: 교육과학사.

이수연 (2009). 청소년의 자살생각에 관한 연구. 원광대학교 석사학위논문.

이숙영, 이재규, 박승민, 최은영 (1996). **비행청소년상담프로그램1 개발연구**. 서울: 청소년대화의 광장.

이영선 (2020) 매체상담의 현황, 이론, 실습: 한국상담심리학회 2020학술대회.

이영선, 박정민, 최한나 (2001). 사이버 상담의 기법과 윤리. 한국청소년상담원.

이우경 (2020). **문장완성검사의 이해화 활용**. 서울: 학지사.

이우경, 이원회 (2019). **심리평가의 최신 흐름**. 서울: 학지사.

이윤주 (2008). **청소년 자살상담**. 서울: 학지사.

이은영 (1999). 대학진학시 학과선택을 위한 과제접근기술의 하위요인에 관한 연구. 부산대학교 석사학위논문.

이장호 (1995). **상담심리학**. 서울: 박영사.

이장호 (2005). **상담면접의 기초**. 서울: 중앙적성출판사.

이재규, 김종운, 김현진, 박혜숙, 백미숙, 송재홍, 신울진, 유형근, 이명경, 이자영, 전명남 (2013). **학습상담**. 서울: 학지사.

이전옥 (2010). 문학치료가 시설아동의 불안, 우울 및 자아존중감에 미치는 효과. 원광대학교 석사학위논문.

이지원 (2020). 전문상담교사의 학교상담 전문성 형성 경험에 관한 질적 사례연구. 이화여자대학교 박사학위논문.

이현이, 김영식 (2018). 부모 양육 태도가 중학생의 스마트폰 과의존에 미치는 영향: 기본심리 욕구의 매개효과. **한국콘텐츠학회논문지, 18**(12), 62-74.

이형득 (1992). **인간관계훈련의 실제**. 서울: 중앙적성출판사.

이호연 (2015). 고등학생의 대인관계스트레스와 동적학교생활화(KSD)의 상관관계 연구. 한양대학교 석사학위논문.

임경빈, 이봉건 (2020). 학교스트레스가 청소년들의 대인관계문제에 미치는 영향: 분노표현양식의 조절효과. **한국콘텐츠학회 논문지, 20**(1), 701-710.

임은미, 황매향, 박병관 (2019). **한국청소년 상담복지 개발원 청소년 상담사 2급 학업상담 교재**. 부산: 한국청소년상담복지개발원.

임지향, 김지현, 정재원 (2018). 긍정심리 미술치료가 학교부적응 초등학생의 자아존중감 및 학교생활적응에 미치는 사례연구. **한국청소년상담학회지, 3**(1), 63~85.

임호찬 (2015). **심리검사의 종류와 활용**. 파주: 서현사.

장미경, 임은미, 황매향, 김동일 (2010). **청소년학업상담**. 서울: 한국청소년상담원.

전영주, 황경란, 양무희, 배덕경, 송정숙, 이복숙, 정수빈, 염은선 (2020). **가족상담 개념과 실제**. 서울: 신정.

전은순 (2019). 초등학생이 지각한 부모양육태도, 자기조절능력, 정서지능, 대인관계역량의 구조적 관계. 부경대학교 박사학위논문.

정문자, 이영분, 김유순, 김은영 (2017). **해결중심 가족상담**. 서울: 학지사.

정순례, 양미진, 손재환 (2017). **청소년상담 이론과 실제**. 서울: 학지사.

정슬기, 장승옥, 김성천 (2007). 중고생 청소년의 알코올 남용의 심각성 정도에 영향을 미치는 요인 비교. **정신보건과 사회사업, 26**, 144-167.

정여주 (2003). **미술치료의 이해 이론과 실제**. 서울: 학지사.

정옥분 (2019). **발달심리학**. 서울: 학지사.

정익중, 이소희, 도미향, 김지혜, 한윤선 (2021). **청소년 복지론**. 서울: 학지사.

정종진 (2015). 주요 개념을 통해서 본 수용전념치료(ACT)의 이론적 기초와 치료기법. **교육연구, 29**(2), 101-130.

정현철 (2016). 인터넷과 스마트폰 게임 중독 경험-현상학적 관점에서 비교. **인문사회과학기술융합학회, 6**(2), 71-80.

조근호, 권도훈, 김대진, 김선민, 김한오, 노성원, 박애란, 서정석, 신성만, 신재정, 유채영, 윤명숙, 이계성, 이해국, 전영민, 전용준, 차진경, 채숙희, 최삼욱, 한우상 (2011). **중독재활총론**. 서울: 학지사.

조영희 (2007). 전문상담교사의 역할수행 및 처우에 대한 만족도. 부산대학교 석사학위 논문.

조옥귀, 문지혜, 하수경, 이임숙 (2020). **스마트한 청소년심리와 상담**. 서울: 창지사.

질병관리청 (2024). 2023년 청소년건강행태조사 주요 결과. 보도자료.

질병관리청 (2022). 코로나19 유행 전, 후 청소년 건강행태 변화. 보도참고자료.

천성문 (2014). 상담현장에서의 심리검사의 이해와 활용. 전국대학교학생생활상담센터협의회 학술대회지, 41-56.

천성문, 박명숙, 함경애, 김미옥 (2014). **학교상담교육실습매뉴얼**. 서울: 학지사.

천성문, 박은아, 전은주, 김현진, 장은경, 박미영, 이은영, 박성현, 김현희, 김준성, 박선우 (2021). **상담이론에 기초한 집단상담의 실제**. 서울: 학지사.

천성문, 이영순, 박명숙, 이동훈, 함경애 (2015). **상담심리학의 이론과 실제(제3판)**. 서울: 학지사.

천성문, 함경애, 차명정, 송부옥, 이형미, 노진숙, 김세일, 이봉은 (2013). **행복한 학교를 위한 학교집단상담의 실제(2판)**. 서울: 학지사.

최상근 (2011). **Wee프로젝트 활용 만족도 조사분석(TR2011-30)**. 서울: 한국교육개발원.

최은진 (2008). 청소년의 음주폐해감소를 위한 건강증진 정책방향. **보건복지포럼, 139**, 74-84.

최정윤 (2016). **심리검사의이해(3판)**. 서울: 시그마프레스.

최지원, 홍상욱 (2022). 학교폭력의 실태와 대처방안 분석. **산업진흥연구, 7**(3), 53.

통계청 (2021). 2021 청소년 통계 보도자료. 통계청 사회통계국 사회통계 기획과.

하요상, 김은향 (2013). 초등학생의 희망 및 자기조절과 사회성간의 관계. **한국초등교육, 24**(3), 233-249.

한국교원교육학회 (2001). **교육실습의 이론과 실제**. 서울: 학지사.

한국교육개발원 (2012). 학생 위기 유형과 전문 상담 기법.

한국교육개발원 (2019). 위(Wee) 클래스 가이드북.

한국교육개발원 (2021). 우리학교 선생님을 위한 한눈에 알아보는 위(Wee)클래스. 한국교육개발원 위(Wee)프로젝트 연구지원센터.

한국도박문제관리센터 (2020). 2020년 청소년 도박문제 실태조사 & 청소년 매체이용 및 유해환경 실태조사.

한국청소년상담복지개발원 (2015). 청소년 매체상담.

한순미 (2004). 학습동기 변인들과 인지전략 및 학업성취간의 관계. **교육심리연구, 18**(1), 329–350.

홍현정 (2007). 가출청소년의 성매매 경험과 사회복지서비스에 관한 연구. 서울시립대학교 석사학위논문.

홍현주, 하경희, 김진아, 김우식, 오은지 (2016). 한국에서의 학교 기반 정신건강사업의 효과적 요인에 대한 연구:학생 정신건강 지역협력모델 구축 · 지원사업을 중심으로. **정신건강과 사회복지, 44**(2), 140 – 166.

황매향 (2007). **학업상담**. 서울: 학지사.

황매향 (2009). 학업문제 유형분류의 탐색. **상담학연구, 10**(1), 561–581.

황유진 (2007). 위기청소년을 위한 집단상담 프로그램 개발. 한남대학교 석사학위논문.

황정규 (1993). 학교장면에서 사용되는 현행 심리검사의 문제점. **심리검사의 활용**(pp. 37–50). 서울: 한국가이던스.

황준성, 김성기, 이덕난, 안병천, 유지연, 정은하 (2010). 학교상담 법제화 추진 전략 연구. 한국교육개발원.

American School Counselor Association. (2003). The ASCA National Model: A framework for school counseling programs. Alexandria, VA: Author.

ASCA (2012). The ASCA National Model: A framework for school counseling.

Beck, A. T. (1997). **우울증의 인지치료**. 원호택 역. 서울: 학지사.

Beck, A. T., Rush, A., Shaw, B., & Emery, G. (1997). *Cognitive therapy of depression*. New York: Guilford Press.

Berg, I. K., & De Jong, P. (1996). Solution-building conversation: Co-constructing a sense of competence with clients. *Families and Society*, *77*(6), 376–391.

Berg, I. K., & de Shazer, S. (1993). Making numbers talks: language in therapy. In S. Friedman (ED.), *New language of change*. New York: Guilford Press.

Berg, I. K., & Miller, S. (1992). *Working with the problem drinker: A solution-focused approach*. NY: Norton.

Borders. L. D., & Drury. S. M. (1992). Comprehensive School Counseling Programs: A Review for Policymakers and Practitionners. *Journal of Counseling & Development, 70*, 487–498.

Cain, D. J. (2010). *Person-centered psychotherapies*. Washington, DC: American Psychological Association.

Cooper, M. (2013). *School-based counseling in UK secondary schools: A review and critical evaluation*. Glasgow, UK: University of Strathclyde.

Corey, G. (2017). *Theory and Practice of Counseling and Psychotherapy*, 10th Edition. CENGAGE.

Corey, G. (2017). **심리상담과 치료의 이론과 실제**. 천성문, 권선중, 김인규, 김장회, 김창대, 신성만,

이동훈, 허재홍 공역. 서울: 학지사.

Estevez, A., Herrero-Fernández, D., Sarabia, I., & Jauregui, P. (2013). The impulsivity and sensation-seeking mediators of the psychological consequences of pathological gambling in adolescence. *Journal of Gambling Studies, 31*, 91–103.

Exner, J. E. (2011). *The Rorschach*. 윤화영 역. 서울: 학지사.

Fine, A. (1982). Hidden variables, joint probability, and the Bell inequalities. *Physical Review Letters, 48*(5), 291–295.

Glasser, W. (2019) **당신의 삶은 누가 통제 하는가(제5판)**. 김인자 옮김. 서울: 한국심리상담연구소.

Hanley, T., Jenkins, P., Barlow, A., Humphrey, N., & Wigelsworth, M. (2013). *A scorping review of theaccess to secondary school counselling*. Manchester, UK: University of Manchester.

Israelashvili, M. (2013). Counseling in Israel. In T. H.Hohenshil, N. E. Amundson, & S. G. Niles(Eds.), *Counseling around the world: An internationalhandbook* (pp. 83–291). Alexandria, VA: AmericanCounseling Association.

Ito, A. (2014). School counselor roles and challenges inJapan. *Journal of Asia  Pacific Counseling, 4*(2),113–129.

Jeong, S. H., Kim, H., Yum, J. Y., & Hwang, Y. (2016). What type of content are smartphone users addicted to?: SNS vs. games. *Computers in Human Behavior, 54*, 10–17.

Karayanni, M. (1996). The emergence of schoolcounseling and guidance in Israel. *Journal of Counseling & Development, 74*(6), 582–587.

Ministry of Education (1963). *Half our future: A report of the Central Advisory Council for Education* (England). London: Her Majesty's Stationery Office.

Nabors, L. A., & Reynolds, M. W. (2000). Program evaluation activities: Outcomes related to treatment for adolescents receiving school-based mental health services. *Children's Services: Social Policy, Research, and Practice, 3*(3), 175–189.

Norcross, J. C. (2010). The therapeutic relationship. In B. L. Duncan, S. D. Miller, B. E. Wampold, & M. A. Hubble (Eds.), *The heart and soul of change: Delivering what works in therapy* (2nd ed., pp. 113 – 141). American Psychological Association.

Polderman, T. J. C.(2010). A systematic review of prospective studies on attention problems and academic achievement. *Acta Psychiatrica Scandinavica, 122*(4), 271–284.

Rogers, C. (1998). 칼 **로저스의 카운슬링의 이론과 실제**. 한승호, 한성열 공역. 서울: 학지사.

Sampson, J. P. Jr., Peterson, G. W., lenz, J. G., & Reardon, R. C. (1992). A Cognitiveapproach to career services: Translating Concepts into practice. *The career Development Quarterly, 41*(1), 58–60.

Schmidt, J. J. (1996). *Counseling in schools*. Massachusetts: Allyn and Bacon.

Schmidt, J. J. (2008). *Counseling in school: Comprehensive programs ofresponsiveservices for all students* (5th ed). Boston: Allyn and Bacon.

Sharry, J., Madden, B., & Darmody, M. (2003). *Becoming a solution detective: Identifying your clients' strengths in practical brief therapy*. Binghamton, NY: Haworth.

Thorana, S. N., & Frank, N. T. (2017). **해결중심 단기치료**. 김희정 역. 서울: 학지사.

U&I 심리검사. https://unitest.iyonwoo.com에서 2023. 3. 8. 인출.

Watkins, C. E. (1990). An Integration and Perspective on Using Tests in Counseling. In C. E. Watkins. *Testing In Counseling Practice*. New Jersey: LEA.

Weiner-Davis, M. (1992). *Divorce busting: A revolutionary and rapid program form staying together*. New York: Summit.

Yagi, D. T. (2008). Current developments in schoolcounseling in Japan. *Asian Journal of Counselling, 15*(2), 141-155.

뉴스 더원. http://www.newstheone.com/news/articleView.html?idxno=111543에서 2023. 1. 30. 인출.

법제처. https://www.moleg.go.kr

스마트쉼센터. https://www.iapc.or.kr/contents.do?cid=7&idx=6에서 2023. 2. 5. 인출.

에듀넷. 도란도란 학교폭력예방교육. https://doran.edunet.net에서 2023. 2. 5. 인출.

위(Wee) 프로젝트. https://www.wee.go.kr/home/cms/cmsCont.do?cntnts_sn=22에서 2023. 6. 20. 인출.

인싸이트. https://inpsyt.co.kr/main에서 2023. 2. 7. 인출.

한국도박문제예방치유원. https://www.kcgp.or.kr/pp/gambleIntrcn/2/gambleIntrcn.do에서 2023 4. 25 인출.

# 전문상담교사 윤리강령

제1조(목적)

본 강령은 Wee프로젝트 상담업무 수행 중 발생 가능한 다양한 윤리적 상황에서의 합리적인 의사결정을 목적으로 한다.

제2조(대상)

본 강령은 Wee클래스, Wee센터, Wee스쿨에서 상담 업무를 수행하는 자(이하 전문상담교사로 총칭)를대상으로 한다.

제3조(태도)

① 전문상담교사는 상담 및 상담 관련 행정업무를 성실히 수행해야 한다.

② 전문상담교사는 상담전문가로서의 역량강화와 자기성찰을 위해 끊임없이 노력해야 한다.

③ 전문상담교사는 자신이 종사하는 기관의 운영목적과 방침을 준수하며, 기관의 발전을 위해 노력해야 한다.

④ 전문상담교사는 상담 관련 법률, 규정, 정책을 숙지하고, 내담자의 보호를 위해 최선을 다하여야 한다.

⑤ 전문상담교사는 내담자의 권익과 사회공익을 위해 지역사회의 기관, 조직 및 개인과 협력하고 전문성을 발휘해야 한다.

제4조(권리 및 의무)

1. 권리

① 전문상담교사는 상담 진행 과정에서 타인으로부터 업무상의 간섭이나 복무상의 차별을 받지 않는다.

2. 의무

① 전문상담교사는 내담자의 존엄과 개인적 특성을 고려한 상담 및 심리치료를 수행해야 하며, 내담자를 위한 책임 있는 상담서비스를 제공해야 한다. 만약 본인의 한계를 벗어나는 사례인 경우 해당 분야의 전문가에게 도움을 요청해야 한다.

② 전문상담교사는 개인적 신념이나 종교를 내담자에게 강요해서는 안 되며, 내담자의 가족문화 및 개인배경을 존중해야 한다.

제5조(사전 동의)

① 전문상담교사는 가정통신문 등을 통해 사전 동의에 대한 안내를 하고, 상담 전에 내담자 및 보호자로부터 동의를 얻어야 한다.

② 전문상담교사는 상담 전 내담자에게 상담의 성격, 절차, 방법 등에 대해 충분한 설명을 해 주어야 한다.

③ 전문상담교사는 상담 전 상담내용의 녹음 및 기록에 관해 내담자의 동의를 얻어야 한다.

④ 전문상담교사가 보다 전문적인 치료를 위해 내담자에 대한 정보를 타 기관에 제공할 경우, 정보제공에 대한 내담자 및 보호자의 동의를 얻어야 한다.

제6조(정보 보호)

1. 비밀보장 원칙

① 전문상담교사는 내담자의 인적사항 및 상담내용에 대해 비밀을 보장해야 한다.

② 전문상담교사는 상담의 비밀보장 원칙을 내담자의 담임교사, 의뢰교사, 관리자 등에게도 알려 내담자

의 신변을 보호하고 권리를 최대한 보장해 주어야 한다.

2. 비밀보장 원칙의 한계

① 전문상담교사는 내담자 보호를 위해 필요하다고 판단될 경우, 상담내용을 내담자의 보호자와 담임교사 등에게 공개할 수 있다.

② 전문상담교사는 자신이 속한 기관장의 요청이 있을 경우, 상담절차 · 방법 · 내용 등의 상담 진행 상황에 대해 보고할 수 있다.

③ 전문상담교사는 내담자가 개인 및 사회에 미칠 위해 요소가 있다고 판단될 경우, 내담자에 대한 정보를 해당 전문가에게 제공할 수 있다.

- 내담자가 자신이나 타인 또는 기관에 해를 끼칠 의도나 계획을 가진 경우
- 내담자가 전염성 있는 질병을 가지고 있다는 것을 알게 된 경우
- 내담자가 방치 또는 학대를 받고 있다는 것을 알게 된 경우 등

④ 전문상담교사는 독자적으로 해결하기 어려운 윤리적 사안이 발생하여 학교운영위원회 또는 Wee상담윤리위원회(구성원의 예: 학교장(감), 학생생활지도부장, 담임교사, 학부모회장 등)를 소집하여 심의 · 의결할 경우, 내담자 및 보호자의 동의하에 진행할 수 있다.

3. 정보관리

① 전문상담교사는 자료보관 상의 한계점을 주지하고, 제3자가 내담자의 동의 없이 내담자의 기록에 접근하지 못하도록 적절한 조치를 취하는 등 내담자의 정보를 철저히 관리해야 한다.

② 전문상담교사는 상담내용을 학회의 사례발표회, 상담슈퍼비전, 수업, 홍보 등의 자료로 활용할 경우, 내담자 또는 보호자의 동의 절차를 거치는 것은 물론, 내담자의 신상정보 및 상담내용을 편집 · 사용하여 내담자의 개인정보가 노출되지 않도록 해야 한다.

## 학교상담학회 윤리강령

전 문

학교상담학회는 학교 장면에서의 상담을 학문적으로 연구하고 전문적으로 실시하는 학교 상담 전문 상담자들로 구성된 전문적인 단체이다. 학교상담자는 상담 수혜자들을 존중하며, 그들을 교육적 · 직업적 · 성격적 그리고 사회적인 측면에서 최대한 성장하고 발달할 수 있도록 도와준다. 학교상담자는 또한 학교 제도의 구조 내에서 상담 수혜자들의 안녕과 복지를 위해 전문적인 상담 활동을 수행할 수 있도록 최선을 다한다. 이를 위해 학교상담자는 학교상담학회가 제정한 다음과 같은 윤리강령을 숙지하고 준수한다.

### 1. 학생에 대한 책임

학교상담자는:

(1) 상담자의 개인적 가치관, 생활양식, 계획, 결정, 신념을 의식적으로 상담 수혜자에게 받아들이도록 하는 것을 삼가도록 한다.

(2) 상담 관계가 시작될 때 또는 시작되기 전에 상담 목적, 상담 목표, 상담 기법 그리고 상담 절차에 대해 상담 수혜자에게 알려 준다. 상담 수혜자 자신이나 다른 사람에게 명백하게 위험이 있거나, 비밀을 공개하라는 법적인 요구가 있는 경우를 제외하고는 상담자가 상담을 통해 알게 된 상담 수혜자의 정보에 대해 비밀을 보장한다. 비밀보장의 의미와 한계에 대하여 서면 상으로 또는 배부된 진술문을 통하여 상담수혜자에게 분명하게 전달한다. 상담자 스스로 판단하기 어려운 의문 상황이 생길 때는 다른 전문가들에게 자문을 구한다.

(3) 상담 수혜자의 허락 없이 비밀정보를 공개하는 것이 내담자에게 해를 끼칠 잠재가능성이 있을 때는 법정에 공개요구를 하지 말라고 요청한다.

(4) 자신의 객관성을 손상시키거나 상담 수혜자에게 해를 끼칠 위험을 증가시킬 수도 있는 이중 관계(가족, 가까운 친구 또는 동료를 상담하는 것 등)는 피한다. 이중 관계를 피할 수 없는 상황이라면, 상담자는 해를 끼칠 잠재적 가능성을 없애거나 줄이기 위해 조치를 취해야 할 책임이 있다. 그러한 안전 조치에는 사전동의, 자문, 지도감독, 상담 기록 등이 포함될 수 있다.

(5) 상담 수혜자의 상황이 상담 수혜자나 다른 사람에게 분명하고 급박한 위험을 시사할 때는 관계 당국에 이를 알려야 한다. 관계 당국에 알릴 때는 심사숙고를 한 후에, 그리고 가능하다면 다른 상담 전문가들에게 자문을 받은 후에 해야 한다. 상담자는 혼란을 최소화하고 상담 수혜자와 상담자의 기대를 분명하게하기 위해서 상담 수혜자에게 이러한 행동 조치를 알린다.

(6) 상담 수혜자의 개인적인 정보가 들어 있는 기록을 보호하고, 개인적인 정보를 유출할 때는 규정된 법률과 학교정책에 따른다. 컴퓨터로 보관된 개인적인 정보는 전통적인 개인 정보에 대한 기록과 마찬가지로 취급한다.

(7) 집단장면에서는 비밀보장에 대한 규준을 철저하게 설정하고 비밀보장의 중요성을 더욱 강조한다. 그러나 집단상담에서는 상담자가 비밀보장을 보증할 수 없다는 것을 명확히 한다.

(8) 통합적이고 효과적인 상담 계획을 세울 수 있도록 상담 수혜자와 함께 협력한다. 이러한 계획은 상담 수혜자와 상담자의 능력과 상황에 합치되도록 하고, 상담 수혜자의 자유로운 선택을 존중하면서 실행 가능성과 효과성이 있는지를 확인하기 위해 정기적으로 검토한다.

(9) 상담 수혜자에게 적절한 도움을 제공하기 힘든 경우에는 다른 적당한 상담자에게 의뢰한다. 적절한 의뢰가 이루어지려면, 상담자 스스로가 이용 가능한 자원을 알아야 되고, 상담 중단을 최소한 적게 하면서 상담자를 바꾸도록 적절한 계획을 세운다. 상담 수혜자는 언제든지 상담 관계를 중단할 권리가 있다.

(10) 집단상담의 경우에, 집단의 목표에 맞추어 집단 참여 대상자를 선발하고 참여자들의 욕구와 목표들을 알고 있어야 한다. 상담자는 집단 내에서의 상호작용에 의해 집단원들이 신체적 · 심리적 해를 입지 않도록 집단원들을 보호하기 위해 적절한 조치를 취한다.

(11) 평가도구를 선택하고, 실시하고, 해석할 때는 모든 전문적인 표준을 따른다. 상담 수혜자가 이해할 수 잇는 언어로 평가도구의 특성, 목적, 결과를 설명해 준다. 평가결과와 해석을 오용하지 않아야 하고, 다른 사람들도 오용하지 않도록 적절한 조치를 취한다. 특정 도구가 표준화된 규준 집단에 속하지 않는 사람들의 수행 정도를 평가하고 해석할 때는 신중하게 한다. 컴퓨터를 기반을 한 검사 프로그램들의 경우 상담자는 검사를 실시하고, 채점하고, 해석하는 데 있어서 전통적 평가의 경우와는 다른 보다 특별한 훈련이 피룡하다는 것을 알아야 한다.

(12) 인터넷 상담을 하는 경우에는 웹상담윤리강령(National Board for Certified Counselors: The Practice of Internet Counseling: NBCC, 2001)을 따른다.

(13) 자신이 주도하는 동료 상담자 프로그램에 참가하는 학생들의 복지에 대하여 책임

을 갖는다. 동료 상담자 훈련과 감독의 역할을 할 경우에는 전문 상담자 학회에서 규정한 준비와 감독 규준에 따르도록 한다.



## 2. 학부모에 대한 책임

학교상담자는:

(1) 자녀에 대한 학부모의 권리와 의무를 존중하고, 상담 수혜자가 최대한 발달하도록 촉진하기 위해 학부모와 적절한 협력적인 관계를 형성하도록 노력한다.

(2) 가족들의 문화적 · 사회적 다양성에 민감해야 하고, 모든 학부모들은 양육권이 있든 없든, 학부모로서의 역할 때문에, 그리고 법에 의해 자신들의 자녀들의 복지를 위해 정해진 권리와 책임을 가지고 있다는 것을 인식한다.

(3) 상담 수혜자와 상담자 간에 형성된 상담 관계에 대한 비밀보장은 상담자의 중요한 역할임을 학부모에게 알린다.

(4) 학부모들에게 제공되는 정보는 정확하고, 종합적이며, 적절하고, 객관적이며, 배려하는 태도로 제공되고, 상담 수혜자에 대한 윤리적 책임과 적절하게 상응해야 한다.

(5) 학부모나 보호자가 상담 수혜자에 관한 정보를 공유하기를 원하는 바람이 존중되도록 적절하게 노력한다.

## 3. 동료와 다른 전문가에 대한 책임

학교상담자는:

(1) 최적의 상담 서비스를 제공해 주기 우해 동료교사 및 행정 직원들과 전문적인 협력관계를 형성하고 유지한다. 그러한 관계는 상담자가 자신의 역할의 범위와 수준에 대한 정의와 기술에 기초한다.

(2) 전문 요원들에게 정확하고, 객관적이고, 간결하며, 의미있는 자료를 제공하여 그가 상담 수혜자를 적절하게 평가하고 상담하도록 도와준다.

(3) 상담 수혜자가 다른 상담자나 정신건강 전문가에게 서비스를 받고 있다면, 상담 수혜자의 동의를 얻어, 그 상담자나 전문가에게 자신과의 상담관계를 알리고, 상담 수혜자의 혼란과 갈등을 필하기 위하여 분명하게 의견 일치를 보아야 한다.

(4) 학교의 사명, 구성원 및 재산에 손상을 가하거나 해를 입힐 가능성이 있는 경우에는 상담 수혜자와 상담자 간의 비밀보장을 지키면서 해당 직원에게 알린다.

(5) 상담 수혜자의 욕구를 충족시켜야 할 상담자의 역할과 기능에 대해 서술하고 홍보한다. 상담자는 프로그램과 상담을 제공하는 데 있어서 효과를 저해하고 제한을 가하는 상황을 해당 직원에게 알린다.

## 4. 학교와 지역사회에 대한 책임

학교상담자는:

(1) 학생들의 이익을 최우선적으로 고려하며, 어떠한 침해도 일어나지 않도록 교육 프로그램을 지원하고 보호한다.

(2) 학교의 사명, 구성원 및 재산에 잠재적으로 피해를 줄 가능성이 있는 경우에는 적절한 관계 직원에게 알린다.

(3) 상담 수혜자의 필요를 충족시키기 위한 상담자의 역할과 기능을 기술하고 홍보한다. 프로그램과 상담을 제공하는 데 있어서의 효율성을 제한하고 감소시키는 상황이 있을 때는, 적절한 관계 직원에게 통보하여 개선하도록 한다.

(4) 자신이 교육, 훈련, 슈퍼비전을 받은 경험, 전문 상담자 자격증 그리고 적절한 전문적 경험을 바탕으로 자격을 인정받은 직책에 대해서만 서비스를 제공하는 일을 수락한다.

(5) 학교와 지역사회에 적합한 교육과정 및 환경 조건을 조성하고, 학생들의 발달적 욕구를 충족시키는 교육과정과 프로그램을 개발하고, 종합적인 학교상담 프로그램과 서비스를 제공하기 위해 체계적인 평가과정을 개발하도록 조력한다.

(6) 개인적인 보상에 관계없이 상담수혜자에게 최대한 이익을 주기 위하여 학교와 지역사회의 사람들과 적극적으로 협력한다.

## 5. 자신에 대한 책임

학교상담자는:

(1) 자신의 전문 능력 범위 내에서 직무를 수행하고, 자신의 행동 결과에 책임을 진다.

(2) 자신의 기능 수해오가 효율성에 대해 스스로 평가하고, 전문적인 상담으로서 적절하지 못하거나 상담 수혜자에게 해를 끼치는 활동은 하지 않는다.

(3) 상담 전문직의 혁신과 경향을 숙지하며, 전문적인 능력을 유지하기 위해 주도적으로 노력한다.

(4) 자신에게 상담을 받는 상담 수혜자들의 다양한 문화적 배경을 이해하도록 노력한다. 이것은 학교상담자 자신의 문화, 민족, 인종적 정체성이 자신의 상담 과정에 대한 가치와 신념들에 어떻게 영향을 미치는지를 학습하는 것을 포함하지만, 그것에만 국한된 것은 아니다.

## 6. 전문직에 대한 책임

학교상담자는:

(1) 학교상담학회 회원으로 가입하게 되면 윤리 위반을 다루기 위한 정책과 과정을 따

른다.

(2) 자신과 상담 전문직을 발전시키는 데 공헌하도록 처신한다.

(3) 연구를 할 때는 수용 가능한 교육학 및 심리학 연구와 일치하는 방식으로 수행하고 결과물을 보고한다. 연구나 통계적 목적, 프로그램을 계획하려는 목적으로 상담 수혜자의 자료를 사용할 때는 각 상담 수혜자의 신원을 확실히 보호한다.

(4) 자신의 사설 상담 활동을 위하여 상담 수혜자나 자문 대상을 모집하거나 유인하고, 부당한 개인적 이익, 불공정한 이득, 성적 애정, 노력하지 않고 얻는 물건이나 서비스를 얻기 위하여 자신의 전문적 직책을 이용해서는 안 된다.

(5) 학교상담의 발전과 향상을 위한 지역 및 전국 학회 활동에 적극적으로 참여한다.

(6) 기술, 아이디어, 전문성을 동료와 공유해 남감으로써 전문직의 발전에 공헌한다.

### 7. 기준 유지

학교상담자는 학회 회원이든 회원이 아니든 항상 윤리적 행들을 해야 한다. 동료의 행동에 윤리적으로 매우 의심스러운 점이 있을 때나 학교상담자 윤리요강에 제시된 기준을 반영하지 못하는 상황에서 일하거나 정책에 따르도록 강요받을 때는, 상담자는 그러한 조건을 개선하기 위해 적절한 행동을 취할 의무가 있다. 다음과 같은 절차는 그러한 지침서로서 사용될 수 있다.

(1) 상담자는 윤리위한 상황인지 확인해 보기 위하여 불만 상홍의 본질을 비밀스럽게 동료 전문 상담자와 협의한다.

(2) 가능하다면, 상담자는 문제 행동을 하는 당사자인 동료와 불만스러운 문제에 대해 논의하고 해결하기 위하여 그 동료에게 직접 이야기하고 해결책을 찾아본다.

(3) 개인적인 수준에서 해결책이 도출될 수 없다면, 상담자는 학교나 학구, 전국 학교상담자 학회의 윤리위원회에서 설정한 루트를 이용한다.

(4) 만약 문제가 해결되지 않은 상태로 그대로 남아 있다면, 지역 학교상담학회, 전국 학교상담학회 순으로 검토와 적절한 조치를 취하도록 의뢰한다.

## 교직 윤리 헌장

우리는 교육이 인간의 가치와 존엄성을 높이며, 개인의 성장과 자아실현은 물론 국가와 민족의 미래에 중대한 영향을 준다는 사실을 명심하고, 국민으로부터 부여받은 교육자의 책무를 다하기 위해 최선을 다한다. 우리는 균형있는 지 · 덕 · 체 교육을 통하여 미래사회를 열어갈 창조정신과 세계를 향한 진취적 기상을 길러줌으로써, 학생을 학부모의 자랑스런 자녀요 더불어 사는 민주 사회의 주인으로 성장하게 한다.

우리는 교육자의 품성과 언행이 학생의 인격형성을 좌우할 뿐만 아니라 사회전반의 윤리적 지표가 된다는 사실을 깊이 인식하고, 윤리성과 전문성을 높이기 위해 노력한다.

이에 우리 모두의 의지를 모아 교직의 윤리를 밝히고, 사랑과 정직과 성실에 바탕을 둔 교육자의 길을 걷는다.

## 우리의 다짐

- 나는 학생을 사랑하고 학생의 인권과 인격을 존중하며, 합리적인 절차와 방법에 따라 지도한다.
- 나는 학생의 개성과 가치관을 존중하며, 나의 사상 · 종교 · 신념을 강요하지 않는다.
- 나는 학생을 학업성적 · 성별 · 가정환경의 차이에 따라 차별하지 않으며, 부적응아와 약자를 세심하게 배려한다.
- 나는 수업이 교사의 최우선 본분임을 명심하고, 질 높은 수업을 위해 부단히 연구하고 노력한다.
- 나는 학생의 성적평가를 투명하고 엄정하게 처리하며, 각종 기록물을 정확하게 작성 · 관리한다.
- 나는 교육전문가로서 확고한 교육관과 교직에 대한 긍지를 갖고, 자기개발을 위해 노력한다.
- 나는 교직 수행과정에서 습득한 학생과 동료, 그리고 직무에 관한 정보를 악용하지 않는다.
- 나는 학생이나 학부모로부터 사적이익을 취하지 않으며, 사교육기관이나 외부업체와 부당하게 타협하지 않는다.
- 나는 잘못된 제도와 관행을 개선하는 데 앞장서며, 교육적 가치를 우선하는 건전한 교직문화 형성에 적극 참여한다.
- 나는 학부모와 지역사회를 교육의 동반자로 삼아 바람직한 교육공동체 형성을 위해 함께 노력한다.

**〈참고문헌 및 참고자료〉**

한국상담학회(2001). 학교상담학회 윤리강령.
한국교원단체총연합회. 교직윤리헌장.

## 저자약력

**■ 박재연(문학박사, Ph. D.)**

이화여자대학교 문학박사(청소년상담 · 복지, 정신건강, 가족치료 전공)
현) 대구대학교 청소년상담복지학과/상담학과 교수
대구대학교 청소년정신건강연구소장
한국아동복지학회 이사
한국청소년복지학회 이사
한국학교사회복지학회 이사
한국정신건강사회복지학회 편집위원장

**■ 박경례(철학박사, Ph. D.)**

대구대학교 철학박사(상담학 전공)
현) 대구대학교 청소년상담복지학과 초빙교수
대구대학교 청소년정신건강연구소 연구위원
한국연구재단 학술연구 교수

**■ 배은주**

대구대학교 일반대학원 상담학과 박사수료
현) 숨꽃피움심리상담센터 대표
대구대학교 청소년정신건강연구소 연구원
울산광역시경찰청 범죄심리사 및 범죄피해평가전문가
울산보호관찰소 보호관찰위원 및 수강명령강사

**■ 구미진**

신라대학교 교육학 석사(상담심리전공)
현) 울산광역시 강북교육지원청 위(Wee)센터 실장
울산광역시교육청 위(Wee) 클래스 컨설팅위원
울산광역시 가족센터 전문상담위원

**■ 김영주**

대구대학교 일반대학원 상담학과 박사수료
현) 신정초등학교 전문상담사
대구대학교 청소년정신건강연구소 연구원
울산광역시교육청 꿈키움멘토단
울산보호관찰소 보호관찰위원

**■ 송주연**

부경대학교 교육대학원 석사수료(평생교육 · 인적자원개발전공)
현) 화진초등학교 전문상담사
전) 세종특별자치시교육청 학교 내 대안교실 컨설팅 위원
울산광역시교육청 학교 내 대안교실 안내서 집필위원

학교상담 전문가가 알려주는
# 학교상담 이론과 실제

**초판발행** 2024년 9월 5일 **1판 1쇄 인쇄** | 2024년 9월 10일 **1판 1쇄 발행**

**지은이** 박재연 박경례 배은주 구미진 김영주 송주연
**펴낸이** 최용구 | **펴낸곳** 도서출판 **신정**
**주소** (04316) 서울시 용산구 원효로 89길 19 (원효로1가)
**전화** 02)3211-4782, 0266(영업부), 3211-4783(편집부), 3211-4784(팩스)
**이메일** sjbook2002@naver.com | **홈페이지** www.sjbook.co.kr
**등록** 2001년 5월 11일 제13-702호
**기획마케팅** 최용구 장만동 최충구 송대용 | **책임편집** 석기은 황가연

ISBN 978-89-5912-887-7 93370
정가 27,000원